August Schleicher

Indogermanische Chrestomathie

Schriftproben und Lesestücke mit erklärenden Glossaren zu August Schleichers

Compendium der vergleichenden Grammatik der indogermanischen Sprachen

August Schleicher

Indogermanische Chrestomathie

Schriftproben und Lesestücke mit erklärenden Glossaren zu August Schleichers Compendium der vergleichenden Grammatik der indogermanischen Sprachen

ISBN/EAN: 9783743651838

Hergestellt in Europa, USA, Kanada, Australien, Japan

Cover: Foto ©Thomas Meinert / pixelio.de

Weitere Bücher finden Sie auf **www.hansebooks.com**

INDOGERMANISCHE CHRESTOMATHIE.

Schriftproben und lesestücke

mit erklärenden glossaren

zu

August Schleichers compendium der vergleichenden grammatik der indogermanischen sprachen.

Bearbeitet

von

H. Ebel, A. Leskien, Johannes Schmidt

und

August Schleicher.

Nebst zusätzen und berichtigungen zur zweiten auflage des compendiums

herauß gegeben

von

August Schleicher.

Weimar,

Hermann Böhlau.

1869.

Vorwort.

Im compendium habe ich die darlegung der schrift, als mit dem wesen der sprache, deren conventionelles überliferungsmittel sie ist, nicht im notwendigen zusammenhange stehend, übergangen. Dennoch ist es selbstverständlich von interesse und von nutzen zu wißen in welcher schreibweise die sprachen vor ligen. Deshalb gibt das vor ligende werk die alphabete und auch schriftproben der im compendium grammatisch bearbeiteten sprachen. Ferner ist es von großem werte außer der grammatik der sprachen auch dise selbst, wenn auch nur in beschränktem umfange, kennen zu lernen. Namentlich hebt eine vergleichende grammatische bearbeitung unter sich verwanter sprachen vor allem das hervor, was jeder sprache mit ihren schwestersprachen gemeinsam ist; in folge dessen kann die änlichkeit der sprachen größer erscheinen als sie in der tat ist, ire eigentümlichkeit dagegen tritt mer in den hintergrund. Sprachproben bilden demnach eine notwendige ergänzung der vergleichenden grammatischen darstellung. Eine mer als zwanzigjährige akademische lertätigkeit hat mir merfach gelegenheit geboten mich davon zu überzeugen, wie wilkommen meinen zuhörern am schluße der vorträge über vergleichende grammatik die vorlegung und erklärung von sprachproben war. Ich kann sagen, daß, wie das compendium, so auch dise indogermanische chrestomathie auß dem bedürfnisse meiner vorlesungen hevor gegangen ist. Sie ist eine ergänzung des compendiums. Was aber mir brauchbar ist, ist es hoffentlich auch anderen.

Übrigens sind die glossare so ein gerichtet, daß mit hinzuname des compendiums auch ohne beihilfe eines lerers die vor ligenden sprachproben volkommen verständlich sind.

Für merere sprachen reichen die hier mit geteilten proben auß, um als leseübung für das erste halbjar bei einer vorlesung über eine oder die andere der selben zu dienen. Das altindische ist in der indogermanischen chrestomathie auf das bedürfnis zweier studienhalbjahre berechnet. Der altindische teil der indogermanischen chrestomathie ist deshalb auch in besonderer außgabe erschinen (die verweisungen aufs compendium und die erklärungen der formen im altindischen glossar sind fast sämtlich von mir bei gefügt).

Für den ersten anlauf dürfte auch das compendium als grammatischer leitfaden für die einzelnen sprachen auß reichen.

Volständige gleichförmigkeit in der behandlung war schon in folge der verschidenheit der überlieferung nicht durch zu füren. Es ist daher jede sprache so behandelt worden, wie es für sie gerade am angemeßensten erschien.

Weil slawische studien mich jetzt vorzugsweise beschäftigen habe ich mitforscher und frühere schüler von mir ersucht mit mir gemeinsam hand ans werk zu legen. Herr Dr. Ebel in Schneidemühl hatte die güte das altirische zu übernemen; herr Dr. Leskien, docent an der universität in Göttingen, hat griechisch, die altitalischen sprachen, altbulgarisch und gotisch, herr Dr. Johannes Schmidt, docent an der universität in Bonn, altindisch und litauisch besorgt. Disen herren für ire freundliche mitwirkung von herzen zu danken ist mir eine angeneme pflicht. Mir bliben so nur die beiden alteranischen sprachen. Es wird sich mit der zeit wol mer und mer die notwendigkeit heraus stellen, daß bei werken, die ein weiteres sprachgebiet umfaßen, merere verfaßer sich zu gemeinsamer tätigkeit zu vereinigen haben.

Den besitzern der zweiten auflage des compendiums dürfte die beigabe der in meinem handexemplare bis jezt nach getragenen zusätze und berichtigungen nicht unwilkommen sein.

Matsj. 19 ist mit der Calcutt. und Bomb. außgabe des Mahābh. zu lesen *tvatkrtē hi* (anstatt *tvatkrtējam*). *tvatkrtē* deinetwegen, deinethalben. *krtē*, loc. sg. zu *krta-*, subst. ntr. 10, tat, werk (wurz. *kar*), bedeutet mit dem genitiv oder am ende von zusammensetzungen 'wegen, für'. Zwei mal gesetztes *hi* ist nicht selten; *hi* hat außer der function 'denn' auch die des hervorhebens, bestätigens. Hiernach ist im glossar *tvatkrtē* und *krtē* nach zu tragen und das nötige unter *hi* bei zu fügen. Vom artikel *tvatkrta-* des glossars ist nur das über *tvat-* gesagte zu *tratkrtē* zu ziehen.

Jena, im october 1868.

August Schleicher.

Inhalt.

		Seite
I.	Altindisch	1.
II.	Altbaktrisch	117.
III.	Altpersisch	143.
IV.	Altgriechisch	159.
V.	Altlateinisch	189.
VI.	Oskisch	208.
VII.	Umbrisch	213.
VIII.	Altirisch	227.
IX.	Altbulgarisch	259.
X.	Litauisch	295.
XI.	Gotisch	323.

Zusätze und berichtigungen zur zweiten auflage von Schleichers compendium der vergleichenden grammatik der indogermanischen sprachen . . . . 339.

I.
Altindisch.

Schrift.

Die physiologische einteilung der altindischen laute ist im Compendium § 4 gegeben; von den indischen grammatikern werden sie in folgender auch für die reihenfolge der worte in den wörterbüchern maßgebenden weise geordnet.

Vocale.

Einfache vocale: अ *a*, आ *ā*, इ *i*, ई *ī*, उ *u*, ऊ *ū*, ऋ *r*, ॠ *r̄*, ऌ *l*, ॡ *l̄*.

Diphthonge: ए *ē*, ऐ *āi*, ओ *ō*, औ *au*.

Anusvāra (s. 5) ̇, anunāsika ̃, visarga : :.

Consonanten.

Gutturale: क *ka*, ख *kha*, ग *ga*, घ *gha*, ङ *ńa*.
Palatale: च *ḱa*, छ *ḱha*, ज *ǵa*, झ *ǵha*, ञ *ńa*.
Linguale: ट *ṭa*, ठ *ṭha*, ड *ḍa*, ढ *ḍha*, ण *ṇa*.
Dentale: त *ta*, थ *tha*, द *da*, ध *dha*, न *na*.
Labiale: प *pa*, फ *pha*, ब *ba*, भ *bha*, म *ma*.
Halbvocale: य *ya*, र *ra*, ल *la*, व *va*.
Spiranten: श *ça*, ष *ṣa*, स *sa*.
ह *ha*, ळ *ḷa* [1]).

---

1) ळ *ḷ* ist eine im Rigveda auf tretende dialektische variante von ड *ḍ*. Im glossar ist überall das ursprüngliche ड für die anordnung maßgebend, man suche also ईळे *īḷe* unter ईड *īḍ*, हेळस् *heḷas* unter हेडस् *heḍas*.

Zalzeichen:

१ 1, २ 2, ३ 3, ४ 4, ५ 5, ६ 6, ७ 7, ८ 8, ९ 9, ० 0.

Die sanskritische, *dēvanāgarī* (götliche statschrift) genante schrift ist eine silbenschrift. Wenn daher der außlaut eines wortes mit dem anlaute des nächstfolgenden in eine silbe vereinbar ist, so werden sie auch zusammen geschriben; die worttrennung ist dadurch in der schrift nicht immer sichtbar.

Die in der obigen tabelle an gegebenen vocalzeichen sind nur gebräuchlich, wenn sie für sich allein oder mit einem folgenden consonanten eine silbe bilden und bleiben, da das sanskrit den hiatus im inneren des wortes fast nie zu läßt, mit ser wenigen außnamen auf den wortanlaut beschränkt.

Jedes in der tabelle aufgefürte consonantenzeichen drükt den betreffenden consonanten mit nach folgendem *a* auß. Diß *a*, der unter allen vocalen am häufigsten erscheinende, wird gleichsam als andeutung der vocalisation im algemeinen auf gefaßt, es bleibt daher auch dann, wenn ein anderes vocalzeichen hinzu tritt, das consonantenzeichen unverändert, jedoch wird in disem falle das *a* nicht auß gesprochen. Im in- und außlaute der worte (für die schrift ist auch die auß anlaut und außlaut zweier worte hervor gehende silbe als inlaut zu betrachten) gelten nun folgende vocalzeichen, welche ich, um die art ihrer verbindung mit dem consonantenzeichen zu zeigen, mit voraußgehendem क *k* auf füre:

क *ka*, का *kā*, कि *ki*, की *kī*, कु *ku*, कू *kū*, कृ *kr*, कॄ *kṝ*, कॢ *kl*, कॣ *kḹ*, के *kē*, कै *kāi*, को *kō*, कौ *kāu*.

Unter gewissen umständen können sowol kurze als lange vocale so gedent werden, daß sie das maß von drei kürzen erhalten. Diese denung nennen die indischen grammatiker *pluti* (verschwimmen); sie wird bezeichnet durch die hinter den vocal gesezte ziffer ३ 3, z. b. *āsi3t*, Rv. X, 129, 5.

Einige consonanten verändern ire gestalt in der verbindung mit gewissen vocalen; द *d* mit ु *u* wird दु *du*, mit ू *ū*: दू *dū*, mit ृ *r*: द्र *dr*. र *r* mit ु *u* wird रु *ru*, mit

ॢ u: ॄ rū. ह h mit ु u wird हु hu, mit ू ū: हू hū, mit ृ r: हृ hr.

Soll ein consonant one vocal geschriben werden, so wird unter in ein *virāma* ् gesezt, z. b. महत् *mahat*. Diß geschiht aber nur im außlaute, ist also nach dem oben gesagten auf das ende eines satzes oder verses beschränkt. Alle consonanten, welche zwischen einem vocale und dem im worte nächst folgenden stehen, werden mit lezterem graphisch zu einer silbe verbunden. Diß erstrekt sich nach obiger außeinandersetzung auch auf den außlaut eines und den anlaut des nächst folgenden wortes, z. b. गामरक्षन्त्यसंवासमृभवो *gām arakṣan jat sāratsam rbhavō*; Rv. IV, 33, 4. So entstehen eine menge ligaturen, welche ich hier nicht auf zäle, weil die in den unten folgenden texten vor kommenden durch die daneben stehende umschreibung leicht verständlich gemacht sind. Der senkrechte strich ा gilt, wie aus den vocalzeichen ersichtlich ist, als bezeichnung des *a*, die consonanten, welche rechts mit einem senkrechten striche enden, verlieren disen daher in der verbindung mit anderen consonantenzeichen, z. b. मत्स्य *mateja*. Die graphische verbindung der consonanten geschiht nun, indem man die einzelnen zeichen neben oder unter einander setzt, z. b. प्त *pta*, क्ख *kkha*, क्न *kna*, क्म *kma*, व्य *vja* u. s. w.

Der anusvāra ं ँ steht über der silbe, an deren schluße er gesprochen wird, z. b. हंस *hāsa*, सिंह *siha*; ebenso der anunāsika ँ z. b. अभिशूरिव *abhiçūriva*; Rv. VI, 57, 6. Der anusvāra kann für jeden nasal vor einem consonanten geschriben werden. Notwendig geschiht die bezeichnung eines nasals durch den anusvāra nur vor *s* und *h;* in disem falle kann auch der anunāsika ein treten (vgl. § 127).

Das in der tabelle für *r* an gegebene zeichen र steht nur im anlaute oder zwischen vocalen; vor consonanten und vocalischem *r* wird der consonant *r* durch ein über dise gesetztes ॰ bezeichnet: कर्मन् *karman*, निर्ऋति *nirṛti*. Hat der auf *r* folgende consonant ein vocalzeichen oder anusvāra ं, oder beides über sich, so wird ᷽ disen lezteren zeichen nach gesetzt, z. b. सर्वे *sarvē*, सर्पौ *sarpāu*, सर्वेंद्रियाणि *sarvēndrijāṇi*. *r* nach einem consonanten wird durch untergeseztes ◡ bezeichnet, z. b. क्रतु *kratu*, कर्त्री *kartrī*.

S, im folgenden durch - wider gegeben, wird im anlaute eines wortes gesezt zum zeichen, daß ein *a* von vorher gehendem auß lautendem *ē* oder *ō* verschlungen ist, z. b. ते ऽभवन् *tē -bhavan* für *tē abhavan*. Das Çatapathabrāhmaṇa verwendet es auch wenn auß lautendes *āi, ē* vor folgendem vocalischem anlaute zu *ā, a* wird (s. u.) z. b. *atirárdhā--átha* statt *atirárdhāi átha; aughá-útthitē* statt *aughē úttithē*. Im Padapāṭha des Ṛgvēda, welchen die in den folgenden vedischen stücken bei gegebene lateinische umschreibung wider gibt, wird diß zeichen zwischen zwei glider eines compositums und zwischen wortstamm und gewisse suffixe gesezt, z. b. *narē-iṭhám, su-ávasa:, kṣēma-jánta:*.

| steht als abteilungszeichen am ende einer halbstrophe, in prosa am ende eines satzes. Am ende einer strophe wird es verdoppelt ||.

Accente.

Das sanskrit hat zur bezeichnung der tonsilbe zwei accente, 1) den *udātta* (gehobenen), welcher dem griechischen acutus entspricht und in der umschreibung durch das selbe zeichen wider gegeben wird; 2) den *svarita* (tonbegabt), der ser vil seltener, zum teil nach bestimten regeln, ein tritt, welche man bei Bopp, kl. skr. gr. 3. aufl. § 30, nach sehe; sein zeichen ist ein über die betonte silbe gesezter senkrechter strich, z. b. वाक्यम् *vākjàm*, in der umschreibung wird er durch ' gegeben. Das zeichen des svarita wird auch für die bezeichnung des nachtones gebraucht, welcher auf der silbe ruht, die unmittelbar auf die eigentliche tonsilbe folgt und mer ton hat als die weiter ab ligenden silben. Die der tonsilbe voran gehende silbe hat weniger ton als alle übrigen und heißt *anudāttatara* (ungehobener, tonloser); sie wird durch eine unter

gesezte wagrechte linie bezeichnet, z. b. **वाक्येन** *vākjèna*.
Der *udātta* selbst wird im Rgveda gar nicht an gegeben und nur durch die bezeichnung der vorauß gehenden und der folgenden silbe erkant, z. b. **अग्निमीळे** *agnim īḷe*, **पुरोहितं** *puróhitam*, **यज्ञस्य** *jaǵnásja*. Ist die der tonsilbe voran gehende silbe selbst betont, so darf sie natürlich das negative tonzeichen nicht erhalten, z. b. **अग्निः पूर्वेभिः** *agníḥ pūrvēbhiḥ*, **परिभूरसि** *paribhúr ási*. Alle tonlosen silben außer den beiden die tonsilbe ein schließenden bleiben gänzlich unbezeichnet, z. b. **चित्रश्रवस्तमः** *kitráçravastamaḥ*, **भागमीमहे** *bhāgám īmahē*. Wenn auf eine svaritierte auß lautende silbe ein auf erster silbe betontes wort folgt, so wird die auß lautende silbe, wenn sie kurz ist, mit nach gesezteм ६, wenn sie lang ist, mit ३ bezeichnet, in lezterem falle erhält sie außerdem das negative accentzeichen untergesezt, z. b. **व्य१्सद्द्वेषो** *vjà smád dvèṣò*, **क्र१्स्यते** *krà syá tè*, Rv. II, 33, 2; 7; **तन्व१्सम्** *tanvà sám*, **तन्वा३्मम** *tanvà máma*.

Ein anderes tonbezeichnungssystem gilt im Çatapathabrāhmaṇa, für welches wir uns mit einer verweisung auf The Çatapathabrāhmaṇa, edited by Dr. Albrecht Weber, Preface p. XII, begnügen, da das unten mit geteilte stück des Çatap. nur in lateinischer umschreibung gegeben ist.

Im klassischen sanskrit werden die accente gar nicht bezeichnet.

Lautliche einwirkungen zusammen stoßender wort-außlaute und -anlaute auf einander.

Im zusammenhange der sprachlichen darstellung tritt der außlaut eines wortes in unmittelbare verbindung mit dem anlaute des folgenden und beide wirken stark auf einander ein.

Die hauptsächlichsten hierbei zur geltung kommenden lautgesetze mögen hier kurz zusammen gestelt werden. In den Veden sind sie noch nicht so streng auß gebildet wie in der späteren sprache.

I. Vocalische lautgesetze.

Grundgesetz ist auch hier, wie im innern der worte, daß kein hiatus geduldet wird. Er wird vermiden durch:

1. Zusammenziehung: auß lautendes *a*, *ā* wird mit folgendem vocalischem anlaute zusammen gezogen (vgl. comp. § 14, 1, a).

a oder *ā* + *a* oder *ā* wird *ā*: *ihāsti* auß *iha asti*, *krpajāpi* auß *krpajā api*.

a oder *ā* + *i* oder *ī* wird *ē*: *jathēṣṭam* auß *jathā iṣṭam*, *tatrēkṣatē* auß *tatra īkṣatē*.

a oder *ā* + *u* oder *ū* wird *ō*: *jathōktam* auß *jathā uktam*, *ivōrmibhi:* auß *iva ūrmibhi:*

a oder *ā* + *ē* oder *āi* wird *āi*: *ḱāiva* auß *ka ēva*, *jathāiçvarjam* auß *jathā āiçvarjam*.

a oder *ā* + *ō* oder *āu* wird *āu*: *ihāuga:* auß *iha ōgha:* oder *iha āugha:*

a oder *ā* + *r* wird *ar*: *saptarṣaja:* auß *sapta rṣaja:*, *jathartu:* auß *jathā rtu:*.

i, *ī* + *i*, *ī* wird *ī*: *kēçinīkṣatē* auß *kēçini īkṣatē*, *divīva* auß *divi iva*.

u, *ū* + *u*, *ū* wird *ū*: *svādūdakam* auß *svādu udakam*, *pāṇḍūrṇam* auß *pāṇḍu ūrṇam*.

2. Wandelung in den entsprechenden halbvocal. Vor allen anderen vocalen als sich selbst wandeln sich *i*, *ī* in *j*, *u ū* in *v* (§ 14, 1, d): *vārjatra* auß *vāri atra*, *nadjasti* auß *nadī asti*, *tālvidam* auß *tālu idam*.

Dem entsprechend werden *āi*, *āu* vor allen folgenden vocalen zu *āj*, *ār*: *sutājāj avēdajat* auß *sutājāi avēdajat*, *tāv iha* auß *tāu iha*. Es können dann noch *j* und *v* schwinden (vgl. no. 3 und 4), so daß von beiden diphthongen nur *ā* übrig bleibt: *ativardhā-atha* auß *ativardhāi atha*, Çatap. 3.

3. ē solte nach analogie von no. 2 vor vocalen zu aj werden, was aber fast nie ein tritt; in der regel schwindet das j und es bleibt nur a übrig, wodurch ein secundärer hiatus hervor gerufen wird: *kšetra āsīt* auß *kšetrē āsīt*, *sthāna iha* auß *sthānē iha*.

Vor a bleibt ē unverändert und verschlingt das folgende a. Es tritt dann das zeichen ऽ - (s. o.) ein: *mē-dja* auß *mē adja*, *dhanē-smin* auß *dhanē asmin*.

4. Auß lautendes *as* wird vor tönenden consonanten oder vor vocalen zu ō (§ 15 d): *sutō rāġā* auß *sutus rāġā*, *matsjō rakanam* auß *matsjas rakanam*. Wenn das folgende wort nun vocalisch an lautet, so sucht die sprache den so entstehenden hiatus in der selben weise wie bei ē zu beseitigen, d. h. ō wird durch die vorauß zu setzende mittelstufe *av* zu *a*: *kumbha iva* auß *kumbhas iva*, *açva ēša* auß *açvas ēša*. Ist der folgende vocal aber *a*, so verschwindet er und ō bleibt unverändert; der verlust des *a* wird durch ऽ - bezeichnet. *kālō-jam* auß *kālas ajam*, *pramūḍhō-bhūt* auß *pramūḍhas abhūt*, *matsjō-smi* auß *matsjas asmi*.

II. Consonantische lautgesetze.

1. **Anänlichung des außlautes an den folgenden anlaut.**
   a. Grundgesetz ist auch hier, wie im wortinnern (§ 130, 1), daß vor tönendem anlaute der außlaut des vorher gehenden wortes tönend, vor stummem stumm wird (§ 131, 2); z. b. *tasmād bhajāt* auß *tasmāt bhajāt*, *anajad bhagavān* auß *anajat bhagavān*, *tad asti* auß *tat asti*.
   b. Auß lautende nasale richten sich nach dem organe des folgenden consonanten (§ 127, 2). Vor vocalen bleiben sie unverändert. *tam* vor *gaġam*, *kandram*, *dantam*, *sīham* wird resp. zu *tañ*, *tañ*, *tan*, *tā*. Geschrieben wird in allen disen fällen gewönlich nur तँ *tā* (s. o.).
   c. Die stummen nicht aspirierten momentanen laute *k*, *ṭ*, *t*, *p* (nur dise werden im außlaute geduldet; § 130) können

vor an lautendem nasal in den nasal irer reihe über gehen, also resp. zu *ṅ*, *ñ*, *n*, *m* werden, können aber auch, nach dem unter a. gesagten, nur tönend, also resp. zu *g*, *ḍ*, *d*, *b* werden; *vāk* vor *mama* wird *vāṅ* oder *vāg*, *ḷaṭ* vor *māsā*: zu *ḷaṇ* oder *ḷaḍ*, *tat* vor *na* zu *tan* oder *tad*.

2. **Angleichung des auß lautenden consonanten an den an lautenden.**

Das dentale *t* wird folgendem *l* und den momentanen lingualen und palatalen lauten gleich. Also:

 a. *t* vor *k*, *kh* wird *k*: *putravak ka* auß *putravat ka*, *tak khandas* auß *tat kh⁰*.

 b. *t* vor *ǵ*, *ǵh* wird *ǵ*: *taǵ ǵalam* auß *tat ǵalam*, *āsīǵ ǵhaḷas* auß *āsīt ǵh⁰*.

 c. *t* vor *ṭ*, *ṭh* wird *ṭ*: *taṭ ṭaṅkam* auß *tat ṭ⁰*.

 d. *t* vor *ḍ*, *ḍh* wird *ḍ*: *taḍ ḍajanam* auß *tat ḍ⁰*, *taḍ ḍhāukanam* auß *tat ḍh⁰*.

 e. *t* vor *l* wird *l*: *tal lōkanam* auß *tat l⁰*.

Die fälle c. und d. sind ser selten, weil nur wenige worte mit lingualen an lauten.

3. **Gegenseitige assimilation von außlaut und anlaut.**

 a. *t* vor *ç* wird *ḱ*, welchem sich das *ç* dann nähert, indem es zu *ḱh* wird, *taḱ ḱhrṇu* auß *tat çrnu*.

 b. Anlautendes *h* wandelt jeden vorher gehenden momentanen laut in die unaspirierte media (nach 1, a), welcher es sich dann assimiliert, indem es in die entsprechende tönende aspirata über geht: *çaçvad dha* auß *çaçvat ha*, *vāg gharati* auß *vāk harati*.

4. **Consonantenverdoppelung.**

Sie findet nur zwischen zwei vocalen statt.

 a. An lautendes *ḱh* wird verdoppelt, d. h. zu *ḱḱh* (§ 123, 1), wenn das vorher gehende wort mit einem kurzen vocale auß lautet, selten wenn der vorher gehende laut lang ist: *tava ḱḱhājā* auß *tava ḱhājā*; *tatra ḱḱhinatti* auß *tatra ḱhinatti*.

b. Auß lautendes *ṅ*, *ṇ*, *n* nach kurzem vocale wird verdoppelt, wenn das folgende wort mit irgend einem vocale an lautet: *āsann ādāu* auß *āsan ādāu, asminn arthē* auß *asmin arthē*.

5. Consonantenschwund.

Ein auf *n* auß lautender nominalstamm wirft als erstes glid eines compositums sein *n* ab. Wenn dadurch zwei vocale zusammen treffen, so treten die oben an gegebenen vocalischen lautgesetze zwischen inen in kraft: *rāǵan* mit *suta* und *indra* zusammen gesezt wird *rāǵasuta, rāǵendra*.

6. Erhaltung eines ursprünglichen *s*.

Da nach dem außlautsgesetze nie zwei consonanten (außer *r* + moment. cons.) am wortende stehen dürfen, so ist von der einst vorhandenen gruppe nasal + *s* immer das *s* geschwunden. Erhalten hat es sich aber vor den stummen momentanen palatalen, lingualen, dentalen *k*, *kh*, *ṭ*, *ṭh*, *t*, *th* im anlaute des folgenden wortes (§ 131, 1). Weil nun *n* in den meisten fällen erst nach abfall von *s* oder zu *s* gewandeltem *t* in den außlaut gekommen ist, so hat sich hier eine analogie gebildet, welcher auch die ursprünglich auß lautenden *n* folgen, indem sie ein *s* hinter sich an nemen, welches natürlich den gleich zu besprechenden einflüßen der folgenden consonanten unterworfen ist. *asmiç karmani* auß *asmin kʷ, asmīš ṭaṅkē, asmīs tamasi*.

7. Gesetze das *s* und *r* betreffend.

a. *s* nach anderen vocalen als *a*, *ā* geht

1. vor einer pause, d. h. am satz- oder versende und vor stummen gutturalen und labialen in visarga über, z. b. *ravis* wird: *raviḥ karōti, raviḥ pakati*, am satzende *raviḥ*.

2. vor stummen palatalen und lingualen in die disen entsprechende stumme spirans; vor dentalen bleibt *s*, folgt aber auf die dentalis wider ein *s* (was nur bei *t* der fall sein kann), so wird das erste *s* zu ḥ dissimili_rt: *raviç karati, raviš šikatē, ravis tarati, raviḥ tsarati*.

3. vor *ç, š, s* wird es nach wilkür entweder in visarga ge-

wandelt oder dem folgenden zischlaute assimiliert: *ravi:̥ sarati* oder *ravis sarati*, *raviç çōḍajati* oder *ravi:̥ çōḍajati*.
4. vor tönenden lauten und vocalen wird *s* zu *r*; wenn das folgende wort mit *r* an lautet, so wird nur dises bei behalten, das vorhergehende *r* aber schwindet mit ersazdenung: *ravir ēti*, *ravir gakkhati*, *ravī ramatē*.

In allen disen fällen (1—4) folgt auß lautendes *r* nach allen vocalen (selbst nach *a*, *ā*) ganz der analogie von *s*, z. b. *punar:*
1) *karōti puna:̥*, *puna:̥ karōti*, *puna:̥ pakati;*
2) *punaç karati*, *punaš ṭīkaṭē*, *punas tarati*, *puna:̥ tsarati;*
3) *punas* oder *puna:̥ sarati*, *punaç* oder *puna:̥ çōḍajati;*
4) *punar ēti*, *punar gakkhati*, *punā ramatē*.

b. Nach *a*, *ā* gelten für *s* bei folgendem stummen anlaute und in pausa die regeln a, 1—4. Die veränderungen von auß lautendem *as* vor tönenden consonanten und vocalen sind unter den vocalischen lautgesetzen no. 4 behandelt. Auß lautendes *ās* wird unter den selben bedingungen zu *ā*, *gaǵās* wird: *gaǵā adanti*, *gaǵā ikšanté*, *gaǵā ǵajanti*.

॥ मत्स्योपाख्यानं ॥

॥ मार्कंडेय उवाच ॥

विवस्वतः सुतो राजन् महर्षिः सुमतापवान् ।
बभूव नरशार्दूल प्रजापतिसमद्युतिः ॥ १ ॥
ओजसा तेजसा लक्ष्म्या तपसा च विशेषतः ।
अतिचक्राम पितरं मनुः स्वञ्च पितामहं ॥ २ ॥
ऊर्ध्वबाहुर्विशालायां बदर्यां स नराधिपः ।
एकपादस्थितस्तीव्रं चचार सुमहत्तपः ॥ ३ ॥
अवाक्शिरास्तथा चापि नेत्रैरनिमिषैर्दृढं ।
सो ऽतप्यत तपो घोरं वर्षाणामयुतं तदा ॥ ४ ॥
तं कदाचित्तपस्यन्तमार्द्रचीरं जटाधरं ।
चीरिणीतीरमागम्य मत्स्यो वचनमब्रवीत् ॥ ५ ॥
भगवन् क्षुद्रमत्स्यो ऽस्मि बलवद्भ्यो भयं मम ।
मत्स्येभ्यो हि ततो मां त्वं त्रातुमर्हसि सुव्रत ॥ ६ ॥
दुर्बलं बलवन्तो हि मत्स्या मत्स्यं विशेषतः ।
आस्वदन्ति तथा वृत्तिर्विहिता नः सनातनी ॥ ७ ॥
तस्माद्भयौघान्महतो मज्जन्तं मां विशेषतः ।
त्रातुमर्हसि कर्तो ऽसि कृते प्रतिकृतं तव ॥ ८ ॥

Matsjōpākhjānam*).

|| *Mārkaṇḍēja uvāka* ||

Vivasvata: sutō rāǵan maharši: supratāpavān |
babhūva naraçārdūla praǵāpatisamadjuti: || 1 ||
ōǵasā tēǵasā lakšmjā tapasā ka viçēšata: |
atikakrāma pitarā manu: svaṅka pitāmaham || 2 ||
ūrddhwabāhurviçālājā vadarjā sa narādhipa: |
ēkapādasthitastīvrā kakāra sumahattapa: || 3 ||
avākçirāstathā kāpi nētrāiranimišāirdrḍham |
so -tapjata tapō ghōrā varšāṇāmajutā tadā || 4 ||
tā kadākittapasjantamārdrakīrā ǵaṭādharā |
kiriṇītīramāǵanja matsjō vakanamabravīt || 5 ||
bhagavan kšudramatsjō -smi balavadbhjō bhajā mama |
matsjēbhjō hi tatō mā tvā trātumarhasi suvrata || 6 ||
durbalā balavantō hi matsjā matsjā viçēšata: |
āsvadanti tathā vrttirvihitā na: sanātanī || 7 ||
tasmādbhajāughānmahatō maǵǵantā mā viçēšata: |
trātumarhasi kartā-smi krtē pratikṛtā tava || 8 ||

---

*) Der hier gegebene text ist auß einer vergleichung der Calcuttaer
außgabe des Mahābhārata (vol I, p. 663—665) und der Boppschen recen-
sion (Diluvium cum tribus aliis Mahābhārati praestantissimis episodiis)
gewonnen worden.

॥ मार्कण्डेय उवाच ॥

स मत्स्यवचनं श्रुत्वा कृपया ऽभिपरिप्लुतः ।
मनुर्वैवस्वतो ऽगृह्णात्तं मत्स्यं पाणिना स्वयं ॥ ९ ॥
उद्कान्तमुपानीय मत्स्यं वैवस्वतो मनुः ।
अलिञ्जरे प्राक्षिपत्तं चन्द्रांशुसहशप्रभे ॥ १० ॥
स तत्र ववृधे राजन्मत्स्यः परमसत्कृतः ।
पुत्रवच्चाकरोत्तस्मिन् मनुर्भावं विशेषतः ॥ ११ ॥
अथ कालेन महता स मत्स्यः सुमहानभूत् ।
अलिञ्जरे यथा चैव नासौ समभवत्किल ॥ १२ ॥
अथ मत्स्यो मनुं दृष्ट्वा पुनरेवाभ्यभाषत ।
भगवन् साधु मे ऽद्यान्यत् स्थानं सम्प्रतिपाद्य ॥ १३ ॥
उद्धृत्यालिञ्जरात्तस्मात्ततः स भगवान् मनुः ।
तं मत्स्यमनयद्वापीं महतीं स मनुस्तदा ॥ १४ ॥
तत्र तं प्राक्षिपच्चापि मनुः परपुरञ्जय ।
अथावर्धत मत्स्यः स पुनर्वर्षगणान् बहून् ॥ १५ ॥
द्वियोजनायता वापी विस्तृता चापि योजनं ।
तस्यां नासौ समभवन्मत्स्यो राजीवलोचनः ॥ १६ ॥
विचेष्टितुञ्च कौन्तेय मत्स्यो वाप्यां विशाम्पते ।
मनुं मत्स्यस्ततो दृष्ट्वा पुनरेवाभ्यभाषत ॥ १७ ॥
नय मां भगवन् साधो समुद्रमहिषीं प्रियां ।
गङ्गां तत्र निवत्स्यामि यथा वा तात मन्यसे ॥ १८ ॥
निदेशे हि मया तुभ्यं स्थातव्यमनसूयता ।
वृद्धिर्हि परमा प्राप्ता त्वत्कृते ऽयं मया ऽनघ ॥ १९ ॥
एवमुक्तो मनुर्मत्स्यमनयद्भगवान् वशी ।
नदीं गङ्गां तत्र चैनं स्वयं प्राक्षिपदच्युतः ॥ २० ॥

Mārkaṇḍēja uvāka

sa matsjavakand çrutvā krpajā -bhiparipluta° |
manur vaivasvatō -grhṇāttā matsjā pāṇinā svajā || 9 ||
udakāntamupānēja matsjā vaivasvatō manu° |
aliṅgarē prākšipattā kandrāçusadrçaprabhē || 10 ||
sa tatra vavrdhē rājan matsja° paramasatkrta° |
putravakkā -karōttasmī manurbhāvā viçēšata° || 11 ||
atha kalēna mahatā sa matsja° sumahānabhut |
aliṅgarē jathā kaiva nāsāu samabharat kila || 12 ||
atha matsjō manū drštvā punarēvābhjabhāšata |
bhagavan sādhu mē -djānjat sthānā sampratipādaja || 13 ||
uddhrtjāliṅgarāttasmāttata° sa bhagavān manu° |
tā matsjamanajadvapī mahatī sa manustadā || 14 ||
tatra tā prākšipakkāpi manu° parapuraṅgaja° |
athāvarddhata matsja° sa punarvarśagaṇān bahūn || 15 ||
drijōganājatā vāpī vistrtā kāpi jōganā |
tasjā nāsāu samabharanmatsjō rāgīvalōkana° || 16 ||
vikēštituṅka kāuntēja matsjō vāpjā viçāmpatē |
manū matsjastatō drštvā punarēvābhjabhāšata || 17 ||
naja mā bhagavan sādhō samudramahišī prijā |
gaṅgā tatra nivatsjāmi jathā vā tāta manjasē || 18 ||
nidēçē hi majā tubhjā sthātavjamanasūjatā |
vrddhirhi paramā prāptā tvatkrtē -jā majā -nagha || 19 ||
ēvamuktō manurmatsjamanajadbhagavān vaçī |
nadī gaṅgā tatra kāinā svajā prākšipadakjuta° || 20 ||

स तत्र ववृधे मत्स्यः कञ्चित्कालमरिन्दम ।
ततः पुनर्मनुं दृष्ट्वा मत्स्यो वचनमब्रवीत् ॥ २१ ॥
गङ्गायां हि न शक्नोमि बृहत्त्वाच्चेष्टितुं प्रभो ।
समुद्रं नय मामाशु प्रसीद भगवन्निति ॥ २२ ॥
उद्धृत्य गङ्गासलिलात्ततो मत्स्यं मनुः स्वयं ।
समुद्रमनयत्पार्थ तत्र चैनमवासृजत् ॥ २३ ॥
सुमहानपि मत्स्यः खलु स मनोनेयतस्तदा ।
आसीद्ध्येहायैष स्पर्शगन्धसुखश्च वै ॥ २४ ॥
यदा समुद्रे प्रक्षिप्तः स मत्स्यो मनुना तदा ।
तत एनमिदं वाक्यं स्मयमान इवाब्रवीत् ॥ २५ ॥
भगवन् हि कृता रक्षा त्वया सर्वा विशेषतः ।
प्राप्तकालन्तु यत्कार्यं त्वया तच्छ्रूयतां मम ॥ २६ ॥
अचिराद्भगवन् भौममिदं स्थावरजङ्गमं ।
सर्वमेव महाभाग प्रलयं वै गमिष्यति ॥ २७ ॥
संप्रक्षालनकालोऽयं लोकानां समुपस्थितः ।
तस्मात्त्वां बोधयाम्यद्य यत्ते हितमनुत्तमं ॥ २८ ॥
त्रसानां स्थावराणाञ्च यच्चेङ्गं यच्च नेङ्गति ।
तस्य सर्वस्य संप्राप्तः कालः परमदारुणः ॥ २९ ॥
नौश्च कारयितव्या ते दृढा युक्तवटारका ।
तत्र सप्तर्षिभिः सार्धमारुह्येषा महामुने ॥ ३० ॥
बीजानि चैव सर्वाणि यथोक्तानि द्विजैः पुरा ।
तस्यामारोहयेन्नावि सुसंगुप्तानि भागशः ॥ ३१ ॥
नौस्थश्च मां प्रतीक्षेथास्ततो मुनिजनप्रिय ।
आगमिष्याम्यहं शृङ्गी विज्ञेयस्तेन तापस ॥ ३२ ॥
एवमेतत्त्वया कार्यमापृष्टोऽसि व्रजाम्यहं ।

sa tatra vavrdhē matsjaḥ kaṅkitkālamarindama |
tataḥ punarmanū dr̥ṣṭvā matsjō vaḱanamabravīt || 21 ||
gaṅgājā hi na çaknōmi vrhattvāḱkēṣṭitū prabhō |
samudrā naja mūmāçu prasīda bhagavannıti || 22 ||
uddhr̥tja gaṅgāsalilāttatō matsjā manuḥ svajā |
samudramanajat pārtha tatra ḱāinamavāsr̥jat || 23 ||
sumahānapi matsjastu sa manōrnajatastadā |
āsīdjathēṣṭahārjaçka sparçagandhasukhaçka vāi || 24 ||
jadā samudrē praḱśiptaḥ sa matsjō manunā tadā |
tata ēnamidā vākjā smajamāna ivābravīt || 25 ||
bhagavan hi kr̥tā rakśā tvajā sarvā viçēṣataḥ | ,
prāptakālantu jatkārjā tvajā taḱkhrūjatā mama || 26 ||
aḱirādbhagavan bhāumamidā sthāvarajaṅgamā |
sarvamēva mahābhāga pralajā vāi gamiśjati || 27 ||
sāpraḱśālanakālō -jā lōkānā samupasthitaḥ |
tasmāttvā bōdhajūmjadja jattē hitamanuttamā || 28 ||
trasāṇā sthāvarāṇāṅka jaḱkēṅgā jaḱka nēṅgati |
tasja sarvasja sāprāptaḥ kālaḥ paramadāruṇaḥ || 29 ||
nāuçka kārajitavjā tē dr̥ḍhā juktavaṭārakā |
tatra saptarśibhiḥ sārddhamāruhēthā mahāmunē || 30 ||
vījāni ḱāiva sarvāṇi jathōktāni dvijāiḥ purā |
tasjamārōhajērnāvi susaṅguptāni bhāgaçaḥ || 31 ||
nāusthaçka mā pratīkśēthāstatō muniganaprija |
āgamiśjāmjahā çr̥ṅgī vijñējastēna tāpasa || 32 ||
ēvamētattvajā kārjamāpr̥ṣṭō -si vrajāmjahā |

2 *

tā na çakjā mahatjō vāi āpastartū majā rinā || 33 ||
nābhiçaṅkjamidaṅkāpi rakanā mē tvajā vibhō |
ēvā kariṣja iti tā sa matsjā pratjabhāṣata || 34 ||
ġagmatuçka jathākāmamanuġñāpja paraspará |
tatō manurmahārāġa jathōktā matsjakēna ha || 35 ||
vīġānjādāja sarvāṇi sāgarā puplurē tadā |
nāukajā çubhajā vīrō mahōrmiṇamarindama || 36 ||
kintajāmāsa ka manustā matsjā prthivīpatē |
sa ka takkintitā ġñātvā matsja° parapuraṅġaja |
çrṅgī tatrāġagāmāçu tadā bharatasattama || 37 ||
tā dṛṣṭvā manuġarjāghra manurmatsjā ġalārṇarē |
çrṅgiṇā tā jathōktēna rūpēṇādrimivōkKhritā || 38 ||
vaṭārakamajā pāçamatha matsjasja mūrddhani |
manurmanuġaçārdūla tasmī çṛṅġē njarēçajat || 39 ||
sājatastēna pāçēna matsja° parapuraṅġaja |
vēġēna mahatā nāvā prākarṣallaraṇāmbhasi || 40 ||
sa tatāra tajā nāvā samudrā manuġēçvara° |
nrtjamānamivōrmibhirgarġamānamivāmbhasā || 41 ||
kṣōbhjamāṇā mahāvātāi° sā nāustasminmahōdadhāu |
ghūrṇatē Kapalēva strī mattā parapuraṅġaja || 42 ||
nāiva bhūmirnaka diça° pradiçō vā kakāçirē |
sarvamāmbhasamēvāsīt khā djāuçka narapuṅġara || 43 ||
ēvambhūtē tadā lōkē sakalē bharataṛṣabha |
adṛçjanta saptarṣajō manurmatsjastathāiva ha || 44 ||
ēvā bahūn varṣagaṇāstā nāvā sō -tha matsjaka° |

kakarśātandritō rāgāstasmin salilasaṅkajē || 45 ||
tatō himavataḥ çṛṅgā jatparā bharataršabha |
tatrākarśattatō nāvā sa matsjaḥ kurunandana || 46 ||
athābravittadā matsjastānṛśin prahasan çanāiḥ |
asmin himavataḥ çṛṅge nāvam badhnita mākirā || 47 ||
sā baddhā tatra tāistūrṇamṛśibhirbharataršabha | .
nāurmatsjasja vakaḥ çrutvā çṛṅgē himavatastadā || 48 ||
takka nāubandhanā nāma çṛṅgā himavataḥ parā | .
khjātamadjāpi kāuntēja tad viddhi bharataršabha || 49 ||
athābravīdanimiśastānṛśin sahitastadā |
ahā pragāpatirbrahmā matparā nādhigamjatē || 50 ||
matsjarūpēṇa jūjaṅka majāsmānmōkśitā bhajāt |
manunā ka pragāḥ sarvāḥ sadēvasuramānuśāḥ || 51 ||
sraṣṭavjāḥ sarvalokāçka jakkēṅgā jakka nēṅgati |
tapasā kāpi tīvrēṇa pratibhāsja bhaviṣjati || 52 ||
matprasādāt pragāsargē na ka mōhā gamiṣjati | .
itjuktvā vakanā matsjaḥ kśaṇēnādarçanaṅgataḥ || 53 ||
sraṣṭukāmaḥ pragāçkāpi manurvāivasvataḥ srajā |
pramūḍhō -bhūt pragāsargē tapastēpē mahattataḥ || 54 ||
tapasā mahatā juktaḥ sō -tha sraṣṭū prakakramē |
sarvāḥ pragā manuḥ sākśādjathāvadbharataršabha || 55 ||
itjētanmātsjakā nāma purāṇā parikīrtitā |
ākhjānamidamākhjātā sarvapāpaharam majā || 56 ||
ja idā çṛṇujānnitjā manōçkaritamāditaḥ |
sa sukhī sarvapūrṇārthaḥ svargalōkam ijān naraḥ || 57 ||
|| *iti çrīmahābhāratē āraṇjaparvaṇi matsjōpākhjānā samāptam* ||

Hitōpadēça II, 2.*)

Asti magadhadēçē dharmāraṇjasānihitavasudhājā çubhadattanāmā kājastha° | tēna vihāra° kārajitumārabdha° | tatra karapatravidārjamāṇastambhasja kijaddūrasphāṭitasja kāṣṭhakhaṇḍadvajamadhjē kilaka° sūtradhārēṇa sthāpita° | tatra sājāhnē vanavāsī vānarajūtha° krīḍannāgata° | tēšrēko vānara° kāladaṇḍaprēriṭa iva tā kilakā hastabhjā dhrtvōpaviṣṭa° | tataṣṭasja muṣkadvajā lambamānā kāṣṭhakhaṇḍadvajābhjantarē praviṣṭā | anantarā sa ka sahajakapalatajā mahatā prajatnēna tā kilakamākr̥ṣṭavān | ākr̥ṣṭē sati kāṣṭhābhjā kurṇitāṇḍadvaja° paṅkatrā gata° | ato -hā bravīmi

avjāpārēšu vjāpārā jo nara° kartumikkhati |

sa bhūmāu nihata° çētē kilōtpaṭiva vanara° ||

|| iti hitōpadēçē dvitijakathāsaṅgrahē dvitijā kathā samāptā ||

Sprüche.**)

1. nāsatō vidjatē bhāvō nābhāvō vidjatē sata° ||

2. buddhāu çaraṇam anvikkha krpaṇā° phalahētava° ||

---

*) Hitopadesas, recensuerunt A. G. a Schlegel et Christ. Lassen. Bonn 1829. I, p. 49.

**) 1 und 2 auß Bhagavad-Gita editio altera ed. A. G. a Schlegel et Chr. Lassen, Bonn 1846 (I, 16 und II, 49); 3—11 auß den Indischen Sprüchen v. Böhtlingk, Petersburg 1863—1865.

3. *jad açakjam na takkhakjā jakkhakjā çakjam ēva tat* |
   nōdakē çakaṭā jāti na ka nāur gakkhati sthalē ||

4. *adhō -dha͡ḥ paçjata͡ḥ kasja mahimā nōpagājatē* |
   uparjupari paçjanta͡ḥ sarva ēva daridrati ||

5. *anantapārā kila çabdaçāstrā svalpā tathājur bahavaç
                 ka vighnā͡ḥ* |
   *sārā latō grāhjam apāsja phalgu hāsāir jathā kṣīram
                   ivāmbumadhjāt* ||

6. *atjāsannā vināçāja durataç kāphalapradā͡ḥ* |
   madhjabhāvēna sēvjantē rāgavahnigurustrija͡ḥ ||

7. *agña͡ḥ sukham ārādhja͡ḥ sukhataram aradhjatē viçēṣagña͡ḥ* |
   gñānalavadurvidagdham brahmāpi narā na rangajati ||

8. *alpānām api vastūnām sāhati͡ḥ kārjasādhikā* |
   trṇair guṇatvam āpannāir badhjantē mattadantina͡ḥ ||

9. *asandadhānō manād ja͡ḥ samēnāpi hatō bhṛçam* |
   āmakumbha ivānjēna karōtjubhajasaṅkṣajam ||

10. *āpūrjamānam akalapratiṣṭham samudram āpa͡ḥ pravi-
                ҫanti jadvat* |
    *tadvat kāmā jam praviçanti sarvē sa çāntim āpnōti na
                kāmakāmī* ||

11. *āropjatē çilā çāilē jathā jatnēna bhūjasā* |
    nipātjatē sukhēnādhas tathātma guṇadōṣajō͡ḥ ||

ॐ अ॒ग्निमी॑ळे पु॒रोहि॑तं य॒ज्ञस्य॑ दे॒वमृ॒त्विज॑म् ।
होता॑रं रत्न॒धात॑मम् ॥ १ ॥
अ॒ग्निः पूर्वे॑भिर्ऋ॑षिभि॒रीड्यो॒ नूत॑नैरु॒त ।
स दे॒वाँ एह व॑क्षति ॥ २ ॥
अ॒ग्निना॑ र॒यिम॑श्नव॒त्पोष॑मे॒व दि॒वेदि॑वे ।
य॒शसं॑ वी॒रव॑त्तमम् ॥ ३ ॥
अग्ने॒ यं य॒ज्ञम॑ध्व॒रं वि॒श्वतः॑ परि॒भूरसि॑ ।
स इद्दे॒वेषु॑ गच्छति ॥ ४ ॥
अ॒ग्निर्होता॑ क॒विक्र॑तुः स॒त्यश्चि॒त्रश्र॑वस्तमः ।
दे॒वो दे॒वेभि॒रा ग॑मत् ॥ ५ ॥
यदङ्ग॑ दा॒शुषे॒ त्वमग्ने॑ भ॒द्रं क॑रि॒ष्यसि॑ । तवेत्तत्स॒त्यम॑ङ्गिरः ॥ ६ ॥
उप॑ त्वाग्ने दि॒वेदि॑वे॒ दोषा॑वस्तर्धि॒या व॒यम् ।
नमो॒ भर॑न्त॒ एम॑सि ॥ ७ ॥
राज॑न्तमध्व॒राणां॑ गो॒पामृ॒तस्य॒ दीदि॑विम् ।
वर्ध॑मानं॒ स्वे दमे॑ ॥ ८ ॥
स नः॑ पि॒तेव॑ सू॒नवे॒ ऽग्ने॑ सूपाय॒नो भ॑व ।
सच॑स्वा नः स्व॒स्तये॑ ॥ ९ ॥

Hymnen des Rigvêda.*)

I, 1.

Ōm Agnim īḷē purá̇-hitam jaǵñásja dēvám rtvíǵam |
hótāram ratna-dhā́tamam || 1 ||

agni̇̈ pū́rvēbhi̇̈ ŕśi-bhi̇̈ ī́djō nū́tanāi̇̈ utá |
sá̇ dēván á ihá vakṣati || 2 ||

agnínā rajim aṣṇavat pṓṣam ēvá divḗ-divē |
jaçásam vīrávat-tamam || 3 ||

ágnē jám jaǵñám adhvarám viçvátȧ pari-bhū́̇ ási |
sá̇ it dēvḗṣu gakkhati || 4 ||

agni̇̈ hótā kavi-kratu̇̈ satjá̇ kitráçravȧ̈-tamȧ |
dēvá̇ dēvébhi̇̈ á gamat || 5 ||

ját aṅgá dāçū́ṣē tvám ágnē bhadrám kariṣjási |
táva it tát satjám aṅgirȧ || 6 ||

úpa tvā agnē divḗ-divē dōṣā-vastȧ dhijá vajám |
námȧ bhárantȧ á imasi || 7 ||

rā́ǵantam adhvarā́ṇām gōpā́m rtásja dī́divim |
várdhamānam své dā́mē || 8 ||

sá̇ nȧ pitā́-iva sūnávē ágnē su-upā́janá̇ bhava |
sákasva nȧ svastájē || 9 ||

---

*) Sie sind nach der ausgabe von M. Müller gegeben, die beiden lezten aus dem zehnten Mandalam nach Aufrechts ausgabe. Die lat. umschreibung gibt den pada-text (in welchem die worte in derjenigen form stehen, welche sie haben würden, wenn kein anderes wort folgte; die 'iti' sind weg gelaßen).

कस्य नूनं कतमस्यामृतानां मनामहे चारु देवस्य नाम ।
को नो मह्या अदितये पुनर्दातपितरं च दृशेयं मातरं
च ॥ १ ॥

अग्नेर्वयं प्रथमस्यामृतानां मनामहे चारु देवस्य नाम ।
स नो मह्या अदितये पुनर्दातपितरं च दृशेयं मातरं
च ॥ २ ॥

अभि त्वा देव सवितरीशानं वार्याणां ।
सदावन्भागमीमहे ॥ ३ ॥

यश्चिद्धि त इत्था भगः शशमानः पुरा निदः ।
अद्वेषो हस्तयोर्दधे ॥ ४ ॥

भगभक्तस्य ते वयमुदशेम तवावसा ।
मूर्धानं राय आरभे ॥ ५ ॥

नहि ते क्षत्रं न महो न मन्युं वयश्चनामी पतयन्त आपुः ।
नेमा आपो अनिमिषं चरन्तीर्न ये वातस्य प्रमिनं-
त्यभ्वं ॥ ६ ॥

अबुध्ने राजा वरुणो वनस्योर्ध्वं स्तूपं ददते पूतदक्षः ।
नीचीनाः स्थुरुपरि बुध्न एषामस्मे अन्तर्निहिताः के-
तवः स्युः ॥ ७ ॥

उरुं हि राजा वरुणश्चकार सूर्याय पन्थामन्वेतवा उ ।
अपदे पादा प्रतिधातवेऽकरुतापवक्ता हृदयाविध-
श्चित् ॥ ८ ॥

शतं ते राजन्भिषजः सहस्रमुर्वी गभीरा सुमतिष्टे अस्तु ।

I, 24.

Kásja nunám katamásja amŕtānām mánāmahē kā́ru dē-
vásja nā́ma |
ká̐ na̐ mahjā́i ā́ditajē púna̐ dāt pitáram ka drçéjam
mātáram ka || 1 ||
agnḗ̐ rajám prathamásja amŕtānām mánāmahē kā́ru dē-
vásja nā́ma |
sá̐ na̐ mahjā́i ā́ditajē púna̐ dāt pitáram ka drçéjam
mātáram ka || 2 ||
abhi tvā dēva savita̐ íçānam várjāṇām |
sádā avan bhāgám īmahē || 3 ||
já̐ kit hi tē itthā́ bhága̐ çaçamāná̐ purā́ nidá̐ |
advḗšá̐ hástajo̐ dadhḗ || 4 ||
bhága-bhaktasja tē vajám út açēma táva ávasā |
mūrddhā́nam rājá̐ ā-rábhē || 5 ||
nahi tē kšatrám ná sáha̐ ná manjúm vā́ja̐ kaná ami
patájanta̐ āpú̐ |
ná imá̐ ápa̐ ani-mišám kárantī̐ ná jḗ vā́tasja pra-
minánti ábhvam || 6 ||
abudhnḗ rā́jā váruṇa̐ vánasja ūrdhvám stúpam dadatē
pūtá-dakša̐ |
nīkī́nā̐ sthu̐ upári budhná̐ ēšam asmé antá̐ ní-hitā̐
kḗtāva̐ sju̐ || 7 ||
urúm hi rā́jā váruṇa̐ kakára sū́rjāja pánthām ánu-ētavái u |
apādē pádā práti-dhātavē aka̐ utá apa-vaktā́ krdaja-vidha̐
kit || 8 ||
çatám tē rājan bhišája̐ sahásram urvī́ gabhīrā́ su-mati̐
tē astu |

बाधस्व दूरे निर्ऋतिं पराचैः कृतं चिदेनः प्र मुमुग्ध्यस्मत् ॥ ९ ॥

अमी य ऋक्षा निहितास उच्चा नक्तं ददृश्रे कुह चिद्दिवेयुः ।
अदब्धानि वरुणस्य व्रतानि विचाकशच्चन्द्रमा नक्तमेति ॥ १० ॥

तत्त्वा यामि ब्रह्मणा वन्दमानस्तदा शास्ते यजमानो हविर्भिः ।
अहेळमानो वरुणेह बोध्युरुशंस मा न आयुः प्र मोषीः ॥ ११ ॥

तदिन्नक्तं तद्दिवा मह्यमाहुस्तदयं केतो हृद आ वि चष्टे ।
शुनःशेपो यमह्वद्गृभीतः सो अस्मान्राजा वरुणो मुमोक्तु ॥ १२ ॥

शुनःशेपो ह्यह्वद्गृभीतस्त्रिष्वादित्यं द्रुपदेषु बद्धः ।
अवैनं राजा वरुणः ससृज्याद्विद्वाँ अदब्धो वि मुमोक्तु पाशान् ॥ १३ ॥

अव ते हेळो वरुण नमोभिरव यज्ञेभिरीमहे हविर्भिः ।
क्षयन्नस्मभ्यमसुर प्रचेता राजन्नेनांसि शिश्रथः कृतानि ॥ १४ ॥

उदुत्तमं वरुण पाशमस्मदवाधमं वि मध्यमं श्रथाय ।
अथा वयमादित्य व्रते तवानागसो अदितये स्याम ॥ १५ ॥

आ ते पितर्मरुतां सुम्नमेतु मा नः सूर्यस्य संदृशो युयोथाः ।

bā́dhasva dūré níṛ-rtim parākáiḥ kr̥tā́ṁ kit énaḥ prá mu-
    mugdhi asmā́t ‖ 9 ‖
amī́ jé ŕ̥kṣāḥ ni-hitā́saḥ ukkā́ náktam dā́dr̥çrē kúha kit dīvā́
    ījuḥ |
ádabdhāni váruṇasja vratā́ni vi-kā́kaçat kandrámāḥ náktam
    ḗti ‖ 10 ‖
tát tvā jāmi bráhmaṇā vándamānaḥ tát ā́ çāstē jágamā-
    naḥ havíḥ-bhiḥ |
áhēḷamānaḥ varuṇa ihá bōdhi úru-çáṅsa mā́ naḥ ā́juḥ prá
    mōṣīḥ ‖ 11 ‖
tát it náktam tát dívā máhjam āhuḥ tát ajā́m kḗtaḥ hr̥dā́ḥ
    ā́ vi kaṣṭē |
çúnaḥçépaḥ jám āhvat gr̥bhītā́ḥ sáḥ asmā́n rā́ǵā váruṇaḥ
    mumōktu ‖ 12 ‖
çúnaḥçépaḥ hí āhvat gr̥bhītā́ḥ triṣú ādityám drupadéṣu
    baddháḥ |
áva ēnam rā́ǵā váruṇaḥ sasr̥ǵjāt vidvā́n ádabdhaḥ ví mu-
    mōktu pā́çān ‖ 13 ‖
áva tē hḗḷaḥ varuṇa nā́maḥ-bhiḥ áva jaǵñḗbhiḥ īmahē
    havíḥ-bhiḥ |
kṣájan asmā́bhjam asura pra-kḗtaḥ rā́ǵan ḗnāsi çiçrathaḥ
    kr̥tā́ni ‖ 14 ‖
út uttamám varuṇa pā́çam asmā́t áva adhamám ví madhja-
    mám çrathāja |
átha vajám āditja vraté táva ánāgasaḥ ā́ditajē sjāma ‖ 15 ‖

II, 33.

Ā́ tē pitaḥ marutām sumnám ētu mā́ naḥ sū́rjasja sam-dŕ̥çaḥ
    jujōthāḥ |

अ॒भि नो॑ वी॒रो अर्व॑ति क्षमेत॒ प्र जा॑येमहि रुद्र प्र॒-
जाभिः॑ ॥ १ ॥

त्वाद॑त्तेभी रुद्र॒ शंत॑मेभिः॒ शतं॒ हिमा॑ अशीय भेष॒जेभिः॑ ।
व्य१॒॑स्मद्द्वेषो॑ वित॒रं व्यंहो॒ व्य१॒॑मीवा॒श्चात॑यस्वा॒ विषू॑-
चीः ॥ २ ॥

श्रे॒ष्ठो जा॒तस्य॑ रुद्र श्रि॒यासि॑ त॒वस्त॑मस्तवसां वज्रबाहो ।
पर्षि॑ ण॒ः पा॒रमंह॑सः॒ स्व॒स्ति विश्वा॑ अ॒भीती॑ रप॑सो यु-
योधि ॥ ३ ॥

मा त्वा॑ रुद्र चुक्रुधामा॒ नमो॑भि॒र्मा दुष्टु॑ती वृषभ॒ मा सहू॑ती ।
उन्नो॑ वी॒राँ अ॑र्पय भेष॒जेभि॒र्भिष॒क्त॑मं त्वा भिष॒जां शृ-
णोमि ॥ ४ ॥

हवी॑मभि॒र्हव॑ते यो ह॒विर्भि॒रव॑ स्तो॒मेभी॑ रुद्रं॒ दिषी॑य ।
ऋदू॒दरः॑ सु॒हवो॒ मा नो॒ अस्यै॑ ब॒भ्रुः सु॒शिप्रो॑ रीरधन्म-
नायै॑ ॥ ५ ॥

उन्मा॑ ममंद वृष॒भो म॒रुत्वान्त्वक्षी॑यसा॒ वय॑सा नाध॒मानं ।
घृणी॑व छा॒यामर॑पा अ॒शीया॑ विवासे॒यं रु॒द्रस्य॑ सु॒म्नं ॥ ६ ॥

क्व१॒॑स्य ते॑ रुद्र मृळ॒याकुर्हस्तो॒ यो अस्ति॑ भेष॒जो जला॑षः ।
अ॒पभ॒र्ता रप॑सो॒ दैव्य॒स्याभी॒ नु मा॑ वृषभ चक्षमी-
थाः ॥ ७ ॥

प्र ब॒भ्रवे॑ वृष॒भाय॑ श्विती॒चे म॒हो म॒हीं सु॒ष्टुति॑मीरयामि ।
नम॒स्या क॑ल्मली॒किनं॒ नमो॑भि॒र्गृणी॑मसि॒ त्वेष॒ रु॒द्रस्य॒
नाम॑ ॥ ८ ॥

*abhí naḥ vīrā́ḥ árvati kṣamēta prá gāj́ēmahi rudra pra-
   gā́bhiḥ || 1 ||*

*tvā́-dattēbhiḥ rudra çā́m-tamēbhiḥ çatám himāḥ áçīja bhē-
   ṣagḗbhiḥ |*

*ví asmát dvḗṣaḥ vi-tarā́m ví áhaḥ ví ámīvāḥ kā́tajasva
   víṣūkīḥ || 2 ||*

*çrḗṣṭhaḥ gātásja rudra çrījā́ asi tavā́ḥ-tamaḥ tarásām va-
   gra-bāhō |*

*párṣi naḥ pārám áhasaḥ svasti víçvāḥ abhí-itīḥ rápasaḥ
   jujōdhi || 3 ||*

*mā́ tvā rudra kukrudhāma námaḥ-bhiḥ mā́ dúḥ-stuti vṛṣa-
   bha mā́ sá-hūtī |*

*út naḥ vīrā́n arpaja bhēṣagḗbhiḥ bhiṣák-tamam tvā bhi-
   ṣágām çṛṇōmi || 4 ||*

*hávīma-bhiḥ hávatē jā́ḥ havíḥ-bhiḥ áva stómēbhiḥ rudrám
   diṣīja |*

*rdūdáraḥ su-hávaḥ mā́ naḥ asjái babkrúḥ su-çípraḥ rīva-
   dhat manā́jāi || 5 ||*

*út mā mamanda vṛṣabhā́ḥ marútvān tvákṣījasā rájasā
   nā́dhamānam |*

*ghṛ́ṇi-iva khājám arapā́ḥ áçīja á vivāsḗjam rudrásja sum-
   nám || 6 ||*

*kvà sjáḥ tē rudra mṛlajā́kuḥ hástaḥ jā́ḥ ásti bhēṣagā́ḥ gá-
   lāṣaḥ |*

*apa-bhartā́ rápasaḥ dā́ivjasja abhí nú mā vṛṣabha kakṣa-
   mītháḥ || 7 ||*

*prá babhrávē vṛṣabhā́ja çvitīkḗ mahā́ḥ mahím su-stutim
   īrajāmi |*

*namasjá kulmalīkinam námaḥ-bhiḥ gṛṇīmási tvēṣám ru-
   drásja náma || 8 ||*

Altindisch.

स्थिरेभिरंगैः पुरुरूप उग्रो बभुः शुक्रेभिः पिपिशे हिरण्यैः ।
ईशानादस्य भुवनस्य भूरेर्न वा उ योषद्रुद्रादसुर्यं ॥ ९ ॥

अर्हन्बिभर्षि सायकानि धन्वार्हन्निष्कं यजतं विश्वरूपं ।
अर्हन्निदं दयसे विश्वमभ्वं न वा ओजीयो रुद्र त्वदस्ति ॥ १० ॥

स्तुहि श्रुतं गर्तसदं युवानं मृगं न भीममुपहत्नुमुग्रं ।
मृळा जरित्रे रुद्र स्तवानो अन्यं ते अस्मन्नि वपंतु सेनाः ॥ ११ ॥

कुमारश्चित्पितरं वंदमानं प्रति नानाम रुद्रोपयंतं ।
भूरेर्दातारं सत्पतिं गृणीषे स्तुतस्त्वं भेषजा रास्यसे ॥ १२ ॥

या वो भेषजा मरुतः शुचीनि या शंतमा वृषणो या मयोभु ।
यानि मनुरवृणीता पिता नस्ता शं च योष रुद्रस्य वश्मि ॥ १३ ॥

परि णो हेती रुद्रस्य वृज्याः परि त्वेषस्य दुर्मतिर्महीगात् ।
अव स्थिरा मघवद्भ्यस्तनुष्व मीढ्वस्तोकाय तनयाय मृळ ॥ १४ ॥

एवा बभ्रो वृषभ चेकितान यथा देव न हृणीषे न हंसि ।
हवनश्रुन्नो रुद्रेह बोधि बृहद्वदेम विदथे सुवीराः ॥ १५ ॥

प्र शुभुभ्यो दूतमिव वाचमिष्ये उपस्तिरे श्वेतरीं धेनुमीळे ।

sthirébhi: áṅgāi: puru-rū́pa: ugrá: babhrú: çukrébhi: pi-
piçē híraṇjāi: |
íçānāt asjá bhúvanasja bhū́rē: ná vái u jōšat rudrā́t asur-
jàm || 9 ||
árhan bibharši sā́jakāni dhánva árhan niškám jagatám
viçvá-rūpam |
árhan idám ajasē víçvam ábhvam ná vái ójīja: rudra
tvát asti || 10 ||
stuhí çrutám garta-sádam júvānam nrgám ná bhīmám
upa-hatnúm ugrám |
mrḷá garitré rudra stávāna: anjám tē asmát ni vapantu
sénā: || 11 ||
kumārá: kit pitáram vándamānam práti nanāma rudra
upa-jántam |
bhū́rē: dātáram sát-patim gr̥ṇīšē stutá: tvám bhēšagá rāsi
asmé || 12 ||
já va: bhēšagá maruta: çúkīni já çám-tamā vŕšaṇa: já
maja:-bhú |
jáni mánu: ávrṇīta pitá na: tá çám ka jó: ka rudrásja
vaçmi || 13 ||
pári na: hḗti: rudrásja vrjjā́: pári tvēšásja du:-matí:
mahí gāt |
áva sthirá maghávat-bhja: tanušva mī́ḍhva: tōkája tána-
jája nrḷa || 14 ||
ēvá babhrō vŕšabha kēkitāna játhā dēva ná hr̥ṇīšé ná hā́si |
havana-çrút na: rudra ihá bōdhi brhát vadēma vidā́thē
su-vírā: || 15 |

IV, 33.

Prá rbhú-bhja: dūtám-iva vā́kam išjē upa-stirē çvā́itarim
dhēnúm īḷē |

ये वा॒तजू॑ताहस्त॒रणि॑भिरे॒वैः परि॒ द्यां स॒द्यो अपसो॑ ब॒भूवुः॑ ॥ १ ॥

यदा॒रम॑क्र॒न्नृभवः॑ पि॒तृभ्यां॑ परि॒विष्टी॒ वेष॑णा॒ दंसना॑भिः ।
आदिद्दे॒वाना॒मुप॑ स॒ख्यमा॑य॒न्धीरा॑सः पु॒ष्टिम॑वहन्म॒नायै॑ ॥ २ ॥

पुन॒र्ये च॒क्रुः पि॒तरा॒ युवा॑ना॒ सना॒ यूपे॑व ज॒रणा॒ शया॑ना ।
ते वाजो॒ विभ्वाँ॒ ऋभु॒रिन्द्र॑वन्तो॒ मधु॑पसासो॒ नो॑ ऽव॑न्तु य॒ज्ञं ॥ ३ ॥

यत्सं॒व॒त्स॒मृभ॑वो गा॒मर॑क्ष॒न्यत्सं॒व॒त्स॒मृभ॑वो॒ मा अपिंशन् ।
यत्सं॒व॒त्स॒मभ॑र॒न्भासो॑ अ॒स्यास्ताभिः॒ शमी॑भिरमृत॒त्वमा॑शुः ॥ ४ ॥

ज्ये॒ष्ठ आह॑ चम॒सा द्वा क॒रेति॑ क॒नीया॒न्त्रीन्कृ॑णवा॒मेत्या॑ह ।
क॒निष्ठ॑ आह चतु॒रस्क॒रेति॒ त्वष्ट॒ ऋभ॑व॒स्तत्प॑नय॒द्वचो॑ वः ॥ ५ ॥

स॒त्यमू॑चुर्न॒र ए॒वा हि च॒क्रुस्तामु॒ स्वधा॒मृभ॑वो ज॒ग्मुरे॒तां ।
वि॒भ्राज॑मानाँ॒श्चम॒साँ अहे॒वावे॑न॒न्त्वष्टा॑ च॒तुरो॑ द॒दृश्वान् ॥ ६ ॥

द्वादश॒ द्यून्यदग्रो॑ह्य॒स्यातिथ्ये॑ र॒णन्नृभ॑वः॒ ससं॒तः ।
सु॒क्षेत्रा॑कृण्वन्न॒नय॑न्त॒ सिन्धू॒न्धन्वा॒तिष्ठ॒न्नोष॑धीर्नि॒म्नमार्पः ॥ ७ ॥

ए॒वं ये च॒क्रुः सु॒वृतं॒ नरे॒ष्ठां ये धे॒नुं वि॒श्वजु॑वं वि॒श्वरू॑पां ।
त आ त॑क्ष॒न्नृभ॑वो र॒यिं नः॒ स्ववसः॒ स्वप॑सः सु॒हस्ताः॑ ॥ ८ ॥

अ॒पो ह्ये॑षाम॒नुष॑न्त दे॒वा अ॒भि क्र॒त्वा मन॑सा दीध्या॒नाः ।

jé váta-ǵūtā̊ taráṇi-bhi̊ ḗrāi̊ pári djám sadjá̊ apáså babhūvá̊ || 1 ||

jadá áram ákran rbhávå pitŕ-bhjām pári-viṣṭi vēšáṇā dāsánābhi̊ |

át it dēvánām úpa sakhjám ājan dhírāså puṣṭim avahan manájāi || 2 ||

púnå jē kakrú̊ pitárā júvānā sánū júpā-iva ǵaraṇá çájānā |

té vágå vi-bhvā rbhú̊ indra-vantå mádhu-psaraså nå avantu jaǵñám || 3 ||

ját sā-vátsam rbhávå gám árakšan ját sā-vátsam rbhávå mā̊ ápīçan |

ját sā-vátsam ábharan bháså asjū̊ tábhi̊ çámībhi̊ amrta--tvám āçů || 4 ||

ǵjēṣṭhá̊ āha kamasá dvá kara iti kánījān trín krnavāma iti āha |

kaniṣṭhá̊ āha katúrå kara iti tváṣṭā rbhavå tát panajat vákå vå || 5 ||

satjám ūků nárå ēvá hi kakrú̊ ánu svadhám rbhávå ǵagmů ētám |

vi-bhráǵamānān kamasán áhā-iva ávēnat tváṣṭā katúrå dadrçván || 6 ||

dvádaça djún ját áǵōhjasja ātithjé ráṇan rbhávå sasántå |

su-kšétrā akrṇvan ánajanta sindhūn dhánva á atiṣṭhan óšadhī̊ nimnám ápå || 7 ||

rátham jé kakrú̊ su-vŕtam narē-sthám jé dhēnúm viçva--ǵúvam viçvá-rūpām |

té á takšantu rbhávå rajim nå su-ávaså su-ápaså su-hástā̊ || 8 ||

ápå hi ēšām ájušanta dēvá̊ abhi krátvā mánasa dīdhjānā̊ |

वाजो देवानामभवत्सुकर्मेंद्रस्य ऋभुक्षा वरुणस्य वि-
भ्वा ॥ ९ ॥
ये हरी मेध्योक्था मदंत इंद्राय चक्रुः सुयुजा ये अश्वा ।
ते रायस्पोषं द्रविणान्यस्मे धत्त ऋभवः क्षेमयंतो न
मित्रं ॥ १० ॥
इदाहुः पीतिमुत वो मदं धुने ऋते त्यांतस्य सख्याय
देवाः ।
ते नूनमस्मे ऋभवो वसूनि तृतीये अस्मिन्त्सवने द-
धात ॥ ११ ॥

इंद्रा नु पूषणा वयं सख्याय स्वस्तये ।
  हुवेम वाजसातये ॥ १ ॥
सोमंमन्य उपासदत्पात्वे चम्वोः सुतं ।
  करंभमन्य इच्छति ॥ २ ॥
अजा अन्यस्य वह्नयो हरी अन्यस्य संभृता ।
  ताभ्यां वृषाणि जिग्नते ॥ ३ ॥
यदिंद्रो अनयद्रितो महीरपो वृषन्तमः ।
  तत्र पूषाभवत्सचा ॥ ४ ॥
तां पूष्णः सुमतिं वयं वृक्षस्य प्र वयामिव ।
  इंद्रस्य चा रभामहे ॥ ५ ॥
उत्पूषणं युवामहे अभीशूँरिव सारथिः ।
  मह्या इंद्रं स्वस्तये ॥ ६ ॥

vā́ǵa̠ḥ dēvā́nām abhavat su-kármā indrasja rbhukšā́ḥ vá-
ruṇasja vi-bhvā́ || 9 ||

jé hárī mḗdhájū ukthā́ mádanta̠ḥ indrāja Kakrú̠ḥ su-júǵā
jé áçvā |

té rājá̠ḥ póšam dráviṇāni asmé dhattá rbhava̠ḥ kšēma-jánta̠ḥ
ná mitrám || 10 ||

idā́ áhna̠ḥ pītim utá va̠ḥ mádam dhu̠ḥ ná rté çrāntásja
sakhjája dēvā̠́ḥ |

té nūnám asmé rbhava̠ḥ vásūni trtī́jē asmín sávanē da-
dhā́ta || 11 ||

VI, 57.

Índrā nú pūšáṇā vajám sakhjája svastájē |
huvḗma vā́ǵa-sātajē || 1 ||

sómam anjá̠ḥ úpa asadat pā́tavē Kamvó̠ḥ sutám |
karambhám anjá̠ḥ ikkhati || 2 ||

aǵā̠́ḥ anjásja váhmaja̠ḥ hárī anjásja sám-bhrtā |
tā́bhjām vrtrā́ṇi ǵighnatḗ || 3 ||

jā́t indra̠ḥ ánajat rīta̠ḥ mahí̠ḥ apá̠ḥ vŕšan-tama̠ḥ |
tátra pūšā́ abhavat sákā || 4 ||

tā́m pūšṇá̠ḥ su-matim vajám vrkšásja prá vajā́m-iva |
indrasja ka ā́ rabhāmahḗ || 5 ||

út pūšáṇam juvāmahē abhíçūn-iva sā́rathi̠ḥ |
mahjā̠́ḥ indram svastájē || 6 ||

समुद्रज्येष्ठाः सलिलस्य मध्यात्पुनाना यंत्यनिविशमानाः।
इंद्रो या वज्री वृषभो रराद् ता आपो देवीरिह मा-
मवंतु ॥ १ ॥

या आपो दिव्या उत वा स्रवंति खनिर्भिमा उत वा
याः स्वयंजाः ।
समुद्रार्था याः शुचयः पावकास्ता आपो देवीरिह मा-
मवंतु ॥ २ ॥

यासां राजा वरुणो याति मध्ये सत्यानृते अवपश्यन्
जनानां ।
मधुश्चुतः शुचयो याः पावकास्ता आपो देवीरिह मा-
मवंतु ॥ ३ ॥

यासु राजा वरुणो यासु सोमो विश्वे देवा यासूर्जं
मदंति ।
वैश्वानरो यास्वग्निः प्रविष्टस्ता आपो देवीरिह मा-
मवंतु ॥ ४ ॥

VII, 49.

Samudrá-ğjēšṭhā̊° salilásja mádhjāt punānắ° janti áni-
-viçamānā̊° |
iudra° já° vağrí vršabhá° rarắda tā̊° ápa° dēví° ihá mắm
avantu || 1 ||
já° ápa° divjá° utá vā srávanti khanítrimā° utá vā já°
svajam-ğá° |
samudrá-arthā° já° çúḱaja° pāvaḱá° tā̊° ápa° dēví° ihá
mắm avantu || 2 ||
jásām rắğā váruṇa° jắti mádhjē saṭjānrtế ava-páçjan ğá-
nānām |
madhuçkúta° çúḱaja° já° pāvaḱá° tā̊° ápa° dēví° ihá
mắm avantu || 3 ||
jā́su rắğā váruṇa° jā́su sóma° víçvē dēvā́° jā́su úrğam
mádanti |
vā́iç'rānará° jā́su agni° prá-višṭa° tā̊° ápa° dēví° ihá mắm
avantu || 4 ||

X, 121 (sãhitātext).

Hiraṇjagarbhá° sám avartatắgrē bhūtásja ğātá° pátir éka
āsīt |
sá dắdhāra pṛthivī́ djā́m utémā́ kásmāi dēvā́ja havíšā
vidhēma || 1 ||
já ātmadā́ baladā́ jásja víçva upāsatē praçíšā jásja dēvā́° |
jásja khājā́mŕtā jásja mrtjú° kásmāi dēvā́ja havíšā vi-
dhēma || 2 ||

já: *prāṇató nimišató mahitvāika íd rā́jā jágató babhūva* |
já íçē asjá dvipā́daç kātušpada: kásmāi devā́ja havíšā
   vidhēma || 3 ||
jásjēmé himā́vantō mahitvā́ jásja samudrā́ rasájā sahā́hú: |
jásjēmā́: pradíçō jásja bāhū́ kásmāi dēvā́ja havíšā vi-
   dhēma || 4 ||
jéna djāur ugrā́ prthivī́ ka dṛḷhā́ jéna svà: stabhitā́ jéna
   nā́ka: |
jó antárikšē rā́jasō vimā́na: kásmāi devā́ja havíšā vidhē-
   ma || 5 ||
jā́ krándasī ávasā tastabhānḗ abhj ā́ikšētām mā́nasā ré-
   jamānē |
jā́trā́dhi sū́ra úditō vibhā́ti kásmāi dēvā́ja havíšā vidhēma || 6 ||
ā́pō ha jád brhatī́r víçvam ā́jan gárbhā dā́dhānā janá-
   jantīr agnim |
tátō dēvā́nā́ sám avartatā́sur éka: kásmāi dēvā́ja havíša
   vidhēma || 7 ||
jáç kid ā́pō mahinā́ parjápaçjad dákšā dā́dhānā janá-
   jantīr jajñám |
jó dēvéšu ádhi dēvā́ éka ā́sīt kásmāi dēvā́ja havíšā vi-
   dhēma || 8 ||
mā́ no hīsīj janitā́ já: prthivjā́ jó vā divā́ satjádharmā
   jajā́na |
jáç kāpáç kandrā́ brhatī́r jajā́na kásmāi dēvā́ja havíšā
   vidhēma || 9 ||

prágāpatē ná tváṅ ētáṅj anjṓ víçvā gātā́ni pári tā́ babhūva |

jā́tkāmās tē guhumás tā́n nō astu vajā́ sjā́ma pátajö rajīṇā́m || 10 ||

Hauptsächlichste abweichungen des padatextes: X, 121,
1. avartata ágrē. utá imā́m. 2. ātma-dā́ḥ. bala-dā́ḥ. víçvē. upa-ásatē. khā́jā́ amŕ̥tam. 3. prāṇatás. mahi-tvā́ ékaḥ.
4. jásja imḗ. sahá āhúḥ. jásja imā́ḥ. 6. abhí. jā́tra ádhi.
7. dádhānāḥ. avartata ásuḥ. 8. dádhānāḥ. 9. hī́sit. prthivjā́ḥ. jā́ḥ. Ka apáḥ. Kandrā́ḥ. 10. Diser vers wird im pada nicht ab geteilt und nur mit der bemerkung *jathāsāhitam* begleitet.

X, 129 (sāhitātext).

Nā́sad āsīn nṓ sáṅ āsīt tadā́nī nā́sīd rájō nṓ vjòmā paró ját |

kím ā́varīvaḥ kúha kásja çármann ā́mbhaḥ kím āsīd gáhanā gabhīrám || 1 ||

ná mr̥tjúr āsīd amŕ̥tā ná tárhi ná rā́trjā áhna āsīt prakētā́ḥ |

ā́nīd avātā́ svadhájā tā́d ḗkā tásmād dhānján ná parā́ḥ kí kanásá || 2 ||

táma āsīt támasā gū́ḷhám ágrē -prakḗtā́ salilā́ sárvam ā idám |

tukkhjénābhv ápihitā jā́d ā́sīt tápasas tán mahinā́gājatā́ikam || 3 ||

kâmas tád ágrē sám avartatâdhi mánaso réta: prathamấ
	jấd ấsīt |
satố bándhum ásati nír avindan hrdí pratíšjā kavájō ma-
	nīšấ || 4 ||
tiraçkīnō vítatō raçmír ēšấm adhi: svid āsī3d upári svid
	āsī3t |
rētōdhấ ấsan mahimấna āsant svadhấ avástāt prájati:
	parástāt || 5 ||
kó addhấ vēda ká ihá prá vōkat kúta ấjātā kúta ijấ
	risrští: |
arvấg dēvấ asjá visárjanēnấthā kố vēda jấta ābabhúva || 6 ||
ijấ visrštir jấta ābabhúva jádi vấ dadhé jádi vā ná |
jố asjấdhjakša: paramế vjốmant số angá vēda jádi vā ná
	véda || 7 ||

Abweichungen des padatextes: X, 129, 1. ná ásat āsīt.
ná āsīt. ví-ōma. ā́ avarīvar. 2. ha anját. kaná ása.
3. tukkhjéna ābhú. tát mahiná agấjata ékam. 4. avar-
tata ádhi. prati-išja. 5. svadhá avástāt. 6. vi-sárjanēna
átha. 7. asja ádhi-akša:.

Çatapatha-brāhmaṇa I, 8, 1.*)

Mánavē ha vái prātá: | avanégjamudakámấgahrur-
játhēdấ pāṇibhjāmavanégjanājāhárantjēvấ tásjāvanéniǵānasja

*) The Çatapatha-brāhmaṇa edited by Dr. Albrecht Weber p. 75 ff.

mátsja: pāṇi-ápēdē || 1 || sá hāsmái vā́kam uvāda | bibhṛhí
mā pārajišjāmi tvéti kásmānmā pārajišjasītjāughá imā́:
sárvā: pragā́ nirvōḍhā́ tátastvā pārajitā́smíti káthā tē
bhṛ́tiríti || 2 || sá hōvāka | jā́vadvái kšullakā́ bhávāmō bahví
vái nastā́vamāšṭrā́ bhavatjutá mátsja ēvá mátsjā gilati
kumbhjā́ mā́grē bibharāsi sá jadá támativárdhā-átha kuršū́
khātvā́ tásjā́ mā bibharāsi sá jadá támativárdhā-átha mā
samudrámabhjávaharāsi tárhi vā́-atināšṭró bhavitā́smíti || 3 ||
çā́çvaddha ghašá āsa | sá hí ájéšṭhā várdhaté-thétithī́ sámā́
tádāughá āgantá tánmū ná́vamupakálpjópāsāsāi sá āughá-
-útthitē náva mápadjāsāi tátastvā pārajitā́smíti || 4 || tám ēvā́
bhṛtvā́ samudrámabhjávagahāra | sá jatithī́ tátsámā́ pari-
didéça tatithī́ sámā́ nā́vamupakálpjōpāsā́ kakrē sá āughá-
-útthitē nā́vamápēdē tā́ sá mátsja upanjápuplurḗ tásja çṛ́ṅgē
nāvá: pā́çā prátimumōka ténāitámúttarā girímátidudrāva || 5 ||
sá hōvāka | ápīparā vái trā vṛkšé nāvā́ prátibadhnīšva tā́
tú trā má giráu sántamudakámantáçkhāitsīdjávadudakā́
samavájāttávattāradanvávasarpā́síti sá ha távattāvadēvā́n-
vávasasarpa tádápjētádúttarasja girēr mānōravasárpaṇa-
mítjāughó ha tá: sárvā́: pragā́ niruvāhā́thēhā́ mánurēváika:
páriçiçišē || 6 || só-ṛkākhrámjā́çkakāra pragā́kāma: | tátrápi
pākajagñénēgē sá ghṛtā́ dádhi mástvāmikšāmítjapsú gúhavā́
kakāra táta: sāvatsaré jōšitsámbabhūva sā́ ha píbdamānē-
vōdéjāja tásjāi ha sma ghṛtā́ padé sā́tišṭhatē tájā mitrā-
váruṇāu sā́gagmātē || 7 || tā́ hōkatu: kā́síti | mānōrduhitéj-

āvájōrbrūśvéti néti hōvāka já evá mámágīganata tásjāivāhámasmíti tásjāmapitvámīśātē tádvā gagñāu tádvā ná gagñāvátitvèvèjāja sá mánumágagāma || 8 || tắ ha mánuruvāka kàsíti táva duhitéti kathắ bhagavati máma duhitéti já amúrapsváhutīráhāuśīrghrtắ dádhi mástvāmīksắ tátō mắmagīganathā: sàçírasmi tắ mā jagñé-vakulpaja jagñé kédvái māvakalpajiśjási bahú: pragájā paçúbhirbhaviśjasi jámumájā kắ kāçiśamāçāsiśjásē sá tē sárvā sámardhiśjatatti tắm ētanmắdhjē jagñásjávākalpajanmádhjā hjètádjagñásja jádantará prajāgānujāgắn || 9 || tájárkắkhrámjāçkakāra pragákāma: | tájēmắ prágātī prágagñē jèjám mánō: prágātirjámvēnajā kắ kāçiśamāçāsta sàsmái sárvā sámārdhjata || 10 ||

Glossar.

A.

A-, demonstr. pronominalst., s. *idám*.

a-, negation, s. *an-*.

áçú-, subst. m. 8., stral.

áh-as- (§. 230) wz. *agh, áh*, die als verbum nicht vor komt; subst. n. 2., angst, bedrängnis, not.

á-gōh-ja- (*a + gōhja*, part. necess. v. wurz. *guh*; §. 217), adj. 10., nicht zu verhüllen, durch nichts zu verdunkeln, attribut des Savitar, der sonne; es wird so förmlich zum appellativ und bezeichnet die sonne namentlich da, wo sie in beziehung zu den Rbhus tritt. Rv. IV, 33, 7.

ag-ní- (§. 223; function der wurzel fraglich), subst. m. 9. (lat. *ig-ni-s*, altbulg. *og-nĭ*, lit. *ug-ni-s*), feuer und gott des feuers. Agni ist vermitler des opfers, bote und priester der menschen. Als bewarer der leuchtenden kraft auch nach dem verschwinden des himlischen lichtes ist er ein beschützer gegen die schrecken und gegen die geister der finsternis. Zugleich ist er der hüter des hauses und herdes.

ág-ra- (wurz. *ag*, wol mit *aǵ* treiben identisch; §. 220), subst. n. 10., spitze, das erste, anfang; *ágrē* loc. am anfange, zuerst Rv. X, 121, 1; 129, 3.

agh-á- (vgl. *áh-as-*; §. 216), adj. 10., schlimm, gefärlich; subst. n. übel, sünde.

áṅg-a- (wurz. wol *aǵ* treiben; §. 216), subst. n. 10., glid des körpers.

aṅgá, adv. mit versichernder bedeutung, welches den nachdruck auf das im voran gehende wort lenkt: doch, ja, gewis. Häufig nach flüchtigen conjunctionen und anderen kurzen wörtern am anfange eines satzes, um den selben halt zu geben, änlich wie *id*.

áṅgiras-, subst. m. 2. (gr. *ἄγγελο-ς?*), pl. ein geschlecht höherer wesen, das zwischen göttern und menschen steht. Sie erscheinen in gemeinschaft mit den licht- und sonnengöttern. Agni, den himlischen untergeordnet und ir bote wie die Aṅgiras, heißt der erste und oberste Aṅgiras. Zugleich heißen die Aṅgiras väter der menschen, und zalreiche geschlechter werden in der folge auf sie zurück gefürt.

a-kal-a- (an + kal-a- beweglich, wankend; wurz. *kal* sich bewegen; §. 216), adj. 10., unbeweglich.

a-kira-, adj. 10., nicht lang *(kira-)*, kurz (von der zeit); *akirāt* in kurzem, bald; Matsj. 27.

á-kjuta- (a + kjuta, part. praet. pass. v. wurz. *kju* I, b, fort gehen, fallen; §. 224), adj. 10., nicht fallend, fest stehend, unerschütterlich, übertragen auf menschen mit festem charakter.

agá-, subst. m. 10., bock; *agā́* f. zige.

á-gña- (vgl. §. 215), adj. 10., unwißend.

aṇḍá-, subst. m. 10., 1) ei; 2) hode.

a-tandrita- *(tandrā* ermüdung), adj. 10., unermüdlich, unverdroßen.

á-tas (pron. *a-*), adv. (§. 251, altind., anm. 3), 1) von daher; 2) daher, deshalb; Hit.

á-ti (pron. *a-*), adv., 1) vorbei, vorüber, in verbindung mit verben der bewegung; 2) überauß, ser, vorzüglich, häufig in zusammensetzung mit nomina.

ati-tīvra-, adj. 10., überauß scharf.

ati-nāṣṭrá-, adj. 10., der über die gefaren hinauß ist.

atjāsanna s. *sad* + *ā*.

á-tha (pron. *a-*), conj., sodann, alsdann, darauf.

á-dabdha- *(dabdha-*, part. praet. pass. zu wurz. *dambh, dabh* täuschen, triegen; §. 224; §. 130, 2), adj. 10., 1) der täuschung unzugänglich, sicher, treu; 2) unangetastet, unantastbar Rv. I, 24, 10.

a-darç-ana-, subst. n. 10. (§. 221, a), das nichterscheinen, unsichtbarwerden, verschwinden; *adarçanā gam*, Matsj. 53, unsichtbar werden.

adás, pron. dem., nom. sg. m. f. *asāu*, n. *adás*, den übrigen casus ligen die stämme *amu-* und *ami-* zu grunde; nom. pl. m. *amī́*, f. *amū́s*, n. *amū́ni*, jener, diser.

á-di-ti- (a + di-ti, §. 226, wurz. *da, djá-ti* V. binden; schrankenlos, unendlich), subst. f. 9., name einer göttin, in welcher die unendlichkeit, insbesondere die schrankenlosigkeit des himmels im gegensatze zur endlichkeit der erde personificiert ist. Sie ist die mutter der Āditja. Benfey faßt sie in Rv. I, 24 als personificierte sündlosigkeit.

addhā́, adv., fürwar, sicher, offenbar.

adjā́, adv., 1) heute; 2) jezt.

ádri-, subst. m. 9., stein, gestein, berg.

a-dvēšás, adv., fridlich, freundlich, unangefochten (vgl. unter *dvēš-as-*).

adha-mā́-, adj. 10., der unterste (vgl. d. flg. u. §. 235).

adhás, adv., unten, nach unten; *adhō-dha"̣ paçjata"̣* des nach unten, nach unten sehenden (d. h. wenn man stäts nach unten siht).

ádhi, 1) adv. über, überdiß, außerdem; Rv. X, 129, 4; 2) praep. c. acc., instr., abl., loc., oben auf, über; Rv. X, 121, 6. *já-trā́dhi* über welchem.

adhi-pa-, subst. m. 10., gebieter, herr, könig (*adhi* + wurz. *pa* herschen).

ádhj-akša- (*adhi* + *akša* auge), subst. m. 10., aufseher, leiter.

adhj-āj-á-, subst. m. 10. (wurz. *i* mit *adhi*), das lesen, daher abschnitt in einem werke, lectio.

an, verb. I, a, *án-i-ti;* perf. *án-a*, aor. *án-ī-t*, atmen; mit *pra-* (*prā́ṇiti*), atmen, leben.

an-, vor consonanten *a-*, negation in zusammensetzung.

an-aghá- (*agha-* sünde), adj. 10., frei von schuld, unschuldig, sündlos.

an-antá-, adj. 10., unendlich.

an-antará-, adj. 10., durch keinen zwischenraum getrent, unmittelbar an stoßend, folgend; ntr. *anantarám*, adv. unmittelbar darauf, alsdann.

an-asūjant- (*a* priv. + part. praes. act. v. *asūj;* §. 229), adj. 4., nicht murrend, nicht ungehalten.

án-āga- (*āga-* in zusammensetzung = *ā́gas-*, ntr. 2., ärgernis, feler), adj. 10., felerfrei, schuldlos, sündlos.

a-nimišá- (vgl. unter *miš;* §. 216), adj. 10., 1) die augen nicht schließend, nicht schlafend, nicht ruhend; *animišám*, ntr. adv., Rv. I, 24, 6, unaufhörlich; 2) nicht geschlossen, offen (von den augen); Matsj. 4; 3) subst. m. fisch; Matsj. 50.

á-niviçamāna-, adj. 10., nicht ruhend (wurz. *viç* mit *ni-*; §. 219, s. 413).
ánu, adv. hinterher.
an-uttama-, adj. 10., nichts höchstes (über sich) habend, d. h. höchster, vorzüglichster.
anu-jāǵ-á-, subst. m. 10., nachopfer (wurz. *jaǵ*, suff. *-a-*; §. 216).
an-rtá- und *án-rta-*, 10., 1) adj. unwar; 2) ntr. subst. unwarheit, lüge, trug; Rv. VII, 49, 3.
ánta-, subst. m. 10., rand, grenze, ende.
antár 1) adv. innen, innerhalb, hinein; 2) praep. c. loc. innerhalb, in, zwischen, in hinein; *asmé antár*, Rv. I, 24, 7, in uns hinein.
antará (instr. des vor.) 1) adv. mitten inne, darin, dazwischen; 2) praep. c. acc. zwischen; *antará prajāǵánujāǵán* (copulat. comp.), Çatap. 9., zwischen vor- und nachopfer.
antárikša-, subst. n. 10., der luftraum, nach vedischer anschauung das mitlere der drei großen lebensgebiete (himmel, luft, erde; die etymologie dises wortes ist nicht sicher).
anjá-, adj. nach pronominaler decl., ntr. *anját*, ein anderer als, verschiden von, mit d. abl.; Rv. II, 33, 11 *anjám asmát* einen anderen als uns, nicht uns; *tvád anjó*, Rv. X, 121, 10; *tásmād dhānján ná pará: kí ťanása*, Rv. X, 129, 2, es war nichts von disem verschidenes noch es übertreffendes. *anjá-* — *anjá-* der eine — der andere; Rv. VI, 57, 2.
anvikkha, 2. sg. imperat., s. 2. *iš* mit *anu*.
ánvētavái, s. *i + anu*.
áp-, subst. f. 1., waßer, gewäßer. In der klass. sprache findet sich nur der plur. nom. *áp-as*, acc. *ap-ás*, instr. *ad-bhís*, dat. abl. *ad-bhjás*, loc. *ap-sú*; in der vedischen literatur vereinzelt auch der sing. gen. *ap-ás*, instr. *ap-á*.
ápa, praep., adv.; die damit gebildeten verbalzusammensetzungen sihe unter dem simplex.
a-pád- (an + pad; §. 215), adj. 1., nom. m. *apát*, f. *apát* oder *apádī*, fußlos, wo kein fuß hin komt.
apa-bhar-tár- (§. 225), subst. m. 5., wegnemer.
apa-vak-tár- (wurz. *vak*; §. 225), subst. m. 5., verbieter, abwerer.
áp-as- (§. 230) = lat. *op-us)*, subst. n. 2., werk, handlung.
ap-ás- (§. 230), adj. 2., werktätig, werkkundig.

apāsja s. 2. *as* + *apa*.
ápi, conj.. auch, ferner.
api-tvā́- (v. vor.; §. 227), subst. n. 10., beteiligung, anteil.
ápihita- s. *dha* + *api*.
a-prakétá-, adj. 10., unterschidlos, unerkenbar.
a-phala-pra-da-, adj. 10., keinen nutzen gewärend.
a-budhná-, adj. 10., bodenlos; *abudhné*, Rv. I, 24, 7, im bodenlosen, d. h. in der luft.
a-bhāva-, subst. m. 10. (§. 216), das nichtsein, nichtvorhandensein.
abhí, praep., zu hin; häufig in verbalzusammensetzungen, welche man unter dem simplex suche.
abhīti- (*abhi* + *iti*; wurz. *i*; §. 226), subst. f. 9., anlauf.
abhíçu-, subst. m. 8., zügel.
abhj-antara-, 10., 1) adj. innerlich, im innern befindlich; 2) subst. n. das innere, zwischenraum; Hit.
á-bhv-a- (wurz. *bhu*; §. 216), subst. m. 10., ungeheure macht, größe.
amí s. *adás*.
ámivā, subst. f. 10., plage, drangsal, schrecken.
amús s. *adás*.
a-mŕta- (= ἄ-μβροτο-, wurz. *mar* 'sterben; §. 224), 1) adj. 10., unsterblich; 2) subst. n. unsterblichkeit; Rv. X, 129, 2; 121, 2.
amrta-tvá-, subst. n. 10. (§. 227), unsterblichkeit.
ámbu-, subst. n. 8., waßer.
ámbhas-, subst. n. 2., waßer.
ajám s. *idám*.
ajúta-, subst. n. 10., myriade.
ar, verb. III. *ij-ar-ti*; IV, a *r-ṇó-ti*, *ŕ-ṇv-a-ti*, opt. *ij-r-já-t*, imperf. *áij-ar-us*, perf. *ár-a*, aor. *ára-t*, med. *ár-ta*, sich erheben, auf streben; caus. *arpájati* (§. 209) schleudern, an heften; mit *ud* im caus. auf regen, erheben trans.
áraṇja-, subst. n. 10., wildnis, wald.
a-rapás-, adj. 2., unbeschädigt, heil.
áram, adv., 1) zurecht, recht passend; 2) genug; *árā kar* 1) zu rüsten; 2) dienen, Rv. IV, 33, 2.
arin-dam-a- (acc. v. *ari* feind + *dama-*, wurz. *dam* bändigen; §. 216), adj. 10., den feind bändigend; bezeichnung tapferer krieger.

ark, verb. I, b, *árk-a-ti*, 1) stralen; 2) lobsingen, preisen; Çatap. 7.
ar-ṇavá-, 1) adj. 10., wogend, wallend, flutend; 2) subst. m. woge, flut; Matsj. 38.
ártha-, subst. 10., vēd. n., klass. m., zil, zweck; sache; inhalt.
ardh, verb. I, a, *árd-dhi;* V, *rdh-ja-ti;* IV, a, c, *rdh-ṇó-ti, rṇád-dhi*, gelingen, gedeihen; mit *sam-*, pass., in erfüllung gehen, gelingen, zu teil werden.
arpaja- s. *ar*.
ár-van-, subst. msc. 3. und *ár-vant*, subst. m. 4. (wurz. *ar* gehen; §. 218), renner, das renpferd und dichterisch das ross überhaupt.
arváṅk- (*arva* herwärts + wurz. *aṅk* gehen; §. 215), adj. 1., f. *arvākï* 10., ntr. *arvák*, herwärts gekert, zu gekert, disseitig; ntr. adv. und praep. herwärts, disseit, von — auß; *arvág dēvā́ asjá visárganēna*, Rv. X, 129, 6, die götter sind disseit seiner schepfung, d. h. später entstanden als es.
arh, verb. I, b, *árh-a-ti*, 1) verdienen, wert sein; 2) vermögen, können; 3) ser häufig. vertritt das praes. von *arh* mit einem infin. die stelle eines imperat., *arh* ist in diser verbindung ein ab geschwächtes müßen; Matsj. 6.
árhant- (part. praes. v. *arh*; §. 229), adj. 4., verdienend, ansprüche auf etwas (acc.) habend; *árhan bíbharśi sā́jakāni dhánva*, Rv. II, 33, 10, du fürst die geschoße und den bogen, indem du ansprüche auf sie hast, d. h. mit recht.
aliṅgara-, subst. n. 10., ein kleiner waßertopf.
álpa-, adj. 10., klein, gering, geringfügig.
av, verb. I, b, *áv-a-ti*, perf. *āv-a*, gerund. ved. *ávja*, part. *ū-tá* u. *av-i-tá*, 1) freude haben, sich sättigen an etwas (loc.); 2) begünstigen, fördern, ermutigen, helfen, schützen (c. acc.); *sádā avan*, Rv. I, 24, 3, du stäts hilfreicher.
áva, adv., weg, ab, herab.
ava-nḗġ-ja- (*ava + niġ;* §. 217), adj. 10., zum abwaschen dienend.
ava-nḗġ-ana- (*ava + niġ;* §. 221, a), subst. n. 10., das abwaschen, abspülen.
áv-as- (wurz. *av;* §. 230), subst. n. 2., 1) befridigung, ergetzen, genuß; 2) verlangen, wunsch; 3) gunst, beistand; Rv. I, 24, 5; X, 121, 6.
ava-sárp-aṇa- (*ava + sarp;* §. 221, a), subst. n. 10., das her-

absteigen: *tád ápj ētád úttarasja girér mánōr avasárpanam íti*, Çatap. 6, darum auch ist dises (der jetzige name) des nördlichen berges 'des Manu herabsteigen'.

arástāt, adv., unten, von unten, nach unten, herwärts (gegens. *parástāt*).

arák-çiras- (*avāṅk-* + *çiras-*), adj. 2., gesenktes hauptes.

avāṅk- (*ava* + *aṅk*, verbalw. gehen; §. 215), adj. 1., ͵nom. *avāṅ*, f. *avākī* 10., n. *avāk*, abwärts gerichtet.

a-vātá, adj. 10., windlos, nicht vom winde bewegt, ruhig; R. X, 129, 2.

a-vjāpāra-, subst. m. 10., nicht-geschäft, was einen nichts an geht; *avjāpārēṣu vjāpārā jō naraḥ kartum iKKhati* der mann, der sich um das bekümmert, mit dem ab gibt, was in nichts an geht; Hitōp.

aç, verb. IV, a. act. med. *aç-nó-ti*, perf. *āç-a* u. *ān-āç-a*, aor. opt. 1. sg. med. *aç-īj-a*, erreichen, an langen; erlangen, in den besitz einer sache kommen; *açnavat*, Rv. I, 1, 3, 3. sg. conj. imperf., man kann erlangen; mit praepos. *ud-* 1) bis an etwas reichen; 2) vermögen; Rv. I, 24, 5 *açēma* 1. pl. opt. aor.

a-çakja-, adj. 10., unmöglich; *jad açakjam na taK Khakjā* was unmöglich ist, das ist nicht möglich, Spr.

áç-va-, subst. m. 10. (§. 218), ross, bes. hengst, du. *áçvā*, Rv. IV. 33, 10, die beiden hengste, Indras.

aṣṭā-daçá, adj. 10., der achtzehnte (§. 241).

1. *as*, verb. I, a, *ás-mi*, *ás-ti*, pl. 1. *s-mási*, *s-más*, 2. *s-thá*, 3. *s-ánti*; opt. 1. sg. *s-jā́-m*, 3. pl. *s-jú-s*; imperat. sg. 2. *ē-dhi*, 3. *ás-tu*, pl. 3. *s-ántu*; imperf. sg. 1. *ás-am*, 2. *ás-ī-s*, 3. *ás-ī-t*, pl. 1. *ás-ma*, 2. *ás-ta*, 3. *ás-an*; perf. 1. sg. *ás-a*, sein, da sein, vorhanden sein, statt finden, geschehen, sich eräugnen; part. praes. *s-ánt-*.

2. *as*, verb. V, act. med. *ás-ja-ti*, perf. *ás-a*, schleudern, werfen; mit *apa-* zur seite werfen, bei seite laßen, gerund. *apás-ja* (§. 226, s. 451) *phalgu* das unwichtige bei seite laßend.

á-sant-, 4, 1) adj. nicht seiend; 2) *ásat-*, subst. n., nichtseiendes, das nichtsein; Rv. X, 129, 1.

asamdadhāna s. *dha* mit *sam*.

ás-u-, subst. m. 8., lebenshauch, leben.

ásu-ra, adj. 10., lebendig, von unkörperlichem leben, geistig.

Es bezeichnet den wesentlichen unterschid des immateriellen götlichen daseins von der daseinsform der sichtbaren irdischen wesen und wird gebraucht a) von den göttern überhaupt: b) am häufigsten von Varuṇa oder Mitra-Varuṇa; Rv. I, 24, 14; c) von geistern, gespenstern, dämonen, götterfeindlichen wesen; Matsj. 51. Vgl. altbaktr. *ahura-* u. *ahurō mazdāo*.

asur-já-, 1) adj. 10., unkörperlich, geistig, götlich; 2) subst. n. geistigkeit, götlichkeit; Rv. II, 33, 9.

asūj, verb. I, b, *asūjati*, denom. v. *ásu-*, murren, ungehalten, unzufriden sein.

asāu s. *adas*.

asma-, stamm des pron. 1. pers. pl. (§. 265). Dem Veda eigentümlich ist die form *asmé*, Rv. I, 24, 7; IV, 33, 10, welche als dat. und loc. fungiert.

ah, verb., nur in den folgenden fünf perfectformen, welche perfectische und präsentische bedeutung haben, erhalten: sg. 2. *át-tha*, 3. *áh-a*, du. 2. *āh-áthus*, 3. *āh-átus*, pl. 3. *āh-ús*, sagen, sprechen mit dem dat. der angeredeten person; Rv. I, 24, 12; etwas verkünden; Rv. X, 121, 4.

áha, partikel, bestätigend, versichernd: gewis, sicher, ja, wol, es legt den nachdruck auf das vorher gehende wort.

áhan- 3. und *áhas-* 2. in der casusbildung einander ergänzend, subst. n., tag, gen. *áhn-as*, vēd. nom. pl. auch *áhā* wie von einem *áha-*, n. 10. Dise form ist wol mit Sājaṇa an zu nemen in Rv. IV, 33, 6: *vibhrā́jamānāç kamasán áhēra* die wie tage glänzenden becher. Das Pet. Wtb. faßt hier *áhā* als gedentes *áha*, s. d.

ahám, nom. sg. pron. 1. pers. (§. 265).

áhā s. *áhan-*.

á-héḷamāna-, adj. 10. (§. 219), nicht unwillig, geneigt.

Ā́.

Ā́, 1) adv. a) her, herzu; b) an reihend: dazu, ferner, auch, und; Rv. I, 24, 12; c) steigernd und hervor hebend: zumal, ganz, gar; *sárvam ā́ idám*, Rv. X, 129, 3, alles diß; 2) praep., postp. zu — hin, bis zu mit voran gehendem acc. Die verbalzusammensetzungen mit *ā́* suche man unter dem simplex.

ā-khjá-na- (§. 222), subst. n. 10., erzälung, legende.
át (pron. *a-*), conj., darauf, dann, ferner; es steht häufig am anfange des nachsatzes, wenn der vordersatz durch relativische partikeln ein geleitet ist; Rv. IV, 33, 2.
átithj-á- (§. 216, 1, s. 383; *átithi-*, subst. m. f. 9., gast), subst. n. 10., gastliche aufname, gastfreundschaft.
atma-dá- (*ātmán-* + *dā-*), adj. 1., sele, leben gebend.
ātmán-, subst. m. 3., hauch; sele; wesen, eigentümlichkeit.
ādi-tás (*ādi-*, subst. m. 9.; §. 251, altind., anm. 3), vom anfange an.
ādiljá- (*áditi-*; §. 216, s. 383), subst. m. 10., son der Aditi; so heißen siben götter des himlischen lichtes, an deren spitze Varuṇa steht, welchem deshalb auch vorzugsweise dise benennung zu komt; Rv. I, 24, 13.
ánīd s. *an*.
āp, verb. IV, a, *āp-nó-ti*; perf. *áp-a*, 3. pl. *āp-ús*; aor. 3. sg. *áp-at*, pl. *áp-an*; fut. *āp-sjá-ti*; part. pf. pass. *āp-tá-*, erreichen, ein holen; mit
pra- erreichen, verlangen; part. *prāpta-* erlangt;
sam-pra, dass. wie *pra-*; *samprāpta-* an gelangt, gekommen;
sam- erlangen, vollenden; *samāpta-* vollendet, beendigt.
āpauna- s. *pad* + *ā*.
ápas, nom. pl. v. *áp-*.
āpūrjamāna- s. *par* + *ā*.
āpr̥ṣṭa- s. *prakh* + *ā*.
āpédē s. *pad* + *ā*.
ábhú-, adj. 8., ler.
āmá-, adj. 10., roh, ungebrant, von gefäßen.
āmikṣā, subst. f. 10., milchklumpen, quark.
āmbhasa-, adj. 10. (§. 216, s. 383; *ámbhas-*), wäßrig, flüßig.
ājata- s. *jam* + *ā*.
ájus, subst. n. 2., leben, sowol lebenskraft als lebensdauer; langes leben.
āraṇjá-, adj. 10. (§. 216, s. 383; *áraṇja-*), auf die wildnis bezüglich; so heißt der erste abschnitt im dritten buche des Mahābhārata.
áraṇja-ka- (§. 232), 10., 1) adj. in der wildnis befindlich; 2) subst. m. waldbewoner, einsidler; 3) n. für das studium in der wild-

nis bestimt oder auß dem selben hervor gegangen, bezeichnung einer schriftgattung. So heißt das dritte buch des Mahābhārata.

ārabdha- s *rabh + ā.*

ā-rādh-ja- (rādh mit *ā;* §. 217), adj. 10., der günstig zu stimmen ist, der zu befridigen ist.

ārdrá-, adj. 10., feucht, naß; frisch von pflanzen und holz.

āvájōs, gen. du. pron. 1. pers.; *avájor brušvéti,* Çatap. 8, unser beider sage, sprachen sie, d. h. sage, daß du uns beiden au gehören, die unsrige sein wilst.

ávarīvar s. *var + ā.*

āçis- (çās + ā), subst. f. 1., nom. *āçís* bitte, gebet, wunsch. segenswunsch; *sàçír asmi,* Çatap. 9, ich bin der segenswunsch.

āç-ú-, adj. 8. (§. 216, b), rasch, schnell; in der klass. sprache nur ntr. acc. *āçú,* adv. schnell, sogleich.

ās, verb. I, a, med. *ás-tē,* part. praes. *ās-āná-* (§. 219) vēd., *ās-īná-* vēd. und klass., sitzen, sich setzen. Mit praepos.

upa- daneben sitzen, sich daneben setzen, sich vererend nahen, daher vereren, achten, anerkennen, Rv. X, 121. 2; *tán mā nāvam upakálpjōpāsāsāi,* Çatap. 4, darum solst du mich achten (d. h. meinem rate folgen), nachdem du ein schiff zu gerüstet haben wirst; perf. *upāsā̃ kakrē,* Çatap. 5.

āsanna- s. *sad + ā.*

ā-hu-ti- (wurz. *hu;* §. 226), subst. f. 9., opferspende, anrufung.

āhús s. *ah.*

I.

I, verb. II, a, *ḗ-ti,* 1. pl. *i-mási* vēd., 3. pl. *j-ánti,* opt. *i-já-t;* imperf. *áj-am, ḗ-s, ḗ-t,* 3. pl. *áj-an,* conj. *áj-as, áj-at;* perf. *ij-áj-a,* 3. pl. *īj-ús;* inf. *ḗ-tum, ḗ-tavái,* part. perf. pass. *i-tá-,* gehen, auß gehen, zu etwas (acc.) hin gehen.

Intensiv (§. 293, altind. III) *íj-ē, íj-asē, íj-atē, í-mahē, íj-antē,* part. *íj-amāna-, ij-ānā́-* und *ī́j-ānā-* (§. 219), 1) eilend, widerholt gehen; 2) an gehen, an flehen mit doppeltem acc.

Mit *ati-* an etwas vorüber schreiten, vorbei kommen, vermeiden, nicht beachten; Çatap. 8.

anu- nach gehen, folgen, verfolgen (einen weg, eine richtung); Rv. I, 24, 8.

abhí-, intens., an flehen mit doppeltem acc.; Rv. I, 24, 3.
ava- weg gehen.
sam-ava- zusammen weg gehen, zusammen ab fließen; Çatap. 6.
ā- herbei kommen, kommen.
ud-ā- herauf, herauß kommen; *udějāja*, Çatap. 7, 3. sg. perf. *(ud-ā-ijāja)*.
upa-ā- herbei kommen, kommen zu (acc.), treten zu, sich nähern, auf suchen; Rv. I, 1, 7.
ud- 1) hinauf gehen; 2) auf gehen von gestirnen; part. perf. pass. *údita-* auf gegangen seiend; Rv. X, 121, 6.
ing, verb. I, b, *íng-a-ti*, sich regen, sich bewegen.
ing-a-, adj. 10., beweglich (§. 216).
it (altes neutrum vom pronominalstamme *i-*; §. 264), adv., eben, gerade, selbst; sogar, nur. Es dient zur hervorhebung des vorher gehenden wortes, namentlich zur bezeichnung eines gegensatzes; fast nur im Vēda gebräuchlich, später vertritt *ēva* seine stelle stelle (s. d.).
íti, adv., so, auf dise weise. Hinter anführungen aller art wird *íti* gebraucht um das gesprochene, gedachte, beabsichtigte, gewuste als jemandes verba ipsissima kentlich zu machen. Wenn ein dialog erzült wird, so zeigt daher *íti* an, daß die rede der einen person zu ende ist und die der anderen begint; vgl. das stück auß dem Çatap.
iti-thá-, f. *-ī*; adj. 10., der und der; *itithī́ sámām*, Çatap. 4, in dem und dem jare.
it-thá (it), vēd. adv., so. Es ist im Rv. häufig gebraucht, öfter so ab gschwächt, daß es überhaupt als leichte hinweisung oder als verstärkung und hervorhebung eines wortes dient, welchem es meist voran geht. Häufig steht es im sinne von: so sêr, recht, ernstlich; Rv. I, 24, 4.
idám, acc. nom. sg. ntr. *(i-d-am;* §. 264), fem. *ij-ám*, m. *aj-ám*, alle übrigen casus mit außname des acc. aller zalen und des nom. pl. du. werden im Vēda vom stamme *a-* gebildet; instr. m. *ēna* u. *ēnā́*, f. *aj-ā́*, gen. loc. du. *aj-ós*. Vom stamme *imá-*, der in der klass. sprache nur dem acc. sg. m. *imá-m*, f. *imá-m*, nom. acc. du. m. *imáu*, f. n. *imé*, nom. pl. m. *imé*, f. *imá-s*, acc. pl. m. *imá-n*, f. *imá-s*, n. *imá-ni*, zu grunde ligt, ist im Vēda auch der gen. *imá-sja* vorhanden. In der

klassischen sprache werden vom stamme *aná-* gebildet: instr. sg. m. n. *anéna*, f. *aná-j-ā*, du. gen. loc. *aná-j-ōs*, die übrigen casus von *a-* und *imá-*. Discr; er, sie, es; *idám*, acc. n. adv., hier, jezt; Çatap. 1.

idá (pron. *i-*), adv., jezt; in verbindung mit *áhnas*, gen. von *áhan-*, jezt am tage, heutiges tages; Rv. IV, 33, 11.

indra-, subst. m. 10., name des gottes, welcher im vedischen glauben an der spitze der götterscharen des mitleren reiches, des luftkreißes, steht. Seine vorzüglichste kraftäußerung ist der kampf, welchen er mit dem donnerkeile *(vágra-)* im gewitter gegen die dämonischen gewalten kämpft.

indra-vant-, adj. 4. (§. 218), in Indra's gemeinschaft befindlich, von Indra begleitet.

imá-, pronominalstamm, s. u. *idám*.

ijān, Matsj. 57 nach den lautgesetzen (s. o. s. 9, c) für *ijāl*, s. i.

iva, enklit. adv., 1) gleich wie; 2) gleichsam, etwa, wol; 3) so, gerade so.

1. *iš*, verb. V, act. med., *iš-ja-ti*, *iš-ja-tē*, 3. pl. perf. med. *iš-iré*, part. pract. pass. *iš-i-tá-*, in rasche bewegung setzen, schnellen, schleudern. Mit praepos.

pra- fort treiben, auß senden; Rv. IV, 33, 1.

2. *iš*, verb. VI, *ikkhát-i*; perf. *ij-éš-a*, 3. pl. *iš-ús*; part. perf. pass. *iš-ṭá-*, 1) suchen, auf suchen; 2) zu gewinnen suchen, wünschen; part. pract. pass. *išṭá-* erwünscht, lieb; Matsj. 24. Mit *anu-* suchen.

prati- sich richten auf etwas, zu streben; *pratíšjā manišá*, Rv. X, 129, 4, mit dem verstande sich (auf den *kámas)* gerichtet habend, d. h. nachdem sie in untersucht hatten.

i-há (pronominalstamm *i-;* §. 264), adv., hier, hierher.

Ī.

Īḍ, verb. I, b, med., 1. sg. *íḍē*, 3. *íṭ-ṭē*, 3. pl. *íḍ-atē*, an flehen, bitten, erbitten mit doppeltem acc.; *çváitarī dhēnúm íḍe*, Rv. IV, 33, 1, ich erbitte eine leuchtende milchkuh; part. necess. (§. 217) *íḍja-* an zu rufen, an zu flehen, zu preisen.

ikš, verb. I, b, *ikš-a-tē*, imperf. *áikš-a-ta*, gerund. *ikš-ja* (§. 226), part. pract. pass. *īkšitá-*, sehen, blicken. Mit *abhi-* hin blicken auf, c. acc.; Rv. X, 121. 6.

prati- 1) zu sehen; 2) erwarten, warten auf jemand oder etwas; Matsj. 32.

iǵē s. *jaǵ*.

ir, verb. I, a, *ir-tē,* imperf. 3. sg. u. pl. *áir-ata,* sich in bewegung setzen, sich erheben; causat. *īr-ája-ti* in bewegung setzen, erregen. Mit
pra- causat.. vorwärts drängen, entsenden (einen schall), an treiben; part. *prērita* an getriben.

īç, verb. I, a, 3. sg. med. *íṣ-ṭē,* gew. *íç-ē* (nach Pāṇini VII, 1, 41, und dem Petersb. wtb.; man könte aber in *íçē* villeicht eine 3. sg. perf. sehen, freilich mit unregelmäßiger betonung), 1) zu eigen haben, besitzen, c. gen.; 2) gebieten, herschen über, c. gen.; Rv. X, 121, 3.

íç-āna- und *íç-āná-* (part. praes. med. v. *īç*; §. 219), adj. 10., 1) zu eigen habend, besitzend, vermögend; 2) beherschend, herscher; Rv. II, 33, 9.

īç-vará-, subst. m. 10., herr, gebieter, fürst, könig.

iśātē, 3. du. perf. med. zu 2. *iś.*

U.

U, enklit. copula, 1) einfach verbindend: und, auch, ferner; 1) zur hervorhebung dienend, änlich wie *it,* besonders nach praepp., pronn. demonstr., bei *vāi, hi, kid* u. a.; Rv. I, 124, 4; II, 33, 9.

uk-thá- (vak), subst. n. 10., spruch, preiß, lob; *ukthá,* Rv. IV, 33, 10, instr. sg.

ug-rá-, adj. 10. (§. 220), gewaltig, heftig, übermäßig, stark, grausig; comparat. *óǵ-ījās-,* superl. *óǵ-iṣṭha-* (§. 232. 234).

ukkā́, adv., oben (bes. im himmel), von oben, nach oben.

ukkhrita- s. *çri + ud.*

utá, conj., und, auch, sogar; *utá vā,* Rv. VII, 19, 2, oder auch, und.

ut-tamá- (superl. v. *ud*; §. 236), adj. 10., der höchste, oberste.

út-tara- (comparat. v. *ud*; §. 233), adj. 10., 1) der obere, höhere; 2) nördlich (wegen des gebirgigen nordens); Çatap. 5.

útthita- s. *stha + ud.*

ut-pāṭin-, adj. 3., am ende von compp., auß reißend, mit gewalt herauß ziehend.

ud, praep.; die verbalzusammensetzungen mit *ud* suche man unter dem simplex.
ud-aká-, subst. n. 10., waßer; in der klass. sprache *údaka-*.
udakānta- (udaka- + anta-), subst. m. 10., ufer.
udu-dhi- (udán waßer *+ dhi*, wurz. *dha)*, subst. m. 9., waßerbehälter, wolke, mer.
údita- s. *i + ud*.
uddhrtja s. *har + ud*.
úpa 1) adv. herzu, hinzu, in verbindung mit verben; 2) praep. c. acc. zu—hin; c. loc. in der nähe von, bei, an, auf; c. instr. mit, in begleitung von.
upári, adv., oben, darauf, nach oben; Rv. I, 24, 7: *nikīnā́ sthur upári budhná ēšām* sie stehn nach unten (d. h. umgekert, auf dem kopfe), oben ist ire wurzel.
upavišta- s. *viç + upa*.
upa-stír- (upa + wurz. *star)*, subst. f. 1., das hinstreuen, hinbreiten; *upastirḗ*, Rv. IV, 33, 1, für das hinstreuen (des soma), für diß opfer.
upa-ha-tnú-, adj. 10. (wurz. *han)*, an fallend.
upā-khjā-na- (upa-ā-khja), subst. m. 10., kleine erzälung, episode, häufig in den unterschriften der kapitel des epos.
upānīja s. *ni + upa-ā*.
ubhája-, adj. 10., beide, beiderseitig.
ur-ú-, adj. 8, fem. *ur-v-í* 10., comparat. *vár-ijās-* (§. 232), superl. *vár-išṭha-* (§. 234), weit, geräumig, auß gedent, groß.
uru-çā́s-a-, adj. 10., weithin befehlend.
uvāda s. *vad*.

Ū.

Ū́rj-, subst. f. 1., narung, stärkung, kraft, fülle, saft.
ūrdhvá-, adj. 10., aufwärts gehend, nach oben gerichtet, auf gerichtet, aufrecht, erhoben, oben befindlich; Rv. I, 24, 7.
ūrdhvá-bāhu-, adj. 8., die arme erhoben habend, mit erhobenen armen.
ūr-mi- (wurz. *var* wälzen), subst. m. f. 9., woge, welle.
ūrm-ín-, adj. 3., wogend.

R.

Rk-sáhitā, f. 10., die geordnete und auf gezeichnete samlung der *Rk* (*rk̄*- s. d., *sam*-, *hitā*- s. unt. *dhā*).

rkša-, subst. m. 10., 1) bär; 2) m. pl. der große bär, das sibengestirn, nachmals die siben *rši*; Rv. I, 24, 10.

rk̄, subst. f. 1., lied, gedicht (wurz. *ark*).

r-tá-, 10., 1) adj. (part. praet. pass. zu wurz. *ar*), gehörig, ordentlich, wacker, tüchtig; 2) subst. n. feste ordnung, bestimmung, besonders die ordnung in heiligen dingen, heiliger brauch, satzung, götliches gesetz. Die bezeichnung *rtásja gōpā́$^{o}_{o}$*, Rv. I, 1, 8, wächter der heiligen ordnung, wird häufig auf götter, zuweilen auch auf menschen an gewant.

rté, praep. mit d. acc. u. abl., außer, one. In Rv. IV, 33, 11 *ná rté çrāntásja sakhjája* ist wol eine ellipse an zu nemen: nicht auß freundschaft außer (auß freundschaft) des ermüdeten (= für den ermüdeten), so daß der gen. *çrāntásja* von dem davor zu ergänzenden *sakhjája* ab hienge. Sājana faßt den gen. *çrāntasja* als stelvertreter des bei *rté* gewönlich stehenden abl. auf und paraphrasiert die stelle: *çrāntāt* (= *tapājuktāt* büßer, durch buße ermüdet) *rté sakhitvája na bhavanti dēvā$^{o}_{o}$*.

rtv-ij̃- (*rtú* + *ij̃* auß *jaj̃*; §. 6 am ende), adj. 1., nach vorschrift und zeitfolge opfernd, regelmäßig opfernd; gewönlich subst. m. priester; Rv. I, 1, 1.

rdū-dár-a (*rdu* = *mrdu* + *dar-a-*), adj. 10., mild, sanft, gnädig.

rbh-ú- (wurz. *rabh*) 8., 1) adj. kunstfertig, geschikt; 2) subst. m. künstler, bezeichnung dreier mythischer wesen, deren namen gewönlich als *Rbhu*, *Vibhvan* und *Vája* an gegeben sind und welche söne des *Sudhanvan* heißen. Sie sind die künstler, welche des Indra rosse, den wagen der Açvin, die wunderkuh des Brhaspati schaffen, ire eltern verjüngen und auß der einen schale des *Tvašṭar*, des eigentlichen götterkünstlers, vier schalen machen. Durch dise und andere wunderwerke erwerben sie sich götliche würde und damit unsterblichkeit. Sie erscheinen vorzugsweise in Indras begleitung und kommen zum abendopfer.

rbhu-kšán- 3. und *rbhu-kšā́* 1. m. Der Veda hat nur sg. nom. *rbhukšā́-s*, acc. *rbhukšáṇ-am*, pl. nom. voc. *rbhukšā́-s* und *rbhukšáṇ-as.* Es bezeichnet den ersten der drei Rbhu, welcher gewönlich κατ' ἐξοχήν *rbhú-* heißt, und die Rbhu überhaupt.

ršabhá-, subst. m. 10., stier; als das haupt der herde ist er ein bild für das beste und edelste seiner art, so häufig am ende von compp.

ŕši-, subst. m. 9., sänger heiliger lieder, dichter; so heißen alle, welche einzeln oder in chören für sich oder für andere in kunstreicher rede und gesang zu den göttern rufen, also insbesondere die priesterlichen sänger, welche dise kunst zu irem beruf machten. Dise alten sänger erscheinen in der erinnerung späterer geschlechter als die heiligen der vorzeit. Sie sind die verfaßer der in den Veda auf bewarten lieder und sprüche. *saptaršajas (sapta-, ŕši-;* s. o. s. 6), nom. pl., Matsj. 30, siben *ŕši* — eine unbestimte vilheit — sind die repräsentanten jener heiligen vorzeit.

E̊.

Éka-, adj. num., ntr. *éka-m,* im übrigen nach der pronominalen decl., einer, einzig (§. 237, 1).

etá- (e + tá-), pron. demonstr. mit dem selben wechsel von *s* und *t* wie in *ta-* (§. 264); nom. m. *eṣá* und *eṣás,* f. *eṣá,* n. *etát* diser, -e, -es. Mit *ta-* verbunden Rv. X, 121, 10. Als erstes glid in compositen wird *etat* gebraucht.

ena-, enklitischer pronominalstamm, von dem sich folgende casus vor finden: acc. sg. m. *ena-m,* f. *ena-m,* n. *ena-t,* du. m. *enāu,* f. n. *ene,* pl. m. *ena-n,* f. *ena-s,* n. *ena-ni,* instr. sg. m. *enēn-a,* f. *ena-j-ā,* gen. loc. du. *ena-j-ös,* den übrigen casus ligt der stamm *a-* (s. u. *idám*) zu grunde. Pron. subst. der dritten person: er, sie es.

énas, subst. n. 2., frevel, untat, sünde.

é-va- (wurz. *i*; §. 218), subst. m. 10., lauf, gang; meist instr. pl.; *taráṇibhir évāiṣ,* Rv. IV, 33. 1, schnellen laufes.

e-vá (pron. *i-*), adv., so, allerdings, ja wol. Am häufigsten wird es gebraucht um das vor im stehende wort mit nachdruck hervor zu heben, wie unser 'gerade, eben'. Häufig ist seine bedeutung so ab geschwächt, daß es volkommen zum füllworte wird.

evám (s. d. vor.), adv., so, auf dise weise.

Ō.

Ōgha-, subst. m. 10., flut, strom, menge.
ój-as-, subst. n. 2., kraft, tüchtigkeit, lebensfrische.
ójījās-, *ójīṣṭha-* s. *ugrá-*.
ōm, indecl., ein wort feierlicher bekräftigung, im anfange von gebeten, religiösen liedern u. s. w.
óṣadhi-, subst. f. 9., auch *óṣadhī*, f. 10., kraut, pflanze, heilkraut; *óṣadhīˆ*, Rv. IV, 33, 7, nom. pl.

Au.

Aughá-, subst. m. 10., flut (vgl. *ōgha-*, von welchem es mittels steigerung und sec. suff. *-a-* gebildet ist; vgl. §. 216, s. 383).

K.

Ká-, pron. interrog. (§. 264), nom. sg. m. *ká-s*, f. *kā́*, n. ved. *ká-t*, später *ki-m*, wer, welcher; *kim* adverbiell zur bezeichnung der frage; *ámbhaˆ kim āsīt*, Rv. X, 129, 1, war es waßer? *káç-kit*, acc. *káṅ-kit*, aliquis; *jáˆ káç Ka* wer irgend, jeder.
kaṅ-kit s. *ka*.
ka-tamá- (superlativ v. *ká-*; §. 236), pron. interrog., welcher unter vilen.
kathám, adv. interrog., wie, auf welche weise; *káthā tē bhŕtir íti*, Çatap. 2, wie ist es mit deiner pflege (d. h. wie soll ich dich pflegen), sprach er.
kathá, subst. f. 10., rede, erzälung.
kadā́, adv. interrog., wann; *kadā́-kit*, irgend ein mal, bisweilen, eines tages, einst.
kan-iṣṭhá-, adj. superlat. 10. (§. 234), 1) der kleinste; 2) der jüngste.
kán-īyās-, adj. comparat. 4. (§. 232; der positiv hierzu und zu dem vorher gehenden findet sich nur substantivisch: *kaná*, f. 10., mädchen), 1) kleiner, geringer; 2) jünger; subst. der jüngere bruder.
kar, verb., bildet im Veda sein praes. auf vier verschidene weisen: 1) I, a, *kár-ti*, imperf. 2. 3. sg. *á-kar*; 2) I, b, *kár-a-ti*, imperf. *á-kar-a-t*, conj. *kár-at*, imperat. *kára*; 3) IV, a, *kr-nó-ti*, med. *kr-nu-té*, imperf. *á-kr-nō-t*, imperat. *kr-nú* und *kr-nu-hí*, conj. imperf. *kr-náv-a-t*, 1. pl. *kr-náv-ā-ma*;

4) IV, a mit verlust des nasals, diß ist die gewönliche form in der klass. sprache; *kar-ó-ti*, pl. *kur-más, kur-u-thá, kur-v-ánti*, med. *kur-v-é, kur-u-té*; imperf. *á-kar-av-am, á-kar-ö-s, á-kar-ö-t*, pl. *á-kur-ma, á-kur-u-ta, á-kur-v-an;* imperat. 2. sg. *kur-ú*, 3. *kar-ó-tu*, 2. med. *kur-u-švá;* opt. 1. sg. *kur-já-m*, med. *kur-r-īj-á;* perf. *ka-kár-a*, 1. pl. *ka-kr-má*, 1. sg. med. *ka-kr-é;* fut. 2. sg. *kar-išjá-si;* ved. aor. 3. sg. *á-kar, kar* (Rv. I. 24, 8), 3. pl. *á-kr-an* (IV, 33. 2; §. 292), welche man aber auch als imperf. nach I. a faßen kann; zusammen ges. aor. 3. sg. *á-kär-š-ī-t*, ved. 1. sg. med. *kr-š-ē* (§. 297); part. perf. pass. *kr-tá-* (§. 224). Etwas machen in der weitesten bedeutung: volbringen, auß füren, bewirken, verursachen, zu stande bringen, an fertigen, bereiten, veranstalten, begehen u. s. w. *sat kar*, Matsj. 11, bewirten, gastfreundschaft erweisen (vgl. *sant-); bhācā kar* mit d. loc., liebe, zuneigung faßen zu; Matsj. 11. Causat. *kär-ája-ti* (§. 209), machen laßen. Mit praeposit.

prati- erwidern, vergelten; mit dem acc. der sache und dem gen., dat. oder loc. der person; *pratikrta-* n. (part. praet. pass.), widervergeltung.

kara-patra-, subst. n. 10., säge (wörtl. handblatt; *kar-a-* m. 10., hand; *patra-, pát-tra-*, n. 10., flügel, feder. blatt; wurz. *pat*, suff. *-tra-;* §. 225).

karambhá-, subst. m. 10., grütze, mus, brei, die gewönliche opferspeise des *Pūšan.*

kar-tár-, subst. m. 5 (§. 225), täter, volbringer; *kartá-smi* 1. sg. fut. von *kar* (§. 225, s. 444).

karš, verb. I, b, act. *kárš-a-ti*, perf. *ka-kárš-a*, inf. *kráš-ṭum*, part. perf. pass. *kṛš-ṭá-*, ziehen, schleppen; mit praep.
ā- heran ziehen, mit sich fort ziehen, herauß ziehen;
pra- vorwärts-, fort ziehen.

karš-á- (karš), subst. f. 7., graben, furche.

kalp, verb. I, b, med. *kálp-a-tē*, part. perf. pass. *klp-tá-* (§. 6), in ordnung sein, gelingen; causat. *kalp-ája-ti*, in ordnung bringen, zurecht machen, zu rüsten. Mit praepos.
ava-, caus., in ordnung bringen, geeignet an wenden;
upa, caus., zu rüsten, zurecht machen; *upakálpja*, Çatap. 4. gerund. (§. 226).

kalmalík-in-, adj. 3., flammend, brennend.
kaví-kratu-, adj. 8., die einsicht, begeisterung eines säugers habend, einsichtsvoll, weise.
kā́ṇḍa-, subst. m. 10., abschnitt, stück.
kā́m-a-, subst. m. 10., 1) wunsch, beger, verlangen, begirde, trib, liebe; 2) personificiert der wunschgott; Rv. X, 129, 4.
kāma-kāmin-, adj. 3., begirden wünschend, d. h. inen frönend.
kā́ja-stha-, subst. m. 10., ein schreiber; die *kájastha* gehören zu einer mischlingskaste, ir vater ist ein *kšatrija*, ire mutter eine *çūdrā*.
kār-jà- (kar), 1) adj. faciendus (§. 217); 2) subst. n. obligenheit, vorhaben, geschäft, angelegenheit, sache.
kālá-, subst. m. 10., 1) zeitpunkt, zeit; 2) schiksal; 3) bestimter: tod, todesgott = *Jama*.
kāla-daṇḍa-, subst. m. 10., der stab des todesgottes (s. *kālá-*).
káç, verb. 1, b. med. *káç-a-tē*; perf. *ka-kāç-ē*, sichtbar sein, erscheinen; glänzen, leuchten; intensiv. *ká-kaç-ī-ti* und *kā-kaç-já-tē*, hell leuchten. Mit praepos.
vi- erscheinen; *vikā́kaçat*, Rv. I, 21, 10, neutr. adverb. part. praes. intens., stralend (§. 229. 293).
pra- sichtbar werden, sich zeigen.
kā́ṣṭha-, subst. n. 10., holzstück.
kim s. *ká-*.
kíj-ant-, pron.-adj. 4., 1) interrog. wie groß, wie weit, wie vil; 2) indefin. irgend wie groß, d. h. gering, wenig, unbedeutend; *kíjat*, ntr. adv., ein wenig, etwas.
kíla, adv., 1) bekräftigend und hervorhebend: gewis, ja; 2) erklärend: nämlich; es folgt auf das wort, welches hervor gehoben wird.
kīrtaj (denom. v. *kīrti-*, subst. fem. 9., kunde, rum; wurz. *kar* erwähnen, suff. *-ti-*; §. 7. 2; §. 226), verb. I, b, *kīrtája-ti*, gedenken, erwähnen, nennen, erzälen. Mit praepos.
pari- verkünden, mit teilen, erzälen.
kī́la-, subst. m. 10., pflock, keil.
kī́la-ka-, subst. m. 10., pflock, keil (§. 231).
kú-tas, adv. interrog., woher, von wo (§. 251, altind., anm. 3).
kuntí, f. 10., n. pr. der gemalin des *Pāṇḍu*.
kumārá-, subst. m. 10., knabe, jüngling, son.

kumbhá-, subst. m. 10., topf, krug.
kumbhí, subst. f. 10., topf, krug, schüßel.
kúru-, n. pr. 8., name des anherren eines stammes; m. pl. bezeichnung dises stammes.
kuru-nandana-, subst. m. 10., den Kuru (als vater) erfreuend, son des Kuru.
kú-ha, ved. adv. interrog., wo, wohin.
krp-á, subst. f. 10., mitleid.
krp-aná-, adj. 10., bejammernswert, arm, elend (§. 221, a; üb. *n* s. §. 127 am ende).
két-a-, subst. m. 10., verlangen, begeren, absicht; aufforderung, einladung.
ke-tú-, subst. m. 8., lichterscheinung, helle, klarheit, häufig plur.; Rv. I, 24, 7.
kāuntēja- (metronym. v. *kuntī*; mit steiger. und sec. suff. -*a*-; §. 216 am ende), m. 10., son der Kuntī.
krá-tu-, subst. m. 8. (§. 227), überlegung, rat, einsicht, verstand.
kránd-as-, subst. n. 2., 1) schlachtgeschrei; 2) du. *krándasī*, Rv. X, 121, 6, die tobenden schlachtreihen, die beiden kämpfenden parteien.
kram, verb. I, b u. II, b, act. med., *krám-a-ti, -tē, krám-a-ti, -tē*; perf. *kakráma*, schreiten, gehen. Mit praepos.
 ati- 1) vorüber gehen, weiter gehen; 2) hervor ragen, übertreffen; Matsj. 2.
 pra- med. an etwas gehen, unternemen, sich an schicken, beginnen, mit d. infin.; Matsj. 55.
krīḍ, verb. I, b, act. med., *krīḍ-a-ti, -tē*; perf. *ki-krīḍ-a*, spilen, tändeln.
krudh, verb. V, act., *krúdh-ja-ti*; perf. *ku-krúdh-a* in zorn geraten, zürnen; causat. *krōdh-ája-ti* auf bringen, reizen; *ku-krudh-āma*, Rv. II, 33, 4, 1. pl. aor. causat.
kvà, adv. interrog., wo.
kšaṇa-, subst. m. 10., augenblick; *kšaṇēna*, instr. sg., augenbliklich, sogleich; Matsj. 53.
kšatrá-, subst. n. 10., herschaft, obergewalt, macht; sowol von menschlicher als von götlicher herschaft gebraucht.
kšam, verb. I, b, med. *kšám-a-tē*, perf. *ka-kšam-ḗ*, sich gedulden, geduldig ertragen. Mit praepos.

abhi- 1) sich gnädig erzeigen; 2) begnadigen; Rv. II, 33, 7, *kakṣamīthā́ḥ* 2. sg. opt. perf.

kṣi, verb. II, b. act. *kṣáj-a-ti* nur im praes. zu belegen, bebesitzen, verfügen über; beherschen (mit d. gen.); Rv. I, 24, 14, *kṣájan* part. praes. als einer der gewalt darüber hat (das folgende *asmábhjam* gehört zu *çíçrathaḥ*).

kṣip, verb. I, b. act., med., *kṣíp-á-ti*, perf. *ki-kṣép-a*, schleudern, werfen. Mit praepos.

pra- hin schleudern, hin werfen, hinein werfen.

kṣīrá-, subst. m. n. 10., milch.

kṣud-rá-, adj. 10., klein, winzig.

kṣubh, verb. II, b, *kṣṓbh-a-tē*; V. *kṣúbh-ja-ti*; IV, b *kṣubhná-ti* schwanken, zittern, in aufregung, bewegung geraten; pass. bewegt werden; Matsj. 42.

kṣullaká-, adj. 10., klein, winzig.

kṣëmajánt-, 4., part. praes. von einem verlorenen verb. *kṣë́mājati* (denom. v. *kṣë́-ma-* ruhe, rast, wurz. *kṣi*; §. 219) rast gewärend, beherbergend.

Kh.

Kha-, subst. n. 10., der hole, lere raum, luftraum, äther.

khaṇḍá-, subst. m. n. 10., stück, teil.

khan, verb. I, b. act., med., *khán-a-ti*, part. *khā-tá-*, gerund. *khā-tvā́* (§. 227) graben, auß graben.

khan-itr-ima- (*khan-itra-*, §. 225, schaufel), adj. 10., durch graben entstanden. Rv. VII, 49, 2 zur bezeichnung des waßers in gegrabenen brunnen.

khād, verb. I, b, act., med., *khā́d-a-ti* kauen, zerbeißen, eßen, freßen.

khja, verb. II, *khjá-ti*, vom simplex nur pass. u. caus. zu belegen, pass. bekant sein; part. perf. pass. *khjā-tá-* bekant, berümt. Mit praepos.

ā- erzälen, mit teilen.

G.

Ga, verb. III, *gí-gā-ti*; aor. *á-gā-m*, 3. pl. *á-ga-n* und *g-us*, imper. *ga-hí* gehen, kommen. Mit praepos.

pari- 1) umgehen, umkreißen; 2) herbei kommen, erreichen;

3) umgeben, auß weichen; *pári gāt*, Rv. II, 33, 14, 3. sg. conj. aor.

gáṅgā, nom. propr.. f. 10., Ganges.

gakkhati s. *gam*.

gaṇá-, subst. m. 10., schar, reihe.

gatá- s. *gam*.

gandhá-, subst. m. 10., geruch, duft.

gabh-īrá-, adj. 10., tief. unerschepflich, unergründlich.

gam, verb. VI, act., med., *ǵa-kkha-ti*, perf. *ǵa-gám-a* und *ǵa-gám-a*, 3. pl. *ǵa-gm-ús*, 1) gehen, sich bewegen, hin gehen, davon gehen, kommen; 2) in einen zustand, eine lage kommen, geraten, teilhaft werden, erlangen, mit d. acc.; Matsj. 27. 53. Mit praepos.

adhi- 1) heran kommen, gelangen zu; 2) auf finden, außfindig machen; *adhigamjatē*, Matsj. 50, pass. (§. 293, altind., V.), es wird auf gefunden, man findet auf.

anu- 1) nach gehen, nach folgen; 2) begehen, auß füren; Rv. IV, 33, 6.

ā- herbei kommen, kommen zu mit d. acc.; *ā́ gamat*, Rv. I. 1, 5, 3. sg. conj. aor.; *āgamja*, Matsj. 5, gerund. (§. 226), nachdem er (Manu) gekommen war; part. *āgata-* einer der an gekommen ist.

sam- med. zusammen kommen mit (instr.), freundlich, feindlich, geschlechtlich.

1. *gar*, verb. IV, b, act., med., *gr-ṇá-ti*, *gr-ṇī-té*, part. *gr-ṇ-āná*, 1) an rufen, rufen, Rv. II, 33, 8; 2) preisen, *gṛṇiṣé*, Rv. II, 33, 12, 1. sg. med. aor. comp. auß dem praesensstamme statt auß der wurzel gebildet.

2. *gar*, verb. I, b, act., med., *gir-á-ti* und *gil-á-ti* (§. 128), perf. *ǵa-gár-a* verschlingen.

garǵ, verb. I, b, act., med., *gárǵ-a-ti*, part. praes. med. *garǵ-a-māna-* (§. 219), brüllen, toben, brausen.

garta-sád-, adj. 1., auf dem streitwagen sitzend.

gárbh-a- (wurz. *grabh*; §. 216), subst. m. 10., 1) der empfangende mutterleib; 2) die leibesfrucht, kind; Rv. X, 121, 7.

gáh-ana- (§. 221, a) 10., 1) adj. tief; 2) subst. n. tiefe, abgrund; Rv. X, 129, 1.

gā́m s. *gó-*.

gir-í-, subst. m. 9., berg, gebirge (§. 7).
giláti s. 2. *gar*.
guṇá-, subst. m. 10., 1) faden, strick; 2) eigenschaft, tugend; Spr. 11.
guṇa-tva-, subst. n. 10. (§. 227, s. 458), abstractum von *guṇá-* strick; *tṛṇāir guṇatvam āpannāir* mit zu stricken gewordenen grashalmen, Spr. 8.
gup (eine secundäre wurzel, hervor gegangen auß *gōpājáti*, denom. v. *gopá-*), praes. ungebr., perf. *ǵu-ǵóp-a*, hüten, bewaren, schützen. Mit
sam-, part. *saṅgupta-* gehütet, beschüzt, bewart.
gur-ú-, S. (§. 7. 1). 1) adj. schwer, groß, angesehen, erwürdig; 2) subst. m. eine erwürdige person, besonders ein lerer; Spr. 6.
guh, verb. I, b, act., med., *gúh-a-ti*, part. perf. pass. *gūḍhá-* (§. 130, 2), zu decken, verhüllen, verbergen, geheim halten; *táma āsīt támasā gūḷhám ágrē*, Rv. X, 129, 3, im anfange war finsternis, von finsternis umhült.
gūḍhá-, gūḷhá- s. *guh*.
gó-, subst. m. f. 6., nom. *gáu-s*, acc. *gā́-m*, instr. *gáv-ā*, rind, stier, kuh.
gō-pā́-, subst. m. 10., nom. *gōpā́-s*, acc. *gōpā́-m*, du. *gōpā́u* u. *gōpā́*, pl. nom. *gōpā́s*, instr. *gōpá-bhis*, hirt, hüter, wächter.
grabh, die ältere im Rv. gewönliche form, in den Brāhmaṇa und der späteren literatur allein herschend ist *grah* (§. 125, 3), verb. IV, b, act., med., *gṛbh-ṇá-ti, grh-ṇá-ti;* imperat. 2, sg. act. *gṛh-āṇá, grh-ṇā-hí, grh-ṇī-hí;* perf. *ǵa-gráhh-a, ǵa-gráh-a;* aor. *á-grabh-am*, 3. *á-grabh-īt;* gerund. *grh-ī-tvā́* (§. 15, f; §. 227). *gṛ́hja* (§. 226; auch one voran gehende praep.); inf. *gráh-ī-tum;* part. perf. pass. *gṛbh-ī-tá-, grh-ī-tá-;* 1) ergreifen, mit der hand faßen, fest halten, nemen; 2) sich jemandes bemächtigen, von krankheiten und überirdischen mächten; Rv. I, 24, 12 von der sünde, vgl. vers 13.
grah s. *grabh*.
gráh-jà-, part. necess. v. *grah* (§. 217), adj. 10., zu ergreifen, zu nemen; *sārā tatō gráhjam*, Spr. 5, darum ist das wesentliche an zu nemen.

Gh.

Ghū́rṇ, verb. I, b, act., med., *ghū́rṇ-á-ti* schwanken, wanken.
ghŕ̥-ṇi-, subst. m. 9. (wurz. *ghar;* §. 223; §. 127, 2 am ende), hitze, glut, sonnenschein. Rv. II. 33, 6 *ghŕ̥ṇīva*, Padap. *ghŕ̥ṇi-iva*, gibt so keinen sinn. Das Petersb. wtb. s. v. meint, es sei als *ghŕ̥ṇēr iva* zu faßen, dann wäre der sinn: wie ich vor der hitze den schatten unversert erreichen möge, so —. Einfacher ist mit Sājaṇa *ghr̥ṇī-iva* zu teilen, *ghr̥ṇī*, nom. sg. von *ghr̥ṇin-*, adj. 3., welches in den Veden freilich sonst nicht belegt ist, in der bedeutung glut habend, von glut gequält. In der späteren sprache erscheint *ghr̥ṇin-* in übertragener bedeutung: mitleidig.
ghr̥-tá-, subst. n. 10., schmelzbutter, jezt *ghee* genant.
ghōrá-, adj. 10., grausig, furchtbar.

Ḱ.

Ḱa, enklit. conj., und, auch; *Ḱa—Ḱa* sowol—als auch; Rv. 1, 24, 1.
Ḱakš, verb. I, a, med. *Ḱáš-ṭē*, 3. pl. *Ḱákš-atē*: imperf. *á-Ḱaš-ṭa;* part. praes. *Ḱákš-āṇa* und *Ḱákš-a-māṇa;* inf. *Ḱáš-ṭum* 1) erscheinen; 2) sehen, schauen nach; 3) an kündigen, sagen. Mit *vi-* deutlich sehen, erblicken, hin blicken auf; *tád ajá kḗtō hr̥dá á ri Ḱašṭē*, Rv. 1, 24, 12, das siht der verstand in meinem inneren.
Ḱakšamithā́? s. kšam.
Ḱat, verb. I, b, *Ḱát-a-ti* sich verstecken; nur im part. praes. *Ḱát-ant-* u. perf. pass. *Ḱat-tá-* ved., *Ḱat-itá-* klass. (§. 224). nachweisbar; caus., *Ḱat-ája-ti* und *-tē*, sich verstecken machen, d. i. verscheuchen, vertreiben. Mit
vi- caus. med. verscheuchen, vertreiben.
Ḱatur-thá-, adj. 10., vierter (§. 241).
Ḱatur-daçá-, adj. 10., vierzehnter (§. 241).
Ḱátuš-pād-, in den schwächsten casus *-pad-*, adj. 1., vierfüßig, msc. ein vierfüßiges tier; ntr. collect. das geschlecht der vierfüßigen, die tiere.
Ḱatvár-, numerale (§. 237, 4). pl. msc. *Ḱatvár-as*, acc. *Ḱatúr-as*, fem. *Ḱatásr-as*, ntr. *Ḱatvár-i*, vier.
Ḱaná (Ḱa+na), adv., auch nicht, selbst nicht, nicht einmal. Es steht unmittelbar nach dem worte, auf welches der nach-

druck gelegt wird, und erscheint in der älteren sprache oft one weitere negation im satze, welche in der späteren sprache nie felt. Ser häufig nach pronn. interrogg., denen es indefinite function verleiht.

Kand-rá-, 1) adj. 10. (§. 220), schimmernd, lichtfarbig; Rv. X, 121, 9 von den gewäßern; 2) subst. m., mond.

Kandrá-mas-, subst. m. 1., nom. *Kandrámas* mond, der mondgott (*Kandra-* + *mas-* = *mās-* mond).

Kap-alá-, adj. 10., schwankend; leichtfertig, leichtsinnig.

Kapala-tā, subst. f. 10. (§. 224, s. 436), leichtsinn, unbesonnenheit.

Kam-asá-, subst. m. n. 10., trinkschale, becher.

Kamú, subst. f. 7., schüßel, in der regel heißt so das gefäß (meist ein par, du. nom. *Kamvā̀*, gen. loc. *Kamvòs*), in welches der soma ab fließt.

Kar, verb. I, b, act., med., *Kár-a-ti*, perf. *Ka-kár-a* 1) sich regen, bewegen, gehen, faren, wandern, von menschen, vih, waßer, schiffen u. s. w.; *Kárantis*, Rv. I, 24, 6, nom. pl. fem. part. praes.: 2) sich verhalten, verfaren, handeln, leben, sein; c. part., Çatap. 7.; 3) an etwas gehen, etwas üben, treiben; c. acc., Matsj. 3.

Kar-itá- (part. perf. pass. v. *Kar*; §. 224), subst. n. 10., 1) gang; 2) wandel, taten.

Kašṭé s. *Kakš*.

Káru-, adj. 8., angenem, wilkommen, lieb, schön.

Kit, verb. II. b, *Két-a-ti;* perf. *Ki-két-a;* III. (mit dem urspr. gutt.) *Ki-két-ti*, med. *Ki-kit-té;* perf. *Ki-két-a*, med. *Ki-kit-é;* part. praes. med. intensiv. *Kékit-āna-*, 1) war nemen, bemerken, acht haben, beobachten; 2) sich vernemen laßen, sich zeigen; erscheinen, gelten, bekant sein; Rv. II, 33, 15.

Kit, enklitische partikel, dient 1) zur hervorhebung des vorhergehenden wortes. Hinter die pronn. interrogg. tretend verwandelt es dise in indefinita, Rv. I, 24, 4; auch das relat. *jáç kit* welcher irgend; *aparaktā́ hrdajāvídhaç kit*, Rv. I, 24, 8, er ist ein verbieter des irgend das herz (der sonne) verletzenden; *krtā́ kid éna°*, v. 9, alle (von uns) getane sünde; 2) zur vergleichung: wie, gleich wie; Rv. II, 33, 12.

Kitrá-çravas-, adj. 2., lauten ruf (gesang, jubel) ertönen laßend oder manichfachen rum habend; Rv. I, 1, 5 superlat.

(Kit-rá-, adj. 10., sichtbar, hell, bunt; §. 220; *çrávas-,* §. 230).

Kint, verb. I, b, *kint-ája-ti;* perf. *kintajām āsa* (§. 216, s. 379), 1) nach denken, nach sinnen; 2) an jemd. oder etwas denken, nach sinnen über, seine gedanken richten auf; Matsj. 37; *Kint-ita-,* n. 10. (§. 224), gedanke; ibid.

Kira-, subst. n. 10., ein schmales, langes stück baumrinde, rindengewand, lappen.

Kiriṇī, nom. pr. fem. 10., name eines flußes.

Kūrṇa-, subst. m. n. 10., staub, mel.

Kūrṇaj (denom. v. *Kūrṇa-),* verb. I, b, *Kūrṇ-ája-ti* zu staub machen, zerreiben, zerschmettern; *kāṣṭhābhjā Kūrṇitāṇḍadvaja°,* Hit., durch die beiden holzstücke ein zerquetschtes hodenpar habend.

Kēkitāna- s. *kit.*

kēt (ka + it), conj., wann, wenn.

kēṣṭ, verb. I, b, act., med., *kēṣṭ-a-ti* die glider bewegen, zappeln. Mit

vi- die glider hin und her bewegen, sich rüren.

Kh.

Khājá, subst. f. 10., 1) schatten, schattiger ort; 2) schatten, abbild; Rv. X, 121, 2.

Khid, verb. IV, c, 1, act. *khinát-ti,* med. *khint-té,* perf. *ki-kkhéd-a,* aor. *á-kkhid-at,* zus. ges. aor. *á-kkhāit-s-ī-t,* ab schneiden, zerreißen, spalten. Mit

antar- (antác-khid) ab schneiden, intercludere; Çatap. 6.

Ġ.

Gá-g-at- (wurz. *ga* gehen), subst. n. 4., das bewegliche, lebendige, die welt; Rv. X, 121, 3.

gaṅgam-a- (vom intensivstamme zu *gam;* §. 293, altind. III.), adj. 10., beweglich, lebendig.

gáṭā, subst. f. 10., flechte, die hartracht der asketen.

gaṭā-dhar-a-, adj. 10., flechten tragend (von einem asketen).

gan, ga, verb., A. transitiv: 1) I, b, *gán-a-ti,* nur ved.; 2) III.

ǵá-ǵan-ti; 3) die üblichste bildung V. *ǵá-ja-tē, -ti;* perf. *ǵa-ǵán-a,* 3. pl. *ǵa-ǵń-ús,* ved. *ǵa-ǵan-ús;* fut. *ǵā-sjá-ti;* zus. gesezter aor. 3. sg. med. *á-ǵan-iš-ṭa,* zeugen, gebären, hervor bringen; caus. *ǵan-ája-ti* das s., 3. sg. aor. med. *á-ǵī-ǵan-a-ta.*
B. intransitiv: V. *ǵá-ja-tē;* aor. 3. sg. *á-ǵan-i, ǵan-i* und *á-ǵan-iš-ṭa;* perf. *ǵa-ǵń-ḗ,* 3. pl. *ǵa-ǵń-irḗ*¦ part. perf. *ǵā-tá-* s. u. bes.; gezeugt, geboren werden, entstehen. Mit *ā-* 1) trans. erzeugen; 2) intrans. auß einem orte geboren werden, auß einem orte entstehen; Rv. X, 129, 6.
upa- entstehen, sich zeigen; *adhö-dha°, paçjata°, kasja mahimā nōpaǵājatē,* Spr. 4, bei wem, wenn er stäts nach unten siht, zeigt sich nicht größe, d. h. wer erscheint sich nicht groß, wenn er —.
pra- 1) geboren werden, entstehen; 2) sich fort pflanzen durch, in (instr.); Rv. II, 33, 1; 3) zeugen, gebären mit d. acc.; Çatap. 10.
ǵán-a-, subst. m. 10., geschepf; mensch; person, leute (sowol collectivisch im sg. als im pl.); geschlecht, stamm.
ǵan-itár-, subst. m. 5., erzeuger, vater (§. 225).
ǵar-aṇá-, adj. 10., hinfällig, alt (wurz. *ǵar* altern; §. 221, a).
ǵar-itár, subst. m. 5., anrufer, sänger, vererer (wurz. *ǵar* tönen, rufen; §. 225).
ǵala-, subst. n. 10., waßer.
ǵálāśa-, adj. 10., lindernd, beruhigend, heilend.
ǵahrus s. *har.*
ǵā-tá- (part. praet. pass. zu wurz. *ǵa, ǵan*) 10., 1) adj. geboren, entstanden; 2) subst. n. lebendes wesen, geschepf; Rv. II, 33, 3; X, 121, 10.
ǵājatē s. *ǵan.*
ǵi, verb. II, b, *ǵáj-a-ti,* sigen, erobern.
ǵu, verb. II, b, act., med., *ǵáv-a-ti,* part. praet. pass. *ǵū-tá-,* in rasche bewegung setzen, an treiben, drängen.
ǵuš, verb. I, b. *ǵuš-á-tē,* 1) befridigt, günstig, vergnügt sein; 2) etwas oder jmd. gern haben, lieben, gefallen finden an, sich einer sache erfreuen, mit d. acc.; Rv. IV, 33, 9.
ǵńa, verb. IV, b, *ǵā-ná-ti,* med. *ǵā-nī-tḗ* (von einer wurzelf. *ǵa*); fut. *ǵńā-sjá-ti,* zus. ges. aor. *á-ǵńā-s-it,* perf. *ǵa-ǵńáu;*

pass. V, ǵñā-já-tē, part. praet. pass. ǵñā-tá-, part. necess. ǵñḗja- (§. 217; §. 15, 2, b), 1) kennen, wißen, erkennen; 2) an erkennen, billigen, gut heißen; Çatap. 8; caus. ǵñā--pajá-ti (§. 209, s. 356). Mit

anu-, caus., jmd. um erlaubnis bitten fort zu gehen, sich verabschiden bei (acc.); ǵagmatuç ka jathākāmam anuǵñāpja parasparam, 'Matsj. 35, und sie giengen nach belieben (wohin jeder wolte) sich bei einander verabschidet habend.

vi- erkennen, unterscheiden, warnemen; viǵñḗja, Matsj. 32 (§. 217; §. 15, 2, b), erkenbar.

ǵña-, adj. 10., kundig, kennend, vertraut; häufig in compp., in denen das object den ersten teil bildet.

ǵñāna-, subst. n. 10. (§. 222; richtiger 221, a), das kennen, erkentnis, wißenschaft.

ǵjéṣṭha- (§. 232, 234), adj. 10., 1) der älteste; subst. m. der älteste bruder; Rv. IV, 33, 5; 2) der vorzüglichste; ntr. acc., am meisten, ser; Çatap. 4.

Ġh.

Ġhaśá-, subst. m. 10., großer fisch.

T.

Ta-, pron. demonstr. (§. 264), der, diser; in verbindung mit der 1. oder 2. pers.; z. b. sá jadá tắm ativárdhāi, Çatap. 3, wenn ich für disen zu groß werde; ntr. tát, adv. da, damals; Rv. X, 129, 4; tád aughá āgantá, Çatap. 4, da wird die flut kommen.

takš, verb. I, b, tákš-a-ti, part. praet. pass. taš-ṭá-, 1) behauen, schnitzen, bearbeiten; 2) verfertigen, schaffen, zu bereiten. Mit ā- verschaffen.

tá-tas, adv. (§. 251, altind., anm. 3), 1) von daher, dort; 2) darauf, in folge dessen, darum, dann; häufig als füllwort.

tatithá-, adj., fem. -ī 10., der sovilte.

tá-tra, adv., da, dort, dahin, dann; ját—tátra, Rv. VI, 57, 4, als — da.

tá-thā, adv., so, auf dise weise.

ta-dā́, adv., zu der zeit, dann, alsdann; im epos oft müßig.
ta-dā́-nīm, adv., damals, alsdann, dann.
tad-vat, adv., so, auf dise weise (§. 218).
tan, ta, verb. IV, a, act., med. (§. 293, altind., IV, a, anm.), *tan-ó-ti;* perf. *ta-tā́n-a*, 2. *ta-tān-tha* oder *tēn-itha;* part. pract. pass. *ta-tā́-*, sich denen, denen, spannen, auß breiten.
Mit *ava-* ab spannen;
vi- sich auß breiten, auß spannen, auf ziehen (eine sene u. a.).
tā́n-aja-, adj. 10., das geschlecht fortpflanzend.
tap, verb., 1) I, b, *tā́p-a-ti*, perf. *ta-tā́p-a*, warm sein, erwärmen; 2) V, med. *tā́p-ja-tē*, perf. *tēp-é*, a) schmerz empfinden; b) freiwillig schmerz empfinden, sich kasteien, gewönlich mit dem acc. *tā́pas* verbunden; Matsj. 4.
tā́p-as-, subst. n. 2. (§. 230), 1) wärme, glut; Rv. X, 129, 3; 2) kasteiung, buße, frömmigkeit.
tapasj (denom. v. *tā́pas-)*, verb. I, b, *tapas-já-ti* sich kasteien.
tā́m-as, subst. n. 2., finsternis.
tar, verb. I, b, act., selten med., *tár-a-ti*, mit praepp. gewönlich *tir-á-ti;* perf. *ta-tā́r-a*, 2. sg. *tēr-itha;* inf. *tár-tum, tár--itum;* gerund. *tīr-tvā́, -tírja;* part. pract. pass. *tīr-ṇá-* (§. 222), über ein gewäßer setzen, über schiffen, über etwas hinüber gelangen.
tar-áṇi-, adj. 9., die ban durchlaufend, vorwärts dringend, rasch.
tárhi, adv., zu der zeit, damals, dann.
tā́va, gen. sg. pron. 2. pers. (§. 265).
tar-ás-, adj. 2. (wurz. *tu*, §. 230), tatkräftig, tüchtig, kraftvoll, mutig.
tātá-, subst. m. 10., nur im voc. sg. gebr., anrede 1) eines älteren an einen jüngeren; oder 2) eines jüngeren an einen älteren; Matsj. 18.
tāpas-á- (tápas, mit suff. *a* und steigerung; §. 216, s. 384), subst. m. 10., einer, der askese übt, büßer, einsidler.
tā́-vant-, adj. 4. (§. 218), so groß, so lange dauernd; ntr. *tā́vat* adv. so lange, wärend dessen, zu der zeit; *jávat — távat*, so lange — als, wenn — dann.
tiraçk-ína- (tirj-ańk-), adj. 10., in die quere gerichtet, wagerecht, zur seite gewant.
tīr-a-, subst. n. 10. (wurz. *tar*, suff. *-a-*), ufer, gestade.
tīvrá-, adj. 10., streng, heftig, stark, scharf.

tu, conj., 1) doch, nun (nur ved.); 2) aber; niemals am anfange eines verses oder satzes.
tuKKhjá-, adj. 10., ler, öde, nichtig.
tūr-ṇá-, part. praet. pass. v. *tvar.*
tŕṇa-, subst. n. 10., gras, grashalm (als bild der kleinheit und schwäche).
tr-tíja-, adj. num. 10., dritter (§. 241, 3); *trtíje sávane,* Rv. IV, 33, 11, im abendopfer.
tĕ́ s. §. 265.
téǵ-as, subst. n. 2., glanz (§. 230; wurz. *tiǵ* scharf sein).
tépé s. *tap.*
tōká-, subst. n. 10., nachkommenschaft, kinder, stamm, brut. Besonders gebräuchlich ist die von Sājana als 'kind und kindeskind' gefaßte verbindung *tōkā́ tánajam,* s. *tánaja-.*
tra, verb. II, act., med., *trá-ti,* inf. *trá-tum,* behüten, beschützen, retten vor (abl.).
trajō-daçá-, adj. num. 10. (§. 241), dreizehnter.
trajō-vīçá-, adj. num. 10. (§. 241), dreiundzwanzigster.
tras-a-, adj. 10. (wurz. *tras* erzittern; §. 216), beweglich, ntr. das bewegliche, lebendige; tiere und menschen (im gegensatze zu *sthāvará-);* Matsj. 29.
tri-, adj. num. 9. (§. 237, 3), nom. m. *tráj-as,* n. *trí-ṇi,* f. *tisr-ás,* drei.
tva-, pron. d. 2. pers. sg. (§. 265), nom. *tvám;* vedisch oft, z. b. Rv. I, 1, 6, *tuám* zu lesen.
tváks̆-ijās-, adj. 4. (comparat. one erhaltenen positiv; §. 232), ser rüstig (vgl. *tváks̆-as,* ntr. 2., wirksamkeit, tatkraft).
tvat-krta-, adj. 10., von dir gemacht *(tva-t-,* die im altind. in zusammensetzungen gebrauchte form des pronom., dem ablat. gleich; §. 265, s. 648; *kr-ta-* s. *kar).* Matsj. 19 lis *tvatkrtējā,* d. i. *tvatkrtā ijam.*
tvar, verb. I, b, med., später auch act., *tvár-a-tē,* perf. *ta--tvar-ē̆,* eilen; part. praet. pass. *tūr-ṇá-* (§. 222), eilend, schnell, geschwind, acc. ntr. adv.
tvás̆-tar- (wurz. *tvaks̆;* §. 225), nom. pr. msc. 5., name eines gottes, des schepfers lebendiger wesen, bildners und künstlers.
tvā s. *tva-.*
tvá-datta-, adj. 10., von dir gegeben *(tvā-* in zusammensetz. nicht seltene form des pron. d. 2. sg.; *datta-* s. *da).*

tvēš-á-, adj. 10., ungestüm, heftig, häufiges epitheton des Rudra und der Marut (wurz. *tviš* auf geregt, ungestüm sein, suff. *-a-*; §. 216).

D.

1. *Da*, verb. III. activ., *dá-dā-ti*, med. *dat-tḗ*, 1. pl. *dád--masi*, *dád-mas*, 3. *dá-d-ati*, imper. *dē-hí*, opt. *da-d-já-t*; aor. *á-dā-t*, ved. *dā-t*, 3. pl. *á-d-us*, *d-us*; perf. *da-dá* ved., *da-dáu*; pass. praes. *dī-já-tē*; part. perf. *dat-tá-* (§. 224, s. 437), geben, schenken. Es entwickelt sich dann auß der praes.-form III ein stamm *dad*, welcher nach I, b *dád-a-tē* bildet: bei sich füren, bewaren, halten, tragen; *abudhnḗ rā́jā várunō vánasjōrdhvá stū́pā dadatē pūtádakša°*, Rv. I, 24, 7, im bodenlosen hält der reingesinte könig *Varuṇa* des glanzes masse hoch. Mit
ā- in empfang nemen, erhalten, nemen, mit sich nemen; gerund. *ādā́ja* (§. 226, s. 451), in begleitung von, mit; Matsj. 36; part. praet. pass. *át-ta-* (auß *ā-d-ta-*, *d* ist rest der wurz. *da).*

2. *da*, verb. I, *dá-ti*, gewönlich V, *d-já-ti*, aor. *á-dā-t*, part. praet. pass. *dā-tá-*, *di-tá-* und *di-ná-* (§. 224; §. 222), ab schneiden. Mit
ava- 1) ab schneiden; 2) jemand ab fertigen; Rv. II, 33, 5, *dišīja*, 1. sg. med. opt. des zusammen ges. aor. (precat.; §. 290, s. 714).

dās-ána-, subst. n. und f. 10., wunderbare tat, wunderkraft (vgl. *das-má-*, *das-rá-*, adj. 10., wunderkräftig, wundertätig).

dákš-a-, subst. m. 10., tüchtigkeit, fähigkeit, willenskraft, gesinnung (wurz. *dakš* taugen, suff. *-a-*; §. 216).

daṇḍá-, subst. m. 10., stock, stab, als symbol der herschaft; Hit.

dádhi-, subst. n. 9., saure milch.

dánta-, subst. m. 10., und *dant-*, 1. (eigentlich 4.; vgl. §. 43, s. 78 u. nachtr.), zan.

dant-in-, subst. m. 3., elephant (der mit zänen versehene; s. d. v.).

dáma-, subst. m. n. 10., haus, heimat.

daj, verb. I, b (verwant mit 2. *da*), med. *dáj-a-tē*, perf. *dajā́ kakrḗ* (§. 216, s. 379), 1) teilen, erteilen, zu teilen; 2) als seinen teil haben, besitzen; Rv. II, 33, 10.

dar, verb. IV, b, act., med.. *dr-ṇá-ti*, bersten; caus. *dar-ája-ti*, *dār-ája-ti*, zersprengen, zerspalten. Mit
vi-, caus., zersprengen, spalten; *vidárjamāna-*, part. praes. pass. caus. (§. 219), zerspalten; Hit.
daridra s. *dra*.
darç, verb., praes. ungebr., perf. *da-dárç-a*, med. *dá-dṛç-ē* und *da-dṛç-é*, 3. pl. *dá-dṛç-rē* ved.; part. perf. act. *da--dṛç-vās-* (§. 218, s. 403); aor. *á-darç-at*, ved. *á-drāk*, opt. *dṛçéjam*; gerund. *dṛṣṭvā́*, sehen, erblicken. Rv. I, 24, 1: wer gibt uns der großen Aditi zurück, so daß ich vater und mutter (wider) sehe; pass., med. gesehen werden, sichtbar werden, sichtbar sein, auß sehen, erscheinen, scheinen; Matsj. 44; Rv. I, 24, 10.
darh, verb., 1) IV, c, 2. *dṛh-a-ti*, fest machen; 2) V, *dṛh-ja-ti*, *-tē*, fest sein; part. praet. pass. *dṛḍhá* (§. 224; §. 130, 2), fest; ntr. adv. fest, ser; Matsj. 4.
dā-tár-, subst. m. 5., geber (wurz. 1. *da*; §. 225).
dār-uṇá-, adj. 10., hart, streng, schreklich, fürchterlich.
dāç-vā́s- (part. praet. act. v. *dāç* vereren; §. 218, s. 403), adj. 4., huldigend, (den göttern) dienend, dar bringend, im Rv. die gewöniche bezeichnung für den gläubigen vererer der götter, den frommen.
div-, **dju-** (vgl. §. 14, 1, d; §. 10; §. 215), subst. 1., ved. m., selten f., später nur f., sg. nom. *djā́u-s*, acc. *djā́-m* und *div-am*, instr. *div-ā́*, dat. *djav-é* und *div-é*, gen. *djó-s* und *div-ás*, loc. *djáv-i* und *div-í*, pl. nom. *djáv-as*, acc. *djú-n*, instr. *djú-bhis* und so vor allen consonantisch anlautenden casussuffixen mit wandlung von *div-* in *dju-*; 1) himmel; 2) tag, außer im plur. vornemlich nur in besonderen verbindungen, wie *divé divē*, Rv. I, 1, 3, tag für tag; *div-ā́*, instr. mit nicht vor geschobenem accente (auch *divā́*), am tage; Rv. I, 24, 10.
div-já-, adj. 10. (§. 217, 2), himlisch; *já ápō divjá*, Rv. VII, 49, 2, die gewäßer, welche himlisch sind.
1. **diç**, verb. act. III, *di-déš-ṭi* und I, b, *diç-á-ti*, perf. *di--déç-a*, zeigen. Mit
pari- an zeigen, an geben.
2. **diç-**, subst. f. 1. (§. 215), richtung, himmelsgegend.

dišīja s. 2. *da*.
dídivi-, adj. 9., scheinend, strålend.
didhjāna- s. *dhi*.
dur-bala-, adj. 10., schwach, schwächlich *(dus-, bala-)*.
dur-mati-, subst. f. 9., üble gesinnung, misgunst, haß *(dus-, mati-)*.
dur-vidagdha- (vidagdha, part. v. *dah* brennen mit *vi)*, adj. 10., dumm, einfältig; *ǵñāna-lava-durvidagdha* durch ein wenig wißen einfältig (geworden), verschroben.
dúšṭuti- und *dúšṭuti- (dus+stuti-)*, subst. f. 9., felerhaftes oder schlechtes loblied (beim opfer); *dúšṭutī*, Rv. II, 33, 4, instr. sg.
dus- (je nach d. folg. laute *dur-, duš-, du°-, dū-*; §. 126, 2) = gr. δυς-, nur in zusammensetzung, schlimm, übel, mis-.
duh-itár-, subst. f. 5., tochter (die wurz. stekt in *duh;* vgl. gr. ϑυγ-άτηρ).
dū-tá-, subst. m. 10. (§. 224; vgl. *dū-rá-)*, abgesanter, bote.
dū-rá, adj. 10., fern, weit; subst, n. ferne; die verschidenen casus werden adverbiell gebraucht; loc. *dūrḗ*, in der ferne, fern, weit weg; Rv. I, 24, 9.
dūra-tás, adv. (§. 251, altind., anm. 3), auß der ferne, von ferne.
dṛḍhá-, dṛḷhá- s. *darh*.
dṛçḗjam s. *darç*.
dēv-á- (vgl. *div-*, wurz. *div;* §. 216), 10.; 1) adj., fem. *-í*, himlisch, götlich; Rv. I, 1, 1; *dēvís*, nom. pl. f.; VII, 49, 1; 2) subst. m. der himlische, gott; *dēvḗšu*, Rv. I, 1, 4, zu den göttern; *dēvḗbhi°*, I, 1, 5, mit den göttern.
dēç-á- (diç; §. 216), subst. m. 10., ort, platz, gegend.
dáiv-ja- (dēvá- mit suff. *-ja-;* §. 217, 2), adj. 10., götlich; Rv. II, 33, 7, von bösen gotheiten kommend, dämonisch (vgl. altbaktr. *daēva-)*.
dōš-a-, subst. m. 10., feler, schaden, mangel (wurz. *duš*, verderben, schlecht sein; suff. *-a-;* §. 216); *tathātma guṇa-dōšajō°*, Spr. 11, so ist das wesen der tugenden und der feler.
dōšā-vastar- (dōšā, fem. 10., abend, dunkel, + *vas-tar-*, wurz. *vas* leuchten; §. 225), subst. m. 5., dunkelaufheller, nachtverscheucher; nur im vocat. von Agni gesagt.
djám s. *div-*.
djut-i-, subst. f. 9., glanz (eigentl. u. übertr.), würde (wurz. *djut* leuchten, weiterbildung von *dju, div;* suff. *-i-;* §. 216, a).

djáus s. *div*.

dra, verb. II, act., *drá-ti*, laufen, eilen; intens. *dari-drá-ti*, 3. pl. *dari-dra-ti* (§. 276; §. 293), sich in not befinden, arm sein (eigentl. hin und her laufen).

drávina-, subst. n. 10., gegenstand des wunsches und besitzes, sache, gut, habe, kostbarkeit.

dru, verb. II, b, *dráv-a-ti*, perf. *du-dráv-a*, laufen, eilen. Mit *ati-* vorüber eilen, hin faren über.

dru-padá-, subst. n. 10., holzsäule, pfosten, namentlich zur anfeßelung gefangener dienend *(dru-*, m. n. 8., holz, baum; *padá-)*.

dvá-, zalw. (§. 237, 2), du. m. *dvá*, *dváu*, f. n. *dvé*, zwei; am anfange von comp. *dvi-*.

dva-já-, 1) adj. 10., zwifach, doppelt; 2) subst. n. par; Hit. (§. 217, 2).

dvá-daçan-, zalw. 3. (§. 238), nom., acc. *dvádaça*, zwölf.

dvi- s. *dva-*.

dvi-ǵá-, subst. m. 10., erenname des in die religionsgemeinde auf genommenen Ariers, ein mitglid der drei oberen kasten, insbesondere ein geweihtes, und in engster bed. ein geweihter Brahman; wörtl. zwei mal geboren *(dvi-*, *ǵa-*, wurz. *ǵa*, *ǵan)*.

dvi-tíja-, adj. 10., zweiter (§. 241, 2).

dvi-pád-, adj. 1., zweifüßig; m. der zweifüßige, der mensch; ntr. sg. das geschlecht der zweifüßigen, die menschen (vgl. *pad-)*.

dvéš-as- (wurz. *dviš* haßen; §. 216), subst. n. 2., abneigung, widerwille, anfeindung, haß.

Dh.

Dha, verb. III, *dá-dhā-ti*, pl. *da-dh-más*, *dha-t-thá*, *dá-dh--ati*, opt. *da-dh-já-t*, imperat. 2. pl. *dha-t-tá* und *dá-dhā--ta*; perf. *da-dháu*, 2. *da-dhá-tha*, pl. *da-dhi-má*, *da-dh-á*, *da-dh-ús*; aor. *á-dhā-t*, *dhā-t*, pl. *dh-us*; med. praes. *dha-t--té*, imperf. *á-dhat-ta*, imperat. *da-dhi-švá* und *dha-t-svá*; aor. *á-dhi-ta*; perf. *da-dh-é*; part. perf. pass. *hi-tá-* (§. 125, 2), setzen, legen, stellen in, auf (loc.); *dadhé*, 3. sg. perf. med.

mit reflexiver bed., hat sich gelegt, d. h. ligt; Rv. I, 24, 4;
2) jemand (loc. dat. gen.), etwas bestimmen, verleihen, geben;
Rv. IV, 33, 10; X, 121, 8; 3) machen, schaffen, hervor bringen;
jádi vá dadhé jádi vā ná, Rv. X, 129, 7, ob einer sie
schuf oder nicht; 4) med., an sich nemen, erhalten, empfangen,
bes. von der leibesfrucht; *gárbham dha* concipere; Rv. X,
121, 7. Mit
api- oder *pi-* bedecken, ein schließen, verhüllen; *tukkhjénābhv
ápihitā jád ásīt*, Rv. X, 129, 3, welches ler vom leren um-
schloßen war.
ni- nider setzen, hin legen, hinein legen; mit *antár* Rv. I, 24, 7.
sam-ni-, part. praet. pass. *sannihita-* in der nähe befindlich.
prati- auf setzen (den fuß); Rv. I, 24, 8, infinitiv.
vi- an ordnen, fest setzen, bestimmen; Matsj. 7.
sam- vereinigen, med. sich verbinden, überein kommen, sich
vertragen; *a-san-dadhāna-* (*a* priv. + part. praes. med.;
§. 219), der sich nicht verträgt, unverträglich; *sā-hitā*, fem.
part. praet. pass., bezeichnung der vedischen liedersamlungen.
1. *dhánvan-*, subst. n. 3., bogen.
2. *dhánvan-*, subst. m. n. 3., dürres land, wüste.
dhar, verb. I, b, act., med., *dhár-a-ti*; perf. *dā-dhár-a* ved.,
da-dhár-a klass.; gerund. *dhr-tvá*; part. praet. pass. *dhr-tá-*,
halten, tragen, stützen, aufrecht halten.
dhar-a-, adj. 10. (§. 216), haltend, tragend, besitzend; häufig
mit dem objecte zusammen gesezt.
dharmáraṇja-, subst. n. 10., wald (*áraṇja-*), in welchem ein-
sidler iren pflichten (*dhárma-*; §. 219), ob ligen, auch nom.
pr. eines bestimten heiligen waldes,
dhi, verb. III, med. *dí-dhj-t́*, *dí-dhī-tē*, part. praes. *dí-dhj-āna-*;
act. 3. sg. imperf. *á-dī-dhē-t*; 1) act. scheinen, videri; 2) med.
war nemen. Mit
abhi- betrachten, bedenken.
dhí-, subst. f. 1., 1) gedanke; 2) religiöses nachdenken, andacht,
bitte, gebet.
dhí-ra-, adj. 10. (§. 220; s. d. vorigen), verständig, klug, weise,
kunstfertig.
dhë-nú (wurz. *dha* saugen; oder *dhi*, praesensst. *dhi-nu-*, IV. a,
sättigen; §. 223, a), subst. f. 8., milchkuh, mutterkuh.

N.

Ná, 1) negation: nicht; 2) nur vedisch vergleichungspartikel: wie, gleichsam; indem es die völlige identität zweier dinge verneint, deutet es indirect eine gewisse änlichkeit der selben an; Rv. II, 33, 4; IV, 33, 10.

náktam, adv., bei nacht, nachts.

nad-í (wurz. *nad* brüllen, rauschen, suff. urspr. -*ja*-; §. 217), subst. f. 10., fluß.

nand-ana-, adj. 10. (§. 221, a), erfreuend; am ende von compp., deren erster teil der name des vaters ist, bezeichnet es den son.

nam, verb. I, b, act., med., *nám-a-ti,* perf. *na-nám-a,* Rv. II, 33, 12 mit denung *nā-nám-a,* wo im Pada *nanāma* steht; sich beugen, sich verneigen. Mit **prati-** sich zu neigen; Rv. II, 33, 12: wie ein son dem ererten vater habe ich mich, o Rudra, (dir) dem herankommenden zu geneigt.

nám-as-, subst. n. 2. (§. 230), verbeugung, erenbezeugung in wort oder geberde, vererung.

namasj (denom. v. *námas-* §. 209, s. 355 am ende), verb. I, b, *namasjá-ti,* ere erweisen, vereren, huldigen. Rv. II, 33, 8 *namasja,* 2. sg. imperat.; Sājana faßt es fälschlich als vocat. mit der unmöglichen bedeutung lobsänger *(stótar)*.

nár-, subst. m. 5., mann, mensch.

nár-a-, subst. m. 10., mann, mensch.

nara-puṅ-gava-, subst. m. 10., mannstier, held unter den männern (d. vor. u. *puṅg.,* s. d.).

nara-çārdūla-, subst. m. 10., manntiger, tiger unter den menschen, erenvolle bezeichnung fürstlicher personen *(çārdūla-,* m. 10., tiger; vgl. *manuja-vjāghra-).*

narādhipa- *(nara-+adhipa-),* subst. m. 10., fürst unter den menschen.

narē-ṣṭhá- *(narē,* dat. v. *nar-,+stha-),* adj. 1., Rv. IV, 33, 8 'villeicht: dem manne zum stehen dienend', Petersb. wtb.; auf dem rade rollend, Sāj.; s'arrêtant au gré de l'homme, Nève, essai sur le mythe des Ribhavas p. 192.

nart, verb. V, act., med., *nŕt-ja-ti,* perf. *na-nárt-a,* tanzen.

naç, verb. I, b u. V, zu grunde gehen.

nas s. §. 265.

na-hí, adv., denn nicht, gewiss nicht, durchauß nicht.
nā́ka-, subst. m. 10., himmel.
nā́dh, *nā́th*, in der alten sprache davon nur partic. praes. med. *nā́dh-a-māna-*, hilfe suchend, flehend, und praet. pass. *nādh-itá-*, *nāth-itá-*, hilfsbedürftig, bedrängt.
ná-man- (wurz. *gñá*, §. 219), subst. n. 3., name, benennung; *ná̄ma*, adv., namens.
nāš-ṭrá̄, subst. f. 10., gefar, verderben (wurz. *naç*; §. 225).
ni, verb. II, b, act., med., *náj-a-ti*, aor. *á-nāi-š-īt*, perf. *ni-nā́j-a*, part. perf. pass. *nī-tá-*, leiten, füren, lenken; mit *upa-ā́-* herbei füren, herbei bringen; *upā́nīja*, Matsj. 10., gerund. (§. 226, s. 451).
ni, adv., nider, hinein, rükwärts.
nij, verb. III. *né-nēk-ti*, med. *nē-nik-tḗ*, perf. *ni-néj-a*, ab waschen, reinigen; med. sich ab waschen. Mit *ava-* ab waschen, reinigen; med. sich ab waschen.
nitja-, adj. 10., innerwärend, ununterbrochen, ewig.
nid-, subst. f. 1., spott, schmähung, verachtung.
ni-déç-a-, subst. m. 10., befehl *(ni-* + wurz. *díç*; §. 216).
nimná-, subst. n. 10., tiefe, niderung, vertiefung.
nir-r-ti-, subst. f. 9., auflösung, verderben, untergang; personif. eine genie des todes und der verwesung. Sie bindet den sterblichen mit iren stricken *(nis-,* §. 126, 2; *r-ti-*, wurz. *ar;* §. 226).
nirvódhā s. *vah* mit *nis*.
nivatsjāmi s. *vas*.
niškā́-, subst. m. n. 10., ein goldener hals- oder brustschmuck.
nis, adv., hinauß, weg von.
nihita-, s. *dha* mit *ni*.
nīkína-, adj. 10. (auß *nj-añḱ-* [d. i. *ni*+*añḱ*, gehen], verkürzt *nīḱ-*, weiter gebildet; vgl. *ávāñḱ-*), unten befindlich, nach unten gerichtet, herab hangend, herab fließend.
nú, adv., jezt, nun.
nú-tana- (d. vor. mit suff. *-tana-*), adj. 10., neu, jung, jetzig, gegenwärtig.
nūnám, adv., jezt, nun.
né-tra-, subst. n. 10., auge (wurz. *ni*; §. 225).
nó (na+u), adv., und nicht.

nā́u-, subst. f. 6., schiff.
nāu-kā́ (demin. v. *nā́u*; §. 231), subst. f. 10., kleines schiff, nachen.
nāu-bandhana-, subst. n. 10., name der höchsten spitze des Himālaja, auf der Manu sein schiff an band (vgl. *bandhana-*).
nāu-stha-, adj. 10., auf dem schiffe stehend (*stha-* am ende von zusammensetzungen, wie andere wurzeln auf *-a-*, deren *-a-* dann zugleich als stammaußlaut dient).

P.

Pa, verb. 1) II, *pā́-ti*, imperat. *pā-hí* nur ved.; 2) III, *pí-ba-ti*; perf. *pa-pā́u*, aor. *á-pā-t*, inf. *pā́-tum*, *pā́-tavē*, part. praet. pass. *pī-tá-*, trinken.
pańḱa-tra-, subst. n. 10., 1) fünfheit; 2) die fünf elemente; 3) die auflösung des körpers in die fünf elemente, tod; Hit. (*pańḱan-*, §. 237, 5; §. 227, s. 458).
pańḱa-daçá-, adj. 10., fünfzehnter (§. 241).
pańḱa-má-, adj. 10., fünfter (§. 241).
pat, verb. I, b, act. med., *pát-a-ti*; perf. *pa-pā́t-a*, 1. pl. ved. *pa-pt-imá*, *pēt-imá*, 3. pl. *pa-pt-ús*, *pēt-ús*, 1) fliegen, sich in der luft schnell bewegen; caus. *pat-ája-ti*, fliegen, dahin eilen; Rv. I, 24, 6; 2) fallen; caus. *pāt-ája-ti*, fallen machen, schleudern. Mit
ni- herab fliegen, caus. *ni-pāt-aja-ti*, herab werfen, schleudern; *nipātjate* pass. caus.
pá-ti-, subst. m. 9. (§. 226), inhaber, besitzer, herr, gebieter.
path, subst. m. 1.; die casus werden von verschidenen stämmen gebildet: sg. n. *pánthā-s*, acc. *pánthān-am* und *pánthā-m* (ved.), instr. *path-ā́*, dat. *path-é*, gen. *path-ás*, loc. *path-í*; du. n. acc. *pánthān-āu*, dat. abl. instr. *pathi-bhjām*, gen. loc. *path-ṓs*; pl. n. *pánthān-as*, ved. auch *pánthā-s*, *pánthā-sas*, *patháj-as*, acc. *path-ás*, instr. *pathi-bhis*, gen. *path-ā́m*, ved. *pathī-n-ā́m*, loc. *pathí-šu*. Die indischen grammatiker stellen *pathin-* 3. als thema auf, aber keine einzige form weist auf auß lautendes *n* hin. Pfad, weg, ban.
1. *pad*, verb. V, med. *pád-ja-tē*, perf. *pēd-é*, fallen, gehen; caus. *pād-ája-ti*, zu falle bringen. Mit

ā- 1) ein treten in, betreten, besteigen; Çatap. 4; 2) hinein geraten in; Çatap. 1; 3) über gehen in, sich verwandeln in; *āpanna-* (§. 222, §. 130. nachtr. z. s. 181; vgl. o. s. 9, II; c), part. praet. pass., verwandelt in (acc.); Spr. 8.

sam-prati- gelangen zu, erlangen; caus. zu kommen laßen, geben.

2. *pad-, pād-,* subst. m. 1., sg. nom. *pāt* (§. 131), acc. *pā́d-am,* instr. *pad-ā́,* du. *pád-āu,* ved. *pád-ā,* pl. nom. *pád-as,* acc. *pad-ás* u. s. w.; fuß.

pad-á-, subst. n. 10., 1) tritt, schritt; 2) fußstapfe, Çatap. 7; 3) fuß; 4) wort; 5) bezeichnung einer eigentümlichen schreibung des vēda; *padapāṭha-* m. padatext *(pāṭha-* m. vortrag. text; wurz. *paṭh,* vor tragen).

pan, verb. I. b, *pan-ája-ti,* mit staunen war nemen, bewundern, lobend an erkennen.

pantha-, panthan-, panthā- s. *path-.*

1. *par,* verb. act. med., IV, b, *pr-ṇá-ti;* III, *pi-par-ti,* füllen; pass. V, *pūr-já-tē* (§. 7, 2); part. praet. pass. *pūr-ṇá-* (§. 222), voll, volbracht, beendigt, in erfüllung gegangen. Mit *ā-,* pass. *ā-pūr-já-tē,* an gefüllt werden, sich füllen, voll werden.

2. *par,* verb. act. III, *pí-par-ti;* aor. conj. 2. sg. *pár-ši,* Rv. II, 33, 3, hinüber füren, hinüber bringen über oder zu (acc.); caus. *pār-ája-ti,* aor. *á-pī-par-at* 1) über setzen, hinüber füren; 2) retten vor (abl.), beschützen, bes. am leben erhalten; Çatap. 2 ff.

pár-a-, adj. 10., 1) entfernter, jenseitig, fremd, feind; 2) vorzüglicher, beßer, der treflichste, äußerste, höchste; *mat param,* Matsj. 50, etwas treflicheres, höheres als ich.

para-puraṅ-ǵaja-, adj. 10., die statt des feindes erobernd, beiwort von helden *(pára-, pára-* ntr. statt, burg, im accus. stehend, abhäng. v. *ǵaj-a-,* nom. agent. zu wurz. *ǵi;* §. 216).

para-má (superlat. v. *pára),* adj. 10., 1) der fernste, äußerste, lezte; 2) vorzüglichste, höchste. In compp. vor einem adj. oder part. in hohem grade, überauß, ser.

parás, adv., darüber hinauß, weiter, jenseit; Rv. X, 129, 1.

parás-tāt, adv., 1) jenseit, weiterhin; 2) oben, von oben (gegens. *avástāt).*

paras-para- (páras, nom. sg. v. *pára-,+pára-),* 10., in den obliquen casus des sing. m. adverbiell, einander, gegenseitig.

parākā́is, adv. (instr. plur. des sonst ungebr. stammes *parāka-*), abseits, bei seite, weg.

pári, adv. und praep., um, herum.

pari-bhū́-, adj. 7., umgebend, umfaßend, zusammen haltend; durch dringend; überlegen, lenkend, leitend.

pári-viš-ṭi- (wurz. *viš* umfaßen, besuchen; mit *pari-* dienen; §. 226), subst. f. 9., dienstleistung, aufwartung; *páriviṣṭi*, Rv. IV, 33, 2, instr. sg.

párvan-, subst. n. 3., knoten am rore, gelenk, glid, daher ein abschnitt in schriftwerken.

paç, spaç, verb., von ersterem nur die praes.-formen, von *spaç* vedisch noch die übrigen tempora und das causat. erhalten (in der klass. sprache werden alle nichtpraesensformen von *darç* gebildet), V, *páç-ja-ti*, sehen, erblicken. Mit
ava- hin blicken auf (loc.), beobachten; Rv. VII, 49, 3.
pari- überblicken.

paç-ú- (vgl. *páç-a-*), subst. m. 8., vih, sowol das einzelne stück als collectiv die herde.

pāka-jañá- (páka- einfach, schlicht +*jañá-*), subst. m. 10., ein schlichtes, einfaches, häusliches opfer.

pāṇí-, subst. m. 9., hand.

pád-a-, subst. m. 10., fuß (wurz. *pad*; §. 216).

pádā, Rv. I, 24, 8, s. 2. *pád-*.

pāpá-, adj. 10., übel, bös, schlimm.

pāpa-hara-, adj. 10., das böse weg nemend; subst. n., mittel gegen das böse (wurz. *har*; §. 216).

pār-á-, subst. n. 10., das jenseitige ende, ufer; das lezte, das äußerste, zil; Rv. II, 33, 3 (wurz. 2. *par*; §. 216).

pārthá-, m. metronym. (mit secund. suff. *-a-* und steigerung; §. 216, s. 383) v. *pr̥thā*, nom. pr. 10.

pāv-aká- (wurz. *pu*), adj. 10., rein, klar, hell, glänzend, nach den commentatoren gewönlich: läuternd, reinigend.

páç-a-, subst. m. 10. (vgl. *paç-ú-*; wurz. *paç* binden), schlinge, feßel, strick.

pi-tár-, subst. m. 5. (§. 225), vater; du., die eltern; Rv. IV, 33, 2.

pitā-mahá-, subst. m. 10., großvater väterlicherseits (vgl. *mahánt-*).

pibdamāna- (part. praes. med. vom sonst nicht belegten *pibd*), adj. 10., fest, derb, compact werdend, — seiend; *sá ha pibdamänëvödéjäja*, Çatap. 7, sie gieng ordentlich fest geworden (auß der flüßigkeit) hervor.

piç, verb. IV, c. 2, act., med., *piç-á-ti;* perf. *pi-péç-a,* med. *pi-piç-é,* Rv. II, 33, 9, mit reflexiver oder passiver bedeutung; schmücken, auß zieren, putzen; gestalten, bilden.

pi-ti- (pa; §. 226), subst. f. 9., trunk.

pu, verb. IV, b, act., med., *pu-ná-ti* und II, b *páv-a-tē,* part. praes. med. *pu-n-ūná-,* reinigen, klären; med. sich reinigen, sich klären, gereinigt auß fließen; Rv. VII, 49, 1.

puṅ-gava- (pumās- + gava- = gō-), subst. m. 10., stier; am ende von compp. so vil als der vorzüglichste unter — (vgl. *pumās-).*

putra-vat, adv., wie bei einem sone *(putrá- + -vant-;* §. 218).

púnar, adv., wider, zurück; mit wurz. *da* zurück geben; Rv. I, 24, 1.

pumās-, pūs-, pum-, in den verschidenen casus sich ergänzend, subst. msc., mann, mänliches individuum.

purá, 1) adv., vormals, ehemals, von jeher, Matsj. 31; 2) praep. c. abl. a) vor, von der zeit; b) unerreicht von, sicher vor, one; *çaçamānâ°, purá nidá°,* Rv. I, 24, 4, sicher vor spott.

purāṇá-, 1) adj. 10. (s. d. vor.), alt, vormalig; 2) subst. n. dinge der vorzeit, erzälung auß der vergangenheit, alte geschichte.

puru-rúpa-, adj. 10., vilgestaltig, vilfarbig *(pur-ú-,* adj. 8., vil; wurz. *par;* §. 7, 1).

puró-hita- (purás, adv., voran, vor u. *hitá-,* wurz. *dha),* subst. m. 10., beauftragter, sachwalter; besonders ein auf gestelter, beauftragter priester, der hauspriester eines fürsten.

puš-ṭi-, subst. f. 9., gedeihen, wachstum, wolstand (wurz. *puš* gedeihen; §. 226).

pūtá-dakša-, adj. 10., reinen willen habend, rein gesint *(pū-tá-,* part. praet. pass. zu wurz. *pu; dákša-* tüchtigkeit, wille, gesinnung; wurz. *dakš* taugen).

púrṇá- s. 1. *par.*

púr-va-, adj. 10., früher, vorherig, vorher gehend; alt herkömlich, bisherig (grundf. *par-va-,* §. 7, 2; vgl. §. 27, 5; §. 218).

pūšán-, nom. pr. masc. 3.; in den sogen. starken casus wird das *a* nicht verlängert. Rv. VI, 57, 1: *indrā nú puśánā,*

Indra und *Pūšan*, beide im nom. du., wie wenn sie ein copulatives compositum bildeten, vgl. *'indrāpūšṇós*, Rv. I, 162, 2. Die zusammenrückung ist so lose, daß das *nú* dazwischen treten konte. *Pūšan* ist ein sonnengenius, der besonders häufig neben *Indra* an gerufen wird. Er beschüzt und mert die herden, daher komt im auch ein zigengespann zu. Er ist geleitsmann auf wegen und reisen, auch zur anderen welt. Die Brāhmaṇa haben die legende, daß *Pūšan* die zäne ein gebüßt habe und deshalb nur brei eße; vgl. Rv. VI, 57, 2.

prthā, f. 10., nom. pr. einer tochter *Çūras*, adoptivtochter *Kuntis* und einer der gattinnen *Pāṇḍus*.

prthivī (vgl. *prthú*- breit), subst. f. 10., erde, als die weite, breite.

prthivī-pati-, subst. m. 9., herr der erde, fürst, könig.

póš-a- (wurz. *puš*, vgl. *puš-ṭi-*; §. 216), subst. m. 10., gedeihen, wachstum, vermerung, fülle, wolstand.

prá, praep., vor.

pra-kāç-á-, subst. m. 10., helle, licht; das offenbarwerden, manifestation (wurz. *kāç*; §. 216).

pra-kē-tá- (wurz. *ki*, *kī* war nemen; §. 224), subst. m. 10., erscheinung, unterschid; *ná rātrjā áhna āsīt prakētá*", Rv. X, 129, 2, nicht war ein unterschid von nacht und tag.

prá-kētas- (wurz. *kit*; §. 230), adj. 2., aufmerksam, besonnen; kundig, klug, verständig, gewönlich von göttern gebraucht.

prakkh, verb. I, b, act., med., *prkkh-á-ti*; aor. *á-prāk-š-īt*, fut. *prk-šjá-ti*, perf. *pa-prákkh-a*, inf. *práš-ṭu-m*, pass. *prkkh--já-tē*, part. perf. *prš-ṭá-*, fragen, forschen. Mit
ā-, med., sich bei jmd. (acc.) verabschiden, lebewol sagen *āprštō-si*, Matsj. 33, ich habe mich bei dir verabschidet.

pra-ǵá, subst. f. 10. (*pra-*, wurz. *ǵa = ǵan*), 1) nachkommenschaft, Çatap. 9; 2) geschepf; bes. die menschen, Çatap. 2.

praǵá-kāma-, adj. 10., nachkommen wünschend (d. vor. und *kāma-*).

prá-ǵā-ti-, subst. f. 9., (wurz. *ǵa*, *ǵan*; §. 226), zeugung, geburt, geborenes, geschlecht.

praǵá-pati-, m. 9. (vgl. beide worte), herr der geschepfe, schepfer, bezeichnung eines über allen anderen stehenden gottes; er komt im Rv. nur einmal, X, 121, 10, vor, in einem zusazverse, welcher den in den vorher gehenden neun versen geprisenen unbekanten gott mit disem namen nent. Später wird Brahman dafür substituiert, Matsj. 1.

pra-tāpa-vant-, adj. 4. *(pra-tāp-a-* m., wurz. *tap*, §. 216, glut, glanz; suff. *-vant-*, §. 218). voll machtglanz, hoheit, würde, majestätisch.

práti, praep. mit d. acc. u. abl., gegen, nach, zu.

prati-kṛta- s. *kar* mit *prati*.

prátidhātavē s. *dha* mit *prati*.

prati-bhā, subst. f. 10., erscheinung, außsehen; verstand, einsicht (wurz. *bha*; §. 215).

prati-sthá-, adj. 10., fest stehend (wurz. *sthā*).

pra-thamá-, adj. 10., der erste (§. 241, 1).

pra-da-, adj. 10., gebend, verleihend, gewärend (wurz. *da*).

1. *pra-dic̨- (pra + 1. dic̨)*, subst. f. 1., richtung, himmelsgegend; Rv. X, 121, 4.

2. *pra-dic̨ (pra + 2. dic̨)*, subst. f. 1., zwischengegend (südost, nordwest u. s. w.); Matsj. 43.

pra-bhā, subst. f. 10., glanz; häufig am ende von compp., msc. *-prabha-* (wurz. *bha*).

pra-bhú-, adj. 8., hervor ragend, mächtig; subst. m. herr, gebieter (wurz. *bhu*; §. 215).

pramūḍha- s. *muh* mit *pra*.

prá-ja-ti- (wurz. *jam*; §. 226), subst. f. 9., anspannung, wille, streben, wilkür.

pra-jat-na- (wurz. *jat* streben; §.222). subst. m. 10., bestrebung, bemühung, anstrengung.

pra-jāǵ-á- (wurz. *jaǵ*; §. 216). subst. m. 10., voropfer, bezeichnung gewisser opfersprüche und spenden, welche zur eingangsceremonie gehören.

pra-laj-a- (wurz. *li* schmelzen; §. 216), subst. m. 10., auflösung, vernichtung, tod, ende der welt.

pra-c̨is- (*c̨is-* schwächung von wurz. *c̨ās*; §. 7, 1), subst. f. 1., anweisung, befehl, anordnung.

pra-sād-a- (vgl. unter *sad* mit *pra*; §. 216), subst. m. 10., gunst, gnade.

prasīda s. *sad* mit *pra*.

prāṇatás, Rv. X, 121, 3, gen. sg. m. part. praes. zu wurz. *an* mit *pra*.

prātár, adv., früh, morgens.
prāpta s. *āp* + *pra.*
prāpta-kāla-, adj. 10., dessen zeit gekommen ist, zeitgemäß, zwekmäßig (s. *āp* und *kāla-).*
prīy-á-, adj. 10., lieb, wert, erwünscht, beliebt bei (wurz. *pri* lieben, ergetzen; §. 216).
prērita s. *īr* mit *pra.*
plu, verb. II, b, med. *pláv-a-tē;* perf. *pu-plúv-ḗ,* part. *plu-tá-,* schwimmen, schiffen. Mit
upa-ni-ā- heran schwimmen, zu schwimmen auf (acc.).
abhi-pari- übergießen, heim suchen, erfüllen; nur im part. pract. pass.
psáras-, subst. n. 2., 'etwa lieblingsgericht, schmaus, genuß', Petersb. wtb. Die indischen lexicographen erklären es durch *rūpa-* gestalt, schönheit.

Ph.

Phála-, subst. n. 10., frucht; übertragen: erfolg, ergebnis: *phala-hētu-* einer dessen zweck der erfolg ist, den der erfolg zum handeln bewegt.
phalgú- adj. 8., winzig, unbedeutend, nichtig, wertlos; gegens. *sāra-.*

B.

Baddhá- s. *bandh.*
bandh, verb. IV, b, act., med., *badh-ná-ti,* imper. *badh-ānā;* perf. *ba-bándh-a,* med. 2. sg. *bedh-iṣḗ,* fut. *bhant-sjá-ti* und *bandh-iṣjá-ti,* gerund. *bad-dhvā́* (§. 227; §. 130, 2); pass. *badh-já-tē,* part. perf. *bad-dhá-* (§. 130, 2), binden. an binden, an heften, feßeln, gefangen nemen. Mit
prati- an binden.
bándh-ana-, 1) adj. 10., bindend, fest haltend; 2) subst. n., das binden (§. 221, a).
bándh-u-, (§. 216, b), subst. m., zusammenhang, verbindung. verwantschaft; *sató bándhum ásati,* Rv. X, 129, 4, den zusammenhang des seienden mit dem nichtseienden.
babhrú-, adj. 8., braun, rotbraun, farbe des Rudra.

bála-, subst. n. 10., kraft.
bala-dú-, adj. 1., kraft gebend (wurz. *da*; §. 215).
bála-vant-, adj. 4., stark, kräftig (§. 218).
bahú-, adj. 8., f. *bahv-í*, 10., reichlich, vil, zalreich, oftmalig; mit d. instr. reich an.
bā́dh, verb. I, b, med., *bā́dh-a-tē*, perf. *ba-bā́dh-é*, part. perf. pass. *bā́dh-itá-*, drängen, verdrängen, vertreiben, verjagen.
bāhú-, subst. m. 8., arm. Rv. X, 121, 4: *jásjēmá° pradíço jásja bāhū́* dessen (macht) dise himmelsgegenden, dessen (macht) seine beiden arme (verkünden).
bud-dhi- (wurz. *budh*; §. 226; §. 130, 2), subst. f. 9., einsicht, verstand, geist.
budh, verb. II, b, act., med., *bṓdh-a-ti*; perf. *bu-bṓdh-e* fut. *bhōt-sjá-ti*, inf. *bṓd-dhum* (§. 130, 2), 1) erwachen, wachen, zur besinnung kommen; 2) merken, erkennen; caus. *bōdh--ája-ti*, beleren, jmd. etwas mit teilen mit doppeltem acc.; Matsj. 28.
budhná-, subst. m. 10., boden, grund, tiefe, das unterste; boden eines gefäßes, fuß, wurzel eines baumes.
brhat-tva- (§. 227, s. 458; s. d. flg.), subst. n. 10., größe, großer umfang.
brh-ánt- (part. praes. act. zu wurz. *barh*, I, b, *br̥háti*, *br̥háti*, caus. *br̥hájati* stärken, fördern; §. 229), adj. 4., 1) dick, dicht, groß; 2) von tönen: hoch, laut; Rv. II, 33, 15, ntr. adv.
bṓdhi s. *bhu*.
bráh-man- (wurz. *barh*; §. 219), subst. n. 3., andacht, gebet.
brah-mán- (s. d. vor.), m. 3., Brahman, das persönlich gedachte absolute, im göttersysteme schepfer der welt und oberster gott.
bru, verb., defect. II, a, act., med., *bráv-i-ti*, imperat. med. *brū-ṣvá*, sagen, sprechen mit d. acc. des objectes und der angeredeten person.

Bh.

Bha, verb. II, act. *bhá-ti*, perf. *ba-bhā́u*, scheinen, leuchten, erscheinen. Mit
vi- erscheinen, glänzen, zum vorschein kommen.

bhág-a- (wurz. *bhaǵ* auß teilen, zu teilen; §. 122 am ende; §. 216), subst. m. 10., gutes loß, wolstand, glück.

bhág-a-bhakta-, adj. 10., mit glüksgütern gesegnet (s. d. vor.; *bhak-tá-* ist partic. praet. pass. zu wurz. *bhaǵ*). Rv. I, 24, 5 bezieht Benfey (übersetzung des Rv. in Orient u. Occident I) *bhágabhaktasja* zu *rājás* des zweiten halbverses und übersezt: durch deinen schutz geling es uns das haupt zu faßen jenes guts, das uns vom schiksal ist bestimt. Diß verbieten aber die beiden genetive *të* und *táva*, welche dann beide gleichmäßig zu *ávasā* gehören und wovon einer überflüßig wird; beßer ist daher, wie Sājana tut, *bhágabhaktasja* mit *të* zu verbinden: unter deinem, des mit glüksgütern gesegneten, beistand; dann ist die widerholung des pron. pers. vor *ávasā* weniger schleppend.

bhága-vant- (bhága-; §. 218, s. 402), adj. 4., glüklich, her, herlich, als bezeichnung höherer wesen und heiliger personen, oft in der anrede, voc. *bhágavan*.

bhadrá-, adj. 10., erfreulich, glüklich, günstig, gut; subst. n. glück, heil.

bhaj-á- (wurz. *bhi*, suff. *-a-;* §. 216), subst. n. 10., furcht vor (abl.), gefar, not.

bhar, verb. I, b, act., med., *bhár-a-ti*, gewönlich III *bi-bhar-ti*, conj. *bi-bhar-ā-ti*, opt. *bi-bhr-já-t*, imperf. 2. 3. sg. *á-bi-bhar*, perf. *ba-bhár-a*, part. perf. pass. *bhr-tá-* (§. 6), 1) tragen, inne haben, enthalten, besitzen; 2) herbei bringen, dar bringen, herbei schaffen, Rv. I, 1, 7; 3) erhalten, hegen, pflegen, Rv. IV, 33, 4; Çatap. 2. Mit

sam- zusammen tragen, — faßen; *sám-bhr-ta-*, Rv. VI, 57, 3, gedrungen, wol genärt.

bharata-, m. 10., im plur. die nachkommen des Bharata.

bhāg-á-, subst. m. 10., teil, anteil, loß, namentlich gutes, glükliches loß (vgl. unter *bhág-a-*).

bhāga-ças, adv., in teile, teil für teil, nach und nach (s. d. vor.).

bhāv-á- (wurz. *bhu;* §. 216), subst. m. 10., 1) das werden, sein; 2) zustand; 3) gemütszustand, zuneigung, liebe; *akaröttasmī bhāvam*, Matsj. 11, er faßte liebe zu im.

bhāş, verb. I, b, med., *bháş-a-tē*, reden, sprechen, sagen. Mit *abhi-* an reden, sprechen zu (acc.);

prati- entgegen sagen, d. i. antworten oder sprechen zu; mit
d. acc. der person.
bhás-as- (bhās, §. 230), subst. n. 2., schein.
bhi, verb. III, *bibhē-ti,* ved. auch II, b, med. *bháj-atē,* fürchten.
bhišáǵ-, 1) adj. 1., heilend, superl. *bhišák-tama-* (§. 23 ŝ); subst.
   m., arzt, Rv. II, 33, 4; 2) subst. m., so vil als *bhēšaǵá-,*
   ntr. 10., heilmittel; Rv. I, 24. 9: deine heilmittel sind hun-
   dert, tausend.
bhī-má- (wurz. *bhi;* §. 219), adj. 10., furchtbar, schreklich.
bhu, verb. II, b, act., med., *bháv-a-ti,* perf. *ba-bhúv-a* (§. 291).
   aor. *á-bhūv-am, á-bhū-t,* imperat. *bō-dhi* ved. *(bh* zu *b* ge-
   worden wegen des folgenden *dh;* vgl. §. 125, 3 am ende),
   werden, entstehen, geschehen, sein; part. praet. pass. *bhū-tá-*
   seiend; *ēvam bhūtē lōkē sakalē,* Matsj. 44, als die ganze
   welt so beschaffen, in disem zustande war. Mit
ā- hervor kommen, entstehen auß (abl.);
pari- um etwas her sein, umfangen, in sich enthalten; Rv. X,
   121, 10; 2) umkreißen, umgehen, umfliegen; Rv. IV, 33, 1;
sam- 1) zusammen sein; 2) geschehen, entstehen, hervor gehen;
   Çatap. 7; 3) sein können, genügend raum haben; Matsj. 12. 16.
bhúv-ana- (wurz. *bhu;* §. 221, a; vgl. §. 14, 1, c), subst. n. 10.,
   wesen, belebtes wesen, welt.
bhū-tá- (part. pract. pass. von wurz. *bhu),* 1) adj. 10., geworden;
   2) subst. m. n. gewordenes, wesen, welt; *bhūtásja pátis,*
   Rv. X, 121, 1, herr der welt.
bhú-mi- (wurz. *bhu),* subst. f. 9., erde.
bhūjās- s. *bhúri-.*
bhú-ri-, adj. 9. (wurz. *bhu),* vil, groß, auß gedent; subst. n.
   fülle, reichtum, Rv. II, 33, 9. 12; comparat. *bhú-jās-* (§. 232);
   Spr. 11, one comparativische bedeutung: ser groß, bedeutend.
bhr-ti- (wurz. *bhar,* §. 226; vgl. §. 6), subst. f. 9., unterhalt,
   verpflegung.
bhrça-, adj. 10., gewaltig, stark, heftig; *bhrçam,* ntr., adv.,
   heftig, ser.
bhēšaǵá-(bhišáǵ-, suff. *-a-;* §. 216), 1) adj. heilend; Rv. II, 33, 7;
   2) subst. n., heilmittel, arzenei; *bhēšaǵá,* Rv. II. 33, 12. acc. pl.
bhāumá- (bhúmi-, steiger. u. sec. suff. *-a-,* §. 216, s. 353),
   adj. 10., irdisch.

bhráǵ, verb. I, b, med., seltener act., *bhráǵ-a-tē*, glühen, stralen. Mit *vi-* stralen, funkeln, glänzen.

M.

Ma-, stamm des pron. 1. pers. sg. (§. 265).
magádha-, nom. pr. m. 10. einer gegend, das südliche Bihär.
maghá-vant-, adj. 1. (*maghá-*, ntr. 10., gabe, geschenk; §. 218, s. 402), mit schätzen begabt, reich, gedeihend; Rv. II, 33, 14 ist *nas* zu *maghávadbhjas* zu ergänzen.
maǵǵ, verb. I, b, act., selten med., *maǵǵ-á-ti*, unter getaucht werden, unter tauchen (intrans.) in (acc.); *bhajāughān mahatō maǵǵantam mām*, mich, der ich in den großen fluten der furcht unter tauche, versinke.
ma-t-, in diser form erscheint der stamm des pron. 1. pers. sg. als erstes glid von comp.
má-ti- und *ma-ti-*, fem. 9. (wurz. *ma, man* denken, suff. *-ti-*, §. 226), gedanke, sinn.
mattá-, part. praet. pass. zu wurz. *mad*.
mátsja-, subst. m. 10., fisch.
matsja-ka- (demin. v. *mátsja-*; §. 231), subst. m. 10., fisch.
mad, verb. I, b, act., selten med., ved. *mád-a-ti*, perf. *ma--mád-a* und IV, c, 2 *mánd-a-ti*, perf. *ma-mánd-a*, 1) sich freuen, schwelgen in, sich gütlich tun an (loc. acc.); Rv. VII, 49, 4; 2) erfreuen, berauschen; klass. V *mád-ja-ti*, trunken sein, sich freuen; part. praet. pass. *mat-tá-*, trunken, brünstig. Mit *ud-* erheitern, ergetzen; *ún mā mamanda*, Rv. II, 33, 6, er hat mich erfreut. Es ist darin ein wunsch auß gedrükt, der so sicher auf erfüllung rechnet, daß er das gewünschte schon als verwirklicht hin stelt.
mád-a- (wurz. *mad*; §. 216), subst. m. 10., 1) heiterkeit, begeisterung, rausch; 2) berauschender trank; Rv. IV, 33, 11.
mádhu-, 1) adj. 8., süß; 2) subst. n., honig, met, soma.
mádhu-psaras-, adj. 2., nach süßigkeit lüstern; Sājana: liebliche gestalt habend (s. u. *psáras-*).
madhu-çḱut-, adj. 1., süßigkeit träufelnd (wurz. *çḱut*; §. 215).
mádhja-, 1) subst. n. 10., mitte; *mádhjē*, inmitten, zwischen mit d. gen., Ilit., Rv. VII, 49, 3; 2) adj., in der mitte befindlich.

mádhja-má (superl. v. *mádhja-*; §. 235), adj. 10., der mittelste.

man, verb. V, med., auch act., *mán-ja-tē*, ved. auch I, b, *mán-a-ti*, 1. pl. conj. *mán-ā-mahē*, 1) denken, meinen; 2) gedenken, erwähnen (acc.); Rv. I, 24, 1.

mán-as- (wurz. *man*; §. 230), subst. n. 2., sinn, herz, geist, sele, verstand.

man-ā́ (wurz. *man*; §. 216), subst. f. 10., 1) ergebenheit, anhänglichkeit, studium, Rv. IV, 33, 2, wo das Petersb. wtb. *manā́jāi* als gen. sg. auf faßt, was jedoch nicht unbedingt nötig ist (über *-āi* als genetivendung für *-ās* vgl. §.252 anm.); 2) eifer, eifersucht; Rv. II, 33, 5.

man-īṣā́ (wurz. *man*), subst. f. 10., nachdenken, verstand.

mán-u- (wurz. *man*; §. 216, b), subst. m. 8., 1) men ch; 2) Manu, n. pr. des urvaters der menschheit, des menschen κατ' ἐξοχήν: Matsj. u. Çatap.

manu-ǵa- (d. vor. u. wurz. *ǵa*; s. *ǵan*), subst. m. 10., Manuentsproßener, mensch.

manuǵa-vjāghra-, subst. m. 10., tiger unter den menschen, d. h. treflichster held (vgl. *nara-çārdūla-*).

manuǵēçvara-, subst. m. 10., herr der menschen *(manuǵa-* und *īçvara-).*

man-jú- (wurz. *man*), subst. m. 8., zorn.

máma s. §. 265.

mamanda s. *mad*.

májas- (zu einer wurz. *mi*; §. 230), subst. n. 2., freude.

majō-bhú-, adj. 1., zur freude, lust seiend, erquickend; *majōbhú*, Rv. II, 33, 13, nom. sg. ntr. statt des plur., zu *bhēṣaǵá* gehörig.

marút-, nom. pr. msc. 1., pl., die regenbringenden windgotheiten; *pitar marutām*, Rv. II, 33, 1, ist Rudra.

marút-vant- (§. 218, s. 402), adj. 4., von den Marut begleitet.

marḍ, *marḷ*, verb. I, b, act., selten med., *mrḷ-á-ti*, *mrḷ-ája-ti*, gnädig sein, verzeihen, verschonen.

mástu-, subst. m. 8., saurer rahm.

máh-, adj. 1. (§. 215), f. *mah-í*, groß; *mahó* (gen. sg.) *mahī́ suṣṭutim*, Rv. II, 33, 8, das allergröste loblied.

mah-ánt- (part. praes. act. etwas ab weichender form zu einer

wurz. *mah;* s. d. vorher gehende), adj. 4., nom. *mahán*,
f. *mahat-í*, acc. *mahánt-am*, ntr. *mahát*, groß.
maha-rši-, subst. m. 9., großer weiser, heiliger *(mahā-, rši-;*
s. o. s. 8).
mahā- im anfange von compp. für *mahánt-*.
mahā-bhāga-, adj. 10., großes glück habend, selig, treflich.
mahā-bhārata-, n. 10., name des von den Bharatiden handelnden großen epos *(bhārata-* von *bharata* mit steiger. u. sec. suff. *-a-;* §. 216).
mah-itrá- (§. 227, s. 458), subst. n. 10., größe, macht, herlichkeit; *mahitrā́*, Rv. X, 121, 3. instr. sg.; X, 121, 4, acc. pl.
mahiná s. *mahimán*.
mahi-mán- (vgl. *mah;* §. 219), subst. m. 3., größe, macht, instr. *mahiná*, Rv. X, 121, 8; 129, 3 statt *mahimná;* adverbiell: mächtig, gewaltig; plur. mächte, kräfte.
mahišá-, subst. m. 10., büffel; *máhiši*, f., 1) büffelweibchen; 2) gemalin des königs, königin; Matsj. 18.
mahōdadhi (mahā-udadhi), subst. m. 9., großes mer.
mā́ in form und function = μή. Einem folgenden indicat. imperf. oder aor. verleiht es conjunctivische oder optativische bedeutung, Rv. I, 24, 11; X, 121, 9.
mā-kiram, adv., unverzüglich, sogleich *(kira-*, adj. 10., lang, dauernd).
mā-tár- (§. 225), subst. f. 5., mutter.
mātsjaka- (zu *matsja-* mit steiger. u. sec. suff. *-ka-;* §. 231), adj. 10., den fisch betreffend, über den fisch handelnd.
mán-a- (wurz. *man;* §. 216), subst. n. 10., meinung, ergefül, stolz; *mānāt*, abl., auß stolz.
mā́nuša- (mit secund. suff. *-a-*, §. 216, zu *mán-us-*, subst. m. 2., mensch). 1) adj. 10., menschlich; 2) subst. m., mensch.
mārkaṇḍēja-, nom. pr. m. 10. eines weisen.
mā́s-, subst. n. 1., fleisch (gewönl. *mā́sá-*, ntr. 10.; auch *mā́s-* 1. wird an gegebeu; vārtika zu Pāṇ. VI, 1, 63).
mi, verb. IV, b, act., med., *mi-ná-ti*, verkleinern, verringern. Mit *pra-* (vgl. lat. *pro-min-eo)*, überragen, übertreffen, überschreiten.
mitrá-, 1) adj. 10., hold, freundlich; 2) subst. m. n., freund; 3) nom. pr. Mitra, son der Aditi, bruder Varuṇa's, mit wel-

chem er in innigster verbindung steht; *Mitráváruṇāu*, dual.,
Mitra und Varuna.

miś, verb. I, b, *miś-á-ti*, die augen auf schlagen. Mit
ni- die augen schließen. schlafen.

mih, verb. II, b, act., med., *méh-a-ti*, harnen, befeuchten, regnen,
spenden; *mídhvas*, Rv. II, 33, 14, voc. m. part. perf. act.
mit suff. -*tvās*- statt -*vās*- (§. 130, 2), spendend, freigebig.

mídhvas s. *mih*.

muḱ, verb. IV, c, 2, act., med., *muńḱ-á-ti*, ved. auch III imperat. 2. sg. *mu-muǵ-dhí*, 3. *mu-mōk-tu*, perf. *mu-móḱ-a*,
lösen; caus. *mōḱ-ája-ti* lösen, befreien. Mit
pra- ab lösen, entfernen von (abl.); *kṛtā́ kíd énaḥ prá mu-
muǵdhj asmát*, Rv. I, 24, 9, die (von uns) getane sünde entferne von uns;
prati- an binden;
vi- auf lösen, los binden.

mún-i- (wurz. *man*; vgl. §. 7, 1; §. 216, a), subst. m. 9., einsidler, weiser, mönch; *muni-gana-prija-*, beliebt beim geschlechte der einsidler.

muś, verb. IV, b, *muś-ṇá-ti*, stelen, rauben. Mit
pra- das s.; *mā́ na ājuḥ prá móśīḥ* (aor.), Rv. I, 24, 11,
nimm uns nicht das leben.

muśká-, subst. m. 10., hode.

muh, verb. V, act., *múh-ja-ti*; part. praet. pass. *mug-dhá-*
und *mūḍhá-* (§. 130, 2) geistig verwirt, besinnungslos, betört werden. Mit
pra- das s.; *pramūḍha-*, part. praet. pass., verwirt, betört.

mūrdhán-, subst. m. 3., haupt.

mṛgá-, subst. m. 10., gazelle; in den Veden jedes wilde tier,
sogar raubtier; Rv. II, 33, 11.

mṛḷ-ajáku-, adj. 8., erbarmen übend, gnädig, beglückend (wurz.
marḍ, I, b, *mṛḷ-á-ti*, gnädig sein, verschonen).

mr-tjú- (wurz. *mar* sterben), subst. m. 5., tod; *jásja khājá-
mŕtā jásja mṛtjúḥ*, Rv. X, 121, 2, dessen schatten die unsterblichkeit ist, dessen (schatten) der tod ist.

médhā́, subst. f. 10., geisteskraft, weisheit.

mōkś (weiterbildung von wurz. *muḱ*), verb. I, b, *mókś-a-tē*
und *mōkś-ája-ti*, lösen, befreien.

móh-a- (wurz. *muh;* §. 216), subst. m. 10., torheit, geistesverwirrung.

J.

Ja, verb. II, act., *já-ti,* 1) gehen; 2) bittend an gehen, bitten mit doppeltem acc.; Rv. I, 24, 11.

já-, pron. relat., nom. sg. *jáḥ,* n. *ját* (dise form auch in zusammensetzung), f. *já,* welcher (§. 264); *jáḥ káçka,* wer irgend, jeder. Ntr. *ját* als conj. gebraucht: wann, als, wenn, weil; *ját — tátra,* Rv. VI, 57, 4, als — da; *ját — tátas,* Rv. X, 121, 7.

jaǵ, verb. I, b, act., med., *jáǵ-a-ti;* aor. conj. 2. sg. *jak-ši,* zus. ges. aor. conj. 3. sg. *ják-š-a-t,* perf. *i-jáǵ-a,* 3. pl. *īǵ-ús,* med. *īǵ-é* (§. 6; §. 14, 1, d. anm. 2), part. perf. pass. *iš-ṭá-* (§. 129), opfern mit dem instr. des opfers, Çatap. 7. Das part. praes. med. *jáǵ-a-māna-* erscheint auch in substantivischer bedeutung: opferer; Rv. I, 24, 11.

jaǵ-atá- (wurz. *jaǵ),* adj. 10., vererungswürdig.

jaǵ-ñá- (wurz. *jaǵ;* §. 222), subst. m. 10., vererung, opfer.

já-tas, adv. relat. (§. 251, altind., anm. 3), von wo, woher.

jatithá- (ja-), adj. relat. 10., fem. *-ī,* der wievilte.

ját-kāma-, adj. 10., was begerend; *játkāmās tē ǵuhumas, tán nō astu,* was wir begeren, indem wir dir opfern, das möge uns zu teil werden.

jat-na- (wurz. *jat* streben; §. 222), subst. m. 10., mühe, anstrengung.

já-tra (pron. *ja-),* adv. relat., wo; Rv. X, 121, 6 *játrắdhi = jásmin ádhi,* über welchem.

já-thā (pron. *ja-),* conj., wie, damit (mit d. conjunctiv; Rv. II, 33, 15 steht außergewönlich der indic.).

jathā-kāmam, adv., nach belieben.

jathā-vat, adv. (§. 218, s. 402), passend, zwekmäßig.

jathēṣṭahārja- (jathā + iṣṭa-, wurz. 2. *iš, + hārja-,* wurz. *har;* §. 217, 1), adj. 10., nembar, wie es erwünscht ist, d. h. nach belieben zu nemen, leicht fort zu schaffen; Matsj. 24.

jathōkta- (jathā + ukta-, wurz. *vak),* adj. 10., wie gesagt; *jathōktēna rūpēna,* Matsj. 38, in der oben beschribenen gestalt.

ja-dā́ (pron. *ja-*), conj., wann, als, zu der zeit als.

jā́di (pron. *ja-*), conj., wenn; *jā́di vā* oder; *jā́di vā — jā́di vā* utrum — an.

jad-vat (jat s. *ja-*; suff. *-vant-*; §. 218), adv. relat., auf welche weise, wie.

jam, ja, verb. I, b, act., med., *jám-a-ti*, part. praet. pass. *ja-tá-*, zurück halten, zügeln, ergreifen. Mit
ā- auß strecken; part. *ájata-*, auß gedent, lang;
sam- hindern, feßeln, an binden; *sá̇jatas*, Matsj. 40, an gebunden.

jaçás-, adj. 2., berümt (*jáças-*, ntr. 2., rum; §. 230).

já-vant (pron. *ja-*; über d. suff. s. §. 218, s. 402). adj. 4., wie groß, wie lange dauernd; ntr. *jávat*, adv., wie lange, wenn, correl. zu *távat*.

1. *ju*, verb. II, a; IV, b, act., med., *jā́u-ti, ju-nā́-ti*, verbinden, verknüpfen.
2. *ju*, verb. III, act., med., *ju-jṓ-ti*, imperat. *ju-jṓ-dhi*, imperf. 2. sg. med. *ju-jṓ-thās*, conj. des zus. aor. *jṓ-ṣ-at*, conj. aor. med. *jur-ā́-mahē*, ab halten, entfernen von (abl.); Rv. II. 33, 1 : entferne uns nicht vom anblicke der sonne. Mit
ud- auf nemen, an ziehen (die zügel), auf rütteln, faßen; Rv. VI, 57, 6.

juktā́- s. *juǵ*.

juǵ, verb. IV, c, 1, act., med., *junák-ti*, perf. *ju-jóǵ-a*, part. praet. pass. *juk-tá-*, 1) verbinden. *juktá-*, verbunden, passend, zwekmäßig; 2) jmd. versehen mit etwas: *juktá-*, versehen mit; Matsj. 55.

júvan-, adj. 3., f. *juvati-* ved., *jū́nī* klass., instr. m. *jū́n-ā*, jung.

jūthá-, subst. m. n. 10., herde.

jū́pa-, subst. m. 10., säule, pfosten.

jū́jám s. §. 265.

jóǵ-ana- (wurz. *juǵ*; §. 221, a), subst. n. 10., ein längenmaß (11, nach anderen 4 oder 5 engl. meilen).

jṓṣit-, subst. f. 1., mädchen, weib.

jṓs, subst. n., erscheint nur in diser form als nom. u. acc. (contrahiert auß *jaras*, wurz. 1. *ju* verbinden? vgl. lat. *jūs* = *jovos*; §. 50, s. 93). Jāska und Sājana leiten es von 2. *ju*, ab weren, und erklären es *bhajānā jāvanam prthakkaraṇam*, abwer von gefaren. Es erscheint stäts in der verbindung *çā́-ka jóç-ka*, Rv. II. 33, 13, zum heil und zum segen (vgl. altbaktr. *jaos*, rein).

R.

Ra, verb. II, act., med., *rā́-ti*, geben.
rakš, verb. I, b, act., med., *rákš-a-ti*, schützen, retten.
rakš-ā (§. 216), subst. f. 10., rettung, schutz.
raǵ (raṅǵ), verb. IV, c, 2, *ráṅǵ-a-ti*, und V., *ráǵ-ja-ti*, färben: caus. *raṅǵ-ája-ti*, sich ergeben machen, sich gewinnen.
ráǵas, subst. n. 2. (§. 230), außdenung, raum.
raṇ, verb. I, b, act., med., *ráṇ-a-ti*, und V, *ráṇ-ja-ti*, sich freuen.
rátna-, subst. n. 10., edelstein, reichtum.
ratna-dhā́-, adj. (§. 215), schätze spendend; superl. *ratnadhā́--tama-* (§. 236).
rátha-, subst. m. 10., wagen.
rad, verb. I, b, act., *rád-a-ti*, spalten; Rv. VII, 49, 1. Indra spaltet die wolken und verursacht so den erguß der regengewäßer; daher komt *rad* dann zu der bedeutung 'spenden'.
radh, verb. V, act., *rádh-ja-ti*, zu grunde gehen; caus. *randh--ája-ti*, unterwerfen, aor. *rīradhat*.
rápas- (§. 230), subst. n. 2., beschädigung, unheil.
rabh, verb. I, b, ved. act., klass. nur med., *rábh-a-tē*; begeren, eifern. Mit
ā- 1) ved. sich stützen auf, Rv. VI, 57, 5; erlangen, Rv. I, 24, 5, *úd açēma ārábhē* (infin.; §. 215), wir mögen erlangen können, könten wir erlangen! 2) klass. an fangen, part. *ā-rab-dha-* (§. 130, 2), sowol einer der an gefangen hat als einer der an gefangen ist.
raji-, subst. m. 9., reichtum.
raçmí-, subst. m. 9., seil, zügel, stral.
rasā́, subst. f. 10., flut; ein fluß, welcher die welt des Indra von der der Panis trent.
rāǵ, verb. I, b, act., med., *rā́ǵ-a-ti*, 1) leuchten; 2) herschen mit d. gen.
rā́ǵ-an- (d. vor. §. 221), subst. m. 3., könig.

rāǵivá-, subst. n. 10., lotusblume; *rāǵiva-lŏḱana-*, lotusblumen änliche augen habend.

rắtrī und *rắtri-*, subst. f. 10. und 9., nacht.

rādh, verb. IV, a, act., *rādh-nó-ti*, vollenden; caus. *rādh--ája-ti*. Mit
ā- caus., günstig stimmen, gewinnen.

rit-, adj. 1., fließend; Rv. VI, 57, 4.

riradhat s. *radh*.

rud-rá- (brüller, *ru* brüllen, *rud* als verb. nur weinen; suff. §. 220), m. 10., n. pr. des sturmgottes, pl. die Rudras, eine klasse von elf göttern.

ruh, verb. II, b, act., *rŏh-a-ti*, steigen, hervor gehen, entstehen, wachsen; caus. *rōh-ája-ti* und *rō-pája-ti* (§. 209, s. 356), pflanzen, säen. Mit
ā- hinauf steigen, besteigen; *ā-ruh-ē-thās*, Matsj. 30, 2. sg. opt. aor. med.; caus. hinauf schaffen, heben; *ārŏpjatē*, Spr. 11, pass. caus., wird hinauf geschaft.

rūpá-, subst. n. 10., gestalt, form, wesen.

rēǵ, verb. I, b, med., *rḗǵ-a-tē*, erzittern.

rḗtas-, subst. n. 2., same.

rētō-dhắ-, adj. 1. (§. 215), samen spendend, schwängernd.

rái-, subst. m. 6., nom. *rá-s*, gen. *rāj-ás*, reichtum.

rōpjatē s. *ruh*.

L.

Lakšmī́, subst. f. 10., 1) glück; 2) schönheit, glanz; Matsj. 2.

lamb, verb. I, b, med., *lámb-a-tē*, perf. *la-lamb-ḗ*, gleiten, hinab gleiten, hinein fallen.

lav-a- (wurz. *lu*, IV, b, *lunắ-ti*, schneiden, teilen), subst. m. 10., stükchen, brocken, ein bischen.

lavaṇa-, subst. n. 10., salz; *lavaṇāmbhas* salzwaßer, das salzige mer.

lōka- (wz. *lōk*, sehen; grundf. *ruk*), subst. m. 10., welt, pl. menschen.

lŏḱ-ana- (wurz. *lōḱ*; §. 221, a), subst. n., auge.

V.

Va, verb. IV, a, act., med., *va-nṓ-ti*, das *n* bleibt dann auch in den übrigen tempora, aor. *van-as, ván-āmahē*, lieben, wünschen, erlangen; desiderativ *ví-vā-s-a-ti* (§. 211) zu gewinnen suchen. Mit *ā-* das s.; Rv. II, 33, 6.

vakṣati s. *vah*.

vak̑, verb. I, a, act., med., *vák̑-ti*, perf. *u-vák̑-a*, pl. *ūk̑-ús*, aor. *á-vōk̑-am* (§. 292, s. 755), sagen, sprechen; part. pract. pass. *uk-tá-* (§. 6; §. 130, 1) gesprochen, an geredet. Mit *pra-* auß sprechen, sagen, erklären.

vak̑-ana- (s. d. vor.; §. 221, a), subst. n. 10., rede, gespräch.

vák̑-as- (wurz. *vak̑*; §. 130), subst. n. 2., rede.

vág-ra- (§. 220), subst. m. 10., donnerkeil, blitz; *vájra-bāhu-*, den blitz im arme tragend.

vagr-ín-, adj. 3., den blitz fürend (s. d. vor.; §. 221, altind. am ende).

vaṭāraka-, subst. m. 10., tau, strick.

vaṭāraka-maja-, adj. 10., tauartig (sec. suff. *-maja-*, meist den stoff bezeichnend; vgl. *ἀνδρό-μεο-*).

vatsjāmi s. *vas*.

vad, verb. I, b, act., med., *vád-a-ti*, perf. *u-vád-a* (§. 6), sprechen, singen.

vadarí, subst. f. 10., 1) name eines baumes, jujuba; 2) wald: Matsj. 3.

vána-, subst. n. 10., 1) ved. stral, glanz; Rv. I, 24, 7; 2) klass. wald.

vana-vāsin- (vāsa-, m. 10., wurz. *vas*, wonen, §. 216, wonung: *vās-in-*, §. 221, altind. am ende, wonung habend), adj. 3., im walde wonend.

vand, verb. I, b, med., *vánd-a-tē*, vereren, preisen; part. praes. mit pass. bedeutung *vándamāna-*, Rv. II, 33, 12.

vap, verb. I, b, act., med., *váp-a-ti*, schlagen. Mit *ni-* nider schlagen, erschlagen.

vajám s. §. 265.

1. *vájas-*, subst. n. 2., alter, leben.
2. *vájas*, Rv. I, 24, 6, nom. pl. v. *ví-*.

vajā́, subst. f. 10., zweig.

1. *var*, verb. IV, b, act., med., *vr-ṇá-ti*, *vr-ṇī-tḗ*, erwälen, begeren; *várja-* s. bes.
2. *var*, verb. IV, a, act., med.; *vr-ṇó-ti*, bedecken. Mit *ā-* bedecken, umhüllen; *kim ávarivar* 3. sg. imperf. intens., (§. 293, altind. III), Rv. X, 129, 1, was bedekte (das all)?

rár-uṇa- (wurz. 2. var), m. n. pr. 10., der 'bedeckende' gott
des himmels, der himlischen gewäßer und der alles bedecken-
den nacht. Er hält die sonne im bodenlosen, so daß sie nicht
leuchtet und schaft ire ban (Rv. I, 24, 7), insofern sie auß
der nacht auf geht.

varg-a- (wurz. varǵ; §. 216), subst. m. 10., menge, anzal; be-
zeichnung eines abschnittes von meist fünf versen in den ve-
dischen liedersamlungen.

varǵ, verb. IV, c. 1, 2. vrṇák-ti, vŕnǵ-a-ti, und I, b; várǵ-a-ti,
ab weren, auß schließen, vermeiden. Mit
 pari- auß biegen, vermeiden; pári ṇó vrájāḥ, Rv. II, 33, 14,
 2. sg. opt. aor. für die 3. sg. geseczt: es verschone uns.

vart, verb. I, b, med., várt-a-tē, sich drehen, geschehen, sein
(vgl. versari). Mit
 sam- geschehen, entstehen, sein, da sein.

vardh, verb. I, b, várdh-a-ti, wachsen machen, vermeren, er-
heben; med. wachsen, perf. vavrdhé; várdhamānā své dámē,
den im eigenen hause wachsenden, d. h. den im feuer stäts
zu nemenden Agni. Mit
 ati- überwachsen, hinauß wachsen über, mit d. acc.; Çatap. 3
 ativárdhāi (im texte ativárdhā wegen des folgenden átha),
 1. sg. praes. conj. med. (§. 278. §. 279; Kuhn, ztsch. XV,
 415).

varš-á- (wurz. varš, benetzen; §. 216), subst. 10., m. n., 1) regen;
2) jar; Matsj. 4. 45.

vaç, verb. I, a, act., váš-ṭi (§. 130, 1; s. 182), pl. uç-mási, uç-más
(§. 6), part. praes. uç-ánt-, wünschen, wollen, lieben.

váç-a- (d. vor.; §. 216), subst. m. 10., wille, macht, herschaft.

vaç-in- (vaça-, d. vor., mit -in-; §. 221), adj. 3., mächtig.

vas, verb. I, b, act., med., vás-a-ti, perf. u-vás-a (§. 6), fut.
 vat-sjáti (§. 130, am ende, s. 182), wonen. Mit
 ni- bewonen.

vás-u- (wurz. vas; §. 216, b), adj. 8., gut; subst. n., das gute,
reichtum, schätze.

vasu-dhā́ (d. vor.; wurz. dha), subst. f. 10., erde, land.

vás-tu- (wurz. vas; §. 227), subst. n. 8., ding, sache.

vah, verb. I, b, act., med., váh-a-ti, perf. u-váh-a (§. 6), tragen,
herbei füren, dar bringen. Mit

a- herbei füren; *vak-š-a-ti,* Rv. I, 1, 2, 3. sg. conj. des zus. ges. aor.;
nis- davon füren, fort füren; Çatap. 2: *nirvóḍhá* wird fort füren (§. 225, s. 443 f.).
váh-ni- (wurz. *rah;* §. 223), subst. m. 9., 1) zugtier; 2) feuer (träger des opfers).
va, conj., oder.
vāk-jà- (wurz. *vak;* §. 217), subst. n. 10., rede.
vā́k-, (wurz. *vak;* §. 215), subst. f. 1., rede, wort, lied.
vā́ǵa-, subst. m. 10., 1) stärke, speise; 2) n. pr. eines Rbhu; Rv. IV, 33, 3.
vāǵa-sāti- (d. vor.; *sā-ti-*, §. 226; wurz. *sa, san* lieben, spenden), subst. f. 9., spende von kraft, von speise.
vā́-ta- (wurz. *va*, wehen; §. 224), subst. m. 10., wind.
vānara-, subst. m. 10., affe.
vāpí, subst. f. 10., see.
vár-ja- (wurz. 1. *var;* §. 217), adj. 10., zu wälen, herlich; als subst. n. seligkeit, gut; *íçānam várjaṇam,* Rv. I, 24, 3, den beherscher, besitzer der güter.
vās-ín- (vāsa- m., wonung; wurz. *vas,* §. 216; suff. *-in-,* §. 221), adj. 3., wonend, bewoner, am ende von compp.
vi-, subst. m. 9., vogel.
vi, verbalpraefix, s. unter dem jeweiligen simplex.
vi-ghna- (vi + wurz. *han;* §. 216; vgl. §. 125, 1), subst. m. 10., hindernis.
vikākaçat s. *kāç* mit *vi.*
vi-tará- (compar. von *vi;* §. 233), adj. 10., weiter auß einander *rjàsmád dvéśō vitarám — kátajasva,* Rv. II, 33, 2, scheuche den haß weiter von uns hinweg.
1. *vid,* verb. II, a. act., *véd-mi, vét-ti;* perf. one reduplication mit praesentischer bedeutung *véda (=* οἶδα*),* pl. *vid-má,* ved. *vid-má,* wißen; part. praet. act. *vid-vā́s-,* weise.
2. *vid* (wol mit 1. *vid* ursprünglich identisch), verb. IV, c, 2, act., med., *vind-á-ti,* finden; pass. V, *vid-já-tē,* gefunden werden, sich finden, bestehen. Mit
  nis- außfindig machen, entdecken; Rv. X. 129, 4.
vid-átha-, subst. n. 10., wißenschaft, überlieferung, daher ritus, opfer; Rv. II, 33, 15.

vidh, verb. I, b. act., *vidh-á-ti*, vereren, vererung dar bringen mit d. dat.; Rv. X, 121, 1.

vinā, praep. mit d. instr. u. acc., one.

vi-nāç-a- (wurz. *naç*; §. 216), subst. m. 10., untergang, verderben; *vināçāja*, zum verderben, verderblich.

vi-bhú- (wurz. *bhu*; §. 215), adj. 8., auß gezeichnet; in der anrede: herr.

vibhvan-, nom. pr. m. 3. eines Rbhu.

vi-má-na- (wurz. *ma* meßen; §. 222), subst. m. 10., der meßende, der meßer.

vi-vás-vant- (wurz. *vas, us* leuchten; §. 218), subst. m. 4., sonne; nom. propr.; Matsj. 1.

vivāsējam s. *va*.

viç, verb. I, b, act., *viç-á-ti*, part. praet. pass. *viš-ṭá-* (§. 130, 1), ein treten, hinein gehen. Mit

upa- sich setzen; part. praet. pass. *upaviṣṭa-*, sich gesezt habend, sitzend;

ni- sich setzen; caus. setzen, legen;

pra- ein treten in (acc.); *praviṣṭa-* ein getreten seiend.

viç- (§. 215), subst. m. 1., ved. pl. *víças*, menschen; klass. ein mann der dritten kaste (ackerbauer und gewerbtreibende).

viçāla-, adj. 10., groß.

vi-çēš-a- (çiš; §. 216), subst. m. 10., unterschid, außzeichnung, species; *viçēša-ǵña-* die unterschide der dinge, die species kennend, d. h. unterrichtet, gelert.

viçēša-tas, adv. (§. 251, altind., anm. 3), besonders, vorzüglich.

víçva-, adj. 10., all; ntr. *víçva-m*, im übrigen nach der pronominalen decl.

viçva-ǵá, adj. 7., alles an regend, fördernd; Rv. IV, 33, 8, als epitheton zu *gō-*, bezeichnet es die wunderkuh des Brhaspati.

viçvá-tas, adv. (§. 251, altind., anm. 3), von allen seiten, allenthalben.

viçvá-rūpa-, adj. 10., algestaltig.

višūkīs, acc. pl. fem. v. *višvañk-*.

višṭá- s. *viç*.

višv-añk- (višu, adv., entgegen gesezt; wurz. *añk* gehen), adj., fem. *višūkī*, nach entgegen gesezten, dann nach allen, seiten sich erstreckend; *vj ámīvaç kátajasva višūkī°,* Rv. II, 33, 2, verscheuche die plagen, so daß sie sich nach allen seiten zerstreuen.

vi-sárġ-ana- (wurz. *sarġ*; §. 221, a), subst. n. 10., emanation, schepfung.

ví-srš-ṭi- (wurz. *sarġ*, §. 226; vgl. §. 129), subst. f. 9., emanation, schepfung.

vi-hār-a- (wurz. 1. *har*; §. 216), subst. m., tempel.

víġa-, subst. n. 10., same.

vīrá-, subst. m. 10., held.

vīrá-vant- (d. vor.; §. 218), adj. 4., heldenbegabt; *vīrávat--tama-m*, Rv. I, 1, 3, superl. (§. 236).

vrkšá-, subst. m. 10., baum.

vrt-ti- (wurz. *vart*; §. 226), subst. f. 9., zustand, verhältnis, natur.

vr-trá- (wurz. 2. *var*; §. 225), subst. n. m. 10., name der als dämon gefaßten gewalt, welche den regen in der wolke zurück hält und so alles wachstum verhindert. Indra tötet in. Plur. neutr., böse, feinde.

vrd-dhi- (wurz. *vardh*; §. 225; §. 130, 2), subst. f. 9., wachstum, größe.

vŕš-an- (wurz. *varš* träufeln, näml. d. sperma; §. 221), subst. m. 3., stier; *vršaṇo*, Rv. II, 33, 13, voc. pl., bezeichnung der Maruts; superl. *vŕšan-tama-* (§. 236), Rv. VI, 57, 4, am meisten stierartig, d. h. befruchtend, segnend.

vrša-bhá-, subst. m. 10., stier, bezeichnung des Indra, Rudra, Agni und anderer götter.

vrhattva- = brhattva-.

vēġ-a- (wurz. *viġ* zittern; §. 216), subst. m. 10., schnelligkeit, ungestüm.

vēd-a- (wurz. *vid*; §. 216), subst. m. 10., name der heiligen schriften; es gibt vier: *rḱ-*, *sāman-*, *jaġus-*, *atharvan-*.

vēn, verb. I, b, act., med., *vén-a-ti*, lieben, wünschen, verehren.

vḗš-aṇa- (wurz. *viš* an greifen, durchdringen; §.222, a). subst. n. 10., die durchdringende kraft; *vēšáṇā*, Rv. IV, 33, 2, instr. sg.

vái, partikel der versicherung, ja, fürwar; mit nach folgendem *u*; Rv. II, 33, 9.

vāivasvata-, m. 10., patron. (steiger. u. secund. suff. *-a-*; §. 216), son des Vivasvant.

vāiçvānará- (*riçva* + *nár-*; mit steigerung u. secund. suff. *-a-*gebildet; vgl. §. 216), adj. 10., alle menschen umfaßend, bebezeichnung des Agni.
vōkal (§. 292, s. 755), s. *vak.*
vjāghrá-, subst. m. 10., tiger.
vj-á-pár-a- (wurz. *par* mit *ri, á,* beschäftigt sein; §. 216). subst. 10., mühe, beschäftigung, geschäft.
vjòman-, subst. n. 3., himmel; *vjòmant* (*t* wegen des folgenden *s* an getreten oder es ligt hier suffix *-mant-* vor; §. 219), Rv. X, 129, 7, loc. sg. In der vedischen sprache nimt man nämlich locative one das casussuffix *-i* an; also die bloße stamform als locativ.
vraǵ, I, b, verb. act. *vráǵ-a-ti,* gehen, fort schreiten.
vratá-, subst. n. 10., heiliges werk, gelübde, frömmigkeit.

Ç.

Çak, verb. IV, a, act., *çak-nó-ti,* können, vermögen.
çakaṭa-, subst. m. n. 10., wagen.
çak-ja- (part. necess. v. *çak,* §. 217), adj. 10., möglich.
çañk, verb. I. a, med.. *çañḱ-a-tē,* argwönen. fürchten. Mit *abhi-* anzweifeln *nābhiçañkjam idam vakanam,* Matsj. 34, nicht ist disc rede an zu zweifeln.
çatá-, subst. n. 10., hundert (§. 240).
çanāis, adv. (alter instr. pl.), almählich, langsam.
çán-tama- (superl. v. *çam;* §. 236), adj. 10., am meisten beglückend, heilkräftigst.
çábda-, subst. m. 10., laut, ton; *çabda-çāstra-,* lautlere, sprachlere.
1. *çam,* verb., act., med.; V., *çám-ja-ti,* oder I, b, *çám-a-ti,* perf. *ça-çam-é,* ruhig sein; *çaçamāná-,* part. perf. med., ruhig, sicher; Rv. I, 24, 4.
2. *çám,* subst. n. 1., heil, glück; acc. *çám,* zum heile; Rv. II, 33, 13.
çámi, subst. f. 10., tat, handlung, werk.
çar-aṇá- (wurz. *çar* in entsprechender function als verb. nicht nachweisbar; §. 221, a), subst. n. 10., zuflucht, schutz.
çár-man- (s. d. vor.; §. 219), subst. n. 3., schutz; *kúha kásja çármann* (loc. sg. one casussuffix; vgl. unter *vjòman-),* wo in wessen schutze war es; Rv. X, 129, 1.

çaçamāná-, Rv. I, 24, 4, s. u. çam.
çáçvant-, adj. 4., fortdauernd, beständig; ntr. çáçvat adv. immer.
çán-ti- (wurz. çam; §. 226), subst. f. 9., beruhigung, ruhe.
çārdūlá-, subst. m. 10., tiger; am ende von compp., bester, treflichster.
çās, verb. I, a, çás-ti, part. pract. pass. çiš-ṭá- (§. 130, 1), befehlen; med., an flehen. Mit
ā- beten, an beten, wünschen, her sagen.
çās-tra- (s. d. vor.; §. 225), subst. n. 10., vorschrift, lere.
çi, verb. II, a, med., çé-tē, ligen; part. praes. çáj-āna- (§. 219), ligend.
çilá, subst. f. 10., stein, fels.
çiš, verb. IV, c, 1, act., çináš-ṭi, perf. çi-çéš-a, übrig laßen; pass. V, çiš-já-tē, perf. çi-çiš-é, part. çiš-ṭá-, übrig bleiben. Mit pari das s.
çuk-rá- (wurz. çuk rein sein, glänzen; §. 220), adj. 10., leuchtend, glänzend.
çúk-i- (s. d. vor.; §. 216, a), adj. 9., leuchtend, weiß, rein.
çúnaç-çépa- (çun-as gen. sg. zu nom. çvā, st. çvan- hund; çépa-, msc. 10., penis), nom. pr., msc. 10., eines ' Ṛši der von Viçvāmitra an kindesstatt auf genommen den namen Dēvarāta erhielt. Nach der Anukramaṇikā ist er verfaßer von Rv. I, 24.
çubh-a- (wurz. çubh glänzen; §. 216), adj. 10., glänzend, schön.
çubha-datta-, nom. pr. m. 10. (s. d. vor. u. 1. da).
çṛṅga-, subst. n. 10., horn.
çṛṅg-in- (s. d. vor.; suff. -in-; §. 221), adj. 3., gehörnt.
çāila- (v. çilá mit steig. u. secund. suff. -a-; §. 216), 1) adj. 10., steinig, felsig; 2) subst. m., berg; Spr. 11.
çrath, verb. I, b, act., çráth-a-ti und çrāth-ája-ti lösen, verzeihen; çi-çrath-as, Rv. I, 24, 14, conj. aor.; çrathāja, Rv. I, 24, 15, gedenter imperat. Mit ava-, ud-, vi- das s.
çram, verb. V, act., çrám-ja-ti, 1) müde werden, ermüden (instr.); part. praet. pass. çrān-tá-, ermüdet, ermattet; 2) sich kasteien; Çatap. 7.
çri, verb. II, b, act., med., çráj-a-ti, perf. med. çi-crij-é, gehen. Mit ud- auf richten, erheben; part. uk-khri-ta- (s. o. s. 10, 3, a), erhoben, hervor ragend.

çrí-, subst. f. 1., heil, glück; çréṣṭhaḥ çrijā́, der treflichste an heil, an macht. Es wird vor namen von personen und schriften gesezt, welche in ansehen stehen: çrīmahabhāratam.

çru, verb. IV, a, act., selten med., çr-ṇó-ti, imperat. ved. çr-ṇu-hí, klass. çr-ṇú; perf. çu-çrā́v-a; aor. 2. du. çru--tám, imperat. çru-dhí; part. praet. pass. çru-tá-, hören; çru-tvā́, Matsj. 48 (gerund., §. 227), nach hörung, d. h. nachdem sie (die Ŕṣi's) gehört hatten; pass. V, çrū-já-tē.

çru-tá- (s. d. vor.), adj. 10., berümt.

çréṣṭha- (superl. zu çrī-mant- oder çri-la-; §. 232. 234), adj. 10., bester, treflichster.

çvitīké, dat. sg. v. çvitjáṅk-.

çvitj-áṅk- (çviti- + aṅk in weiße gehend; çvit-i-, wurz. çvit leuchten; §. 216, a), adj. 1., weißlich, leuchtend; Rv. II, 33, 8, beiwort des sturmgottes Rudra wegen der den sturm begleitenden elektrischen erscheinungen. Das *n* des stammes wird wie bei 4. behandelt; wenn es auß fält wird außerdem *ja* in *ī* contrahiert (§. 15, c); über die decl. vgl. Bopp, kl. skr.-gr. III. aufl. §. 179.

çvāit-ara- (wurz. çvit leuchten), f. -ī, adj. 10., leuchtend, weiß; çvāitarī́ dhēnúm, Rv. IV, 33, 1, eine leuchtende, weiße milchkuh oder eine kuh mit weißer milch.

Ṡ.

Ṡáṡ-, num., sechs (§. 234, 6).

ṡó-daçá-, adj. 10., der sechszehnte (§. 241).

S.

1. Sá, f. sā́, n. tát, pron. dem., der, die, das; den cass. obliqui ligt der stamm *ta-* zu grunde (§. 264). Der nom. sg. m. lautet meist sá, vor einer pause sā́ḥ, vor folgendem *a só*.
2. sa- in zusammensetzung: mit, versehen mit dem, was im zweiten glide der zusammensetzung bezeichnet ist.

sájata s. jam mit sam.

sá-vátsa- (sam + vatsa-), subst. n. 10., jar.

sā-vatsará- (sam + vatsara- m. das s.), subst. m. 10., jar.
sā-hati- (sam + ha-ti- ; wurz. han, ha; §. 226), subst. f. 9.,
 vereinigung, verbindung.
sāhitā s. dha mit sam.
sa-kala- (sa-, kalā, fem., teil), adj. 10., ganz.
sakhjá- (vgl. sakhi- m. freund), subst. n. 10., freundschaft.
saṅ-kšaja- (sam + kšaja-, wurz. kši vernichten; §. 216), subst.
 m. 10., untergang, verderben.
saṅ-graha- (sam + grah-a-; wurz. grah, grabh; §. 216),
 subst. m. 10., zusammenfaßung, samlung.
sak, verb. I, b, med., act., sák-a-të, 1) folgen mit dem acc.;
 2) insofern das folgen, geleiten zugleich ein schützen ist, be-
 hüten, beschützen; Rv. I, 1, 9.
sák-ā (s. d. vor.). adv., zugleich, in begleitung von; tátra
 pūšábhavat sákā, Rv. VI, 57, 4, da war Pušan in seinem
 gefolge.
saṅ-kaja- (sam + kaj-a-; wurz. ki sammeln; §. 216), subst.
 m. 10., haufe, menge.
sat-krta-, adj. 10., bewirtet, s. kar.
sat-tama-, superl. v. sant- (§. 236).
sát-pati-, subst. m. 9., herr der guten (sant-, pati-).
satjá-, adj. 10., warhaftig; satjānrtám (satjá- + anrtá-), subst.
 ntr. (dvandva-compositum), warheit und lüge.
satjá-dharman- (s. d. vor.; dhárman- ntr. 3. = dhárma-),
 adj. 3., wares gesetz, ware pflicht habend, d. h. das gesetz,
 die pflicht erfüllend.
sad, verb. III, b, act., sid-á-ti (§. 293, altind.), sitzen, sich
 setzen. Mit
ā- sich hinzu setzen, sich nähern; part. praet. pass. ā-sanna-
 (§. 222; §. 130, 1; nachtr. zu s. 181), nahe, atj-āsanna-,
 alzu nahe. Mit
upa- herbei kommen zu (acc.), sich nähern, erlangen;
pra- geneigt, gnädig sein.
sádā, adv., in einem fort, immer, stäts.
sa-drç-a- (sa + drç-a-; wurz. darç, §. 216), adj. 10., änlich.
sadjás, adv., augenbliklich.
sánā, adv., in einem fort, immer; júvānā sánā, Rv. IV, 33, 3,
 ewig jung.

sanā-tana- (s. d. vor.), f. *-ī*, adj. 10., fortwärend, ewig.
s-ánt- (part. praes. v. 1. *as*; §. 229), 1) adj. 3., a) seiend; b) gut, rechtschaffen; 2) *sát-*, subst. n., das seiende, das sein.
san-dŕç- (*sam + darç*; §. 215), subst. f. 1., das erblicken, anblick.
sapta-daçá-, adj. 10., der sibzehnte (§. 241).
saptán-, zalw., siben (§. 237, 7).
sapta-má-, adj. 10., sibenter (§. 241).
saptarśajas s. *rśi*.
sám, praep. c. instr., mit; häufig in verbalzusammensetzungen, welche man unter dem betreffenden simplex suche.
samá- (vgl. §. 237, 1, griech.), adj. nach der pronominalen decl., änlich, gleich; *samēnāpi hatō bhrçam*, Spr. 9, wenn er auch nur von einem seines gleichen hart an gestoßen wird.
sámā, subst. f. 10., jar.
sam-udrá- (*sam + ud-ra-* das in der function 'waßer' als simplex nicht vor komt; wurz. *ud* benetzen, baden; §. 220), subst. m. 10., ocean, mer.
samudrá-ǵjēśṭha-, adj. 10., den ocean als vorzüglichsten habend, d. h. unter seiner macht stehend.
samudrārtha- (*samudra + artha*), adj. 10., den ocean zum zile habend; Rv. VII, 49, 2 von den gewäßern, welche dem mere zu strömen.
sam-pra-kśāl-ana- (wurz. *kśal* spülen; §. 221, a), subst. n. 10., abspülung, wäsche.
sárg-a- (wurz. *sarǵ*; §. 216), subst. m. 10., schepfung.
sarǵ, verb. I, b, act., med., *srǵ-á-ti*, perf. *sa-sárǵ-a*, opt. *sa--srǵ-jā-t*, inf. *sráś-ṭum* (§. 129), 1) auß gießen, sprengen, loß laßen; 2) emanieren laßen, schaffen; part. necess. *sraś--ṭavja-* (§. 217, 2), zu schaffen. Mit
ava- herab gießen, loß laßen, befreien, Rv. I, 24, 13; hin werfen, hinein werfen; Matsj. 23.
sarp, verb. I, b, act., *sárp-a-ti*, perf. *sa-sárp-a*, kriechen, gehen. Mit
anu-ava- hinterher hinab steigen.
sárva-, adj. 10., ganz, all, jeder, ntr. *sárva-m*, im übrigen ganz nach der pronominalen decl.
sarva-tás-, adv. (§. 251, altind., anm. 3), von allen seiten, überall.

sarva-pāpa-hara-, adj. 10., alles böse weg nemend (s. d. einzelnen worte).

sarva-pūrṇārtha-, adj. 10., der alle seine zile erreicht hat, dessen wünsche alle erfült sind *(pūrṇa-* s. u. 1. *par).*

sarva-lōka-, subst. m. 10., pl. die gesamtheit der welten.

salilá-, subst. n. 10., waßer.

sáv-ana- (wurz. 2. *su;* §. 221, a), subst. n. 10., opfer.

sáv-itar- (wurz. 1. *su;* §. 225), subst. m. 5., der gott Savitar, bezeichnung der sonne.

sas, verb. I, a, act., *sás-ti*, perf. *sa-sás-a*, schlafen.

sahá, praep. c. instr., mit.

saha-ǵa- (s. d. vor.; wurz. *ǵa* s. u. *ǵan)*, adj., angeboren.

sáh-as- (wurz. *sah* ertragen, auß halten; §. 230). subst. n, 2., kraft.

sahásra- (§. 240), subst. n. 10., tausend.

sa-hita- (sa-+hita-, wurz. *dha)*, adj. 10., verbunden, vereint.

sá-hū-ti- (wurz. 2. *hu;* §. 226), subst. f. 9., anrufung zu gleicher zeit; *sáhūtī*, Rv. II, 33, 4, instr. sg. I (§. 258) durch mitanrufung (anderer götter), indem wir außer dir zugleich andere götter an rufen.

sākšát (sa+akša- auge), adv., offenbar.

sāgara-, subst. m. 10., ocean, mer.

sā-ti- (wurz. *san, sa* spenden; §. 226), subst. f. 9., spende.

sādh-aka- (wurz. *sādh* vollenden), f. *sādhikā* (mit suff. *-ika-)*, adj. 10., vollendend, zum zile fürend.

sādh-ú- (wurz. *sādh;* §. 216, 6), adj. 8., gut, trefflich.

sājaka-, subst. n. 10., pfeil.

sāja-, subst. m. 10., abendzeit, abend.

sājāhna- (sāja-+ahan-; sec. suff. *-a-;* §. 216), subst. m. 10., abend.

sāra-, subst. n. 10., mark, kraft, das wesentliche einer sache.

sá-rathi- (vgl. *ratha-; sa-ratha-* mit wagen versehen; davon mit steigerung und sec. suff. *-i-)*, subst. m. 9., wagenlenker.

sārddham (sa-+ardha- hälfte), praepositionell gebraucht: in begleitung, mit; c. instr.

sindhu-, subst. m. 8., tropfe, see; pl. flüße.

1. *su*, verb. II, a, b, act., *sáv-a-ti, sáu-ti*, perf. *su-šáv-a*, erzeugen, gebären; part. praet. pass. *su-tá-*, son, f. *su-tā́*, tochter.

2. *su*, verb. IV, a, act., med., *su-nó-ti*, perf. *su-śáv-a*, part. perf. pass. *su-tá-*, ursprünglich mit 1. *su* identisch, dann, weil das verfaren der somabereitung in allen dabei vor kommenden acten mit der zeugung verglichen wird: den soma auß pressen.

3. *sú*, adv., schön, gut, ser häufig als erster teil von zusammensetzungen.

sú-karman- (kár-man-, ntr. 3., werk; wurz. *kar*; §. 219), subst. 3., woltäter, helfer, beistand.

su-kśétra- (kśé-tra-, ntr. 10., feld; wurz. *kśi* wonen; §. 225), adj. 10., schönlandig, fruchtbar (vom lande gebr.); *sukśétrākrnvan* (scil. *kśétrā)*, Rv. IV, 33, 7, sie machten die lande fruchtbar.

su-khá- (als zweiter teil der zusammensetzung gilt *kha-* luft; vgl. *du°-kha-* unangenem, leid), 1) adj., frölich, erfreut, erfreulich; 2) subst. n., freude, vergnügen; *sukhéna, sukhám*, gern, leicht; comparat. *sukha-taram*.

sukh-in- (d. vor. 2. mit suff. *-in-*; §. 221), adj. 3., frölich, freudig.

su-pratāpa-vant- (s. *pratāp.)*, adj. 4., ser würdig, majestätisch.

su-mati-, subst. f. 9., wolwollen.

su-mahant-, adj. 4., ser groß.

su-mná- (su- + man; vgl. §. 206 am ende; §.215), subst. n. 10., güte, wolwollen.

su-júǵ- (§. 215), adj. 1., gut, leicht an zu spannen (von rossen).

su-víra-, adj. 10., heldenreich.

su-vŕt- (wurz. *vart*; §. 215), adj. 1., schön rollend (vom wagen); Rv. IV, 33, 8.

su-vratá-, adj. 10., fromm (wörtl. gute gelübde, *vratá-*, habend).

su-çiprá- (çipra- wange oder nase), adj. 10., schönwangig.

su-śtuti- (stu-ti-, wurz. *stu*, §. 226; vgl. §. 126, 2), subst. f. 9., schöner lobgesang.

su-san-gupta- (vgl. *gup)*, adj. 10., wol bewart.

su-háv-a- (wurz. 2. *hu*; §. 216), adj. 10., schön an zu rufen.

su-hásta-, adj. 10., schönhändig, geschikte hände habend.

sū-tra- (wurz. wol *siv, sju* nähen, vgl. lat. *su-ere*; §. 226), subst. n. 10., faden.

sūtra-dhāra- (d. vor. *dhāra-* am ende von zusammensetzungen

haltend; wurz. *dhar*, §. 216), subst. m. 10., zimmermann
(der den faden der richtschnur hält).

sū-nú- (wurz. 1. *su;* §. 223, a), subst. m. 8., son.

sūpājaná- (su + upājana- [upa-i; §. 221, a], das herbei-
kommen), adj. 10., einer zu dem man leicht zutritt hat, zu-
gänglich.

súr-a- (wurz. *svar*, leuchten; vgl. *svàr-;* §. 216), subst. m. 10.,
sonne.

súr-ja- (s. d. vor.; §. 217), subst. m. 10., sonne.

sénā, subst. f. 10., her, kriegsher.

sēv, verb. I, b, med., *sév-a-tē*, besuchen, verkeren mit (acc.),
vereren; pass. V *sēv-já-tē*.

só-ma- (wurz. 2. *su;* §. 219; vgl. altbaktr. *haoma-*), subst.
m. 10., der auß der asclepias acida gepreste somatrank, ein
berauschendes getränk, welches den göttern dar gebracht wird,
um sie zum kampfe gegen die dämonen zu stärken. Rv. VII,
49, 4 als gothcit.

stambh, verb. IV, a, b, act., *stabh-nó-ti*, *stabh-ná-ti*, befestigen,
part. praet. pass. *stabh-itá-;* IV, c, 2, med., *stámbh-a-tē*,
unbeweglich werden, fest stehen; part. perfecti medii (§. 219,
s. 413) *ta-stabh-āná-*, Rv. X, 121, 6.

stambh-á- (d. vor.; §. 216), subst. m. 10., pfosten, säule.

star, verb. IV, a, b, act., med., *str-nó-ti*, *str-ná-ti*, breiten,
strecken. Mit

vi-, part. pract. pass. *vistrta-*, auß gebreitet, breit; Matsj. 16.

stu, verb. I, a, *stáu-ti*, pl. *stu-mási* (ved.), imperat. *stu-hi*,
preisen, singen; med. I, b, *stáv-a-tē* vedisch in pass. bedeu-
tung; part. med. (§. 219) *stávāna-*, Rv. II, 33, 11, geprisen
werdend; part. praet. pass. *stu-tá-* (§. 224).

stúpa-, subst. m. 10., haufe, menge; *vánasja stúpam*, Rv. I,
24, 7, des glanzes masse (= sonne).*

stó-ma- (wurz. *stu;* §. 219), subst. m. 10., loblied.

strí-, subst. f. 7., weib.

1. *stha*, verb. III, act., med., *ti-ṣṭha-ti;* perf. *ta-stháu*, 3. pl.
   med. *ta-sth-irē*, part. *ta-sthi-vás-;* aor. *á-sthā-t*, 3. pl. *sth-us*,
   Rv. I, 24, 7; part. praet. pass. *sthi-tá-*, stehend (§. 7, 1);
   inf. *sthá-tum*, part. necess. *sthā-tavja-;* 1) stehen, 2) sein,
   sich befinden; caus. *sthā-pája-ti* (§. 209), stellen, setzen. Mit

ā- kommen zu (acc.); *dhánvátiṣṭhann óṣadhīr nimnám ápa°,* Rv. IV, 33, 7, in die wüste kamen kräuter, in die niderung gewäßer;
ud- auf stehen, sich erheben (das s von *stha* schwindet zwischen den beiden dentalen; §. 130, 1; nachtr. zu s. 181); *áughá útthite,* Çatap. 4, wenn die flut sich erhoben hat;
sam- stehen;
sam-upa- herbei kommen, nahen.
2. stha-, adj. 10. am ende von compp., stehend, befindlich (§. 215).
sthal-a- (wurz. *sthal,* unbelegt, fest stehen; §. 216; richtiger stha-la-; §. 220), subst. n. 10., ort, boden, festland.
sthá-na- (wurz. *stha,* §. 222), subst. n. 10., stelle, platz, ort.
sthávará- (wurz. *stha),* adj. 10., stehend, fest, unbeweglich; sthávara-ġaṅġamam, Matsj. 27, unbewegliches und bewegliches.
sthi-rá- (wurz. *stha;* §. 7, a; §. 220), adj. 10., fest.
sthus s. 1. stha.
sparç-a- (wurz. *sparç* berüren; §. 216), subst. m. 10., 1) berürung; 2) wind, luft.
sphaṭ, verb. I, b, act., *sphāṭ-ája-ti,* spalten.
sma, verstärkende partikel; einem praes. verleiht es präteritale bedeutung; Çatap. 7.
smi, verb. II, b, act., med., *smáj-a-ti,* lachen, lächeln.
sjá-, nur ved. pron. dem., nom. sg. msc. *sjá-s,* f. *sjá,* n. *tjá-t,* er, diser, jener.
sraṣṭavja- s. sarġ.
sraṣṭu-kāma- *(sraṣṭu-* nom. action. v. *sarġ* [§. 227; §. 129] + kāma-), adj. 10., lust zum schaffen habend; mit d. acc., Matsj. 54.
sru, verb. II, b, act., *sráv-a-ti,* fließen.
svá-, adj. 10., eigen, sein.
svad, verb. I, b, act., kosten, geschmack finden an. Mit
ā- geschmack finden an, verzeren.
sva-dhá (sva- + wurz. *dha,* §. 215), subst. f. 10., 1) selbstsetzung, freiheit; *svadhájā,* Rv. X, 129, 2, durch selbstsetzung, durch sich selbst; *svadhá avástāt prájati° parástāt,* X, 129, 5, freiheit nach unten, streben nach oben; 2) sitte gewonheit; *ánu svadhām,* Rv. IV, 33, 6, nach gewonheit, wo indes das *ánu* auch zu *ġagmus* bezogen werden kann.

sv-ápas- (su- + ápas-), adj. 2., tatenreich, schöne taten volbringend.
svajań-ǵá- (svajám + ǵa; wurz. *ǵan, ǵa;* §. 215), adj. 10., selbst geboren, auß sich selbst entstanden.
svajám, pron. indecl., selbst.
svàr (vgl. *súra-, súrja-;* §. 215), subst. n. indecl. 1., himmel.
svargá-, subst. m. 10., Indra's himmel, der sitz der götter.
svarga-lòka-, subst. m. 10., die himmelswelt.
sv-alpa- (su- + alpa-), adj. 10., ser gering, ser kurz.
sv-ávas- (su- + avas-), adj. 2., schöne gunst, beistand habend, verleihend.
sv-as-tí- (su- + as-ti-, wurz. *as;* §. 226), subst. f. oder n. 9., wolsein, seligkeit; dat. *svastájē,* Rv. I, 1, 9; VI, 57, 1. zum heile; *svasti,* zum heile, Rv. II, 33, 3.
svid, fragepartikel, *svid — svid,* utrum — an.

II.

Ha, conj., ja, nun.
hăsá-, subst. m. 10., gans, flamingo.
hatá- s. *han.*
han, ha, verb. I, a, act., *hán-ti,* imperat. *ǵa-hí* (vgl. §. 130, 3), 3. *hán-tu,* imperf. 2. 3. sg. *á-han;* III, act., med., *ǵí-ghna-ti,* perf. *ǵa-ghán-a,* 3. pl. *ǵa-ghn-ús,* part. praet. pass. *ha-tá-,* schlagen, stoßen. Mit
ni- nider schlagen, zu boden schlagen.
1. *har,* verb. I, b, act., med., *hár-a-ti,* perf. *ǵa-hár-a,* 3. pl. *ǵa-hr-ús,* nemen, ergreifen. Mit
abhi-ava- hinab schaffen;
á- herbei bringen;
ud- herauß nemen, herauß ziehen; *uddhrtja,* Matsj. 14, gerund. (§. 226; §. 130, 2).
2. *har,* verb. IV, b, med., *hr-ṇī-té,* glühen, zürnen, part. *hrṇāná-,* zürnend, wütend.
har-a- (wurz. 1. *har;* §. 216), adj., am ende von compp., nemend, weg nemend.
hár-i- (wurz. 2. *har;* §. 216, a), adj. 9., feuerfarbig, falb, subst., falbes ross; *hárī,* dual. die beiden rosse Indras.

havana-çrút- (wurz. 2. *hu*, §. 221, a; wurz. *çru*, §. 226, altind., 2.), adj. 1., die anrufung erhörend.
hav-is (wurz. 1. *hu)*, subst. n. 2., opfer.
háv-i-man- (wurz. 2. *hu*; §. 219; §. 15, f.), subst. 3., anrufung.
has, verb. I, b, act., *hás-a-ti*, perf. *ǵa-hás-a*, lachen, lächeln. *pra-* lachen.
hásta-, subst. m. 10., hand.
hi, conj., denn.
hīs, *his*, verb. IV, c, 1 und 2, act., *hinás-ti*, *hís-a-ti*, aor. *á-hīs-īt*, verletzen, beschädigen, töten.
hitá- (part. v. *dha*), 1) adj. 10., s. *dha*; 2) subst. n., vorteil, heil, glück; Matsj. 28.
hitopadēça- (*hita-* + *upadēça-*; *upa-dēça-*, wurz. *diç*, §. 216), subst. m. 10., 'die anweisung zum guten', name einer fabelsamlung, durch welche moralische leren für die jugend illustriert werden.
hima-, subst. m. 10., winter; *çatám himā̊*, Rv. II, 33, 2, hundert winter, d. h. hundert jare. Die hymnen, in denen nach wintern gezält wird, sind die ältesten, sie sind noch in den nördlichen gegenden verfaßt, wärend in späterer zeit, zum teil schon in den Veden, das jar nach der regenzeit, *varša-*, benant wird.
himá-vant- (s. d. vor.; sec. suff. *-vant-*; §.218), adj. 4., 1) schneeig, *himávantas*, Rv. X, 121. 4, die schneeberge; 2) nom. pr. des gebirges Himālaja.
hiraṇja-, 1) adj. 10., golden; 2) subst. n., gold; n. pl., goldener schmuck; Rv. II, 33, 9.
hiraṇja-garbha-, adj. 10., einen goldenen schoß habend.
1. *hu*, verb. III, act., *ǵú-hō-ti*, perf. *ǵu-háv-a*, Çatap. 7 *ǵuhavā́ k̇akāra* (§. 216, s. 379), aor. 2. sg. *á-hāu-š-īs*, opfern.
2. *hu (hva, hvē)*, verb. II, b, act., med., *háv-a-tē*; class. V, *hvájati*, aor. 1. sg. *á-hv-ē*, *á-huv-ē*, *huv-ē*, 3. *á-hv-at*, pl. med. *á-hū-mahi*, opt. *huv-é-ma*, conj. *hū-mahē*, part. act. *huv-ánt-*, med. *huv-āná-*; pass. V, praes. *hū-já-tē*, part. necess. *hávja-*, rufen, an rufen.
hŕd-, subst. n. 1., herz.
hŕdaja-vídh- (*hrdaja-*, ntr. herz, + wurz. *rjadh*, *vidh* schlagen, verletzen; §. 215; §. 6), adj. 1., das herz verletzend, betrübend.

8 *

hédas-, *héḷas-*, subst. n. 2., zorn.
héti-, subst. f. 9., waffe.
hétú-, subst. m. 8., ursache, grund, zweck, ziI.
hó-tar- (wurz. 1. *hu;* §. 225), subst. m. 5., opferer, priester.

Johannes Schmidt.

II.

Altbaktrisch.

Das alphabet (vgl. Comp. §. 16), das man in lexicis nach dem altindischen alphabete an zu ordnen pflegt, besteht auß folgenden zeichen:

◌ a, ◌ ā, ◌ i, ◌ ī, ◌ u, ◌ ū, ◌ e, ◌ e, ◌ ē *), ◌ o, ◌ ō, ◌ āo, ◌ ã, ◌ ā̃, ◌ iñ, ◌ uñ, ◌ k, ◌ kh, ◌ gh, ◌ g, ◌ gh, ◌ k', ◌ g', ◌ ž, ◌ z, ◌ n (vor consonanten), ◌ t, ◌ t̤, ◌ th, ◌ d, ◌ dh, ◌ n, ◌ p, ◌ f, ◌ b, ◌ m, ◌ (an lautend) ◌ (inlautend) j, ◌ ◌ (nach ◌ f) r, ◌ (an lautend) ◌ (inlautend) v, ◌ w, ◌ ç, ◌ š, ◌ s, ◌ h.

Die diphthonge werden als zwei vocale geschrieben (◌ ai, ◌ aō u. s. f.). Bisweilen werden zwei zeichen mit einander verbunden, so ◌ st, ◌ sk, ◌ hm, ◌ ah, ◌ an u. a.

Die schrift geht (wie arabisch, hebräisch u. s. w.) von der rechten zur linken und dem gemäß folgen sich auch die seiten.

---

*) Auß Spiegels eigenen angaben (altb. Gr. §. 13) ergibt sich, daß die von im durch gefürte scheidung von ◌ als kürze von ◌ als länge nicht in der überlieferung begründet ist.

Jaçna IX, 1—43*).

1. *Hâvanîm â ratüm â Haomö upâiṭ Zarathustrem*
2. *âtarem pairi jaoždathentem, gâthâoçka çrâvajantem.*
3. *â dim pereçaṭ Zarathuströ: kö nare ahi,*
4. *jim azem vîçpahē añhèus açtvatö çraēstem dâdareça qhahē gajēhē, qhanvatō, amešahē?*
5. *āaṭ mē aēm paiti aokhta Haomö ašava, dūraošö:*
6. *azem ahmi, Zarathustra, Haomö, ašava, dūraošö.*
7. *â mâm jâçañuha, çpitama, fra mâm hunvañuha qharetēē.*
8. *aoi mâm çtaomainē çtüidhi, jatha mâ aparakiṭ çaošjantö çtavân.*
9. *āat aokhta Zarathustrō: nemō Haomāi.*
10. *kaçe thwâm paoirjö, Haoma, mašjō açtvaithjāi hunüta gaēthajāi? kā ahmāi ašis ercnāvi? kiṭ ahmāi gaçaṭ ājaptem?*
11. *āat mē aēm paiti aokhta Haomō ašava, dūraošö:*

---

*) Dr. Fr. Spiegel, Avesta die heiligen Schriften der Parsen. II., Leipz. 1858, s. 78 flg. Des selben Avesta u. s. f. Aus dem Grundtexte übersetzt u. s. f. II., Leipz. 1859, s. 68 flg. N. L. Westergaard, Zendavesta or the religious books of the Zoroastrians etc. Copenhagen, 1852—54, s. 24 flg. Ferd. Justi, Handbuch der Zendsprache, Lpz. 1864, s. 413. Dr. Caj. Kossowicz, decem Sendavestae excerpta etc., Parisiis MDCCCLXV, pg. 3 flg.

Altbaktrisch.

12. Vivanhao mām paoirjō mašjo açtvaithjai hunuta gaēthajai; hā ahmāi ašis erenāvi, tat ahmai ģaçat ajaptem,

13. jat hē puthrō uç zajata, jō Jimō khšaeto, hvāthwō,

14. qharenanhaçtemō zātanām, hvare-dareçō mašjanām;

15. jat kerenaot anhe khšathrat amarešenta*) paçu-vira, aṅhaošemnē**) āpa-urvairē.

16. qhairjān qharethem aģjannem.

17. Jimahē khšathrahē***) aurvahē nōit aotem āonha, nōit garemem,

18. nōit zaurva āonha, nōit marethjus, nōit araçkō daēvō-dātō.

19. panka-daça frakaröithē pita puthraçka raodhaēšva, kataraçkit,

20. javata khšajōit hvāthwo Jimō, Vivanhato puthrō.

21. kaçe thwām bitjo, Haoma, mašjō açtvaithjāi hunū-ta gaēthajāi? kā ahmāi ašis erenāvi? kit ahmai ģaçat ājaptem?

22. āat mē aēm paiti aokhta Haomō ašava, dūraošo:

23. Āthwjō mām bitjō mašjō açtvaithjāi hunuta gaētha-jāi; kā ahmāi ašis erenāvi, tat ahmāi ģaçat ājaptem,

24. jat hē puthrō uç zajata viçō çurajao, Thraētaonō,

25. jō ģanat ažim Dahākem thrizafanem, thrikamere-dhem, khšvas-ašim, hazaṅra-jaokhstīm.

---

*) amarešinta Westerg. Vgl. §. 18, 1.
**) aṅhaošemnē Spieg., Kuss. Vgl. §. 136, 2, s. 195.
***) 'Thus all copies, except K 4, which has ,ру́᷉ᦞᦞᦛ᷇ᦞᧅ᷇ᨩ᷇ᨯ᷇᷇ u. s. f. Westerg. anm.

26. ašaoǧanhem daēvīm Druǧim*), aghem gaēthāvjō, drvantem,

27. jām ašaoǧaçtemām Druǧim*) fraka kerentaṭ Aṅrō Mainjus aoi**) jām açtvaitīm gaēthām mahrkāi ašahē gaēthanām.

28: kaçe thwām thritjō, Haoma, mašjō açtvaithjāi hunūta gaēthajāi? kā ahmāi ašis crenāvi? kiṭ ahmāi ǧaçaṭ ājaptem?

29. āaṭ mē aēm paiti aoklǎta Haomō ašava, dūraošō:

30. Thritō, Çāmanām çēvistō, thritjō mām mašjō açtvaithjāi hunūta gaēthajāi; hū ahmāi ašis crenāvi, taṭ ahmāi ǧaçaṭ ājaptem,

31. jaṭ hē puthra uç zajōithē Urvākhšjō***) Kereçāçpaçka.

32. ṭkaēšō anjō dātō-rāzō,

33. āaṭ anjō uparō-kairjō java, gaēçus gadhavarō.

34. jō ǧanaṭ ažīm Çrvarem, jim açpō-garem, nare-garem, jim višavantem, zairitem,

35. jim upairi viç raodhaṭ ārstjō-bareza, zairitem.

36. jim upairi Kereçāçpō ajanha pitūm paKata.

37. ā rapithwinem zrvānem tafçaṭka hō mairjō ghīçaṭka.

38. frās ajanhō fraçparaṭ, jēšjantim āpem parāonhāt.

---
*) Druǧem West.; vgl. §. 249.
**) avi West.
***) Urvākhšajō West.

Altbaktrisch.

[Avestan text in Avestan script, not transliterated]

39. parās tarstō apataķiţ*) nare-manāo**) Kereçāçpō.

40. kaçe thwām tūirjō, Haoma, mašjō açtvaithjāi hunūta gaēthajāi? kā ahmāi ašis erenāvi? ķiţ ahmāi ġaçaţ ājaptem?

41. aaţ mē aēm paiti aokhta Haomō ašava, dūraošō:

42. Pourušaçpō mām tūirjō mašjō açtvaithjāi hunūta gaēthajāi; hā ahmāi ašis erenāvi, taţ ahmai ġaçaţ ājaptem,

43. jaţ hē tūm uç zajaṅha, tūm erezvō Zarathustra, nmānahē***) Pourušaçpahē, vïdaēvō, ahura-ţkaēšō,

44. çrūtō Airjēnē Vaēġahi.

---

*) -taķaţ West.; vgl. §. 18, 1 nachtr.
**) So emendiert West.; Spiegel list *nairi. manāo.*
***) 'Thus all copies, instead of ٮڛݞ؟ (?)' Westerg. anm.

Glossar.

A.

Airjana-, adj. 10., arisch; vgl. *airja-*, altind. *arjá-*, *árja-* Arier, stammname der alten Inder und Eraner. Vgl. *raēgaṅh-*.

aurva-, adj. 10. (grundf. *ar-va-*, §. 26, wurz. *ar* gehen, sich erheben, suff. *-va-*, §. 218), schnell, trefflich (17. zieht Justi nach Kossowicz *aurvahē* zu *Jimahē*; Spiegel dagegen übersezt: 'in der weiten Herrschaft des Yima').

aēm (§. 234), nom. sg. msc., diser; fem. *īm*, ntr. *imaṭ*, acc. sg. msc. *imem*, fem. *imām*; dat. sg. msc. ntr. *ahmāi*; gen. msc. ntr. *ahē*, *aṅhē*, dial. *ahjā* (grundf. *a-sja*), fem. *aṅhão* u. s. f.; verschidene stämme, die in bestimten casus bräuchlich sind, ergänzen sich.

aoi, variante von *avi*, adv., oft vor verben, praepos. und postpos., in, zu, gegen; mit dem accus., seltener mit dem dativ; 8. ist *aoi* zum verbum *çtäidhi* zu ziehen, s. u. *çtu*; *aoi jām gaēthām* 27. hin zu der welt (schuf er), in die welt.

aokhta s. *vak*.

aota-, adj. 10., kalt; subst. ntr. kälte.

Aṅrō Mainjus, nom. sg. nom. propr., der böse geist, teufel, Ahriman, Ἀρειμάνιος; *aṅra-*, adj. 10., böse; *mainju*, subst. msc. 8., geist (wurz. *man* denken, suff. *-ju-*).

aṅh, verbalwurzel (= altind. *as*), werfen; mit *para* (vor, weg von) weg werfen, auß schütten; *jēšjantīm āpem paraoṅhat* 38., conj. imperf., (so daß er, der drache) das wallende waßer (auß dem keßel) schüttete.

aṅhaošemna-, adj. 10., nicht vertroknend; *a-*, *an-*, negation in zusammensetzung; *haošemna-*, part. praes. med. (§. 219) zu wurz. *huš*, troknen (§. 136, 2, s. 195; über den casus vgl. §. 248).

aṅhu-, subst. msc. 8. (wurz. *ah* sein, suff. *-u-*; §. 216, 6), welt. *aṅhē* s. *aēm*.
agha-, adj. 10., böse, arg (= altind. *aghá-*).
agjamna-, adj. 10., unversigbar, nicht auß gehend, unvergänglich; *a-, an-* negation in zusammensetzungen; *ġjamna-*, part. praes. med. (§. 219) von wurz. und praesensst. *ġjā-* altern, verkommen; dise wurzel findet sich im altbaktr. nur in disem stamme.
aži-, subst. m. 9., drache, schlange.
azem, nom. sg. des pron. der I. pers. (§. 265 flg.).
anja-, adj. pronom., anderer; *anjō — anjō*, der eine, der andere.
ap-, āp-, subst. f. 1., waßer; sg. nom. *āf-s*, acc. *ap-em*, gen. *ap-ō* und *āp-ō*, nom. plur. *āp-ō* u. s. f.
apa, praep., von; oft als adv. mit verben in zusammenrückung.
apara-, adj. 10., folgender, späterer, anderer; *apara*, nom pl. m., §. 247; 8. mit *-kiṭ*, s. d.
amarešent-, amarešint-, adj. 4., unsterblich; *a-, an-*, negat.; *marešent-, marešint-*, particip. praes. act. einer wurz. *mareš, mereš*, grundf. *mar-s*, weiterbildung von *mar, mere*, sterben.
ameša-, adj. 10., unsterblich *(a-, an-* negat., *meša-* tot; vgl. altind. *a-mŕta-* unsterblich).
ajaṅh-, d. i. *ajas-* (altind. *ájas-)*, subst. ntr. 2., metall, eisen; metalgefäß, keßel; instr. *ajaṅha* 36. mit, d. h. in einem keßel.
araçka-, subst. m. 10., neid.
aša-, adj. 10., rein; subst. ntr., reinheit, heiligkeit, gerechtigkeit.
ašaogaṅh-, adj. 2., ser kräftig, stark; *as-, aš-*, nur in zusammensetzungen, adv. ser; *aogaṅh-, *aogas-*, subst. ntr. 2., kraft, altind. *ōgas-*; *ašaogaç-tara-* comparat., *ašaogaç-tema-*, superlativst. dazu (§. 236).
ašavan-, adj. 3. *(aša-* ntr. reinheit, suff. *-van-*, §. 218), rein; nom. sg. msc. *ašava*, acc. *ašavanem*.
aši-, subst. fem. 9., reinheit (vgl. *aša-)*.
açtvant-, adj. 4., für *açtu-vant-* (§. 28, 3), d. i. *açtu-*, subst. msc. 8. (§. 227), körper, mit suff. *-vant-* (§. 218), mit körper versehen, körperhaft; fem. stamm *açtvaithja-, açtvaiti-;* *açtvaithjāi gaēthajāi* ist dativ in der function des locativs: in der körperhaften welt.

açpō-gara-, adj. 10., rosse verschlingend; aç-pa-, subst. m. 10.
(§. 218); gar-a- (§. 216).
ah-, aç-, verbalwurz. I, a, sein; 1. sg. praes. ahmi, 2. ahi,
3. açti u. s. f.
ahura-țkaēša-, adj. 10., die satzungen, das gesetz des Ahurōmazdāo (Ormazd, Ὠρομάζης) befolgend; ahura-, m. 10., herr, name des höchsten gottes, der auch (nom. sg.) mazdāo (st. mazdā-; §. 246), ahurō mazdāo und mazdāo ahurō genant wird; țkaēša-, s. d.
ahmāi s. aēm.

Ā.

Ā, praepos. und postposition mit dem accusat., an, in, bis, zu; hāvanīm ā ratūm ā 1. ist als apposition zu faßen, da dise construction mit zwei mal geseztem ā sich öfters findet: zum hāvanis zur zeit, d. h. zur zeit hāvanis, um die morgenzeit (andere ziehen hier das zweite ā als adverbium zum folgenden verbum: er kam hinzu); ā dim pereçaț 3. den, in fragte; hier gehört ā zum verbum pereçaț, obschon auch der accusativ dim mit ā zu verbinden ist; ā steht überhaupt oft bei verben, z. b. 7.: ā mām jaçaṅuha verlange mich; ā rapithwinem zrvānem 37. zur mittagszeit. — Mit anderen casus komt ā in anderer function vor.

āaț, āț (§. 251), ablat. sg. ntr. zu pronominalst. a- (dessen gewönliche ablativform ahmāț ist, §. 264), dann, hierauf.
ātar-, subst. msc. 5. (§. 246), feuer.
Āthwja-, nom. pr. 10.
āpa-urvairē, beide worte im nominat. dual. (§. 248), copulative uneigentliche zusammensetzung, waßer und pflanze; vgl. ap- und urvara.
āpem s. ap.
ārstjō-barez-, subst. fem. 1., dicke eines daumens; instr. sg. ārstjō-bareza mit daumensdicke, daumensdick (adverbiell); ārstja-, subst. msc. 10., daume; barez-, subst. fem. 1., höhe (wurz. berez wachsen, part. praes. act. berez-ant- hoch).
ājapta-, subst. ntr. 10., gnade, gunst, gnadengabe, gabe.

I.

I, verbalwurzel II, a, gehen; mit praep. *upa* herzu gehen, kommen, mit dem accusat. der richtung; 3. sg. praes. *upāiti* = *upa-aëiti*, 3. sg. imperf. *upāiṭ*.

U.

Upairi = altind. *upári*, adv., praepos. und postpos., auf, über; *jim upairi* 35. auf welchem.
uparō-kairja- (§. 27, 5), adj. 10., hohe wirksamkeit habend; *upara-*, adj. 10., der obere *(upa*, praepos., zu, gegen; suff. *-ra-*, §. 233); *kairja-* (wurz. *kar* machen, suff. *-ja-*; §. 217).
upāiṭ s. *i*.
urvara, subst. fem. 10., pflanze; *urvairē*, nom. dual. (§. 248, §. 26); vgl. unter *āpa-urvairē*.
Urvākhšja-, nom. propr. 10.
uç, vor tönenden auch *uz*, adv. und praepos. in zusammensetzungen und in zusammenrückung mit dem verbum, herauß, auß, hervor.

E.

Ere oder *ar*, verbalwurz., praesensst. *ere-nu-*, IV, a, gehen; *erenāvi*, 3. sg. imperf. pass. (§. 281), ward gebracht, ward getan, ward zu teil.
erezu-, adj. 8. (§. 216, b), gerade, recht, war; *erezvō*, vocat. (§. 263).

Āo.

Āonha (§. 291); vgl. *ah-*.

K.

Ka-, interrogat. pronominalst., nom. sg. msc. *kō*, ntr. *kaṭ*, fem. *kā*, wer, was; welcher, welches, welche.
katara-, adj. pron. 10., comparat. zu st. *ka-* (§. 233), welcher von beiden, uter; *kataraç-kiṭ* jeder von beiden.
kaçe thwām (§. 28) für *kaç thwām*, beide worte wie ein wort behandelt. S. *ka-*.
kere, *kar*, verbalwurz. IV, a, machen, zu etwas machen.
keret, verbalwurz. IV, c, 2, schneiden (altind. *kart*); mit *fra* schaffen, hervor bringen (von bösen wesen gebraucht).

Kereçáçpa-, nom. propr. 10. (magere rosse habend; *kereça-* = altind. *krçá-*, *açpa-*.)

Kh.

Khšaēta-, adj. 10., glänzend (wurz. *khši*, altind. *kši*, herschen, mächtig sein).

khšathra- (altind. *kšatrá-)*, subst. ntr. 10., reich, herschaft: *jaţ kerenaoţ añhē khšathrāţ amarešenta* u. s. f. 15. weil er machte durch seine herschaft (in folge, wegen seiner herschaft) nicht sterbend vih und menschen, nicht vertroknend waßer und pflanzen; *khšathrāţ*, ablativ der ursache, des grundes; *Jimahē khšathrahē aurvahē* 17. in dem reiche des treflichen *Jimā*; der genit. *khšatrahē* in der function des locativs wie nicht selten im altbaktrischen (wenn nicht etwa *khšathrē* zu lesen ist, das eine handschrift hat, vgl. 43.; die endung *-ahē* könte leicht durch die neben stehenden worte bedingt sein).

khšajöiţ s. *khši*.

khši (altind. *kši)*, verbalw. I, b, praesenssst. *khšaja-*, herschen; *javatha khšajöiţ* so lange herschte; der optativ, hier wie öfters fast in der function des imperfects, ist durch *javatha* bedingt.

khšvas-aši-, adj. 9., sechsäugig; *khšvas* (§. 237, 6); *aši-*, subst. ntr.? 9. = altind. *ákši-*, ntr. (§. 139, 1), auge.

• Qh.

Qha-, adj. pron., eigen, sein (urspr. und altind. *sva-*; §. 136, 2). Die genitive *qhahē qajēhē* u. s. f. 4. sind nach Spiegel (altb. gramm. §. 277) etwa genitive der eigenschaft, absoluten genitiven änlich: 'eigenen glänzenden, unsterblichen lebens', d. h. 'mit eigenem' u. s. f.

qhairjăn 16. ist zimlich dunkel; daß es zu wurz. *qhar*, I, b (3. pl. *qharenti),* eßen, gehört, ist klar. Spiegel und Justi faßen es als acc. sg. ntr. eines stammes *qhairjan-*, eßbar: 'weil er machte die essbare Speise unversiegbar'; bei diser faßung ist aber die form grammatisch nicht erklärbar (vgl. §. 249). Kossowicz faßt *qhairjăn* als 3. pl. imperf. conj. eines mit activer function sonst nicht vor kommenden praesensstammes V, *qhairja-* und übersezt: '(utque) fruerentur (animantia) cibum non deficientem'; er machte, daß sie äßen unversigbare speise.

qhanvant-, adj. 4., part. praes. act. zu wurz. *qhan,* praesensst. *qhanu-,* 3. pl. *qhanvainti,* IV, 8, anm. 2, glänzend.

qhareti-, subst. fem. 9. (wurz. *qhar* eßen, verzeren; suff. *-ti-*, §. 226), das eßen, trinken (d. Haomō), genießen; dat. *qhareteë* (§. 255), zum genießen.

qharetha-, subst. ntr. 10. (wurz. *qhar,* suff. *-ta-*), speise.

qharenaṅhaçtěma-, superlativst. (§. 236) für *qharenaṅhattema- (§. 139, 3) zu st. *qharenaṅhant-, -ṅhat-* 4., grundf. *sraranas-vant-* (§. 218, s. 402; §. 136, 2, s. 196), glanz habend, mit glanz begabt, glänzend, majestätisch *(qharenaṅh-,* ntr. 2., glanz, majestät; wurz. *qhar,* d. i. *svar,* leuchten, glänzen).

qhiç, verbalwurz. I, b, sich auf die füße machen, sich auf machen.

G.

Gaëtha, subst. fem. 10. (wurz. *gi* leben), welt; *aghem gaëtharjō* 26. den bösen (Dahākō) für die welten (dat. pl., §. 261). Vgl. unter *açtvaṇt-*.

gaëçu-, subst. msc. 8., dunkeles wort 33.; nach Spiegel nom. propr. einer keule: 'Träger der Keule Gaeçus'; Justi vermutet, daß es den träger eines *gaëçus* bedeute, mag dises nun keule oder lanze bezeichnen, also: keulenträger, lanzenträger.

gadha-vara-, adj. oder subst. msc. 10., keule tragend; *gadha,* subst. fem. 10. (= altind. *gada),* keule; *-var-a-* für *-bar-a-* (§. 135, 3; §. 216) tragend.

gaja-, subst. msc. 10. (wurz. *gi* leben; suff. *-a-*; §. 216), leben.

garema-, adj. 10. (altind. *gharmá-,* subst. msc. 10., wärme, glut), warm, heiß; subst. ntr., hitze.

gātha, subst. fem. 10. (wurz. *ga* singen), lied, hymnus, heiliges lied.

Ḱ.

-ka, an gehängte partikel, und; es wird nicht selten dem zum verbum tretenden adverb. an gehängt, z. b. *fra-ka kerentaṭ* 27.; häufig steht es da, wo wir 'und' hinweg laßen.

kar, verbalwurz. I, b, gehen (altind. *kar*); mit *fra* vor schreiten, einher wandeln; 3. sg. praes. med. *frakaraitē*, 3. dual. *frakaröithē* (§. 286). Das praesens steht 17. im sinne eines imperfectums (fals es nicht wirkliches imperf. mit primärer personalendung ist; vgl. §. 283).

Ki-, interrog. pronominalst., nom. sg. msc. *kis* quis, ntr. *kit* quid, wer, was; diß *-kit* wird anderen worten an gehängt mit veralgemeinernder, hervor hebender function.

G.

Gan, verbalwurz. I, a, 3. sg. praes. *ǵainti* (= altind. wurz. *han*, 3. sg. praes. *hanti*), auch I, b, so 3. sg. imperf. *ǵanat̰*, schlagen, töten.

ǵaça-, praesensst. VI zu wurz. *ǵa*, *ǵam*, gehen, kommen; *ǵaçat̰*, 3. sg. imperf.; *kit̰ ahmāi ǵaçat̰ ajaptem*, welche gnade kam im, ergieng im, welche gnadengabe ward im gewärt.

Z.

Za, *zan*, verbalwurz. III (§. 293; altind. *ǵa*, *ǵan*), erzeugen, gebären; passivstamm *zaja-* V (§. 293), mit *uç* im med. gegeboren werden; *uç zajata*, 3. sg. imperf., *uç zajaṅha*, 2. sg. imperf., *uç zajöithē*, 3. dual. (§. 286) praes. (villeicht imperf. mit primärer endung, wie 1. plur. *-maidē* beim opt., §. 283; vgl. *frakaröithē* unter *kar*).

zairita-, adj. 10., grüngelb (= altind. *hárita-*, wurz. urspr. *ghar*; vgl. §. 153, 1).

zaurva, subst. fem. 10., alter, greisenalter (wurz. *zar*, altind. *ǵar*, urspr. *gar*, altern; suff. *-va-*, §. 218; §. 26).

Zarathustra-, nom. pr. m. 10., Zarathustra (Zoroaster, Ζωρόαστρος, Ζωροάστρης). Etymologie vil besprochen, doch nicht ermittelt. Vgl. Justi s. v.; Spiegel, Commentar über das Avesta, I., Lpz. 1864, s. 3 flg.

zāta-, part. praet. pass. zu wurz. *za* (s. d.), geboren (§. 224), geborenes, lebendes wesen.

zrvāna-, subst. ntr. 10. (auch *zrvan-* 3.), zeit.

T.

Ta-, demonstr. pronominalst. (im nom. sg. msc. fem. durch st. *ha-* ergänzt; s. d.), acc. nom. ntr. *tat̰*, dises, das.

tak, verbalwurz. I, b, laufen, 3. sg. praes. *takaiti;* mit *apa* zurück, davon laufen.
tafç, verbalwurz. I, b (weiterbildung von altbaktr. und altind. *tap* brennen), heiß werden.
tarsta-, part. praet. pass. (§. 224) zu wurz. *tareç* (3. sg. praes. *tareçaiti*, I, b, er fürchtet sich; altind. *tras* zittern), erschrocken.
tūirja-, s. §. 241, 4.
tūm, nom. sg. des pron. d. 2. pers. sg. (§. 265).

T.

Tkaēša-, subst. msc. 10., gesetz, herkommen; adj., dem gesetze treu, das gesetz übend.

Th.

Thraētaona-, nom. propr. 10.
thri-kameredha-, adj. 10., dreiköpfig; *thri-*, §. 237, 3; *kameredha-*, ntr. 10., kopf, schedel.
thri-zafan-, adj. 3., drei rachen habend; *thri-* §. 237, 3; *zafan-*, ntr. 3., mund, rachen.
Thrita-, nom. propr. 10.
thritja-, §. 241, 3.
thwām, acc. sg. zu *tūm* (§. 265).

D.

Da, verbalwurz. III, 1) urspr. und altind. *dha*, setzen, tun; 2) urspr. und altind. *da*, geben; part. praet. pass. *dāta-* (§. 224), 1) geschaffen, 2) gegeben.
daēva-, subst. msc. fem. 10., böser geist, Dev (altind. *dēvá-* gott; wurz. *div* leuchten, suff. *-a-*; §. 216); *daēvō-dāta-*, adj. 10., von den Dēvs geschaffen (§. 27, 5); vgl. unter *da*.
daēvi-, d. i. *daēvja-* (§. 29, 2), adj. 10., von den Dēvs abstammend, daēvisch (*daēva-* mit secund. suff. *-ja-*; §. 217).
dareç, verbalwurz. I, b, sehen, erblicken; 1. sg. perf. *dādareça* (§. 291).
dareça-, adj. 10., sehend (s. u. *hvare* u. d. vor.).
Dahāka-, nom. propr. eines drachen (Spiegel, Kossowicz); nach Justi adj. verderblich.

dātō-rāza, adj. 10., das gesetz ordnend (§. 27, 5); *data-*, subst. ntr. 10., satzung, gesetz (s. *da*); *rāza-*, wurz. *rāz* ordnen (3. sg. *rāzajēiti*; altind. *rāǵ* regieren) mit suff. -*a*-.
di-, demonstrat. pronominalst., ans vorher gehende wort sich anlenend, der, er; *ā dim pereçat* in fragte.
duraoša-, adj. 10., den tod ferne habend, den tod fern haltend, d. i. unsterblichkeit verleihend, beiwort des Haomō *(dūra-*, adj., fern; *aošaṅh-*, subst. ntr. 2., tot; der außlaut des stammes ist jedoch im zusammen gesezten worte -*a*-, nicht *-*as-*; dergl. ist häufig).
Druǵ-, subst. fem. 1., weiblicher daemon (wurz. *druǵ* lügen: §. 215).
drvant-, adj. (particip.) 4., schlecht, böse (wurz. *dru* laufen?).

N.

Nar-, subst. msc. 5., nom. sg. *nā*, mann, mensch; voc. *nare* (§. 28).
nare-ǵara-, adj. 10., männer, menschen verschlingend (vgl. *açpōgara-*).
nare-manaṅh-, adj. 2., mänlichen sinn *(manaṅh-*, ntr. 2., §. 230) habend, manhaft, heldenmütig.
nemaṅh-, subst. ntr. 2., acc. nom. sg. *nemō*, gebet, anbetung, preis (altind. *namas-*, wurz. *nam* sich neigen).
nōit̰, adv., nicht (wol auß *na*, *it̰*; *na* negation. *it̰*, ntr. des demonstrat. pronominalstammes *i*-, hebt hervor; urspr. *ai* = altbaktr. *aē* und *ōi*; §. 22).
nmāna-, subst. ntr. 10., haus, wonung; *nmānahē Pourušaçpahē* 43. im hause des P.; genit., wie öfters, mit der function des locativs; villeicht ist *nmānē* zu corrigieren (vgl. die anm. zum texte u. *khšathrahē* 17.).

P.

Paiti, adv., hinzu; verbindet sich mit verben; praeposition und postposition mit verschidenen casus, auf, an, zu, für, um, nach, gegen.
pairi, adv., um herum, oft bei verben; praepos. und postpos. mit dem accus., um; auch mit anderen casus in anderer function. Vgl. *jaožda-*.

paoirja- s. §. 241, 1.
paḱ (altind. eben so). verbalwurz. I, b, kochen; *pakata*, 3. sg. imperf. medii.
panḱa-daça-, adj. num. 10., fünfzehnter (§. 241); fünfzehnjärig 19.; *panḱadaça* (nom. dual. masc.) *fraḱaröithē* als fünfzehnjärige wandelten (beide) einher.
paräoṅhāṭ s. *aṅh*.
parās, adv., rükwärts, hinweg; gebildet wie *frās* (s. d.; vgl. altind. *paräṅḱ-*, adj., weg gewant, auß *parä*, altbaktr. *para*, *aṅḱ-*).
paçu-, subst. msc. 8., vih; *paçu-vīra*, copulative zusammensetzung im nomin. dualis (§. 248), vih (und) menschen.
pitar-, patar-, subst. msc, 5., nom. sg. *pita*, vater (altind. *pitár-*).
pitu- (altind. *pitú-*), subst. msc. 8., speise.
puthra- (altind. *putrá-*), subst. msc. 10., son.
pereç, verbalwurz. I, b, fragen.
Pourušaçpa-, nom. propr. 10.; *pouru-* (§. 216, 6), *açpa-*, zalreiche rosse habend (das *š* ist dunkel).

F.

Fra, frā (altind. *pra*), adv. in zusammensetzung und vor verben, vor, hervor, vorwärts.
fraḱa, fra mit *-ḱa* (s. d.).
fraḱaröithē s. *ḱar*.
frās, adv., vorwärts, hervor; praep. mit dem genit.: *frās ajaṅhō* 38. hervor vom keßel; vgl. *fra* und altind. *präṅḱ-*, adj., vorwärts, auß *pra-aṅḱ* (wurz. *aḱ, aṅḱ* gehen); von einem entsprechenden stamme scheint altbaktr. *frās* eine verkürzte casusform zu sein.

B.

Bitja-, §. 241, 2.

M.

Mainju- s. *Aṅrō Mainjus*.
mairja-, adj. 10., verderblich, tod bringend; *hö mairjō* 37. der verderbliche, nämlich die große schlange, auf der Kereçäçpö feuer gemacht hat und seine speise kocht.

marethju-, merethju-, subst. msc. 8., tod (wurz. *mar, mere* sterben, suff. *-thju-*).
mašja-, subst. msc. 10., mensch; gen. plur. *mašjānām* (§. 253).
mahrka-, subst. msc. 10. (wurz. *mereḱ, merenḱ-* töten, weiterbildung von *mere, mar* sterben, suff. *-a-;* über *hr* s. §. 138), tod; *mahrkāi ašahē gaēthanām* 27. zum tode der reinheit der welten, damit er die reinheit der welten vernichte.
ma, nebenform zu *mām*.
me, dat. sg. zu nom. *azem* (§. 265).
mām, acc. sg. zu nom. *azem* (§. 265).

J.

Ja-, relativer und, wie es scheint, auch demonstrativer pronominalstamm, nom. sg. msc. *jō*, ntr. *jaṯ*, fem. *jā* welcher, welches, welche; accus. sg. *jim* für *jem* (§. 18, 1). Dises pronomen wird im altbaktrischen artikelänlich gesezt vor attributiven zusätzen, z. b. *puthrō jō Jimō* ein son, Jimō; *ǵanaṯ ažīm jim açpōgarem* er tötete die schlange, die rosse verschlingende; auch sonst steht es da, wo wir das demonstrativum setzen, z. b. *aoi jām gaēthām* hin zu der welt.
jaož-da-, zusammen gesezte verbalwurzel, reinigen; *jaos*, adv., rein; *da*, verbalw. III (s. d.), setzen, machen; 3. sg. praes. *jaoždathāiti*, 1. sg. *jaoždathāmi* (§. 134, 2; §. 135, 2); mit *pairi* eigentlich 'umreinigen'; *pairi jaoždathentem*, acc. sg. msc. partic. praes. act.
jaṯ (acc. sg. ntr. zu pronominalst. *ja-*, s. d.), conjunct., daß, wenn, wann; 15. weil.
jatha (ja-, pron. relat.), conjunct., wie, damit. Über die stelle 8. s. u. *çtu*.
javat-, javant-, adj. pron. 4. *(ja-*, pron. relat., mit suff. *-vant-;* §. 218), quantus; *javatha*, instrum. sg. ntr. adverbiell gebraucht, so lange, so lange als.
javan-, subst. msc. 3., jüngling.
jaçna-, subst. msc. 10., opfer, gebet; name eines der bücher des Avesta (wurz. *jaz* opfern, preisen, altind. *jaǵ*, suff. *-na-;* §. 222, s. 428; §. 139, 1, s. 201).
jāç, verbalwurz. I, b, 3. sg. praes. *jāçaiti*, wünschen, verlangen;

mit *ā*, herbei wünschen, verlangen. Über die form *jāçańuha*
s. §. 280.
jim s. *ja-*.
Jima-, nom. propr. msc. 10. (§. 19, 1).
jēšjant-, adj. 3., fem. *jēšjanti-*, *jēšjantja-* 10., wallend, kochend;
nach Justi partic. praes. eines praesensstammes *jēšja-*, wurz.
jaś, ban brechen; ich halte es für part. fut. act. zu wurz.
ja gehen, futurst. *jē-šja-*, vgl. §. 298; 'gehen werdend', vom
waßer gesagt, das auf dem feuer steht um kochend zu wer-
den, kann wol so vil bedeuten als 'kochend werdend, be-
ginnend zu kochen'.

R.

Raodha-, subst. msc. 10., wuchs, ansehen, gesicht (wurz. *rud*,
urud, gesteigert *raodh*, wachsen, suff. *-a-*); *raōdhaēšva*,
loc. plur. 19. 'in (iren) wüchsen, im wuchse, im ansehen';
zu *pańkadaça* zu ziehen: als fünfzehnjärige von ansehen
schritten einher u. s. f.
ratu-, subst. msc. 8. (wurz. *ar*, *ra* gehen, suff. *-tu-*; §. 227),
1) bestimte zeit; 2) herr.
rapithwina-, subst. msc. 10., name der tageszeit von mittag
(*rapithwa* fem.) bis zur dämmerung; *ā rapithwinem zrvānem*
zur zeit rapithwina, zur mittagszeit.
rud, verbalwurz. II, b, auch I, a, fließen; 3. sg. imperf. *raodhaṭ*.

V.

Vaēǵańh-, nom. propr. neutr. 2. Nach Justi und Westergaard
(Spiegel, Commentar über d. Avesta I, Lpz. 1864, s. 12) be-
deutet *vaēǵańh-* 'Ursprung, Quellenland' (vgl. altind. *vigā-*
ntr. same). In verbindung mit *airjana-* (s. d.), acc. nom. sg.
Airjanem Vaēǵō, 'arisches quellenland', loc. sg. *Airjēnē
Vaēǵahi* (§. 27, 3), name eines als herlich geschilderten lan-
des, des geburtslandes des Zarathustrō.
vak, verbalwurz. III, praesensst. *vaoka-* (§. 293), reden, sprechen;
mit *paiti*, antworten; *aokhta*, 3. sg. aor. med. (§. 292).
vis, subst. ntr. 1., gift (vgl. *viša-* unter *vīšavant-*).
vi-daēva-, adj. 10., den Devs feindlich, antidaemoniacus; *vi*,
vī (altind. *vi*), adv., außeinander, fort, weg; *daēva-*.

vīra-, subst. msc. 10., mann, held, mensch.

Vivaṅhant-, nom. propr. 4., nom. sg. Vivaṅhāo, gen. Vivaṅhatō (altind. Vivásvant-).

viç-, subst. fem. 1. (§. 215), haus, familie, 'clan' (Spiegel, Justi); viçō çūrajāo 24.. gen. sg. nach Justi abhängend von Thraētaonō: 'Thraētaona (der Sohn) des Heldenhauses'. Kossowicz faßt hier den genitiv in der im nicht selten zu kommenden function des locativs und übersezt: 'filius progenitus est vico (in) forti'. Ich möchte mit hinblick auf eine von Justi unter vīç- an geführte parallelstelle übersetzen: daß im geboren ward der son des heldenhauses, Thraētaonō; den genitiv viçō çūrajāo also von puthra ab hängig sein laßen. Spiegel übersezt: 'ein Sohn mit tapferem Clane: Thraetaonō'.

viçpa- (altind. viçva-; §. 136, 3), adj. 10., ganz, all.

viśavant-, adj. 4., mit gift (viša-, vīša-) versehen, giftig (§. 216).

Ç.

Çaośjant-, adj. 4., part. praes. zu wurz. çuś, weiterbildung von çu (s. u. çèvista-), nützen, praesenssst. V çaośja-, nüzlich; name des künftigen heilandes und seiner genoßen, retter. Über 8. s. u. çtu.

Çāma-, nom. propr. 10. eines heldengeschlechtes.

çèvista-, adj. superl. (§. 234), nüzlichster; vgl. çavaṅh-, subst. ntr. 2., nutzen; çèv-is-ta- ist nach der regel (§. 232) unmittelbar von der wurz. çu, çav, nützen, gebildet (über è = a vgl. §. 27, 4).

çūra-, adj. 10., stark, heldenhaft. Vgl. unter vīç-.

çtaoman-, subst. ntr. 3. (wurz. çtu, suff. -man-, §. 219), lob, preis.

çtavān s. u. çtu.

çtu, verbalwurz. I, a, loben, preisen, ein lobgebet sprechen; mit aoi das selbe; aoi mām çtaomainē çtūidhi (§. 272) S. lobe mich zum lobe, auf daß ich (auch von anderen) gelobt werde; çtavān, 3. pl. conj. imperf.; jatha mā aparakit çaośjantō çtavān übersezt Justi (unter d. w. çaośjant-): 'wie mich die künftigen Retter anrufen werden', und allerdings komt dem conj. imperf. die function als futurum zu, wie dem des praesens (Spiegel, gramm. §. 310). Spiegel dagegen übersezt: 'wie mich auch die anderen Nützlichen gepriesen haben'. Diser deutung schließt sich Kossowicz an, indem er den conjunctiv zu erklären sucht: 'sicuti me alii saosjantes celebrarent (celebraverint) i. e. potuerunt ut celebrarent, nempe pares celebrando mihi sese praestiterunt, quod redit ad: rite celebraverunt'. Die stelle ist, wie man siht, schwirig. Man könte sie auch deuten: damit mich u. s. f. preisen werden.

çpar, verbalwurz. I, b, gehen, treten; mit *fra*, vor treten, hervor springen.

çpitama-, çpitāma-, nach Burnouf adj. très-excellent; Spiegel übersezt es mit 'heilig, rein'; Kossowicz mit justissimus; nach Justi: Çpitamide, nachkomme des Çpitama. Es ist beiwort des Zarathustrō. Nach Spiegel (Commentar I, s. 3) ist es ursprünglich adjectivum, das aber bald als eigenname gefaßt ward, da es nur in verbindung mit Zarathustrō vor komt. Über diß wort vgl. Kossowicz, Gât'a Ahunavaiti, Petrop. 1867, s. 24, anm. 2., wo Koss. die deutung 'justissimus' rechtfertigt.

çraēsta-, superlativst. 10., schönster (comparativst. çra-jas-, §§. 232. 234; vgl. çrī-, çrīra- schön; altind. çrējās-, çrēṣṭha- melior, optimus).

çrāvajantem s. d. flg.

çru, verbalw. IV, a, 3. sg. praes. çurunaoiti, hören; causativst. (§. 209) çrāvaja- hören machen, singen.

çrūta-, part. pract. pass. zu çru (§. 224), berümt.

Çrvara-, nom. propr. msc. 10., name einer schlange (nach Justi: gehörnt, zu çrva, fem. 10., nagel, horn).

H.

Ha-, demonstrat. pronominalst., nom. sg. msc. *hō*, fem. *hā* (ntr. von einem anderen stamme *ta-*, von dem auch die anderen casus gebildet werden, s. d.), der, die; diser, dise.

Haoma-, nom. propr. 10., name einer pflanze, auß welcher ein heiliger trank bereitet wird, name des genius der selben (wurz. *hu*, s. d., suff. *-ma-*, altind. *sŏma-*; §. 219).

hazaṅra-jaokhsti-, adj. 9., tausend kräfte habend; *hazaṅra-* §. 240; *jaokhsti-*, subst. fem. 9., kraft (wurz. *jukhš*, weiterbildung von *juǵ*, ursprüngl. *jug*, verbinden, suff. *-ti-*; §. 22 i).

hāvani-, subst. msc. 9., eine tageszeit, von sonnenaufgang bis mittag (wurz. *hu*, s. d.).
hu (altind. u. urspr. *su*), verbalwurz. IV, b (praesensst. *huna-*) und IV, a (praesensst. *hunu-* und *hunva-*), auß pressen, den trank Haomō zu bereiten; *frā mām hunvaṅuha* 7. bereite mich zu; *hunūta*, 3. sg. imperf. med.
hē, dat. (der form nach loc.) sg. zu pronominalst. *ha*; oft reflexiv gebraucht: im, sich.
hvare (grundf. u. altind. *svar*), subst. ntr. 1., sonne; *hvaredareça-*, adj. 10., sonne-sehend (wurz. *dareç* sehen, suff. *-a-*; §. 216), die sonne an sehen könnend, beiwort des Jimō; *hvaredareçō mašjānām*, der sonnenseher der menschen, der unter den menschen (allein) in die sonne zu sehen vermag.
hvāthwa- (für **hu-vāthwa-*; §. 28, 3), adj. 10., gute herde, gute versamlung (von menschen) habend, beiwort des Jima: *hu-*, altind. *su-*, gut; *vāthwa*, fem. 10., herde (wurz. *van* beschützen).

August Schleicher.

III.
Altpersisch.

Auch das altpersische alphabet pflegt man nach dem vorbilde des altindischen an zu ordnen. Es ist folgendes*) (vgl. Comp., nachtr. zu §§. 16. 132).

𒀀 a, ā, 𒄿 i, ⟨𒀀 u, 𒆍 (vor a, i) ⟨𒅗 (vor u) k, ⟪𒄰 kh, ⟨𒀀— (vor a) ⟨𒆜 (vor u) g, 𒀀- k', -𒅗 (vor a) -⟨𒆜 (vor i) g', ⇉𒅎 (vor a, i) 𒌓 (vor u) t, 𒅗 th (𒄞 tr od. thr), 𒄿 (vor a) ⋿𒅎 (vor i) ⟨𒅎 (vor u) d (⟨𒌓 dah), ⇉⟨ (vor a, i) ⟪⊏ (vor u) n, 𒀀 p, 𒅏 f, ⇉𒅗 b (⟪ bum), —𒅎 (vor a) 𒅗⊏ (vor i) ⋿⟨- (vor u) m, 𒅗- od. 𒅗— j, ⋿𒅗 (vor a, i) -⟪ (vor u) r, -𒆍 (vor a, u) 𒄿 (vor i) v, 𒆍 f, ⟪ s, 𒅗—𒅗 z, ⟨⇉⟨ h.

𒅗? (Spiegel list ga, Lassen rpa, Oppert rthaha; komt nur in ⇉⟨ 𒅗 'könig' vor); -⇉𒅗? (nach Spiegel ein nasal, nach Oppert l).

Die schrift geht von der linken zur rechten.

Im anlaute wird a durch 𒀀 bezeichnet, im inlaute und außlaute bleibt es unbezeichnet; 𒀀 im inlaute und außlaute ist stäts ā.

Die schrift, teilweise noch silbenschrift, hat merfach verschidene consonantenzeichen je nach dem folgenden vocale; wo diß der fall ist, bezeichnet das vor i und u nicht gebräuchliche consonantenzeichen zugleich den consonanten und folgendes a.

---

*) **Spiegel**, die altpersischen Keilinschriften u. s. f., Leipzig 1862 In disem werke findet man die übrige litteratur angefürt.

Im außlaute wird 𒀀 𒅀 *ij*, nach *h* nur 𒅀, für *i*, 𒌋 𒅁 *uv* für *u* geschrieben.

Im inlaute scheint *uv* für *ū* zu stehen, z. b. 𒌅 𒌋 𒅁 𒌝 *tuvm* = altbaktr. *tŭm* (du).

ai und *au* wird an lautend durch 𒀀𒀀 und 𒀀𒌋 gegeben; nach consonanten durch das zeichen für consonant + *a* mit nach folgendem 𒀀 und 𒌋 z. b. 𒉈𒀀 lis *nai*, 𒆜 𒌋 lis *kau* u. s. f.

Ob ein consonant mit oder one folgendes *a* zu lesen sei, drükt die schrift nicht auß; z. b. 𒅈𒋫𒋛𒊏 *artakhsatrā* (Artaxerxes), nicht *arata-* oder *aratkh-*. Hier kann natürlich nur die einsicht in den bau der sprache oder vorhandene umschreibung in anderer sprache entscheiden. Vereinzelt finden sich so auch *i* und *u* nicht geschriben. Die schreibung schwankt bisweilen zwischen *a* und *ā*, *u* und *uv*, *i* und *ij* (vgl. das schwanken zwischen länge und kürze im altbaktrischen).

Vor anderen consonanten werden die nasale nicht geschriben; daß sie vorhanden waren, wird durch die griechischen umschreibungen erwisen; z. b. 𒅗𒁍𒄪 *ka(m)bugija* (Καμβύσης).

𒄴 *h* steht oft da nicht, wo es zu erwarten war; zwischen vocalen aber auch da, wo im wol keine phonetische geltung zu komt, z. b. in der genitivendung *-ahus* zu dem u-stamme *dārajavu-* (Δαρεῖος).

Wortteiler ist 𒑰.

Die zalzeichen sind (* bezeichnet nicht belegte zeichen) 𒁹 1, 𒈫 2, *𒐈 oder *𒐉 3, *𒐉 4, *𒐊 5, 𒐋 6, 𒐌 7, 𒐍 8, 𒐎 9, 𒌋 10, *𒌋𒁹 11, *𒌋𒈫 12, 𒌋𒐈 13, 𒌋𒐉 14, 𒌋𒐊 15, *𒌋𒐋 16, *𒌋𒐌 17, 𒌋𒐍 18, *𒌋𒐎 19, 𒌋𒌋 20, 𒌋𒌋𒈫 22, 𒌋𒌋𒐈 23 u. s. f. *𒌍 30, 𒐏 40 u. s. f.

Um den raum diser seite zu nützen füge ich hier den schluß einer inschrift des Xerxes (D) mit übersetzung und erklärung der im glossar nicht vor kommenden worte bei.

Thātij Khsajārsā khsājathija: mām Auramazdā pātuv, uta-maij khsatram, utā tja manā kartam, utā tja maij pitra kartam, avaskij Auramazdā pātuv.

Es spricht Xerxes der könig: Mich schütze Auramazda, und mein reich, und das von mir gemachte, und das von meinem vater gemachte, das schütze Auramazda.

Khsajārsā, acc. *-sām,* nom. propr.; etymologie unsicher, vgl.
    jed. d. gloss. unter *khsājathija-,* mit welchem worte der erste
    teil dises nom. propr. in der wurzel überein stimt.
mām, §. 265.
pātuv, wurz. *pa* I, a; §. 275.
utā, vor *maij* zu *uta* verkürzt, altb. *uta,* altind. *utá.*
maij, §. 265, locat. genit.
khsatra-, 10. ntr., altb. *khšathra-,* s. d.
tja s. *hja* im gloss.; *tja* nach den lautgesetzen für *tjat,* §. 264,
    s. 626.
kar-ta-m s. gloss. u. §. 224.
pitra s. im gloss. *pitar-.*
avaskij, grundf. *avat-kit, -kij,* acc. nom. sg. ntr. des prono-
    minalst. *ki-,* veralgemeinernde partikel, *avas-,* one *-kij ava,*
    acc. nom. sg. ntr. des pronominalst. *ava-*; s. gloss.

Inschrift von Murghāb.

Adam Kurus khsājathija Hakhāmanisija.

Zwei der kleineren inschriften von Bisutun (Behistan d. i. altpersisch *Bagaçtāna 'götterort').

A. Über dem bilde des Darius.

1. *Adam Dārajavus khsājathija vazraka, khsājathija khsājathijānām, khsājathija Pārçaij, khsājathija dahjunām, Vistāçpahjā putra, Arsāmahjā napā, Hakhāmanisija.*

2. *Thātij Dārajavus khsājathija: manā pitā Vistāçpa, Vistāçpahjā pitā Arsāma, Arsāmahjā pitā Arijārāmna, Arijārāmnahjā pitā Ḱaispis, Ḱaispais*) pitā Hakhāmanis.*

3. *Thātij Dārajavus khsājathija: avahja-rādij vajam Hakhāmanisijā thahjāmahj; hakā paruvijata anātā amahj,*

---

*) Auf der tafel des X. bandes des Journal of the Roy. As. Soc. steht ⌐⌐ ⁞⁞ ⫷ ⌐ ⁞⁞ ⫷ ⫸⟨ ⟩⫷ ⌐⌐ *ḱaispisahjā*, was nach Spiegel s. 41 anm. in *Ḱaispais* berichtigt ward. Leztere form steht auch col. I, z. 5 der großen inschrift von Behistan.

hakā paruvijata hjā amākham taumä khsājathijā āha.

4. *Thātij Dārajavus khsājathija: VIII manā taumäjā tjaij paruvam khsājathijā āha, adam navama; IX duvitātaranam vajam khsājathijā amahj.*

B. Unter der ligenden figur.

Ijam Gaumāta hja Magus aduruǵija; arathā athaha: adam Bardija amij hja Kuraus putra, adam khsājathija amij.

Anfang der inschrift NR a) von Persepolis*).

*Baga vazraka Auramazdā, hja imām bumim adā, hja avam açmānam adā, hja martijam adā, hja sijātim adā martijahjā, hja Dārajavum khsājathijam akunaus, aivam paruvnām framātaram**).*

---

*) Zeitschrift für die Kunde des Morgenlandes, Bd. VI, Taf. II.
**) In anderen inschriften *framātāram*.

Glossar.

A.

Aiva-, zalw., eins (= altbaktr. *aëva-*; §. 237, 1); *aivam paruvnām khšājathijam* u. s. f. NRa. nämlich *akunaus:* er machte in zum einen (alleinigen) könig viler, zum einen (alleinigen) gebieter viler.

Auramazdā = altbaktr. *Ahurō Mazdāo* (s. d.), name des höchsten gottes *(aura-*, msc. 10., = altbaktr. *ahura-* herr; §. 136, 2, nachtr.).

akunaus s. *kar*.

athaha s. *thah*.

adam ich: §. 253.

adā s. *da*.

aduruǵija s. *duruǵ*.

amākham unser; §. 266. s. 652.

āmata-, part. pract. pass. zu wurz. *ma* (altind. und altbaktr. meßen) mit dem adverb. *ā* (= altbaktr. und altind. *ā* zu; adverb. und praepos.). Auch im altbaktrischen komt *āmāta-* vor in der function 'fähig, kundig'; Spiegel übersezt es dem gemäß im altpersischen mit 'erprobt'.

amahj s. *ah*.

Arijārāmna-, nom. propr. 10., Ἀριαράμνης.

Arsāma-, nom. propr. 10., Ἀρσάμης.

ava-, demonstrat. pronominalst. (= altbaktr. *ava-*, altbulg. *ovŭ*), jener, der; *avahja-rādij* deshalb, deswegen (vgl. *rādij);* nicht verknüpft mit einem folgenden worte lautet der genit. sg. msc. ntr. nach den lautgesetzen (§. 29, 1, nachtr.) *avahjā*.

avathā, adverb., so, also *(ava-*, adverbialendung *-thā)*.

açman-, subst. msc. 3., himmel (= altbaktr. *açman-* himmel, stein; altind. *áçman-* stein).

ah, verbalwurz. I, a (= altbaktr. *ah*, altind. u. urspr. *as*), sein; praes. 1. sg. *amij* für *ah-mij, 2. *ahj* für *ah-hj, 3. *aç-tij*, 1. plur. *amahj* für *ah-mahj, 3. *hantij*; imperf. (§. 294) 1. sg. *āham*, 3. sg. *āha* (§. 140 nachtr.).
āha s. *ah*.

I.

Ima-, *imām* s. d. flg.
ijam (schwerl. *ijm*. d. i. *īm* zu lesen), nom. sg. msc. fem. pron. demonstr., diser, dise (vgl. altind. nom. sg. msc. *ajám*, fem. *ijám*); in den anderen casus erscheinen andere stämme, z. b. acc. sg. msc. *imam*, fem. *imām* (= altind. *imám*, *imám*); instr. sg. *anā* u. s. f.

K.

Kar, verbalw. IV. a, machen. Praesensst. ist *kunu-* (nachtr. zu §. 293. s. 774) für **kur-nu-*, **kar-nu-*; 3. sg. imperf. *akunaus* (nachtr. zu §. 140, s. 205).
Kuru-, nom. propr. 8., nom. sg. *Kurus*, gen. sg. *Kuraus*, Κῦρος, Cyrus.

Kh.

khsājathija-, subst. msc. 10., könig (wurz. *khsi*, altbaktr. *khši*, altind. *kši* herschen; nach Spiegel ist *khsajathija-* wol ein secundärer nominalstamm von **khsajati-*, das etwa herschaft bedeutete. Neupers. *šāh*).

G.

Gaumāta-, nom. propr. msc. 10.

K̇.

K̇aispi-, nom. propr. msc. 9., nom. sg. *K̇aispis*, gen. sg. *K̇aispais*, Τείσπης.

T.

Taumā, subst. fem. 10., familie, stamm.
tjaij s. *hja*.

Th.

Thah, verbalwurz. I, b, sprechen, sagen; 3. sg. praes. *thātij*, zusammen gezogen auß *thahatij, er (es) spricht; 3. sg. imperf. *athaha (t* muß ab fallen); passivstamm V, *thahja-* genant werden, mit activen personalendungen; 1. pl. praes. *thahjāmahj (thah* = altbaktr. *çanh*, altind. *ças;* §§. 132. 133 nachtr.).
thātij s. d. vorher geh.

D.

Da, verbalwurz. III, 1) setzen, schaffen, machen; 2) geben; 3. sg. imperf. *adadā*, 3. sg. aor. *adā*, er schuf, machte (wie im altbaktrischen = *dha* und *da*).
Dārajavu-, nom. propr. msc. 8., Δαρεῖος, Darius. Vgl. oben s. 146.
dahju-, subst. fem. 8., provinz. In mereren casus ligt ein stamm *dahjāu-* vor; so z. b. nom. sg. *dahjāus*, acc. sg. *dahjāum* und *dahjum* (altbaktr. *danhu-, daqhju-;* altind. *dásju-* in anderer function).
duruǵ, verbalwurz. V, lügen; 3. sg. imperf. *aduruǵija*, grundf. *a-druǵja-t* (altbaktr. *druǵ*).
duvitātaranam, Beh. A, 4, ein schwiriges wort. Spiegel zieht das vorher gehende zalzeichen als überflüßigen zusatz zu *navama*, begint also mit *duvitātaranam* einen neuen satz und übersezt: von sehr langer Zeit her sind wir Könige. Allein das zalzeichen steht schwerlich one grund da; wir ziehen es also nach Oppert zum folgenden satze und enden den vorher gehenden mit dem worte *navama*. Das wort *duvitātaranam* zerfält deutlich in *duvitā* und *taranam* (oder etwa in *duvita-* und *ā-taranam?*). *Duvitā* ist = altind. *dvitā* (vgl. altpers. *duvitija-* = altind. *dvitija-* zweiter), eine partikel der hervorhebung 'allerdings, besonders' (Böhtl.-Roth); die grundbedeutung ist jedoch warscheinlich 'zweifach, doppelt' (st. *dvita-* = altpers. *duvita-* vom stamme des zalwortes 2 mit suff. *-ta-*; es könte, wie bereits gesagt, auch diser stamm hier vor ligen mit *ātaranam* zus. gesezt). Dise leztere haben wir hier im altpersischen worte an zu nemen. *Taranam (ātaranam?)* ist sicher ein stamm mit suff. *-ana-* (§. 221, a) von der wurz. *tar* überschreiten, hinüber gehen, bedeutet also zunächst 'das überschreiten, hinübergehen'.

Oppert übersezt: neuf de nous sommes rois en deux branches;
duvitataranam wäre also, wie *paruvam*, adverbieller acc.
neutr. 'in doppeltem übergange', was sovil bedeuten müste
als 'in doppelter reihe, in doppelter linie' d. h. in zwei verwantschaftslinien.

N.

Napā, subst. msc. nom. sg., enkel. Es komt nur dise form vor;
vgl. altbaktr. st. *napāt-* neben *napa-*, *naptar-*, *nap-*; altind.
napāt- und *naptar-*, lat. *nepōt-*; wir haben also auch für
das altpersische einen stamm *napāt-* an zu nemen, dessen
nominativ (*napāt-s*, **napās*) nach den lautgesetzen des
altpers. *napā* lauten muß.

navama-, ordinalzal, neunter (§. 241, 9).

P.

Paru-, adj. 8., vil; gen. plur. *parunām* und *paruvnām* (=
altbaktr. *pouru-*, altind. *purú-*).

paruva-, adj. 10., früherer; adverbieller acc. neutr. *paruvam*,
früher, vorher (altind. *pūr-va-*, §. 7, 2; altbaktr. *paour-va-*,
§. 27, 5; grundf. *par-va-*, §. 214, 1). S. d. flg.

paruvija-, adj. 10., früherer; *hakā paruvijata* Beh. A., 3.,
adverbieller ablativ, von früher her. von je her *(-ta*, d. i.
-tas, §. 140 nachtr., ist ablativendung, wie im altindischen,
§. 251; altind., anm. 3; der stamm *paruvija-* = altind.
pūrvja-, altbaktr. *paourvja-*, §. 241, 1, grundf. *parvja-*, ist
weiterbildung durch suff. *-ja-* vom stamme *parva-*). Vgl.
d. vor.

pārça-, adj. 10., persisch; als subst. 1) Perser, 2) Persien;
loc. sg. *Pārçaij* (§. 254) in Persien.

pitar-, subst. msc. 5., vater; nom. sg. *pitā*, gen. *pitra* (=
altbaktr. u. altind. *pitar-*).

putra-, subst. msc. 10., son (= altbaktr. *puthra-*, altind. *putrá-*).

F.

Fra-mātar-, subst. msc. 5., gebieter (wurz. *ma* meßen, schaffen,
denken, mit *fra* gebieten, wie neupers. 1. sg. praes. *fer-mäjem*,
inf. *fer-müden* befehlen, *fer-män*, grundf. des st. *pra-māna-*,
befehl, dar tut; suff. *-tar-*, §. 225).

B.

Baga-, subst. msc. 10., gött (= altbaktr. *bagha-*, altind. *bhága-*).
Bardija-, nom. propr. 10. des bruders des *Ka(m)bujija*, Καμβύσης, von den Griechen Σμέρδις genant.
bumi-, subst. fem. 9., erde (= altbaktr. *bůmi-*, altind. *bhůmi-*).

M.

Magu-, nom. propr. eines volksstammes.
mana, gen. zu *adam* (§. 265, s. 648). Die genitive der personalpron. stehen auch in possessivem sinne, z. b. *manā taumā* meine familie.
martija-, subst. msc. 10., mensch (wurz. *mar* sterben; davon **mar-ta-* = altind. *mar-ta-*, griech. βροτό-, §. 148, 1, f; diß ward durch suffix *-ja-*, §. 217, 2, weiter gebildet. So Spiegel).

R.

Rādij, loc. sg. eines stammes *rād-*, subst. 1., wegen (vgl. altbulg. *radi* wegen; wurzelform ist *radh;* vgl. Ebel, Beitr. I, 426 flg.).

V.

Vajam, wir (§. 266).
vazraka-, adv. 10., groß (nach Spiegel durch suffix *-ka-* von **vazra-* = altind. *vajra-*, m. n. donnerkeil, gebildet; neupers. *buzurg).*
Vistāçpa-, auch *V(i)stāçpa-* one zeichen für *i* geschriben, so Beh. A, 1, 2 (s. o. s. 146). nom. propr. 10., altbaktr. *vīstāçpa-*, Υστάσπης, neupers. *Guštasb (vista-*, nicht sicher deutbar; *açpa-* subst. 10., ross).

S.

Sijāti-, subst. fem. 9., wolbefinden, annemlichkeit (nach Spiegel ist altpers. wurz. *sija*, d. i. *sja*, = altbaktr. *ša* sich freuen; dises ist aber nebenform von *ska* sich freuen, praesensstamm *skja-*, der wol die vermittelung mit altpers. **sja*, *sija* bietet; suff. *-ti-*, §. 226)? *hja sijātim ada martijahjā* NRa. der annemlichkeit schuf des menschen, d. h. für den menschen.

II.

Hakhāmanisija-, adj. u. subst. 10., achämenidisch, Achämenide, *Αχαιμενίδης* (secund. *-ja*-stamm, §. 217, 2, von *Hakhāmani*- *Αχαιμένης*, stamvater des nach im benanten königsgeschlechtes).
hakā, praepos. mit d. ablat., auß, von.
hja-, relativer und demonstrativer pronominalstamm (= altind. *sja-* demonstr.), nom. sg. msc. *hja*, fem. *hjā*, der sich in den anderen casus durch stamm *tja-* (eben so altind. *tja-* demonstr.) ergänzt; z. b. acc. sg. msc. *tjam*, nom. pl. msc. *tjaij* u. s. f. Diß pronomen wird eben so wie *ja-* im altbaktr. (s. d.) artikelartig gebraucht, z. b. *hakā paruvijata hjā amākham taumā khsājathijā āha*, Beh. A., 3, von altersher die unsere familie könige war, war unsere familie könige; *VIII manā taumājā tjaij paruvam khsājathijā āha*, eben das. 4., acht meiner familie die früher könige waren, waren früher könige; *ijam Gaumāta hja Magus*, Beh. B., diser Gaumāta der Mager.

August Schleicher.

IV.

Altgriechisch.

I. Aeolischer dialekt.

A.

Bundesvertrag der Eleer und Heraeenser.
Corpus inscriptionum graecarum 11.

Die inschrift ist ab gefaßt (nach Boeckh C. I. p. 28 a) um olympiade 50, d. h. vor der mitte des 6. jarhunderts vor Christo. Die schrift ist ser altertümlich, ε vertritt ε, η, $\varepsilon\iota$; o vertritt o, ω; : ist interpunctionszeichen. Der spiritus asper, auf älteren inschriften sonst durch H oder $\vdash$ gegeben, wird nirgend geschriben, daher A für $HA = \dot{\eta}$. Nach Ahrens, de graecae linguae dialectis I p. 226 ist diser mangel kein entscheidendes zeichen, daß der Elische dialekt den laut h überhaupt nicht kante. Da jedoch der Aeolische dialekt die neigung zum aufgeben dises lautes hat, ist bei der unten folgenden umschreibung in die spätere orthographie der spiritus lenis geszet, wie sonst bei vocalischem anlaut. Doppelconsonanten sind stäts mit dem einfachen zeichen geschriben.

Buchstäbliche umschreibung.	Umschreibung in die spätere orthographie.
αϝρατρατοιϝραλϝοις: κατοιϝερ	Ἀ ϝράτρα τοῖρ ϝαληοῖς καὶ τοῖς Ἠρ-
2. ϝαιοις: συνμαχιακεπεχετοινϝιτα:	2. ϝαίοις. συμμαχία¹) κ' εἴα ἕκατον ϝέτεα.
3. αρχοιδεκατοιωδετιδεοι: αιτεϝετοςκατεϝ	3. ἄρχοι δὲ κα τῶ · ϝ᾽, αἰ δέ τι δθέοι αἴτε ϝέπος αἴτε ϝ-
4. αργον: συνεακαλοις: τατοαλκιπα	4. άργον. συνεᾶν κ' ἀλλάλοις τά τ' ἄλλ καὶ πὰ-
5. ρτοιδμο: αιδεμαοινεαν: ταλαντον κ	5. ρ 'πολέμω· αἰ δὲ μὰ συνεῖαν, τάλαντον κ'
6. αργυρο: αποτινοιαν: τοιδιολυπιοι: τοικα	6. ἀργύρω ἀποτίνοιαν τῷ Δὶ Ὀλυνπίῳ³) τοὶ καδ-
7. δαλεμενοι: λατρειομενον: αιδετιςστρυ	7. δαλήμενοι λατρειώμενον· αἰ δέ τις στρα-
8. ραρεα: ταικαδαλοιτο: αιτεϝεταςαιτετ	8. ράρεα τᾷ⁴) καδδαλοιτο αἴτε ϝέτας αἴτε τ-
9. ελοιτα: αιπεδαμος: ενετεπιαροκενεχ	9. ελοῖτα αἴτε δᾶμος. ἐν τἰπιάρῳ κ' ἐνέχ-
10. οιτοτοιαιτανιεγραμμενοι.	10. οιτο τῷ 'νταῦτ' ἐγραμμένῳ.

Nach Ahrens, de linguae graecae dialectis I, p. 280.

¹) später συμμαχία. ²) Boeckh C. I. p. 28 tοί. ³) später Ὀλυμπίῳ. ⁴) Boeckh a. a. o. τοί.

B.
Ein gedicht der Sappho.
Olymp. 38 — 53, c. 620 — 560 v. Chr.
Ahrens, de ling. gr. dial. I, p. 256; Bergk, poëtae lyrici graeci p. 598.

Ποικιλόθρον' ἀθάνατ' Ἀφρόδιτα,
παῖ Διὸς δολόπλοκε, λίσσομαί σε,
μή μ' ἄσαισι μηδ' ὀνίαισι δάμνα,
πότνια, θῦμον.

5. ἀλλὰ τυῖδ' ἔλθ', αἴ ποτα κἀτέρωτα
τᾶς ἔμας αὔδως ἀΐοισα πήλυι
ἔκλυες, πάτρος δὲ δόμον λίποισα
χρύσιον ἦλθες

ἄρμ' ὑπαζεύξαισα· κάλοι δέ σ' ἆγον
10. ὦκεες στροῦθοι περὶ γᾶς μελαίνας
πύκνα δίνεντες*) πτέρ' ἀπ' ὠράνω αἴθε-
ρος διὰ μέσσω.

αἶψα δ' ἐξίκοντο· τὺ δ', ὦ μάκαιρα,
μειδιάσαισ' ἀθανάτῳ προσώπῳ
15. ἤρε', ὄττι δηὖτε πέπονθα κὤττι
δηὖτε κάλημι,

κὤττ' ἐμῷ μάλιστα θέλω γένεσθαι
μαινόλᾳ θύμῳ· τίνα δηὖτε Πείθων
λαῖς ἄγην εἰς σὰν φιλότατα, τίς σ' ὦ
20. Ψάπφ' ἀδικήει;

καὶ γὰρ αἰ φεύγει, ταχέως διώξει,
αἰ δὲ δῶρα μὴ δέκετ', ἀλλὰ δώσει,
αἰ δὲ μὴ φίλει, ταχέως φιλήσει
κωὐκ ἐθέλοισαν.

25. ἔλθε μοι καὶ νῦν, χαλεπᾶν δὲ λῦσον
ἐκ μεριμνᾶν, ὅσσα δέ μοι τελέσσαι
θῦμος ἰμέρρει, τέλεσον, σὺ δ' αὖτα
σύμμαχος ἔσσο..

---
*) var. δινέντες.

II. Dorischer dialekt.

C.
Auß den tabulae Heracleenses.
C. I. 5774, 5775.

Die beiden erztafeln auß Heraclea, einer dorischen colonie in Unteritalien, enthalten den bericht einer commission zur vermeßung und grenzberichtigung von tempelland, und die darüber ab geschloßenen pachtcontracte. Die inschriften sind warscheinlich ab gefaßt zwischen olymp. 112, 2 u. 125, 3 (331 — 278 vor Chr.); C. I. III, p. 705 a.

Taf. I, z. 144 — 154.

τῶν δὲ ξύλων τῶν ἐν τοῖς δρυμοῖς οὐδὲ τῶν ἐν τοῖς
σκίροις οὐ πωλησόντι οὐδὲ κοψόντι οὐδὲ ἐμπρησόντι
οὐδὲ ἄλλον ἐασόντι· αἰ δὲ μή, ὑπόλογοι ἐσσόνται καττὰς
ῥήτρας καὶ καττὰν συνθήκαν. ἐς δὲ τὰ ἐποίκια χρησόνται
5. ξύλοις ἐς τὰν οἰκοδομὰν οἷς κα δήλωνται καὶ ἐς τὰς
ἀμπέλως, τῶν δὲ ξηρῶν κοψόντι ὅσσα αὐτοῖς ποτ' οἰκίαν
ἐς χρείαν, τοῖς δὲ σκίροις καὶ τοῖς δρυμοῖς χρησόνται τοὶ
μισθωσάμενοι ἂν τὰν αὐτῶ μερίδα ἕκαστος· ὅσσαι δέ κα
τᾶν ἀμπέλων ἦ τῶν δενδρέων ἀπογηράσωντι. ἀποκατα-
στασόντι
10. τοὶ καρπιζόμενοι ὡς ἦμεν τὸν ἴσον ἀριθμὸν ἀεί. οὐχ ὑπο-
γραφόνται δὲ τὼς χώρως τούτως οἱ μισθωσάμενοι οὐδὲ τί-
μαμα οἰσόντι οὔτε τῶν χώρων οὔτε τᾶς ἐπιοικοδομᾶς, αἰ δὲ
μή, ὑπόλογος ἐσσῆται καττὰς ῥήτρας. αἰ δέ τίς κα τῶν
καρπιζομένων ἄτεκνος ἄγωνος ἀποθάνῃ, τᾶς πόλιος
πᾶσαν τὰν
15. ἐπικαρπίαν ἦμεν· αἰ δέ χ' ὑπὸ πολέμω ἐγϝηληθίωντι,
ὥστε μὴ
ἐξῆμεν τὼς μεμισθωμένως καρπεύεσθαι, ἀνεῶσθαι τὰν
μίσθωσιν, καθά κα τοὶ Ἡρακλεῖοι διαγνῶντι, καὶ μὴ ἦμεν
ὑπολόγως μήτε αὐτὼς μήτε τὼς προϝγύως τῶν ἐν τᾷ
συνθήκᾳ γεγραμμένων.

III. Ionischer dialekt.

1)
Ilias XIII, 10—31.
Altionisch-epischer dialekt.

Οὐδ' ἀλαοσκοπίην εἶχε κρείων ἐνοσίχθων·
καὶ γὰρ ὁ θαυμάζων ἧστο πτόλεμόν τε μάχην τε
ὑψοῦ ἐπ' ἀκροτάτης κορυφῆς Σάμου ὑληέσσης
Θρηικίης· ἔνθεν γὰρ ἐφαίνετο πᾶσα μὲν Ἴδη,
5. φαίνετο δὲ Πριάμοιο πόλις καὶ νῆες Ἀχαιῶν.
ἔνθ' ἄρ' ὅ γ' ἐξ ἁλὸς ἕζετ' ἰών, ἐλέαιρε δ' Ἀχαιούς
Τρωσὶν δαμναμένους, Διὶ δὲ κρατερῶς ἐνεμέσσα.
αὐτίκα δ' ἐξ ὄρεος κατεβήσετο παιπαλόεντος.
κραιπνὰ ποσὶ προβιβάς· τρέμε δ' οὔρεα μακρὰ καὶ ὕλη
10. ποσσὶν ὑπ' ἀθανάτοισι Ποσειδάωνος ἰόντος.
τρὶς μὲν ὀρέξατ' ἰών, τὸ δὲ τέτρατον ἵκετο τέκμωρ,
Αἰγάς, ἔνθα τέ οἱ*) κλυτὰ δώματα βένθεσι λίμνης
χρύσεα μαρμαίροντα τετεύχαται, ἄφθιτα αἰεί.
ἔνθ' ἐλθὼν ὑπ' ὄχεσφι τιτύσκετο χαλκόποδ' ἵππω,
15. ὠκυπέτα, χρυσέῃσιν ἐθείρῃσιν κομόωντε,
χρυσὸν δ' αὐτὸς ἔδυνε περὶ χροΐ· γέντο δ' ἱμάσθλην
χρυσείην εὔτυκτον, ἑοῦ δ' ἐπεβήσετο δίφρου,
βῆ δ' ἐλάαν ἐπὶ κύματ'. ἄταλλε δὲ κήτε' ὑπ' αὐτοῦ
πάντοθεν ἐκ κευθμῶν, οὐδ' ἠγνοίησεν ἄνακτα·**)
20. γηθοσύνη δὲ θάλασσα διίστατο. τοὶ δ' ἐπέτοντο
ῥίμφα μάλ', οὐδ' ὑπένερθε διαίνετο χάλκεος ἄξων.
τὸν δ' ἐς Ἀχαιῶν νῆας ἐϋσκάρθμοι φέρον ἵπποι.

*) Ϝοι.
**) ἠγνοίησε Ϝάνακτα.

Glossar.

A.

Ἀγνοέω, episch ἀγνοιέω, verb. V. 4 (vgl. ἀγνοία unkentniss; ἀ privativum, wurz. γνο, gno, suffix §. 217), nicht kennen; ἠγνοίησεν, 3. sg. act. aor. comp. mit ν ἐφελκυστικόν; §. 149, §. 297; οὐδ' ἠγνοίησεν (doppelte verneinung), sie erkanten wol.

ἄγω, verb. I, b. füren: ἄγον, 3. pl. act. imperf., §. 291; ᾱ = η anderer dialekte durch contraction mit dem vocal des augments; ἄγην, aeol. inf. act. praes., §. 221. a.

ἀδικέω, verb. V, 4 (von ἄδικο-ς adj. 10., ungerecht: diß von δίκη, subst. fem. 10., recht, mit α privativum; §. 290), unrecht behandeln, kränken: ἀδικήει, 3. sg. act. praes.; die verlängerung des ε ist eine eigentümlichkeit des lesbisch-aeolischen dialekts, villeicht nachwirkung des j von *ἀδικεjει.

ἀεί, älter αἰεί, adv., immer; wurz. ι, vgl. die ableitungen §. 36, 1.

ἀθάνατο-ς, -ο-ν, adj. 10. (ἀ priv., θάνατο-ς tod), unsterblich; ἀθάνατ'(ε), voc. sg.; ἀθανάτῳ, dat. sg.; ἀθανάτοισι, dat. pl.; die denung des an lautenden α (B, 1 und sonst) ist dichterische freiheit.

αἰ, conj., wenn, mit dem optativ A, 3, 5; αἴτε (d. i. αἰ, τε) — αἴτε, eigentlich: so wol wenn — als auch wenn, entweder — oder, sei es — sei es.

Αἰγαί, subst. fem. pl. 10., name einer statt.

αἰθήρ, aeol. αἴθηρ, subst. msc. 5., die obere luft, aether; stamm αἰθερ-, η des nom. §. 42. 3; etymol. §. 36, 1; B, 12. 13 verbinde διὰ μέσσω αἴθερος.

αἶψα, adv., sogleich, schnell.

ἀίω, verb. V, 1. hören; B, 6 mit dem genitiv des objects; ἀίουσα,

nom. sg. fem. part. praes. act., §. 229, vgl. §. 217; *οι* aeolische
weise der ersazdenung, gewönlich *ον*, vgl. §. 42, 1.
ἄκρο-ς, -α, -ο-ν, adj. 10. (suffix §. 220), oberst, höchst; *ἀκρο-
τάτης*, gen. sg. fem. superl., §. 234.
ἀλαοσκοπία, ion. *ἀλαοσκοπίη*, subst. fem. 10. *(ἀλαό-ς* blind,
σκοπιά das umherspähen, die warte, *σκέπ-το-μαι* umher blicken;
suff. §. 127, *ο* §. 34, 1), blinde wacht; *ἀλαοσκοπίην*, acc. sg.
ἀλλά, conj. (wol eine casusform von *ἄλλο-ς*), aber, sondern, doch.
ἀλληλο-, aeol. *ἀλλᾱλο-*, adjectivstamm 10., zusammen gerükt auß
  doppeltem *ἄλλο-*, §. 148, 1, b), mit dissimilation der zweiten
  silbe; nur in den cass. obliquis des pl. gebräuchlich; *ἀλλάλοις*,
  dat. pl. msc.
ἄλλο-ς, -η, -ο, adj. pron. 10., §. 148, 1, b, andere; *ἄλλ* A, 4
  = *ἄλλα*, acc. pl. ntr. (villeicht nur ein versehen des ver-
  fertigers der platte); *τά τ' ἄλλ*, acc. der beziehung, *τά τ' ἄλλ
  καὶ πὰρ πολέμω*, 'so wol in den übrigen dingen als auch in
  bezug auf krieg'; *ἄλλον*, acc. sg. msc.
ἄλ-ς, subst fem. 1., mer; *ἁλός*, gen. sg.; *λς* §. 149.
ἄμπελο-ς, subst. fem. 10., weinstock; *ἀμπέλως*, acc. pl.; *ω* do-
  rische ersazdenung für *ο* + nasal, vgl. §. 42; *ἀμπέλων*, gen. pl.
ἀνά, verkürzt *ἄν*, praep. mit dem acc., auf.
ἄναξ für ϝάναξ, §. 145, 3, b; subst. msc. 1. (stamm *ἀνακτ-)*,
  könig; *ἄνακτα*, acc. sg.
ἀνιῶσθαι s. ἀνίημι.
ἀνία, aeol. *ὀνία* (vgl. §. 33), subst. fem. 10., schmerz, kummer;
  ὀνίαισι, dat. pl. §. 256; B, 3 im sinne des instrum.
ἀνίημι *(ἀνά,* ἵημι §. 293, s. 778; ' = *j* §. 145, 1, d), verb. III,
  erlaßen; *ἀν-ἑ-ῶ-σθαι*, inf. perf. med. (auf älteren sprach-
  denkmälern wird bißweilen auch das inlautende *h*, ' noch ge-
  schriben), grundf. 1. sg. perf. med. *ja-jā-mai*, *ἑ* = *ja* §. 145,
  1, d; *ω* §. 34, 2; infinitivsuffix §. 228.
ἄξων, subst. msc. 3 (stamm *ἄξον-*; *ω* §. 42, 3), achse.
ἀπό, ἀπ', aeol. ἀπύ (vgl. §. 32), praep. mit dem gen., von.
ἀπο-γηράσκω *(γῆρας* alter, vgl. §. 210, s. 369), verb. VI. alt
  werden, ab sterben; *ἀπογηράσωντι*, 3. pl. act. conj. aor. comp.
  (vom stamme *ἀπο-γηρα-)*, §. 297; personalendung §. 276.
ἀπο-θνήσκω, verb. VI, sterben; *ἀποθάνῃ*, 3. sg. act. aor. simpl. 2,
  §. 292; *θαν-, θνα* §. 148, 1, h, anm.

ἀποκαθίστημι *(ἀπό, κατά, ἵστημι)*, verb. III, wider hin setzen, wider her stellen; ἀποκαταστασόντι, 3. pl. act. fut., §. 298, B; personalendung §. 276; α der wurzelsilbe = ion.-att. η; die form ist accentuiert nach der analogie des singulars (Ahrens, de ling. gr. dial. II, s. 213), dessen erste person στασίω, στασίω, στασῶ lauten würde.

ἀπο-τίνω, verb. IV, b, büßen, bezalen; ἀποτίνοιαν, 3. pl. praes. opt., §. 290; in der personalendung das ältere α erhalten, vgl. §. 276.

ἄρα, ἄρ᾽, conj., also.

ἄργυρο-ς, subst. msc. 10., silber; ἀργύρω, gen. sg., ω auß οο contrahiert, §. 252, s. 557; dise contraction ist dem aeolischen und strengeren dorischen dialekt eigentümlich, ion.-attisch wird οο zu ου; vgl. §. 145, 1, e.

ἀριθμό-ς, subst. msc. 10. (suffix §. 219), zal; ἀριθμόν, acc. sg.

ἄρμα, ἄρμ᾽, subst. ntr. 1. (stamm ἀρματ-, suffix §. 219), wagen.

ἄρχω, verb. I, b, der erste sein, den anfang machen (unter mereren); ἄρχομαι beginnen (im gegensatz zur fortsetzung der handlung). Ist A, 3 Ahrens umschreibung ἄρχοι δέ κα τῷ richtig, so muß das activum hier die dem medium gewönliche bedeutung haben: 'es (das bündniss) fange an in disem (nämlich jare)'; nach Boeckh's umschreibung ἄρχοι δέ κα τοί dagegen: 'den anfang mache eben diß (jar)'.

ἄση, aeol. ἄσα, subst. fem. 10., überdruß, traurigkeit; ἄσαισι, dat. pl. (§. 256), B, 3 im sinne des instrum.

ἀτάλλω (von ἀταλό-ς jugendlich, munter; §. 210), verb. V, 3. munter umher springen; ἄταλλε, 3. sg. act. imperf. one augment, vgl. §. 292.

ἄτεκνο-ς, -ο-ν *(ἀ-* priv., τέκνο-ν kind, §. 222, s. 430), adj. 10., kinderlos.

αὐδω, subst. fem. (aeol., in den übrigen dialekten αὐδή, subst. fem. 10.), stimme, rede; αὔδως, gen. sg. = αὔδοος, ω s. u. ἄργυρος.

αὖτε, adv., widerum.

αὐτίκα, adv., sogleich.

αὐτό-ς, -ή, -ό, adj. pron. (aeol. auf der ersten silbe betont), selbst; αὔτα = ion.-att. αὐτή; αὔτοῖς, dat. plur. msc.; αὐτοῦ, αὐτῶ, gen. sg. msc., ω s. u. ἄργυρος; αὐτώς, acc. pl. msc., ω s. u. ἄμπελος.

ἄ-φθιτο-ς, -ο-ν (φθιτό-ς zerstörbar, part. praet. pass., §. 224,
s. 437, von φθί-νω, IV. b, zerstören). adj. 10., unzerstörbar,
unvergänglich; ἄφθιτα, nom. pl. ntr.
Ἀφροδίτη, aeol. Ἀφρόδιτα, subst. fem. 10., eigenname, göttin
der liebe; Ἀφρόδιτα B. 1, voc.; §. 263.
ἄφωνο-ς, -ο-ν (α- priv., φωνή laut, sprache, wurz. φα, §. 144, 3;
suffix §. 222, s. 430), sprachlos.
Ἀχαιό-ς, adj. 10., Achäer, Grieche; Ἀχαιῶν, gen. pl.; Ἀχαιούς,
acc. pl.

B.

Βαίνω, verb. IV, 2, vgl. s. 780, anm., gehen; βῆ, 3. sg. act.
aor. simpl. (§. 292, 1), oft mit specielleren verben der be-
wegung im infinitiv verbunden, wie es scheint, zur verstärkung
des begriffes; z. b. βῆ ἐλάαν schnell fur er.
βένθος, subst. ntr. 2. (vgl. βαθ-ύ-ς tief, βάθ-ος tiefe), tiefe;
βένθεσι, dat. pl.; D. 12 noch als locativ.

Γ.

Γάρ, conj., denn.
γέ, γ', part., dient zur hervorhebung des wortes, dem es nach
gestelt wird, namentlich der pronomina: ὅ γ', er eben.
γενέσθαι s. u. γίγνομαι.
γέντο, 3. sg. med. aor. simpl. one augment (§. 292, 1) einer sonst
in der sprache nicht vor kommenden wurzel γεν; er faßte.
γῆ, aeol. γᾶ, subst. fem. 10., erde.
γηθόσυνο-ς, -η, -ο-ν, adj. 10. (suffix §. 227), froh.
γίγνομαι, verb. III u. IV, b (vgl. §. 32, 1), geboren werden, ent-
stehen, geschehen; γενέσθαι, aeol. γένεσθαι, inf. aor. simpl.
(§. 292, 2; -σθαι §. 228).
γράφος (γράφ-ω), subst. ntr. 2., buchstabe; γράφεα, acc. plur.
ntr., buchstaben, schrift; suffix §. 230; schwund des σ §. 115, 2, c.
γράφω, verb. I, b. schreiben; γεγραμμένων, gen. pl. part. perf.
med.; ἐγραμμένῳ, dat. sg. msc. des selben; der anlaut der
reduplicationssilbe ist geschwunden, vgl. §. 148, 4.

Δ.

Δάμνημι, verb. IV, b, bändigen, bezwingen; δάμνα (= δάμνη,

wie **ἴστη**, möglich ist auch **δάμνᾰ**), 2. sg. imperat.. §. 272: **δαμναμένους**, acc. pl. msc. part. praes. med.. §. 219.

δέ, δ', conj.. aber; bezeichnet oft einen leichteren gegensatz als unser 'aber', so daß jeder neue gedanke in der fortsetzung der rede dadurch an geknüpft werden kann.

δέει, verb. inpers. I, b, es ist nötig.

δένδρεον, att. **δένδρον**, subst. ntr. 10., baum; **δενδρέων**, gen. pl.

δέχομαι, aeol., dor., ion. **δέκομαι** (vgl. §. 142, 3, anm. 2), verb. I, b. an nemen; **δέκετ'(αι)**, 3. sg. med. praes.

δή, eine hervor hebende partikel, 'eben'; in fragen unserm 'denn' entsprechend.

δήλομαι, verb. I, b (nur im dorischen). wollen; **δήλωνται**, 3. pl. med. praes. conj.: χρησόνται ξύλοις . . ., οἷς κα δήλωνται 'sie dürfen holz gebrauchen, welches sie in jedem gegebenen falle (κα mit dem conj.) brauchen wollen'.

δῆμος, aeol., dor. **δᾶμος**, subst. msc. 10., volk; A, 9 nach Boeckh C. I. I. s. 31, a unterabteilung des volkes. gau; der sinn von A. 8, 9 αἰ δέ τις . . **δᾶμος** ist also: 'wenn aber jemand die schrift hier zerstört oder verlezt, sei es ein privatmann. sei es eine obrigkeitliche person, sei es ein einzelner gau'.

δηὖτε = **δή αὖτε** s. d.

διά, praep. mit dem gen. und acc.. durch.

δια-γιγνώσκω, verb. VI (III). genau (**διά**) erkennen. entscheiden. beschließen: **διαγνῶντι**, 3. pl. act. conj. aor. simpl. 1. (§. 292: personalendung §. 276).

διαίνω, verb. V, 2. benetzen: **διαίνετο**, 3. sg. med. imperf. one augment, bedeutung passiv.

δίδωμι, verb. III, geben; **δώσει**, 3. sg. act. fut.; §. 298.

Δί, Διί, Διός s. u. **Ζεύς**.

δι-ίστημι, verb. III, auß einander (**διά**) stellen; med., sich auß einander stellen, auß einander treten, sich trennen; **διίστατο**, 3. sg. med. imperf.

δινέω, verb. V, 4. aeol. **δίνημι**, da der aeolische dialekt die ab geleiteten verba, 1. sg. praes. -έω, -άω, -όω, in manchen formen als stamverba nach classe II. a u. III behandelt, z. b. φίλημι = φιλέω vom nominalstamm φιλο-, wie τίθημι von wurz. θε, dha; δοκίμωμι = δοκιμόω vom nominalst. δοκιμο-, wie δίδωμι von wurz. δο, da (vgl. s. 665, anm.); γέλαμι wie ἵσταμι komt nicht vor, dafür γέλαιμι mit epenthese des ι, wie auch δοκίμοιμι im lesb.-aeol., φίλειμι im boeot.-aeol., doch kann hier ει auch als boeot. ersatz für η gefaßt werden, da boeot. oft ει = η der andern dialekte; δινέντες, aeol. betont δίνεντες, nom. pl. msc. part. praes. act. von δίνημι (§. 229, §. 42, 1); die variante δινεῦντες gibt das regelmäßig gebildete part. von δινέω, für δινέοντες; εο wird auch sonst im aeol. in ευ contrahiert.

δίφρο-ς, subst. msc. 10., wagenkasten, der obere teil des wagens, in dem der lenkende steht, überhaupt wagen; δίφρον, gen. sg.

διώκω, verb. I, b, verfolgen; διώξει, 3. sg. fut. act.; §. 298.

δολοπλόκο-ς, aeol. δολόπλοκος, -ο-ν (δόλο-ς list, πλέκ-ω flechten, -πλοκο-ς flechtend; ο §. 34, 1; suffix §. 216, s. 380), adj. 10., listen flechtend, ränke spinnend; δολόπλοκε, voc. sg.

δόμο-ς (wurz. dam, δεμ, δέμ-ω bauen; suffix §. 216, s. 380; ο §. 34, 1), subst. msc. 10., haus; δόμον, acc. sg.

δρυμό-ς, subst. msc. 10., wald, gehölz; δρυμοῖς, dat. pl.

δύνω, verb. IV, b, an ziehen; ἔδυνε, 3. sg. act. imperf.

δῶμα (stamm δωματ-, suffix §. 219), subst. ntr. 1.; δώματα, nom. pl. ntr.; D. 12 ist nicht so wol an merere häuser, als an ein großes zu denken.

δῶρο-ν (wurz. δο, suffix §. 220), subst. ntr. 10., geschenk; δῶρα, acc. pl.

E.

Ἐάω, verb. V, 4, zu laßen, erlauben; ἐασόντι, 3. pl. act. fut.; §. 298, B; personalend. §. 276; accent s. u. ἀποκαθίστημι.

ἐγϝηληθίωντι s. u. ἐξειλέω.

ἐγώ, aeol. ἴγων, pron. 1. pers., §. 265; μ'(έ), acc. sg.; μοί, dat. sg.

ἕζομαι (wurz. sad, ἐδ; §. 145, 2, b, ζ; §. 148, 1, c). verb. V, 3, sich setzen; ἕζετ'(ο), 3. sg. med. imperf. one augment.

ἔθειρα, subst. fem. 10., har, pl. mäne; ἐθείρῃσιν, dat. pl., §. 256; mit ν ἐφελκ., §. 149.

ἐθέλω s. u. θέλω.

εἰμί (§. 293, s. 776), verb. I, a, sein; εἴᾱ, 3. sg. opt. praes., §. 290, s. 716; schwund des σ, §. 145, 2, c; α, §. 34, 2; ἔσσο, 2. sg. med. imper., §. 280; ἔσσῆται, 3. sg. med. fut., η dor. = ει; ἐσσόνται, 3. pl. fut., accent s. u. ἀποκαθίστημι; ἤμεν, inf. praes. (att. εἶναι), η dor. ersazdenung für ε + consonant; suffix §. 219, s. 415.

εἶμι, verb. II, a (vgl. §. 36, 1), gehen; ἰών, nom. sg. part. praes. act.; D, 6 construiere ἐξ ἁλὸς ἰὼν ἔνθα ἕζετο; ἰόντος, gen. sg. des selben.

εἰς, ἐς, praep. mit dem acc., in (mit dem acc.).

ἕκαστο-ς, -η, -ο-ν, pron. adj. 10., jeder; ἂν τὰν αὐτῶ μερίδα ἕκαστος jeder auf seinem stücke (landes).

ἑκατόν, aeol. ἕκατον, hundert; §. 240, §. 33.

ἐλαύνω, verb. IV, a (vgl. s. 779, anm.), und ἐλάω, V, 4, treiben, one object, faren; ἐλάαν, inf. praes. act. für ἐλάεν durch assimilation der vocale; suffix §. 221, a.

ἐλεαίρω, verb. V, 2, bemitleiden; ἐλέαιρε, 3. sg. imperf. one augment.

ἔλθε, ἐλθ᾽ s. u. ἔρχομαι.

ἐμό-ς, aeol. ἔμος, -ή, -ό-ν, declin. wie adj. 10., pron. possess. 1. pers.; ἔμας (ion.-att. ἐμῆς), gen. sg. fem.; ἔμῳ, dat. sg. msc.; ε §. 43, 2.

ἐμπίπρημι (ἐν, πίμπρημι; der nasal der reduplicationssilbe fält in der composition mit σύν und ἐν weg), verb. III. (s. 778), verbrennen; ἐμπρησόντι, 3. pl. act. fut.; §. 298 B; accent s. u. ἀποκαθίστημι.

ἐν, praep. mit dem dat., in (mit dem dat.).

ἐν-έχω, verb. I, b, fest halten, med.-pass. fest gehalten werden, in dem fluche fest gehalten werden, dem fluche unterworfen sein; s. u. ἐπίαρος.

ἔνθα, ἔνθ᾽, adv., dort; auch relativ. gebraucht, wo; D, 12.

ἔνθεν, adv., von dort; -θεν §. 251, s. 552, anm. 2.

ἐνοσίχθων (ἐν-οσι-, auch ἐννοσι- in ἐννοσίγαιος, von wurz. radh, griech. ὠθ-έ-ω schlagen, stoßen; χθον-, nom. χθών, erde; Curtius, Grundzüge 2. aufl., s. 235), subst. msc. 3., erderschütterer, beiwort des Poseidon.

ἐνταῦτα, 'νταῦτ', gewönlich ἐνταῦθα, adv., hier.

ἐξ, ἐκ, praep. mit dem gen., auß; außlaut §. 149.

ἐξειλέω, dor. ἐγϝηλίω, ἐγϝηλέω = ἐκ-ϝηλέω, γ wegen des folgenden tönenden lautes, verb. V, eigentlich verdrängen, C ab halten, verhindern (Curtius, Grundz. 2. aufl., s. 483, vgl. skrt. varajá--mi arceo, impedio, wurz. var); ἐγϝηληθίωντι, 3. pl. conj. aor. pass. II = ἐξειληθέωσι, ἐξειληθῶσι; §. 300, 5; personalend. §. 276; ι für ε hat der dorische dialekt bei den ab geleiteten verben auf *-ί-ω*, z. b. *ἀδικίω* = *ἀδικέω*, eben so in den änlich gebildeten conjunctivformen des aor. pass.

ἔξ-εστι, verb. imp. (vgl. *εἰμί*), es ist möglich; *ἐξῆμεν*, inf. praes. act., s. u. *εἰμί*, construiert mit dem acc. c. inf.; C, 15 *ὥστε μὴ ἐξῆμεν τὼς μεμισθωμένως καρπεύεσθαι* so daß es nicht möglich ist, daß die pächter ernten.

ἐξ-ικνέομαι, verb. IV. b. an kommen (*ἱκνέομαι* kommen, *ἐξ* bezeichnet in zusammensetzungen mit verben oft die vollendete handlung); *ἐξίκοντο*, 3. pl. med. aor. simpl. 2., §. 292; *ῑ* durch das augment, doch erlaubt der vers *ῐ* zu meßen. dann wäre das augment, wie oft, weg gelaßen; vgl. den anfang von §. 292.

ἐό-ς s. u. *ὅς*.

ἐπί, ἐπ', praep. mit dem gen. und dat., auf, bei; mit dem acc. auf, über — hin.

ἐπίαρο-ς, adj. 10., nach Boeckh C. I, s. 31, b und Ahrens, de ling. graec. dial. I, s. 282 = *ἐφίερος (ἐπί, ἱερός*, aeol. *ἴαρος*), eigentlich eine bezeichnung von dingen, die zum opfer dar gebracht werden. Nach Ahrens a. a. o. ist A, 9 *τῇπιάρῳ* auf zu lösen in *τᾷ ἐπιάρῳ* und *ἁ ἐπίαρος* ein subst. fem. mit der bedeutung von *ἡ ἐπαρά* fluch, verwünschung; der sinn von A, 9, 10 *ἐν τῇπιάρῳ . . ἐγραμμένῳ* ist nach dem selben: 'der soll dem fluche unterworfen sein durch das hier geschribene', d. h. 'die hier geschribenen worte sollen in dem fluche unterwerfen'. Änliche verwünschungen finden sich auch auf anderen inschriften.

ἐπι-βαίνω, verb. V, 2 (vgl. s. 780), hinauf gehen, besteigen, mit dem genitiv des objects; *ἐπ-εβήσετο*, 3. sg. med. aor. comp.; §. 297, s. 814.

ἐπικαρπία (*ἐπί, καρπό-ς* frucht; suff. §. 217, s. 395), subst. fem. 10., nuznießung; *τᾶς πόλιος πᾶσαν τὰν ἐπικαρπίαν ἤμεν* C, 14, acc. c. inf., abhängig von dem hinzu zu denkenden 'der contract sezt fest', also 'daß der statt (dann) die ganze nuznießung gehört'.

ἐποίκιο-ν (*ἐπί, οἶκο-ς*, haus; suffix §. 217, s. 396), subst. utr. 10., eigentlich nebengebäude, überhaupt kleineres gebäude, hütte; *ἐποίκια*, nom. acc. pl.

ἐποικοδομή, ἐπιοικοδομή (s. u. *οἰκοδομή*), subst. fem. 10., auf einem grundstücke stehender bau ἔρομαι, ion. εἴρομαι, verb. I, b oder V, 2, fragen; ἦρε'(ο), 2. sg. med. imperf., η durch zusammenziehung mit dem augment; personalendung §. 280; schwund des σ §. 145, 2, c.

ἔρχομαι, verb. VI (§. 293, s. 782; vgl. §. 148, 1, d), kommen; ἐλϑ'(ε), ἐλϑέ, 2. sg. act. imper. aor. simpl. 2.; §. 292, vgl. §. 38, anm. *); ἦλϑες, 2. sg. act. des selben; ἐλϑών, nom. sg. msc. partic. des selben.

ἑτέρωτα, adv. (von ἕτερο-ς, aeol. ἄτερο-ς einer von zweien, der andere), zu einer anderen zeit, bei anderer gelegenheit, sonst. Das wort gehört nur dem aeol. dialekte an; -τα = gewönl. -τε in ὅ-τε, τό-τε (wann, damals); vgl. §. 33.

εὔσκαρϑμο-ς, -ο-ν (εὔ, εὖ gut. §. 136, 2; σκαίρω, verb. V, 2, hüpfen, springen; suffix §. 219), adj. 10., gut springend; εὖσα ρϑμοι, nom. pl. msc.

εὔτυκτο-ς, -ο-ν (εὔ, εὖ gut. §. 136, 2; τυκ-τό-ς, part. praet. pass. von wurz. τυκ; s. u. τιτύσκομαι), schön gemacht; εὔτυκτον, acc. sg.

ἔχω, verb. I, b (wurz. §. 145, 2, c). halten. haben: εἶχε, 3. sg. imperf. = *ἔσεχε, *ἔεχε.

ϝ.

ϝαλήϊο-ς, später Ἠλεῖος, adj. 10., bewoner der landschaft Elis (ϝᾶλις, Ἦλις) im westlichen Peloponnesos; nach Ahrens, de ling. graec. dial. I, 229 ab geleitet vom namen des heros eponymus ϝαλεύς (Ἠλεύς), wie βασιλήϊος (βασίλειος) von βασιλεύς; suffix -jη-, §. 217, s. 395; ϝαληίοις, dat. pl.

ϝάργο-ν, subst. ntr. 10., tat, werk (§. 145, 3, b); die übrigen dialekte ϝέργον, ἔργον; vgl. §. 33.

ϝέπος, subst. ntr. 2., wort; §. 145, 3, b, suffix §. 230, s. 470.

ϝέτᾱ-ς, ion. ἔτη-ς, subst. msc. 10., bürger als privatmann im gegensatz zur obrigkeitlichen person, τελέστα.

ϝέτος, subst. ntr. 2., jar; suffix §. 230; ϝέτεα, nom. acc. pl., §. 250; schwund des σ, §. 145, 2, c.

ϝράτρᾱ, ῥήτρᾱ, subst. fem. 10., vertrag, bündniss in A, gesetz in C; wurz. ϝερ, ϝρα, sagen, vgl. §. 206; ā = η, §. 32, 2, anm. 3; die dort bemerkte eigentümlichkeit des dorischen dialekts teilen in gewissem grade auch die aeolischen; suffix §. 225; ἁ ϝράτρα τοῖρ ϝαληίοις u. s. w., 'der vertrag für die Eleer und Heraeenser', so vil als 'diß ist der vertrag für die E. und H.', als ankündigung des folgenden vertrages.

Z.

Ζεύ-ς, subst. msc. 6. und 1., name des höchsten gottes: vgl. §. 148, 1, d; *Διός = Διϝός*, gen.; *Διί* contrahiert auß *Διί = Διϝί*, dat.; schwund des *ϝ* §. 145, 3, b.

H.

Ἤ, conj., oder.
ἦλϑες s. u. *ἔρχομαι*.
ἧμαι, perf. med. zur wurz. *ασ* (§. 145, 2, b), sitzen; *ἧστο*, 3. sg. plusquamperf.; §. 295.
ἦμεν s. u. *εἰμί*.
Ἡρακλεῖο-ς, adj. 10., der Herakleer, bewoner der statt Heraklea (*Ἡράκλεια*); *Ἡρακλεῖοι*, nom. pl.
Ἡρϝαϝό-ς, adj. 10., bewoner der statt Heraea, *Ἡραία*, in Arkadien; nach Ahrens, de ling. graec. dial. s. 280 ab geleitet wie *Γελῷο-ς* von *Γέλα*; suffix -*jo*- §. 217, s. 395; *Ἡρϝαώοις*, dat. pl.

Θ.

Θάλασσα, subst. fem. 10., mer.
ϑαυμάζω, verb. V, 3 *(ϑαῦμα*, stamm *ϑαυματ-* wunder; §. 219. 210), sich wundern, bewundern; *ϑαυμάζων*, nom. sg. msc. part. praes. act.; D, 2 verbinde *ϑαυμάζων πτόλεμόν τε μάχην τε*.
ϑέλω, ἐϑέλω, verb. I, b, wollen; *ἐϑέλοισαν*, acc. sg. fem. part. praes. act.; §. 229, fem. §. 217, s. 396; *οι* aeol. ersazdenung für *ο +* consonant, vgl. §. 42, 1; B, 23 *ταχέως — ἐϑέλοισαν*, 'wird schnell lieben (sc. dich) auch die nicht wollende', d. h. selbst wenn du dann nicht wilst.
ϑῦμό-ς, aeol. *ϑῦμο-ς*, subst. msc. 10., mut, gemüt; suffix §. 219, s. 409; *ϑῦμον*, acc. sg.

I.

Ἴδη, subst. fem. 10., name eines gebirges in der gegend von Troja.
ἱκνέομαι, verb. IV, b, kommen; *ἵκετο*, 3. sg. med. aor. simpl.; §. 292, 2; *ι* durch zusammenziehung mit dem augment; der aorist als verb. perf. bedeutet erreichen.
ἱμάσϑλη, subst. fem. 10., peitsche.
ἱμείρω, aeol. *ἱμέρρω*, verb. V, 2·*(ρρ* §. 148, 1, b; §. 40, b, 3), verlangen, ersenen; B, 26, 25 *ὅσσα — τέλεσον*, 'was nur das

herz ersent zu vollenden, das vollende'; *ἱμέρρει*, 3. sg. praes.
ἱππο-ς, subst. msc. 10. (§. 145, 2, b; §. 32), pferd; *ἵππω*, acc. dual.; *ἵπποι*, nom. pl.
ἴσο-ς, -η, -ο-ν, adj. 10., gleich; *ἴσον*, acc. sg. msc.

K.

Καδδαλέομαι *(κατα-δηλέομαι)*, verb. V, zerstören; vom bündniss: brechen, verletzen; *καδδαλήμενοι*, nom. pl. msc. part. praes. med. (suff. §. 219), gebildet wie von *καδδάλημι*, vgl. *δινέω*; im part. praes. med. bleibt im aeol. dialekt der lange vocal, daher *δαλέμενος*, *τιθήμενος*, gegenüber gewönlichem *τιθέμενος*; *καδδαλέοιτο*, 3. sg. med. opt. praes.

καθά = **καθ'** *(κατά)* ἅ (s. ὅς), dem gemäß was, d. i. wie.

καί, conj., und, auch.

καλέω, aeol. *κάλημι* (vgl. *δινέω*), verb. V, rufen; villeicht von einem stamme *καλεσ*-, vgl. §. 297, s. 815.

καλό-ς, aeol. *κάλος*, -ή, -ό-ν, adj. 10., schön; *κάλοι*, nom. pl. msc.

καρπεύω, *καρπεύομαι* (von einem vorauß zu setzenden *καρπεύ-ς, vgl. §. 210), verb. V, 4, ernten; *καρπεύεσθαι*, inf. praes. med.; suffix §. 228.

καρπίζομαι (von *καρπό-ς* frucht, §. 210), verb. V, 3, eigentlich 'früchte für sich sammeln, ernten'; C: im nießbrauch haben; *τοὶ καρπιζόμενοι* (nom. pl. msc. part. praes. med.) sind die vorher *τοὶ μισθωσάμενοι* genanten, die pächter des landes; *καρπιζομένων*, gen. pl. msc. des s. part.

κατά, praep., mit dem gen. herab, unter; mit dem acc. bei, auf — zu, gemäß; in C verliert *κατά* vor dem artikel den auß lautenden vocal und fügt sich dem selben proklitisch an; *καττὰς ῥήτρας*, gemäß den gesetzen.

κατα-βαίνω, verb. IV u. V (vgl. *βαίνω*), herab gehen; *κατεβήσετο*, 3. sg. med. aor. comp.; §. 297, s. 840.

κἀτέρωτα = *καὶ ἑτέρωτα*, s. d.

κέ, κ', χ' (vor spir. asper), dor.-aeol. *κά*. part., drükt im algemeinen, namentlich in abhängigen sätzen, die bedingtheit der rede auß; in A entspricht die verbindung *κά* mit dem optativ dem latein. conj.-optativ im sinne eines befehls; *συμμαχία κ' εἴα ἑκατον ϝέτεα* foedus sit centum annos.

κευθμό-ς, subst. msc. 10., auch *κευθμών*, 3. (stamm *κευθμον*-;

wurz. κυϑ, urspr. *ghudh;* κ vgl. §. 148, 3; ευ §. 38; suffixe §. 219, s. 409), schlupfwinkel, namentlich in der tiefe verborgener; κευϑμῶν, gen. pl.

κῆτος, subst. ntr. 2., jedes größere seetier; κήτε'(α), nom. pl.; schwund des σ, §. 145, 2, c.

κλυτό-ς, -ή, -ό-ν, adj. 10. (part. praet. pass. von κλύ-ω, §. 224, s. 437), berümt; κλυτά, nom. pl. ntr.

κλύω, verb. I, b (wurz. §. 142, 1), hören, erhören; mit dem gen. des objects; B 5 — 7 ἀλλὰ — ἔκλυες (2. sg. aor. simpl., §. 292, 2): 'sondern komm hier her, wenn du je auch sonst meine stimme in der ferne vernemend (sie) erhörtest', d. h. 'meine stimme vernamst und erhörtest'; der gen. des objects gehört nach einem häufigen syntaktischen gebrauch des griechischen zum particip wie zum hauptverbum.

κομάω (von κόμη har, §. 209), langes har haben, damit prangen; κομόωντε = κομάοντε, acc. dual. part. praes. act., vgl. §. 41, anm.

κόπτω, verb. VII, hauen, schlagen; κοψόντι, 3. pl. act. fut., §. 298 B; personalend. §. 276; accent s. u. ἀποκαϑίστημι.

κορυφή, subst. fem. 10., gipfel; κορυφῆς, gen. sg.

κραιπνό-ς, -ή, -ό-ν, adj. 10., schnell; κραιπνά, acc. pl. ntr., als adverb.

κρατερῶς, adv. (ablativform, §. 251, s. 552, vom stamme κρατερό-), gewaltig.

κρείων, subst. msc. 4. (stamm κρειοντ-), herscher; eigentlich part. praes. act. vom praesensstamme *kra-ja-,* wurz. *kra, kar,* griechisch z. b. in κραίνω vollenden.

κῦμα, subst. ntr. 1. (stamm κυματ-; wurz. κυ schwellen; suffix §. 219, s. 410); κύματ'(α), acc. pl. ntr.

κῶττι = καὶ ὅττι, s. u. ὅστις.

κωὐκ = καὶ οὐκ s. d.

Λ.

Λατρηϊώμενον, acc. sg. ntr. part. praes. med. eines sonst nicht vorkommenden verbums λατρηϊόω; wie von οἰκεύ-ς hausgenoße, οἰκεῖο-ς zum hause gehörig, davon οἰκειόω, οἰκηϊόω zum hausgenoßen machen, zu eigen machen, so (nach Ahrens, de ling. graec. dial. I, 281) von λατρεύ-ς diener, λατρήϊο-ς zum dienste gehörig, λατρηίόω zum dienste bestimmen, d. h. ungefär so vil als 'zu eigen geben'; ω = οο, s. u. ἄργυρος. Der satz A, 6, 7 ist zu construieren: τοὶ καδδαλήμενοι ἀποτίνοιαν κα τάλαντον ἀργύρω τῷ Δὶ Ὀλυνπίῳ λατρηιώμενον, d. h. die, welche es (das bündniss) verletzen, sollen ein talent silbers zalen, welches dem Olympischen Zeus zu eigen gegeben wird (an seinen tempel gezalt wird).

λάω, verb. V (wurz. λαϝ, Curtius, Grundzüge 2. aufl., s. 324; praes. = *λασjω; schwund von σj, §. 145, 1, c), aeol. *λῆμι, *λᾶμι, wollen; λαῖς, 2. sg. praes. = *λῆσι, *λᾶσι, dor. λῇς, mit epenthese, §. 40, a; B, 18 construiere: τίνα λαῖς Πείθων ἄγην (acc. c. inf.) εἰς σὰν φιλότατα, 'wen wilst du, daß Peitho füre zu deiner liebe'.

λείπω, verb. II, 2, verlaßen; ει §. 36, 1; λίποισα = att. λιποῦσα, nom. sg. fem. part. aor. simpl., §. 292, 2; suffixe §. 229, §. 217, s. 395; οι aeol. ersazdenung, vgl. §. 42, 1.

λίμνη, subst. fem. 10., see.

λίσσομαι, verb. V, 3, bitten, beten zu; σσ §. 148, e, α.

λύω, verb. V, 4, lösen; λῦσον, 2. sg. act. imper. aor. comp., §. 297; aor. 'erlösen'.

M.

Μαινόλη-ς (μαίνομαι rasen, toben; suffix. vgl. §. 220), adj. 10. (mit gedentem — gesteigertem — stammaußlaut), rasend, tobend; μαινόλᾳ (ᾳ = ion.-att. η), dat. sg.

μάκαρ-ς und μάκαρ, adj. 1., selig; fem. μάκαιρα, suffix. §. 217, s. 396; epenth. §. 40, b, 3; ntr. μάκαρ.

μακρύ-ς, -ά, -ύ-ν, adj. 10., lang, hoch; suffix §. 220; μακρά, nom. pl. ntr.

μάλα, μάλ', adv., ser; scheint eine casusform (acc. pl. ntr.?) eines stammes μαλο- zu sein; comp. μᾶλλον = *μαλιον, §. 232; λλ §. 148, 1, b; das j scheint den vocal der ersten silbe afficiert zu haben, daher ᾱ; superl. μάλιστα, §. 234, am meisten, am liebsten.

μαρμαίρω, verb. V, 2 (volständige reduplication einer wurz. μαρ), glänzen; μαρμαίροντα, nom. pl. ntr. part. praes. act.

μάχη, subst. fem. 10., kampf, schlacht; μάχην, acc. sg.

μ'(ὶ) s. u. ἐγώ.

μειδιάω, verb. V, 4, lächeln; μειδιάσαισ'(α), nom. sg. fem. part. aor. comp., §. 297; participialbild. §. 229, §. 213, s. 396; αι aeol. ersazdenung für α + cons., vgl. §. 42, 1.

μέλᾱς, μέλαινα, μέλαν, adj. 3. (stamm μελαν-; nom. sg. msc. §. 246, s. 528; fem. 217, s. 396; §. 40, b, 3), schwarz; μελαίνᾱς, gen. sg. fem.

μέν, conj., zwar; μέν — δέ verbindet in leichtem gegensatz stehende sätze, für uns oft unübersezbar.

μέριμνα, subst. fem. 10. (wurz. smar, §. 145, 2, c), sorge; μεριμνᾶν, gen. pl., §. 253; ᾱ aeol.-dor. contraction auß αω.

μερίς, subst. fem. 1. (stamm μεριδ-, wurz. mar, vgl. §. 217, s. 390), teil; μερίδα, acc. sg.

μέσσο-ς, -η, -ο-ν (später μέσος), adj. 10., mitten; σσ §. 148, 1, e, β, vgl. §. 153, 2; μέσσω, gen. sg. msc.; ω, s. u. ἄργυρος; B, 12 verbinde διὰ μέσσω αἰθέρος mitten durch den aether.

μή, μά, part. u. conj., nicht; vorzüglich in bedingungs- und absichtssätzen und beim imperativ gebraucht.

μηδέ, μηδ', conj., auch nicht; syntaktisch wie μή, s. d.

μήτε — μήτε (vgl. οὔτε — οὔτε), conj., weder — noch; syntaktisch wie μή, s. d.

μισθόω (von μισθό-ς lon, nach §. 209), verb. V, 4, vermieten; med. mieten, pachten; μισθωσάμενοι, nom. pl. msc. part. med. aor. comp., §. 297; suff. §. 219, s. 415; μεμισθωμένως, acc. pl. msc. part. perf. med.; -ως, dor. für -ους, §. 42, 1.

μίσθωσι-ς (μισθόω; suff. τι, §. 226), subst. fem. 9., pacht.

μοί s. u. ἐγώ.

N.

Ναῦ-ς, subst. fem. 6., schiff; νῆες, nom. pl., §. 247; §. 145, 3, b; νῆας, acc. pl.

νεμεσάω, älter νεμεσσάω (= *νεμετιαω, von *νεμε-τι-ς, νέμε-σι-ς unwille, zorn; σσ §. 148, 1, e, β; später σ, vgl. §. 148, a), verb. V, 4, zürnen; ἐνεμέσσα = ἐνεμέσσαε, 3. sg. imperf.

'νταῦτ' s. ἐνταῦτα.

νῦν, adv., nun, jezt.

Ξ.

Ξηρό-ς, -ά, -ό-ν, adj. 10., trocken, dürr; ξηρῶν (sc. ξύλων), gen. pl.

ξύλο-ν, subst. ntr. 10., holz; τῶν ξύλων C, 1, partitiver gen. pl.:
von den hölzern u. s. w. sollen sie nicht verkaufen (subject
des ganzen: die pächter des landes).

O.

'Ο, ἡ, τό, pron. dem. und artikel (§. 214), der, die, das; ἁ A, 1
= ἡ, §. 34, 2; τόν, acc. sg. msc.; τάν = ion.-att. τήν, acc.
sg. fem.; τοί (A, 3 nach Boeckh's lesung), τό mit der verstär-
kenden partikel ι, vgl. s. 625, 'eben diß'; ταί A, 8, acc. pl. ntr.
mit der selben part.; τᾶς = ion.-att. τῆς, gen. sg. fem.; τῷ,
dat. sg. msc. ntr., A, 3 im locativ. sinne; τᾷ, dat. sg. fem. =
ion.-att. τῇ; A, 8 nach Ahrens lesung als adverb: τὰ γράψεα
τᾷ die schrift hier; τοί, nom. pl. msc., att. οἱ; τά, nom. acc.
pl. ntr.; τώς, acc. pl. msc., ω dor. ersazdenung für o + nas.,
vgl. §. 42, 1; τάς, acc. pl. fem.; τῶν, gen. pl.; τᾶν, gen. pl.
fem., ᾱ dor. contraction für αω, §. 253, s. 563; τοίρ =
τοῖς, dat. pl. msc.; der elische dialekt zeigt, wie unter den
dorischen der lakonische, die neigung, auß lautendes σ in ρ
zu wandeln, doch in A nicht consequent; τυίδε, aeol. für *τοίδε,
adverbieller loc. sg. msc., hierher, §. 254, s. 568, vgl. §. 32;
-δε ist an gehängte partikel, welche die richtung an gibt, bei
substantiven mit dem acc. verbunden, z. b. δόμον-δε, nach hause.

οἰκία (οἶκο-ς, haus; wurzel §. 36, 2; suffix §. 217), subst. fem. 10.,
haus, hauswesen; ὅσσα αὐτοῖς ποτ' οἰκίαν ἐς χρείαν (sc. ἐστί)
so vil inen fürs hauswesen zum bedürfniss ist, wie vil sie fürs
hauswesen brauchen.

οἰκοδομή, dor. οἰκοδομά (οἶκο-ς, s. u. οἰκία; δομή bau, von δέμ-ω
bauen; o §. 34, 1; suffix §. 216), subst. fem. 10., hausbau;
. οἰκοδομάν, acc. sg.

οἰσόντι s. u. φέρω.

'Ολύμπιο-ς, adj. 10. ("Ολυμπο-ς; suffix §. 217, s. 395), auf dem
Olymp wonend, olympisch, beiname des Zeus und der götter
überhaupt; A, 6, der in der elischen statt Olympia vererte;
'Ολυμπίῳ (geschriben 'Ολυνπίῳ A, 6), dat. sg. msc.

ὀνία s. ἀνία.

ὀρέγω, verb. I, b (vgl. lat. *rego*; o §. 43, 2), recken, strecken;
med. sich strecken; ὀρέξατ'(ο), 3. sg. med. aor. comp., §. 297;
one augment; τρὶς ὀρέξατ' ἰών dreimal holte er im gehen auß.

Altgriechisch.

ὄρος, subst. ntr. 2., berg; ὄρεος, gen. sg.; schwund des σ, §. 142, 2, c; οὔρεα, episch für ὄρεα (vgl. §. 38, anm. 1), nom. pl., subject zu τρέμε D, 9; im griechischen wird der nom. pl. ntr. mit dem sg. des verbums verbunden, in der älteren sprache aber nicht durchgängig.

ὅ-ς, ἥ, ὅ, pron. relat., welcher; §. 264; ' = j, §. 145, 1, d; ἅ, nom. acc. pl. ntr.

ὅ-ς, ἥ, ὅ-ν, pron. possess. 3. pers., sein; episch ἑός, §. 145, 2, a, anm.; ἑοῦ, gen. sg. msc.

ὅσο-ς, -η, -ο-ν, älter und aeol. ὅσσος, adj. relat. 10., wie vil, wie groß; ὅσσα, nom. acc. pl. ntr.; ὅσσαι, nom. pl. fem.

ὅστις, pron. rel. und (in indirecten fragesätzen) interrog., wer auch immer; zusammen gerükt auß den pronom. ὅ-ς und τί-ς, beide elemente werden decliniert; aeol. *ὅττις (ὅττινας, acc. pl. komt vor), nur das lezte element decliniert; ntr. sg. ὅττι, später ὅτι, aeol. ὅττι, §. 145, 1, e; als conjunction: daß, weil; B, 15 was, warum.

ὅττι s. u. ὅστις.

οὔ, οἷ, ἕ, pron. reflex. 3. pers.; declin. §. 265; stamm §. 145, 2, b.

οὐδέ (οὐ, δέ), οὐδ', conj., aber nicht, auch nicht; οὐδέ — οὐδέ, weder — noch.

οὐκ, οὐχ (vor spir. asper), ου, adv., nicht; außlaut §. 149.

οὐρανό-ς, aeol. ὤρανος neben ὄρανος, subst. msc. 10., himmel; ον, ω, vgl. §. 38, anm. 1; ὠράνω, gen. sg.; ω = οο, s. u. ἄργυρος.

οὔτε — οὔτε, conj., weder — noch (οὔ-τε und nicht).

οὗτος, αὕτη, τοῦτο, pron. demonstr., diser; τούτως, acc. pl. msc.; ω dor. ersazdenung für ο + nas., s. §. 42, 1.

ὄχος, subst. ntr. 2. (wurz. §. 34, 1; suffix §. 234), wagen; pl. ὄχεα, bedeutung singularisch; ὄχεσφι, instr. pl., §. 260, s. 583.

Π.

Παιπαλόεις, -εσσα, -εν, adj. 4. (stamm παιπαλοϝεντ-; suffix §. 218; fem. §. 217; schwund des ϝ §. 145, 3, b), schroff, jäh (?); παιπαλόεντος, gen. sg. msc. ntr.

παῖς, subst. msc. fem. 1. (stamm παιδ-), kind, son oder tochter; παῖ, voc. sg., §. 263, vgl. §. 149.

πάντοθεν, adv., von überall her, von allen seiten; -θεν §. 251, s. 552, anm.

πάρ s. u. περί.
παρά, verkürzt πάρ, praep., mit dem gen. von, mit dem dat. bei, mit dem acc. zu, neben.
πᾶς, πᾶσα (= *παντja, §. 217, s. 396), πᾶν, adj. 1. (stamm παντ-), all, ganz; ð ersazdenung. §. 42, 1; πᾶσαν, acc. sg. fem.
πάσχω, verb. VI (§. 293; wurz. §. 153, 3. anm.), leiden; πέπονθα, 1. sg. perf. von der wurzelform πενθ, §. 291, s. 736; ο §. 34, 1.
πατήρ, subst. msc. 5., vater; πατρός, aeol. πάτρος, gen. sg., vgl. §. 132, 1.
Πειθώ, aeol. Πείθω, subst. fem. (stamm Πειθο-, consonant. decliniert), göttin der überredung; Πείθων, aeol. acc. sg., gewönlich Πειθό-α, Πειθώ.
πέπονθα s. u. πάσχω.
περί, praep., um, construiert mit dem acc., gen., dat.; πάρ A. 5 nach Boeckh C. I., s. 678 a und Ahrens = περί mit erhaltung des ursprüngl. α und abwerfung des außlauts; πάρ πολέμω, in bezug auf den krieg.
πέτομαι, verb. I, b, fliegen, laufen; πέτοντο, 3. pl. med. imperf., one augment.
πήλυι, adv., fern, in der ferne; loc. sg. msc. eines stammes πηλο-, §. 254, vgl. §. 32; πηλο- = dem gewönlichen τηλο-, τηλοῦ fern.
ποικιλόθρονο-ς, -ο-ν (ποικίλο-ς bunt; wurz. πικ, lat. pic-tor; οι §. 36, 2; θρόνο-ς seßel, tron), adj. 10., bunten sitz, tron habend; ποικιλόθρον'(a), voc. sg.
πόλεμο-ς, πτόλεμο-ς (§. 148, f. anm.), subst. msc. 10., krieg; πολέμω, gen. sg.; ω s. u. ἄργυρος; πτόλεμον, acc. sg.
πόλι-ς, subst. fem. 9., statt; wurz. par §. 147; suffix §. 216, a; πόλιος, gen. sg.
Ποσειδάων, contrah. Ποσειδῶν, subst: msc. 3. (stamm Ποσειδαων-), name des mergottes.
πότε, adv., wann; ποτέ, aeol. πότα, irgend wann, je.
ποτί s. πρός.
πότνια, subst. fem. 10., herrin.
πούς, subst. msc. 1. (stamm ποδ-, §. 33), fuß; ποσσίν, ποσίν (§. 148, 1, a), dat. pl. mit ν ἐφελκ., §. 149; D, 9 im sinne des instrum.
πρό, praep. mit dem gen., vor.
Πρίαμο-ς, subst. msc. 10., name des königs von Troja; Πριάμοιο, gen. sg., §. 252; §. 145, 1, e.

προ-βιβάς, nom. sg. msc. part. praes. act. (§. 229, §. 42, 1) eines praesens *προ-βίβημι, verb. III, wurz. βα, gewönlich προ-βαίνω, vorwärts gehen.

πρός, dorisch und episch ποτί, ποτ', praep., mit dem acc. zu, mit dem gen. von — her, mit dem dat. bei.

πρόσωπο-ν (πρός; wurz. όπ, urspr. ak, sehen, vgl. §. 142; ω §. 34, 2), subst. ntr. 10., antlitz.

προΰγγυο-ς, dor. πρώγγυο-ς = προ-έγγυος (έγγυος bürge), subst. msc. 10., bürge; πρωγγύως, acc. pl.; -ως, dor. für -ονς, vgl. §. 42, 1.

πτερό-ν, aeol. πτέρο-ν (wurz. §. 142, 2; suffix §. 220, s. 419), subst. ntr. 10., feder, flügel; B, 11 verbinde πύκνα πτέρα als object zu δίνεντες.

πυκνό-ς, -ή, -ό-ν, adj. 10., dicht; πυκνά, aeol. πύκνα, acc. pl. ntr.; bei Homer lautet das wort noch πυκινό-ς; suffix §. 222, s. 430.

πωλέω, verb. V, 4, verkaufen; πωλησόντι, 3. pl. act. fut., §. 298, B; personalend. §. 276; accent s. u. ἀποκαθίστημι.

P.

'Ρίμφα, adv., schnell.

ῥήτρα s. ϝράτρα.

Σ.

Σάμο-ς, subst. fem. 10., Σάμος Θρηϊκίη, das thrakische Samos, später Σαμοθρηΐκη, Σαμοθράκη, insel im nördlichen aegeischen mere; Σάμου Θρηϊκίης, gen. sg.

Σαπφώ, aeol. Ψάπφω, subst. fem. (stamm Σαπφο-, consonant. decliniert), name der dichterin; Ψάπφ' B, 20 voc., nach Ahrens, de ling. graec. dialectis I, 115 auß Ψάπφο; der gewönliche voc. diser subst. fem. auf ω lautet -οι.

σκιρο-ς, subst. oder adj. 10.; σκίροις, dat. pl.; wie es scheint, sind stellen gemeint, die nicht bebaut werden können, auch nicht wälder (δρυμοί) tragen, sondern mit unterholz und gebüsch bewachsen sind.

σό-ς, σή, σό-ν, pron. poss. 2. pers., dein; vgl. §. 40, b, 2, anm.; σάν = ion.-att. σήν, acc. sg. fem.

στρουθό-ς und στροῦθο-ς, subst. msc. 10., sperling; στροῦθοι, nom. pl.

σύ, aeol. τύ, in B daneben σύ, pron. pers. 2. pers., du; §. 265;
σέ, σ', acc. sg.
συμμαχία, in A geschriben συνμαχία (σύν, μάχη: suffix §. 217,
s. 395; eigentlich mitkämpfung), subst. fem. 10., bündniss.
σύμμαχο-ς (σύν, μάχη), subst. msc. fem. 10., mitkämpfer, bundes-
genoß.
σύν, praep. mit dem dat., mit.
σύν-ειμι, verb. I, a, zusammen sein; mit dem dat.: zusammen
sein mit jemandem, im bei stehen; συνεῖαν, 3. pl. opt. praes.,
§. 290; personalendung §. 276; α = späterem ε, συνεῖεν;
συνεῖαν κ' ἀλλάλοις sie sollen mit einander verbunden sein,
einander bei stehen.
συνθήκη, dor. συνθήκα (σύν, θή-κη von τί-θη-μι: suffix §. 231),
vertrag, contract; συνθήκᾳ = ion.-att. συνθήκῃ, dat. sg.;
συνθήκαν = ion.-att. συνθήκην, acc. sg.

T.

Τά, τᾷ, ταί, τάν, τᾶν, τάς, τᾶς s. ὁ.
τάλαντο-ν, subst. ntr. 10., eigentlich wage (wurz. ταλ halten,
tragen); A, 5 und sonst: ein bestimtes gewicht oder die disem
in silber entsprechende geldsumme, talent.
ταχέως, adv., schnell; ablativ vom adj. stamme ταχυ-, §. 251,
s. 552.
τέ, conj., und, §. 142, 1: τέ — τέ, τέ — καί, sowol — als auch;
im homer. dialekt oft zum relativpronomen oder zu relat. par-
tikeln hinzu gefügt zur verbindung der sätze, da jene urspr.
demonstrativ sind; s. D, 12.
τέκμωρ, subst. ntr. (casus außer nom.-acc. kommen nicht vor),
ziel.
τελέστα (τελες-, nom. τέλος, u. a. obrigkeitliches amt; suffix -τα-),
subst. msc. 10., beamter, magistratus; nom. sg. §. 216, s. 529;
auf der selben tafel ϝέτας mit erhaltenem ς.
τελέω (von τελες-, nom. τέλος, ende; vgl. §. 297, §. 210, §. 145,
1, c), verb. V, 5; τελέσσαι, aeol. τέλεσσαι, inf. act. aor. comp.,
§. 297, §. 215; τέλεσον (auß τέλεσσον, vgl. §. 148, 1, a), 2. sg.
act. imper. aor. comp.
τέταρτο-ς, homer. τέτρατο-ς, -η, -ο-ν, adj. 10., der vierte; §. 241,
4; τὸ τέτρατον, das vierte mal.

τεύχω, verb. II, 2, machen, verfertigen; τετεύχαται, 3. pl. med. perf. (personalend. §. 262, §: 291) 'sie sind gemacht worden', so vil als 'sie bestehen, sind vorhandeu'.

τηπιάρῳ s. u. ἐπίαρος.

τίμημα, dor. τίμαμα, subst. ntr. 1. (stamm τιμηματ-; suffix §. 219, s. 410; τιμή schätzung, §. 219, s. 400). wert; in C der pfandpreis.

τί-ς, τί, pron. interr. und indef., wer, irgend wer; §. 264, s. 626; casusbildung vom stamme τιν-; τ §. 142, 1; τίρ = τίς, vgl. u. ὁ; τίνα, acc. sg.

τιτύσκομαι, verb. VI u. III (wurz. τυκ; τε-τυκ-ἐσθαι, aor. simpl. med., zu bereiten; vgl. auch τεύχω und ἐΰτυκτος), für sich her richten; D, 14 an spannen; τιτύσκετο, 3. sg. med. imperf., one augment.

τό, τοί, τόν, τοῖρ, τοῖς s. u. ὁ.

τούτως s. u. οὗτος.

τρέμω, verb. I, b, zittern; τρέμε, 3. sg. imperf., one augment.

τρίς, adv., dreimal (stamm τρι-, §. 237, 3).

Τρώ-ς, subst. msc. (stamm Τρω- consonant. decliniert), Troer, bewoner der statt Troja; Τρωσίν, dat. pl. mit ν ἐφελκ., §. 149; D, 7 im sinne des instrum.

τύ s. σύ.

τυΐδ' s. u. ὁ.

τῷ, τῶν, τώς s. u. ὁ.

Υ.

Ὕλη, subst. fem. 10., wald.

ὑλή-εις, ὑλή-εσσα, -ή-εν, adj. 4. (stamm ὑλη-ϝεντ-, §. 218. s. 402, vgl. §. 148, 1, a), waldreich; ὑληέσσης, gen. sg. fem.; σσ §. 148, 1, e, β.

ὑπένερθε (ὑπό, ἔνερθε unten), adv., unterhalb.

ὑπό, ὑπ', aeol. ὑπά, praep., mit dem acc. unter — hin, mit dem dativ unter, mit dem gen. unter, von (beim passivum).

ὑπο-γράφομαι, verb. I, b, verschreiben, verpfänden; ὑπο-γραψόνται, 3. pl. med. fut., §. 298, B; accent. s. u. ἀποκαθίστημι.

ὑπο-ζεύγνυμι, aeol. ὑπαζ. (wurz. jug, §. 143, 1; ευ §. 38, 1; ζ §. 145, 1, c), verb. IV, a, an jochen, an schirren; ὑπαζεύξαισα, nom. sg. fem. part. aor. comp., §. 297, §. 229, vgl. §. 217, s. 396; αι aeol. ersazdenung für α + conson., vgl.

§. 42, 1; B, 7—9 πάτρος — ὑπαζεύξαισα construiere: χρύσιον ἅρμα ὑπαζεύξαισα ἦλθες πάτρος δόμον λίποισα nachdem du den goldenen wagen an geschirt hattest, kamst du das haus des vaters verlaßend (verließest du das haus des vaters und kamst hierher).

ὑπό-λογο-ς, -ο-ν *(λόγο-ς* u. a. rechenschaft, von *λέγ-ω* sagen; o §. 34, 1; suffix §. 216), adj. 10., der rechenschaft unterworfen, verantwortlich für etwas (mit dem gen. verbunden); ὑπολόγως, acc. pl.; ω dor. ersazdenung für ο + cons., vgl. §. 42, 1; C, 18 verbinde: ὑπολόγως τῶν ἐν τᾷ συνθήκᾳ γεγραμμένων 'verantwortlich für das im contracte geschribene'.

ὑψοῖ, adv.; in der höhe, hoch oben.

Φ.

Φαίνω, verb. V, 2, (s. 780, anm.), zeigen; med. erscheinen, sichtbar sein; ἐφαίνετο, φαίνετο, 3. sg. med. imperf.

φέρω, verb. I, b, tragen, bringen, nemen; οἰσόντι (von einem stamme οἰ, dor. οἱ wol mit unursprüngl. aspiration, vgl. §. 145, 2, b), 3. pl. act. fut., §. 298, B; personalendung §. 276; accent. s. u. ἀποκαθίστημι; φέρον, 3. pl. act. imperf., one augment.

φεύγω, verb. II, b (wurz. §. 37, 3, §. 38, 1), fliehen; φεύγει, 3. sg. act. praes.

φιλέω, verb. V, 4, aeol. φίλημι, vgl. *δινέω* (von φίλο-ς lieb, §. 209), lieben; φίλει, 3. sg. act. praes. (aeol.), gebildet wie τίθει von τίθημι auß *τιθετι, §. 275, mit ungesteigertem oder verkürztem wurzelvocal; φιλήσει, 3. sg. act. fut., §. 298, B, vgl. §. 297, s. 815.

φιλότη-ς, subst. fem. 1. (stamm φιλοτητ-, aeol. φιλοτᾱτ-; φίλο-ς lieb; suffix §. 224), liebe; φιλότατα, acc. sg.

X.

X' s. *κέ.*

χαλεπό-ς, -ή, -ό-ν, adj. 10., schwer; χαλεπᾶν, gen. pl. fem., §.253; ᾶ aeol.-dor. contraction auß αω; B, 25 verbinde ἐκ χαλεπᾶν μεριμνᾶν.

χάλκεο-ς, -α, -ο-ν, für älteres χάλκειος *(χαλκό-ς* erz; suffix §.217), adj. 10., ehern.

χαλκόπους *(χαλκό-ς* erz; *πούς* s. d.), adj. 1., erzfüßig; χαλκόποδ'(ε), acc. dual.

χράομαι, verb. V, brauchen; mit dem dativ construiert; χρησόνται, 3. pl. med. fut., §. 208, B; accent. s. u. *ἀποκαθίστημι*.
χρεία *(χρά-ομαι;* suffix §. 217), subst. fem. 10., bedürfniss, gebrauch.
χρυσό-ς, subst. msc. 10. (vgl. §. 198, 1), gold; χρυσόν, acc. sg.
χρύσιο-ς, -α, -ο-ν (aeol.), adj. 10., golden; ion. χρύσειος, χρύσεος *(χρυσό-ς;* suffix §. 217); χρυσείην, acc. sg. fem.; χρύσεα, nom. plur. ntr.; χρυσέῃσιν, dat. pl. fem., §. 256, s. 575, mit *ν ἐφελκ.*, §. 149.
χρώς, subst. msc. 1. (stamm χρο- und χρωτ-, beide nach 1.), haut, leib; χροΐ, dat. sg.
χῶρο-ς, subst. msc. 10., ort, land, pl. ländereien; χώρως, acc. pl.; ω dor. ersazdenung für ο + cons., vgl. §. 42, 1; χώρων, gen. pl.

Ψ.

Ψάπφω s. Σαπφώ.

Ω.

'Ω, partikel des außrufes vor dem voc.
ὠκυπέτη-ς *(ὠκύ-ς, πέτ-ομαι)*, adj. 10. (mit gesteigertem stammaußlaute), schnell laufend; ὠκυπέτα, acc. dual.
ὠκύ-ς, -εῖα, -ύ *(ω* §. 34, 2; fem. vgl. §. 217, s. 396), acol. ὠκυς, adj. 8., schnell; ὠκεες, nom. pl. msc., §. 247.
ὠράνω s. u. οὐρανός.
ὡς, conj., wie; drükt mit dem infin. verbunden die absicht auß; C, 10 *ὡς ἦμεν τὸν ἴσον ἀριθμὸν ἀεί* damit immer die gleiche zal sei.
ὥστε *(ὡσ-τε)*, conj., so daß; mit dem infin. verbunden.

A. Leskien.

V.

Altlateinisch.

Grabschrift des L. Cornelius Scipio

(sones des L. Cornelius Scipio Barbatus), consuls a. u. c. 495 (v. Chr. 259). Corpus Inscr. Latin. Tom. I. ed. Theod. Mommsen, Berol. 1863, n. 32.

```
HONC·OINO·PLOIRVME·COSENTIONT R
DVONORO·OPTVMO·FVISE·VIRO
LVCIOM·SCIPIONE·FILIOS·BARBATI
CONSOL·CENSOR·AIDILIS·HIC·FVET·A
HEC·CEPIT·CORSICA·ALERIAQVE·VRBE
DEDET·TEMPESTATEBVS·AIDE·MERETO
```

Die verse hat Ritschl folgendermaßen her gestellt:

Honc oino ploirumé co — séntiónt R(ómai)

Duonóro óptumó fu — ise viró (viróro)

Lucíom Scipióne — fíliós Barbáti

Consól censór aidilis — hic fuét a(púd vos)

Hec cépit Córsica Áleri — áque urbé (pugnándod)

Dedét Témpestátebus — aide méreto(d vótam)

Grabschrift des L. Cornelius Scipio Barbatus,

consuls a. u. c. 456, v. Chr. 298. C. I. L. n. 30?

Obgleich einem älteren grabmal angehörig, fält dise inschrift doch erst ins 6. jarh. der statt, und ist jünger als die vor stehende. Die ganze erste zeile und ein teil der zweiten sind zerstört. Die querstriche bezeichnen auf dem steine selbst die enden der saturnischen verse.

CORNELIVS · LVCIVS · SCIPIO · BARBATVS · GNAIVOD ·
PATRE · PROGNATVS · FORTIS · VIR · SAPIENSQVE —
QVOIVS · FORMA · VIRTVTEI · PARISVMA · FVIT —
CONSOL · CENSOR · AIDILIS · QVEI · FVIT · APVD · VOS
— TAVRASIA · CISAVNA · SAMNIO · CEPIT — SVBIGIT ·
OMNE · LOVCANAM · OPSIDESQVE . ABDOVCIT

Die verse hat Ritschl folgendermaßen her gestelt:

Cornélius Lucius — Scipió Barbátus
Gnaivód patré prognátus — fórtis vir sapiénsque,
Quoiús fórma virtu — tei parisuma fúit,
Consól censór aidilis — quei fuit apúd vos,
Taurásiá Cisaúna — Sámnió cépit,
Subigit omné Loucánam — ópsidésque abdoúcit.

v. 3 nach Bücheler, Grundriß der lat. Declination, Lpz. 1866, s. 39:

Quoiús formá virtútei — párisumá fúit.

Inschriften auß dem hain von Pisaurum.

C. I. L. n. 173.   C. I. L. n. 177
        (mit weglaßung der lezten drei zeilen).

IVNONE · RE[GINA]   MATRE
MATRONA   MATVTA
PISAVRESE   DONO · DIIDRO
DONO · DEDROT   MATRONA

Die inschriften gehören der zeit vor dem zweiten Punischen kriege an, fallen also etwa ins ende des fünften oder in den anfang des sechsten jarhunderts der statt.

Sendschreiben der consuln an die Teuraner in betreff der Bacchanalien
(senatus consultum de Bacchanalibus) a. u. c. 568 (v. Chr. 186).
C. I. L. n. 196.

Q. *Marcius L. f., S(p.) Postumius L. f. cos. senatum consoluerunt n. Octob. apud aedem Duelonai. Sc(ribendo) arf(uerunt) M. Claudi(us) M. f., L. Valeri(us) P. f., Q. Minuci(us) C. f.*

De Bacanalibus quei foideratei esent ita exdeicendum censuere.

Neiquis eorum Bacanal habuise velet. Sei ques esent, quei sibei deicerent necesus ese Bacanal habere, eeis utei ad pr(aetorem) urbanum Romam venirent deque eeis rebus, ubei eorum verba audita esent, utei senatus noster decerneret, dum ne minus senatorbus C adesent, quom ea res cosoleretur. Bacas vir nequis adiese velet ceivis Romanus neve nominus Latini neve socium quisquam, nisei pr(aetorem) urbanum adiesent isque de senatuos sententiad, dum ne minus senatoribus C adesent, quom ea res cosoleretur, jousiset. Censuere.

Sacerdos nequis vir eset. Magister neque vir neque mulier quisquam eset. Neve pecuniam quisquam eorum comoinem habuise velet neve magistratum, neve pro magistratud neque virum neque mulierem quiquam fecise velet. Neve post hac inter sed conjourase neve comvovise neve conspondise neve conpromesise velet neve quisquam fidem inter sed dedise velet. Sacra in oquoltod ne quisquam fecise velet, neve in poplicod neve in preivatod neve exstrad urbem sacra quisquam fecise velet, nisei pr(aetorem) urbanum adieset isque de senatuos sententiad, dum ne minus senatoribus C adesent, quom ea res cosoleretur, jousiset. Censuere.

*Homines plous V oinvorsei virei atque mulieres sacra ne
quisquam fecise velet, neve inter ibei virei plous duobus
mulieribus plous tribus arfuise velent, nisei de pr(aetoris)
urbani senatuosque sententiad, utei suprad scriptum est.*

*Haice utei in coventionid exdeicatis ne minus trinum noun-
dinum; senatuosque sententiam utei scientes esetis —
eorum sententia ita fuit: sei ques esent, quei arvorsum
ead fecisent, quam suprad scriptum est, ceis rem capu-
talem faciendum censuere — atque utei hoce in tabolam
ahenam inceideretis, ita senatus aiquom censuit; uteique
eam figier joubeatis, ubei facilumed gnoscier potisit; at-
que utei ea Bacanalia, sei qua sunt, exstrad quam sei quid
ibei sacri est, ita utei suprad scriptum est, in diebus X,
quibus vobeis tabelai datai erunt, faciatis utei dismota sient.*

Das Soranische epigramm.
C. I. L. n. 1175.

Die weiteren zwischenräume bezeichnen auf dem steine selbst
die enden der saturnischen verse.

```
M · P · VERTVLEIEIS · C · F ·
QVOD · RE · SVA · D[I]FEIDENS · ASPER[E]
AFLEICTA           · PARENS · TIMENS
HEIC · VOVIT · VOTO · HOC
SOLVT[O]      [DE]CVMA · FACTA
POLOVCTA LEIBEREIS · LVBE[N]
TES        DONV · DANVNT ·
HERCOLEI · MAXSVME ·
MERETO          SEMOL · TE
ORANT · SE · [V]OTI · CREBRO
CONDEMNES
```

Das Soranische epigramm. 195

Die verse von Ritschl (de miliario Popilliano deque epigr. Sorano, progr. v. 3. Aug. 1852, Bonn) folgendermaßen her gestelt:

Quod ré suá d[i]ffeidens — ásper[é] afleicta
Paréns timéns heic rácit — cóto hác solút[o]
[De]cumá factá poloúcta — leibereis lubé[n]tes
Doná danúnt Hércolei — máxsumé méreto.
Semól te oránt se [v]óti — crébro cóndémnes.

Die lezte zeile bedeutet: zugleich bitten sie dich, sie noch oft (zur zalung) eines gelübdes zu verurteilen, nämlich indem du das gebet erhörst, für dessen erhörung sie etwas gelobt haben.

Glossar.

Da in allen vor stehenden denkmälern doppelconsonanten nicht geschriben werden, genügt es für alle fälle, wo ein einfacher consonant statt des doppelten steht, auf §. 157, a (s. 256) zu verweisen.

A.

Abdoucit (abdūcit); *ou* §. 50; §. 293 (s. 785, II, b).
adiese für *adiise* (adiisse); dissimilation §. 52 (s. 95, 97); schwund des *v* §. 157, f.
adieset (adiisset), *adiesent* (adiissent), s. *adiese*.
afleicta (afflicta). Die etymologie von *flīgo* ist nicht klar, daher *ei* villeicht nicht steigerungsvocal, sondern bloß graphischer außdruck für *ī;* der lange vocal ist auß dem praesensstamm in die übrige verbalbildung ein gedrungen.
aide (aedem); *ai* und wurzel §. 49 (s. 91); schwund des *m* §. 159 (s. 272).
aidilis (aedilis) s. *aide.*
aiquom (aequum); *ai* §. 49 (vgl. Corssen, Krit. Beitr. s. 255 u. des selb. Krit. Nachtr. s. 237); *o* §. 46, 3.
Aleria (Aleriam); schwund des *m* §. 159 (s. 272).
arf(uerunt) (adfuerunt); *r* vgl. das Umbrische §. 161.
arfuise (adfuisse) s. *arfuerunt.*
arvorsum (adversum); *r* s. *arfuerunt; o* §. 46, 3. — Construction, ab weichend vom späteren gebrauche, mit dem ablativ.
asperē; §. 251 (s. 553, anm. 2).

B.

Baca (Βάχχη), Bachuspriesterin, davon *Bacānal,* Bachusfest; *c* für *cc,* diß für *χχ,* da in älterer zeit die Römer die griech. aspiraten durch die entsprechenden tenues auß drükten.

C.

Caputalem (capitalem); *u* vgl. §. 52 (s. 97).

ceivis (civis); wurzel nach Curtius, Grundzüge n. 45, *ki* (vgl. qui-es, κεῖ-μαι §. 151, 1); *ei* §. 49 (s. 90).
censōr (censŏr); *s* = ält. *st*, §. 157, b; suffix §. 225 (s. 447); nominativform §. 246 (s. 529), §. 55 (s. 100).
censuere; außlaut §. 159 (s. 273).
Cisauna (Cisaunam); schwund des *m* §. 159 (s. 272).
comoinem (communem); *oi* §. 49 (s. 91).
conjourase (conjūrasse, conjūravisse); *jourare* für **jous-are* von *jous*, s. zu *jousiset; r* §. 157, e; perfectbild. §. 301, 2; schwund des *v* §. 157, f.
conpromēsise (compromīsisse); da *mīsi* auß **mit-si* durch ersazdenung (§. 157, a, vgl. §. 301, 1), ist *ē* der graph. außdruck für die irrationale, nach *e* neigende außsprache des *ī*, wofür sonst *ei* geschriben wird, z. b. *promeisserit*.
consol (consul); ableitung u. form s. Corssen, Krit. Nachtr. s. 260 ff.; *o* vor *l* vgl. §. 52 (s. 96); nominativform §. 246 (s. 529).
cōsentiont (consentiunt); *ō*, schwund des *n* §. 157, a; *o* §. 46, 3, §. 267 (s. 683).
Corsica (Corsicam), schwund des *m* §. 159 (s. 272).
cōsoleretur (consuleretur); schwund des *n* §. 157, a; neben *consoluerunt* im senatus cons. de Bacch.; *o* s. *consol*.
cōventionid (conventione, contione); schwund des *n* in der zusammensetzung vor *j*, *v*, *s* in der älteren sprache ser häufig, vgl. §. 157, a; ablativform §. 251 (s. 553).

D.

Danunt (dant); §. 293, IV (s. 785).
datai (datae); *ai* §. 247 (s. 535.)
decuma (decima); grundform §. 241, 10; *u* §. 46, 3.
dedēt (dedit); §. 291 (s. 739, 742).
dedro (dedĕrunt, dedērunt); schwund des *ĕ* §. 46, 1; §. 56; *o* §. 46, 3, §. 47, 3; außlaut §. 159 (s. 273).
dedrot s. *dedro;* schwund des *n*, vgl. §. 157, a.
deicerent (dicerent); *ei* §. 49 (s. 90), §. 293, II, b.
difeidens (diffidens); *ei* §. 49 (s. 90); §. 293 (s. 785), II, b; construiere: *re sua aspere afleicta difeidens*, d. h. 'besorgt über sein hart gefärdetes vermögen' *(res* hier warscheinlich 'vermögen', villeicht 'verhältnisse' überhaupt).

dismota (dimota), vgl. §. 157 (s. 260).
dono (donum); *o* §. 47, 2 (s. 85); schwund des *m* §. 159 (s. 272).
donu (donum); schwund des *m* § 159 (s. 272).
Duelonai (Bellonae); *dv* = späterem *b*, §. 158 (s. 269); *ai* §. 252 (s. 558).
duonoro (bonorum); *dv* s. *Duelonai;* -*ro(m)* §. 47, 2, §. 159 (s. 272), §. 253 (s. 563).

E.

Eād (eā); §. 251 (s. 553).
eeis (eis); §. 261 (s. 587).
exdeicatis (ēdicatis) s. *deicerent*.
exdeicendum (ēdicendum) s. *deicerent*.
exstrād (extrā); *xs* ältere pleonast. schreibung für *x*; *d* §. 251 (s. 553).

F.

Facilumēd (facillimē); *u* §. 46, 3; superlativbild. §. 157 (s. 262. b), §. 236; -*ēd* §. 251 (s. 553. anm. 2).
figier (figi); §. 230 (s. 474).
filios (filius); *o* §. 47, 2.
foideratei (foederati); *oi* §. 49 (s. 91); endung §. 247 (s. 534).
formā (formā); §. 55.
fuēt, fūit, fuīt (fūit); *ē, ī* §. 291 (s. 739); *ū* §. 291 (s. 740).

G.

Gnaivōd (Gnaeō); §. 159 (s. 272); §. 251 (s. 553).
gnoscier (nosci); *g* §. 158 (s. 269); infinitivform §. 230 (s. 474).

H.

Haice (haec), nom. acc. pl. ntr., §. 264; vgl. s. 625.
heic (hīc), adv.; nachtr. zu s. 629; vgl. *quiquam*.
Hercolei (Herculi); *o* §. 52 (s. 96); endung §. 254 (s. 568).
hīc, hēc, nom. sg. msc., §. 264 (s. 625).
hoce (hoc); §. 264 (s. 626), §. 157 (s. 260).
honc (hunc); §. 47, 2; §. 264 (s. 625. 626).

I.

Ibei (ibi) s. *ubei*.

inceideretis (incideretis); *ei* auß *ae (caedo)*, §. 54; wurzel warscheinlich *scid (scind-o); ae* §. 49, §. 293 (s. 785).

J.

Joubeatis (jubeatis): *joubeo* nach Corssen, Ausspr. u. Vocalism. II, 50, auß **jous-hibeo* (habeo) durch die mittelstufen **jousibeo*, **jousbeo; jous* §. 50 (s. 93), §. 230 (s. 471); in *joub-eo* (später *jūbeo*) wurde *joub* als verbalstamm auf gefaßt, daher perf. **joub-si, jous-si (jussi)*, §. 301, 1 (doch s. Corssen, Krit. Beitr. 420).
jousiset (jussisset) s. *joubeatis*.
Junone (Junoni); §. 254 (s. 568).

L.

Leibereis (liberi): *ei* der stamsilbe, da die ältere form *loebesum* überlifert ist, geschwächt auß *oe, oi; oi* villeicht zweite steigerung von *i* der wurzel *lib*, vgl. Curtius, Grundzüge n. 545; pluralform §. 247 (s. 534).
Loucanam (Lucaniam); *ou* §. 50 (s. 94).
Lūcius (Lūcius), *Luciom; ū* §. 50 (s. 94); *ī*, vgl. die entsprechenden osk. formen §. 68, 2; *o* §. 47, 2.

M.

Magistratūd (magistratū); §. 251 (s. 553).
matrē (matri); §. 254 (s. 568).
matrona (matronae), nom. pl. fem.; nachtr. zu s. 535.
Matulā (Matutae), dat. sg. fem., §. 255 (s. 572).
maxsumē (maxumē); *xs* s. *ʾexstrad; ē* §. 251.
meretō[d] (merito); *e* = späterem *i*, vgl. §. 57; *-ō[d]* §. 251 (s. 553).

N.

Necesus (necesse); nach Corssen, Krit. Nachtr. 273 erstarte nominativform, an gewant wie der daneben vor kommende accusativ *necessum*, etymol. ebenda.
nei (nē).
nisei (nisi) s. *sei*.
nominus (nominis); §. 252 (s. 557).

O.

Oino (ūnum); *oi* §. 49 (s. 91); *o* §. 47, 2; schwund des *m* §. 159 (s. 272).

oinvorsei (universi); *oi* §. 49 (s. 91); schwund des *i* vgl. §. 56; *o* §. 46, 3 ende; *ei* §. 247 (s. 534).

omne (omnem); schwund des *m* §. 159 (s. 272).

optumo (optimum); grundform §. 46, 3; superlat. §. 236; schwund des *m* §. 159 (s. 272).

oquoltōd (occultō); wurzel *kal; qv* nach §. 151, 1; *o* der stamsilbe §. 46, 3 ende; ablat. §. 251 (s. 553).

P.

Parisumā (parissimā); *u* §. 46, 3; *ā* §. 55.

patrē; ē §. 55, §. 251 (s. 553 u. nachtr. dazu); schwund des *d* §. 159 (s. 272).

Pisaurēse (Pisaurensēs); außfall des *n* §. 157 (s. 258); schwund des außlaut. *s* §. 159 (s. 271); nach Bücheler, Grundriss der lat. Decl., s. 16, auß *Pisaurensēs* mit erhaltener ursprüngl. endung der cons. declin., vgl. s. 534.

ploirumē (plurimi), nom. pl. masc.; grundform §. 235 (s. 491), vgl. §. 232 (s. 481); *r* §. 157. c; *u* §. 57; *ē* §. 49 (s. 91), §. 247 (s. 534).

plous (plūs); §. 232 (s. 481).

poloucta (pollūcta) von *poloucēre, pollūcēre;* der lange vocal ist auß dem praesensstamm in die flexion ein gedrungen; *pollucere* heißt ein opfer mit opfermalzeit dar bringen, deren kosten hier bestritten werden durch die *decuma* (den zehnten) irgend einer nicht näher bezeichneten summe; *decuma facta poloucta* (ablat. absol.): 'nachdem sie den zehuten gemacht (ab geteilt) und dar gebracht haben'.

poplicōd (pūblicō); C. I. L. n. 185, 186 *poublicom*, nach Corssen, Aussprache und Vocal. durch steigerung auß dem stamme *pŏpulo-, pŏplo-,* doch widerspricht *ou,* dem *u* zu grunde ligen müste; ablativform §. 251 (s. 553).

potisit (possit); *poti* §. 47, 2, §. 226 (s. 453); außfall von *i,* vgl. §. 56.

preivatōd (privatō); ablativf. §. 251 (s. 553).

Q.

Quei (qui), nom. sg. msc., §. 264 (s. 625).
quei (qui), nom. pl. msc., §. 264 (s. 627).
quēs (qui), nom. pl. pron. indef. (nom. sg. *quis);* im senatus cons. immer von dem selben casus des pron. relat. *(quei,* nom. sg. *quei)* unterschieden; §. 264 (s. 627).
quīquam, für älteres *quei-quam,* loc. sg. des stammes *quo-,* s. nachtrag zu s. 629; bedeutung 'in irgend einem puncte, irgendwie', vgl. Bücheler, Grundriss 63.
quoius (cujus); §. 264 (s. 628); *cu-* = *quo-,* §. 158 (s. 270).
quom (quum); *o* §. 46, 3.

R.

Re[ginā] (reginae), dat. sg. fem., §. 255 (s. 572).

S.

Samnio (Samnium); *o* §. 47 (s. 85); schwund des *m* §. 159 (s. 272).
Scipiō; ō §. 55.
Scipione (Scipionem); schwund des *m* §. 159 (s. 272).
sēd (sē); §. 265 (s. 648).
sei (si), auß ursprüngl. *svai,* osk. *svae,* loc. fem. des reflexiostammes *sva-* (Corssen, Ausspr. u. Vocal. I, 340); schwund des *v,* vgl. §. 47, 2. §. 154, 3.
semol (simul); *e,* vgl. *semel, simplex* §. 237, 1 (griech.).
senatorbus (senatoribus); im senatus cons. einmal neben mermaligem *senatoribus,* daher villeicht nur schreibfeler; wenn richtig, ein beispil von erhaltener conson. declination (Bücheler, Grundriss 64).
senatuos (senatūs); §. 252 (s. 558); lautgesetze §. 50 (s. 93), §. 154, 3.
sententiād (sententiā); §. 251 (s. 553).
sibei (sibi); §. 265 (s. 647).
sient (sint); §. 290 (s. 717), §. 48, 2.
socium (sociorum); §. 253 (s. 563).
suprād, wie *exstrād.*

T.

Tabelai (tabellae); *ai* §. 247 (s. 535).

tabolam (tabulam); *o* §. 52 (s. 96).
Taurasia (Taurasiam); schwund des *m* §. 159 (s. 272).
Tempestatebus (Tempestatibus); §. 49 (s. 90).
trinum noundinum (tr. nūndinum); *ou* §. 50 ende; ursprüngl. gen. pl., §. 253 (s. 563), doch *noundinum* nach Bücheler, Grundriss 44, nicht von *noundinae* (der neunte tag), sondern von *noundinum* (der zeitraum zwischen zwei *noundinae*).

U.

Ubei (ubi); nach Corssen, Ausspr. u. Voc. II, 148, Krit. Beitr. 203, ist *-bei* dativsuffix, s. §. 265; anlaut §. 158 (s. 270).
urbe (urbem); schwund des *m* §. 159 (s. 272).
utei (uti, ut); nach Corssen, Ausspr. u. Voc. II, 262 (vgl. jedoch dess. Krit. Nachträge 27) auß *cu-tei*, älter *quo-tei; -tei*, loc. des pronominalstammes urspr. *ta-*, vgl. §. 254 (s. 568), nachtr. zu s. 629; anlaut §. 158 (s. 270).

V.

Vertuleieis (Vertuleji); §. 247 (s. 534).
virei (viri); §. 247 (s. 534).
viro (virum); *o* §. 47, 2; schwund des *m* §. 159 (s. 272).
virtutei (virtuti); §. 254 (s. 568).
vobeis (vobīs); §. 266 (s. 654).

A. Leskien.

VI.
Oskisch.

Nationales alphabet.

Mommsen, Unterital. Dialekte, taf. I.

Die schrift läuft von rechts nach links.

Inschrift eines steines auß Pompeji,

gefunden auf der zwischenwand zwischen dem Isistempel und der so genanten curia Isiaca, in nationaler schrift (Mommsen, Unterit. Dial. s. 183, taf. X). Lange vocale sind zum teil durch verdoppelung auß gedrükt.

---

* die in diser zeile vor kommenden ligaturen sind mittels der folgenden umschreibung und des oben mit geteilten alphabetes leicht zu deuten.

† auf dem steine steht irtümlich ein punct nach prú.

Umschreibung.

v. aadiraⁿs v. eítiuvam paam
verciiaí púmpaiianaí trístaa-
mentud deded eísak eítiuvad
v. viínikiís mr. kvaísstur púmp-
aiians tríibúm ekak kúmben-
nieís tanginud úpsannam
deded ísídum prúfatted.

Lateinische übersetzung.

Vibius Adiranus Vibii (filius) pecuniam quam reipublicae Pompejanae testamento dedit, illa pecunia Vibius Vinicius Marae (filius) quaestor Pompejanus aedificium hic conventus sententia operandum (faciendum) dedit, idem probavit.

Auß der tabula Bantina.

Die so genante tabula Bantina, das bruchstück einer gröBeren bronzetafel, enthält einen teil des zwischen den jaren 573 und 636 d. st. dem Lucanischen stätchen Bautia von Rom auß gegebenen statrechts in lateinischer schrift (*v* und *u* nicht geschiden). Mommsen, Unterital. Dial. s. 145. Kirchhoff, Das Stadtrecht von Bautia, Berlin 1853.

Sanctionsformel am schluß von §. 2.

svae pis contrvd exeic fefacrst arti comono hipvst molto etanto estvd n. ⅭⅮ in*) svae pis ionc fortis meddis moltarm herest ampert minstreis aeteis citvas moltas moltarm licitvd.

Lateinische übersetzung.

Si quis contra hoc fecerit aut comitia habuerit, multa tanta esto n. MM. Et si quis cum forte magistratus multare volet, intra minorem partem familiae (pecuniae?) multae multare liceto.

---
*) abbreviatur für *inim*.

Anfang von §. 4.

pon censter bansae*) tortam**) censazet pis cers bantins fest censamer eserf in eitram.

Lateinische übersetzung.

Quum censores Bantiae populum censebunt, qui civis Bantinus fuerit, censetor — et pecuniam.

Auß §. 5.

svae pis op eizois com altrrd***) ligud acem herest arti pru medicated manim aserem eizazene egmazem pas exaiscen ligis scriftas set ne pim†) pruhipid mais zicolois X nesimois.

Lateinische übersetzung.

si quis apud illos (den vorher genanten magistratspersonen) cum altero lege agere volet aut pro (coram) magistratu manum asserere illarum rerum, quae hisce in legibus scriptae sunt, ne quem prohibuerit (subject des verbums einer der vorher genanten magistrate) magis diebus X proximis.

---

*) auf der tafel verschriben *sansae*.
**) auf der tafel verschriben *tavtam*.
***) auf der tafel *atrrd*.
†) auf der tafel *phim*.

Glossar.

Für die bedeutung der worte sehe man die lateinische übersetzung. Die ordnung nach dem osk. alphabet; neuosk. *c* unter *k*, *í* unter *I*, *x* unter k, *o* unter *ú*.

A.

Aadirans; §. 68, 2; §. 246 (s. 530).
aeteis, gen. sg., §. 252 (s. 559); bedeutung *pars* sicher, doch die herleitung zweifelhaft.
acum; §. 164, §. 65 anm., §. 216 (s. 381).
altrud; u = ū §. 65; §. 251 (s. 553).
ampert, praepos.; bedeutung nach Corssen, Ztschr. V, 108.
aserum; *s* = *ss*, *asserum* für *az-serum*, *az* = *at-s* (§. 165); der bedeutung nach = lat. *ad*, vgl. Corssen, Ztschr. III, 293.

B.

Bansae, loc. sg. fem., §. 254 (s. 568); *s* §. 164.
Bantins; §. 68, 2; §. 246 (s. 529).

D.

Deded; §. 291 (s. 745); über den außlaut vgl. §. 159 (s. 272).

E.

Egmazum; §. 253 (s. 563); *z* §. 165; nom. sg. *egmo*.
ekak, adverbiell gebrauchter ablat. sg. fem. des pronominalstammes *eko-*; der form wegen vgl. eísak.
exo-, pronominalstamm; *exeic (exei-c)*, loc. sg. ntr., §. 258 (s. 568), mit angehängter partikel (lat. *ce, c*); *exaiscen (exais-c-en)*, abl. pl. fem., §. 261 (s. 587), mit der selben partikel und suffigierter praeposition *en* (lat. *in*; osk. *é*, lat. *i* = urspr. *a* §. 65).

estud; u = ū §. 65; *d* §. 159 (s. 273), §. 275 (s. 678).
esuf, ntr. sg. Die bedeutung ist nicht sicher gefunden; am warscheinlichsten nach Curtius, Ztschr. IV, 236, 'Gewese, Gut'.
etanto; §. 65, anm. 2; §. 246 (s. 530).
eisú-, *eizo,* pronominalstamm; *z* §. 165; eísak, abl. sg. fem., mit verlust des auß lautenden *d* (§. 251, s. 553) vor d. an gehängten partikel *k* (vgl. *exei-c); eizois,* §. 261 (s. 587); *eizazunc (= eizazum-c),* §. 253 (s. 563).
eitiuva-, nom. eítiuvú; wurzel warscheinlich *i* (gehen), daher ei, §. 66; neuosk. *eitua,* §. 165; *eituam,* acc. sg. eitiuvad, §. 251 (s. 553); *eituas,* §. 252 (s. 559).

V.

Vereiiai (= verejai), §. 255 (s. 572); ableitung und bedeutung nicht ganz klar; die übersetzung *reipublicae* nach Mommsen.
viínikiís; ií §. 66, anm.; suffix und nominativform §. 68, 2; §. 246 (s. 530).

Z.

Zicolois, §. 261 (s. 587); *z* §. 165.

H.

Herest, §. 302, 2; für den stamm vgl. §. 293, V. umbr. (s. 789).
hip-; §. 68, anm., §. 164; *hipust,* §. 291 (s. 745), §. 302, 4. 7; *pru-hipid,* 3. sg. opt. perf., §. 302, 3.

C.

Cevs; §. 68, 2, §. 246 (s. 529); e = ē, vgl. lat. *ceivis.*
*censaum (censere); *censamur,* 3. sg. imp. med.-pass.; *mu* vgl. §. 287 (s. 785 umbr.), *r* wäre dann das reflexivpron., §. 287; construction wie lat. *rem censeri; censazet,* §. 302, 2; *z* §. 165, *-et = ent,* §. 164, vgl. §. 65.
censtur, §. 247 (s. 535); *st* §. 164; *u = ū,* §. 65.

K.

Kvaisstur; ss nur graphisch für s; ai §. 66; u = ū, §. 65; nominativform §. 246 (s. 529).

kúmbennieís; nn nur graphisch für n; §. 252 (s. 559); wurzel §. 164; suffix -iñ-m, §. 217 (s. 390), lateinisch entspräche ein st. *conveniu-m. Bedeutung nach Mommsen *conventus i. e. senatus.*
comono, acc. pl. ntr. (nom. sg. *comonom*), §. 65, §. 250 (s. 518).
contrud, praepos. (vgl. lat. *extrad, suprad)*; form §. 251 (s. 553); *u = ú*, §. 65. Construction mit dem locativ: *contrud exeic.*

L.

Lig-, nominalstamm; *ligud* §. 251 (s. 553); *ligis* für *ligiss*, §. 261 (s. 587).
licitud, §. 159 (s. 273), §. 275 (s. 678); *u = ú*; §. 65.

M.

Mais (zu sprechen *maïs*, weil der diphthong *ai*, altosk. aí, auf der tab. Bant. durch *ae* gegeben wird), zunächst für **majis*, vgl. altosk. Maiiúí d. i. Majiúí = lat. Magio (nom. propr., dat. sg.), und lat. *major*, §. 232 (s. 481).
manim, acc. sg., als *i*-stamm behandelt, vgl. *castrūd*; §. 251 (s. 553).
meddis, altosk. meddíss; *ss (s)* assimilation auß *ks (μεδδειξ* auf einer inschrift mit griech. buchstaben), dat. medíkeí; vgl. Corssen, Ztschr. XI, 332.
medicatud, §. 251 (s. 553); als *o*-stamm behandelt.
minstreis, wörtlich = lat. ministri, §. 233 (s. 487); osk. *mins*- für *minis*, vgl. §. 232 (s. 481); gen. sg. §. 252 (s. 559).
moltaum; §. 65, anm. 1, §. 216 (s. 381).
molto; §. 65, anm. 2; §. 246 (s. 530); *moltas*, §. 252 (s. 559).

N.

N., römische nota für *nummi*.
nęsimois, §. 261 (s. 587); ableitung von wurzel *nec (nec-tere)*, *nch*, s. Corssen, Ztschr. III, 249.

P.

Po-, pronominalstamm, §. 164; *pas*, §. 264 (s. 627) u. §. 247 (s. 535); paam, acc. sg. fem.; das *a*, wenn es nicht ein feler der schreibung ist, zeigt die ursprüngliche länge des femininstammes, gegen §. 65, anm. 2.

pis, §. 164; *pim*, acc. sg.
pru; u = ū (lat. prō), §. 65.
pruhipid s. *hip-*.
prúfatted, §. 302, b; *f*, vgl. §. 164.
pùmpaiians (das zweite i = *j*); §. 68, 2, §. 246 (s. 530); *p* §. 164; pùmpaiianaí, §. 255 (s. 572).
pon = lat. *quu-m*, älter *quo-m*, §. 164.

S.

Set; c §. 65; schwund des *n*, §. 164.
srae s. das lat. *sei*.
scriftas, §. 247 (s. 535); *f*, §. 164.

T.

Tanginud, auf andern denkmälern tanginúd; §. 251 (s. 553); u = ū, §. 65.
tristaamentud; §. 251 (s. 553); u = ū, §. 65.
tríibum, acc. sg. Bedeutung *aedificium* nach Corssen, Ztschr. XIII, 179 ff.
tovtam, nom. *tovto*, altosk. túvtú, vgl. 165; *ov*, úv, §. 67.

F.

Fefacust, §. 291 (s. 745), §. 302, 7; *a*, §. 68, 1.
fust, §. 302, 4.

I.

I-, pronominalst.; ísidum, is-í-dum, nom. sg. mit den partikeln í, vgl. §. 264 (s. 625), und dum (lat. *dem)*; í, §. 66, 2; *ionc*, acc. sg. msc. = *iom-c*, mit an gehängter partikel *c*.

U.

úpsannam; ú §. 65; vocalaußstoßung §. 68, 2; s, §. 165; un, §. 165.

A. Leskien.

VII.
Umbrisch.

Nationales alphabet.

Aufrecht und Kirchhoff, Umbrische Sprachdenkmäler, taf. 1.

Ʌ	MM	8	Ǝ	⋑	ꓶ	ꓕ	⊗	I	ꓘ	ꓕ	MM	Ʌ
a	b	e	v	z	h	i	k	l	m

ꓕ	ꓭ	8	V	ꓕ	ƧM	D	ꓕ	MN
n	p	r	s	t	u	f	ç	r̩

Vgl. Comp. §. 58. Die schrift läuft von rechts nach links. Die umbrisch-latein. schrift scheidet nicht *v* von *u*, bezeichnet aber ç durch **ⳅ**.

Auß den Iguvinischen tafeln.

Diese (7 erztafeln) wurden gefunden in der umbrischen statt Iguvium (jezt Gubbio) und bilden den bedeutendsten rest der umbrischen sprache, da außerdem nur eine geringe anzal kleiner inschriften in der selben erhalten ist. Von inen sind taf. I, a, b (vorder- und rükseite), II, a, b, III, IV, V, a, ein teil von V, b in nationaler, der andere teil von V, b, VI, a, b, VII, a, b in lateinischer schrift. Taf. I, a, b stimt zum teil überein mit VI, a, b und VII, a, indem die lezteren drei stücke eine weitere außfürung des inhalts der ersteren sind. Die genanten tafeln enthalten die vorschriften über die verschidenen opfer, die bei einer sünung des hügels (ocris, okar), auf dem die statt Iguvium oder der innere teil der selben ligt, und des ganzen stattgebiets (popler anferener et ocrer pihauer i. e. populi lustrandi et collis piandi sc. causa) vor zu nemen sind und die dabei an zu wendenden gebetsformeln in großer außfürlichkeit (die lezteren nur auf den tafeln in lateinischer schrift). Das ganze ist ein geleitet durch die beschreibung eines vorher ein zu holenden auguriums. — Taf. II, a enthält die beschreibung von opfern des Attidischen priestercollegiums (frater Atiieŗiur), III und IV bestimmungen über privatheiligtümer der selben brüderschaft, V, a, b decrete und andere aufzeichnungen der Attidier, II, b die beschreibung eines bundesopfers von 10 verbündeten umbrischen stätten. Das nähere s. man bei Aufrecht und Kirchhoff.

Taf. I, a, z. 2, 3.

Pre veres Treplanes Juve
Krapuvi tre buf fetu.

Übersetzung.

Ante portam Trebulanam Jovi Grabovio tres boves facito (i. e. sacrificato).

Taf. I, b, z. 10.

Pune puplum aferum heries, avef anzeriatu etu.

Übersetzung.

Quum populum circumferre (i. e. lustrare) voles, aves observatum ito.

Taf. V, a, z. 22—27.

APE:FRATER:ÇERSNATVR:8VRENT:
EHVELKLV:8EIA:8RAÞEKS:VTE:KVESTVR:
SVE:REHTE:KVRATV:SI:SVE:MESTRV:KARV:
8RATRV:ATIIEŖIV:PVRE:VLV:BENVRENT:
PRVSIKVRENT:REHTE:KVRATV:ERV:EŖEK:
PRV8E:SI:

8ENVR". 7.

Ape frater çersnatur furent,
ehvelklu feia fratreks ute kvestur,
sve rehte kuratu si. Sve mestru karu
fratru Atiieŗiu, pure ulu benurent,
prusikurent rehte kuratu eru, eŗek
prufe si.

Übersetzung.

Postquam fratres cenati fuerint, decretum faciat magister aut quaestor, si recte curatum sit. Si major pars fratrum Attidiorum, qui illuc (?) venerint, censuerint recte curatum esse, tum probe sit. Aufrecht u. Kirchhoff, U. Spr. II, 335.

Taf. VI, a, z. 22—25.

Pre vereir Treblaneir Ivve Grabovei brf treif fetr
(s. oben, tafel I, a); *eso naratv resteis: teio*) srbocav srb-
oco, Dei Girabovi, ocriper Fisiv, totaper Iiovina, erer
nomneper, erar nomneper; fos sei, pacer sei ocre Fisei,
tote Iiovine, erer nomne, erar nomne.*

Übersetzung.

Ante portam Trebulanam Jovi Grabovio boves tres facito;
hoc narrato vestitus: te precor preces, Dium Grabovium, pro
colle Fisio, pro civitate Iguvina, pro ejus (collis) nomine, pro
ejus (civitatis) nomine; favens sis, pacatus sis colli Fisio, civitati
Iguvinae, ejus (collis) nomini, ejus (civitatis) nomini.

Taf. VI, b, z. 10, 11.

*Fisovie Sancie, ditv ocre Fisi, tote Iovine, ocrer Fisie,
totar Iovinar deperses, peterperses fato —*

Übersetzung.

Fisovie Sancie, dato colli Fisio, civitati Iguvinae, collis
Fisii, civitatis Iguvinae bipedibus, quadrupedibus fatum (?) —

Taf. VI, b, z. 48.

Pone poplo afero heries, avif aseriato etv (s. o., taf. I. b).

Übersetzung.

Quum populum circumferre (i. e. lustrare) volet, aves ob-
servatum ito.

---
*) l. *tio*.

Taf. VI, b, z. 62—65.

Ape este dersicvrent, eno deitu: etato, Iiovinur (I, b. enumek: etatu, Ikuvinus), *porse perca arsmatia habiest. Ape este dersierst, deti ambretvto evront. Ape termnome covortvso, svrvront pesnimvmo, svrvront deitv: etaians, deitv. Enom tertim ambretvto. Ape termnome benvrso, svrvront pesnimvmo, svrvront deitv: etaias. Eno prinvater çimu etvto erafont via, pora benvrso* (taf. I, b. enumek prinuvatus çimu etutu, erahunt vea çimu etutu prinuvatus).

Übersetzung.

Postquam ita (das voran stehende gebet) dixerint (subject der volzieher der handlung, arfertur, und seine begleiter, prinuvatus, die der selbe sogleich als Iguvini an redet), tum dicito: itatum Iguvini, qui — — habebit (d. i. der arfertur). Postquam ita dixerit, iterum ambeunto iidem. Postquam ad terminum (se) converterunt, deinde precantor, deinde dicito: itent (indirecte rede, des arfertur an seine begleiter, dem directen *itatum* entsprechend). Tum tertium ambeunto. Postquam ad terminum venerunt, deinde precantor, deinde dicito: itent (wie oben). Tum privati retro eunto easdem vias, quas (?) venerunt (I, b. Tum privati retro eunto, eadem via retro eunto privati).

Glossar.

Die bedeutung der worte gibt die lateinische übersetzung. Die ordnung ist die des lateinischen alphabets, doch steht c unter k; ç, ŗ am ende.

A.

Aferum, *afero*, auß *amb* (lat. *amb*, vgl. umbr. *ambr-etuto*) und wurzel *fer* (vgl. *anferener* circumferendi); infin. §. 216 (s. 381); abfall von *m*, §. 160.

ambretuto s. *etu*.

anzeriatu, *aseriato*, supinum (vgl. §. 227, s. 459 lat.) vom ab geleiteten verbalst. *seria-* (vgl. §. 290, s. 718), zusammen gesetzt mit einer praeposition, deren reine form nicht klar ist, daher auch z unerklärt.

arsmatia s. *perca*.

Atiieŗiu, gen. pl., §. 253; nom. sg. Atiieŗis; abfall von m §. 160; u §. 60; ŗ §. 161.

avef, *arif*, acc. pl., §. 250 (s. 548); e, *i*, §. 61.

B.

Ben-; §. 161; benuso, §. 303, 3, für *benusont*, vgl. lat. unter *dedro;* benurent, §. 303, 4.

buf, *buf*; §. 250 (s. 548); stamm *buv-*, *bu-*, z. b. ablat. *bue*.

D.

Dei, acc. sg. msc.; stamm *deivo* (*ei* §. 61), *deio-*, (schwund des *v*, §. 162), *dio-*, acc. *dio-m*, darauß *dīm* (§. 162, §. 249), *di*, *dei* (*i*, *ei* §. 161); schwund des *m* §. 160.

deitu; §. 275 (s. 679), vgl. *feitu, fetu,* §. 293 (s. 789 V); *u = ū* §. 60.

dersicurent; §. 303, 4; perfectst. §. 291 (s. 745); *rs* §. 161; *c* der reduplicationssilbe für *i; dersicust,* §. 303, 4.
ditu; §. 275 (s. 679); praesensstamm §. 293 (s. 789); *i* §. 60; *u = ü* §. 60.
dupursus; §. 261 (s. 587); auß laut. *s* §. 162; *du-*, vgl. §. 62, 3; *purs-,* §. 60, §. 161.
duti, adverb. acc. sg. (stamm *dutio-)* für *dutim,* §. 63, §. 249 (s. 542). vgl. *tertim;* wie *ter-tio-* so *du-tio-* vom zalwort ursprüngl. *dva-,* vgl. §. 62, 3.

E.

Ehvelklu, acc. sg.; abfall von m, §. 160.
eno für *enom (m* §. 160), altumbr. enum in enum-e-k, mit an gehängter partikel, s. erek.
ero-, pronominalstamm; *erer,* gen. sg. msc.; *erar,* gen. sg. fem. §. 252 (s. 559); *ë* §. 61; auß laut. *r* §. 162; erahunt, abl. sg. fem., §. 251 (s. 553); *erafont,* acc. pl. fem., §. 250 (s. 548), beide mit an gehängter partikel, die nach vocalen hunt, *hont,* nach consonanten unt, *ont* lautet und in der bedeutung dem latein. *-dem* in *i-dem* entspricht, vgl. *euront.*
eru; §. 216 (s. 381); abfall von m §. 160; r §. 162.
eso, acc. sg. ntr. des pronominalstammes *eso-*.
este, adverbialform vom pronominalstamm *esto-* (lat. isto-).
eta-, ab geleiteter verbalstamm (ita-re), §. 293 (s. 789); etatu, *etuto* für etatum, *etatom,* §. 160, nach Aufrecht und Kirchhoff I, 149, II, 271 supinum, hier im sinne einer aufforderung gebraucht, so vil als '(macht euch auf) zu gehen'; *etaians, etaias (i = j,* §. 59) §. 290 (s. 718), vgl. arhabas, §. 276 (s. 684).
etu, *etu;* §. 275 (s. 679); etutu, *etuto, ambr-etuto,* §. 276 (s. 684); praesensst. §. 61, §. 293 (s. 789); in *ambr-* (osk. *amfr-), b* außnamsweise für ursprüngl. *bh.*
euront, nom. pl. des pronominalstammes *i-,* umbr. e-, (s. erek), vgl. §. 264 (s. 626); §. 247 (s. 535); *r* §. 162; *-ont* s. unter *ero-*.
erek, nom. sg. ntr. des pronominalstammes *i-,* e- §. 264 (s. 626), mit an gehäugter partikel *k,* vgl. osk. idik, der vocal vor *k* (e, i) villeicht die partikel, von der §. 264 (s. 625); r §. 161.

F.

Fato; §. 224 (s. 439); abfall von *m* §. 160.

feia, 3. sg. conj. praes. = façia, §. 289 (s. 711), vgl. feitu, fetu; praesensstamm §. 293 (s. 789); abfall von *l* §. 160.

fetu, *fetu,* auch feitu geschriben (e, ei §. 61), §. 275 (s. 679), §. 293 (s. 789 V), vgl. arveitu §. 161; *u* = *ū*, §. 60.

Fisio-; Fisiu, abl. sg. msc., §. 251 (s. 553); *u* = *ū*, §. 60; *Fisei, Fisi,* dat. sg. msc., §. 251 (s. 568), §. 61; -*ī*, -*ei* für -*iei,* -*ië* durch contraction.

Fisovie, voc. sg. msc., §. 263 (s. 592).

fos neben *fons* für **fonis,* stamm *foni-* (gen. *fonēr*), vgl. osk. *cevs,* §. 246 (s. 529); assimilation des *n,* vgl. §. 157 (s. 258) latein.

frater-; frater, §. 247 (s. 535); fratru §. 253, abfall von m §. 160; u = ū, §. 60.

fratreks, weiterbildung von frater mit suffix -ko-, -eko-; nom. sg. nach §. 63, §. 246 (s. 530); bedeutet den vorsteher des collegiums der fratres Attidii.

furent; §. 303, 2.

G.

Grabovio-; Krapuvi, *Grabovei,* dat. sg. msc., §. 254 (s. 568); i, *ei* §. 61; erweichung von p zu *b* vgl. §. 161; *Grabori,* acc. sg. msc., §. 162, §. 249 (s. 542); abfall von *m* §. 160. — *Grabovius* ist beiname mererer auf den tafeln erwänter götter, unbekanter bedeutung.

H.

Habiest; §. 303, 1; verbalst. §. 293 (s. 789).

heries; auf taf. I, b dem zusammenhange nach 2. sg. fut., §. 303, 1; verbalst. vgl. §. 293 (s. 789); *heries* auf taf. VI, a 3. sg. fut. für *heriest;* abfall von *t* §. 160.

I.

Ijovino-, Ikuvinu- (lat. Iguvino-); *Ijovina,* abl. sg. fem., §. 251 (s. 553); *Iovinar,* gen. sg. fem., §. 252 (s. 559); *r* §. 162; *Ijovine,* dat. sg. fem., §. 254 (s. 568), §. 61; Ikuvinus, *Ijovinur,* voc. pl. msc., §. 247 (s. 535); *r* §. 162.

Iuve, *Iuve;* §. 254 (s. 568), §. 61; §. 162.

K.

Karu, nom. sg. fem., §. 60; dem sinne nach mit dem verbum im plural.

corortuso, §. 303, 3, für corortusont; vgl. unter ben-; cor-, vgl. lat. unter coventionid; perfectst. vort- für vert-, §. 291 (s. 745); o vgl. das latein. §. 46, 3.

kuratu, part. perf. pass., §. 224 (s. 439); abfall von m §. 160.

kvestur; ē §. 61; u = ū, §. 60; nom. sg. §. 246 (s. 529).

M.

Mestru; §. 61, vgl. §. 233 (s. 487) und osk. *maïs* und *minstreis;* nom. sg. fem., §. 60.

N.

Naratu; §. 275 (s. 679); u = ū, §. 60.

nomen- (§. 60), nom. sg. *nome;* schwund des n §. 160; *nomne(-per),* abl. sg., §. 251 (s. 553); *-per,* suffigierte praeposition; *nomne,* dat. sg., §. 254 (s. 568); e = ē, §. 61; vocalaußfall §. 63, 2.

O.

Ocri-; nom. sg., *okar,* ukar, §. 246 (s. 529); *ocri(-per),* abl. sg., §. 251 (s. 553); *ocre,* dat. sg., §. 254 (s. 568); e=ē, §. 61.

P.

Pacer, nom. sg., §. 246 (s. 529), vgl. §. 162; stamm *pacri-* (gen. sg. *pacrēr).*

-per, suffigierte, mit dem ablativ verbundene praeposition *(nomneper, ocriper).*

perca arsmatia (lezteres adject.), acc. sg. fem.; abfall von *m* §. 160. Die worte bezeichnen ein werkzeug oder einen schmuck, den der volzieher der handlung trägt, daher der selbe durch den relativsatz *porse perca arsmatia habiest* bezeichnet wird.

pesnimumo für *persnīmumo;* §. 287 (s. 705); ī weil *persnihimumo* vor komt (über *h* §. 60); zum verbalst. *persni-* vgl. latein. §. 293 (s. 785); *pers-* für *perse-* (latein. *posc-o* für *porsc-o).*

peturpursus; -pursus s. *dupursus; petur-* §. 60. §. 161.
pora, in dem satze *erafont via, pora benuso* als relativum auf *via* (acc. pl.) bezogen, daher villeicht für *poraf,* acc. pl. fem. eines relativstammes *poro-* (so die übersetzung); Aufrecht und Kirchhoff II, 274 vermuten, daß *erafont* auf taf. VI, a verschriben sei für *erahont* (so taf. I, b erahunt), dann wäre *erahont via* abl. sg., und eben so *pora*.
porse, altumbr. puṛi, der form nach ntr. sg. des pron. rel. *pu-, po-,* §. 264 (s. 626), mit an gehängter partikel, vgl. §. 264 (s. 625); ṛ, *rs* §. 161. Die form scheint als indeclinables pron. rel. zu gelten.
pre, *pre* = lat. *prae;* ē §. 61.
prinuvatus, *prinvatur;* §. 247 (s. 535); r §. 162; prinuvatu-, nach Corssen, Ztschr. III, 284 zu teilen prinu-vatu-; pri-nu- mit dem selben suffix wie z. b. lat. *pro-no-;* das lat. *privus, privare, privatus* dagegen unmittelbar von *pri-*.
prufe; *f* §. 161, vgl. osk. prūfatted.
prusikurent; §. 303, 4; wurz. urspr. *sak,* lat. *sec* in *in-sec-e* (sag an); i = urspr. *a,* §. 60; prū = lat. *prō;* ū, ō §. 60.
pune, *pone,* conjunction vom relativstamm pu-, po- (vgl. osk. *po-n,* lat. *quo-m);* nach Aufrecht und Kirchhoff I, 161 für punne auß punde (§. 161), lat. *ali-cunde*.
puplum, *poplo;* u, ō, grundform §. 60; abfall des *m* §. 160.
pure, nom. pl. msc. §. 247 (s. 535) vom relativpron. pu-, po- *(p* §. 161), mit an gehängter partikel ē, auch i (puri), osk. í, lat. *i,* vgl. §. 264 (s. 625); r §. 162.

R.

Rehte; §. 161.

S.

Sançie, voc. sg. msc., §. 263 (s. 592); ç §. 161.
si, *sei;* ī, *ei* §. 61; §. 290 (s. 718); verlust des *l* §. 160.
subocau (l. *-aü);* §. 293 (s. 789).
suboco, acc. pl. ntr., §. 60, §. 250 (s. 548).
sururont; surur (tum, deinde) mit an gefügtem *-ont,* s. unter *ero-;* nur neuumbrisches wort.
sve s. lat. *sei;* ē = *ai* §. 61.

T.

Termnome; nach Aufrecht und Kirchhoff I. 93, 111 loc. sg. für volständiges *termnomem,* locativsuffix *-mem* (diß ser selten, dafür trat *-men,* und meistens *-me* ein) = urspr. *-bhjam.* Doch ist der übergang von altem *bh* in *m* den ital. sprachen unbekant, dise erklärung des suffixes also zu verwerfen. Villeicht sind alle dise formen accusative mit einer suffigierten praeposition, wie solche im umbrischen häufig sind, vgl. *nomneper,* asamar (ad aram), *verisco* (ad, juxta portam), und *termnome* also *termnom-e* zu teilen; *termno-,* vocalaußfall §. 160.

tertim, adverbieller acc. sg., §. 249 (s. 542); §. 63; §. 162.

tio; §. 62, 3; §. 265 (s. 644).

tota-, nom. sg. tutu, *toto; tota(-per),* abl. sg., §. 251 (s. 553); *totar,* gen. sg., §. 252 (s. 559); *r* §. 162; *tote,* dat. sg., §. 254 (s. 568); *ẽ* §. 61; *ō* §. 62.

tre. *treif,* acc. pl., §. 250 (s. 518), abfall von *f* §. 160; e, *ei* §. 61.

Treplanes, *Treblaneir;* §. 261 (s. 557); p, *b* vgl. §. 161; e, *ei* §. 61; *r* §. 162; lat. Trebulanis; vocalaußfall, vgl. §. 63, 2.

U.

Ulu. unbekanter bedeutung, villeicht einem pronominalstamme ulu- angehörig und latein. *illuc* entsprechend.

ute, osk. *arti;* ū für den diphthong, vgl. §. 62, 3.

V.

Vea-, *via-* (etymol. §. 153, s. 246); vea, abl. sg., §. 251 (s. 553); *via,* acc. pl., §. 250 (s. 548); abfall von *f* §. 160.

veres, *vereir;* §. 261 (s. 587); e, *ei* §. 61; *r* (§. 162) vereinzelt im neuumbrischen auch im dat. abl. pl.; nom. pl. verus, *veror,* pl. tant.

resteis; s = z, §. 161; nominativform §. 63, 2, §. 246 (s. 530); *ei* = ī §. 61.

Ç.

Çersnatur, nom. pl. msc., §. 247 (s. 535), vom part. perf.

pass. §. 224 (s. 439) des ab geleiteten verbalstammes çersna-, vgl. §. 293 (s. 789); ç §. 161; r §. 162.

çimu, *çimo*, warscheinliche bedeutung *retro;* Corssen, Ztschr. III, 290, vergleicht lat. *ci-tro;* çimu wäre eine superlativbildung wie lat. pri-mu-s.

A. Leskien.

VIII.

Altirisch.

Ⴀ	ა	a		
ბ	ბ	b		
ც	ც	c (immer wie k)	asp.	ċ, ch ch
დ	დ	d		
ე	ე	e		
ფ	ფ	f	asp.	ḟ (ƒh) stumm
გ	გ	g		
ჰ	ჰ	h		
ი	ი	i		
ლ	ლ	l		
მ	მ	m		
ნ	ნ	n		
ო	ო	o		
პ	პ	p	asp.	ṗ, ph f
რ	რ	r		
ს	ს	s (immer scharf)	asp.	ṙ (rh) stumm
ტ	ტ	t	asp.	ṫ, ch h
უ	უ	u		

Stehende abkürzungen.

ſc oder 7 (lat. et) für *acus, ocus* (und).

ŧ (lat. vel) für *na, no*.

.ı. *idón*.

ım̄ *immorro*.

In den folgenden sprachproben sind alle eigenheiten (z. b. verdoppelung der langen vocale) und feler (außlaßung von längen- und aspirationszeichen) beibehalten, nur zur erleichterung des verständnisses einige interpunctionszeichen hinzu gefügt. Eingesprengte lateinische wörter und formen sind durch den druck bezeichnet.

Würzburger handschrift.

Fognad cach dialailiu. Taibred cach airmitin dialailiu, et nách taibred dofessin. Ní tabarthi dimess doneoch for nachnénirt arafoirblthetu fadessin. Dlegair dochách umaldóit frialaile. Niuisse domuŋ dǽ buith fridebuid. Mabeid hibarcumuŋ, cip cruth, biid páx *libsi fricách ciabethir ocfarningrim. Fáilte cáich bad fáilte dúibsi. brón cáich bad brón dúibsi. Ammi corp do cr., et is cenn som duunni. Am. fongni cach ball dialailiu isinchorp, arafogna talland cáich uanni dialailiu, arammi óin chorp hi cr. Rondlúmigedni in óenchorp tribaithis. Inti bes anirlithe l. nádchomalnathar anasberar friss, rambia digal taradéssi .i. cid incoimdiu dodgné friamuŋ cid inmuŋ friachoimdid. rambia digal tarhési adrogníma.*

Isachorp fessin arafóim cach sil. Beoigidir inspirat *incorp. Issain dán cáich, am. rombói cuit cáich dinrath diadu. Nitat apstil huili luct inna æcolsa. nitat forcitlidi uili. nidénat firtu úili. ni tectat rath denma ferte uili. ni labratar uili ó ilbélrib. nitat sóir huili oc tintuúth abélru*

*innalaill. nitat sóir huili ocsaigid forsunu, octabairt ruún
essib. Taibred formbríathar ráth spirito docháeh trefoirbthetith farprecepte. Maso dorchide lanech apredchimmeni, ni lanech nodchomalnadar, act is lanech nadidchreti.
Rofitir inti imbii inspirut nóib, rúna déc. Inti adeirrig
treprecept dó, ispreceptóir side iarnaithirgi.
   Ni imthesid cen imdeicsin. Isirlam indanim do thuil
déc, dodiusgadar dana indanim dodénam maith. Nabad
dorcir far colno beithe. Inrect comaccobuir file imballaib
cáich, doaccobor peetho, doforchossol cáeh inrechtsin hoadam. Indleire doratsam frisechim gnime adim hipecdib,
taibrem frisechim gnime er. Inrect rósárichset, istriit atbélat. Am. nád robe mesrugud forsindimmarmus, nibia
mesrugud forsindígail. Isfadnisse doib ácúbus. imrádat
imráti cid maith asdénti, et nertit adénum, inmaidsin, connessat im inguiim nolec et arangairet. Cid intain ronmoitsem, ni bo arseire móidme, act conrobad torbe dúibsi
triit .i. conrochretesi, et conrointsamlithe mo bésusa, et connáruchretesi doneuch, act nech dogned nagnimusin. Islib
atá arogu tra: mad ferr, cotobscchfider dichossce alailiu;
aithirgid bésu; diandaithirsid ón, isindescirce et spirut
rigthir euceuib.
   Atluchur dodia, cerubaid fopheccad, nachibfel. Diambad mathi, ropia indfochrice dobérthar dionni. Diacomalnammar apredchimme, ninincébthar iarum. Amal
isilóu, bad sochrad arnimthecht, hore isfride imtiagam et
adciam arconair. Am. arrograd descad fobairgin isollumun* agni, *síc ni coir descad pectho dobuith isollumun* agni
.i. xpi. *Isindectsa rofetarsa aspeccad comaccobor, hore adrograd. doménarsa ba marb peccad, hóre náurairigsiur.
doménarsa ropsa beo, intain nád rairigsiur peccad, condanicc recht. Ingét abullu arer. et indigén bullu mertrige*

diib? inti téte adochumsi, doecmalla side foir indluim mair inchoirpsin et inphectasin. ardoecmalla inmertrech cuicce pecthu indlina dodaaidlea, combi oinchorp pectho asṁberar inpeccad bis forsinmertrich .i. corp inna pecthe bite forsinmertrich. Nitad lib fésin. isglé limm, ni condigénte etrad, marufeste inso.

Creitem hi cridiu imfolngi induine firian. indfoisitiu ingiun imfolngi induine slán. istrissandedesin biid duine slán et firian, combi bidslán et bidfirian. Ciabeid cr. indibsi trefóisitin hirisse, isbeo indanim trisodin, ismarb incorp iṁ trisnasenpectu. Hóre attá innarleid, cia conice ni dúun? Cia connesfea tuicsiu dé? Isdichéin immunrordad, condan maicc togu. Fobesad fir trebuir crenas tiir diachlainnd, cid risiu robǽ cland les, issamlid arrobertsom arniceni, cid risiu robcimmis etir. Nipathé indii beta thuicsi di iudeib nammá, acht bicit cit geinti hiressich beite isindinducbáilsin. Tairchechuin farmbratir fadisin ossæ, á indein, airitiu et togu geinte. Doarrchet dichéin nombiad adrad dé la genti. Bieid nach dréct diib hicfider, cinbat huili; articfea indsom briathar foirblthigedar induine indirgi caingnima.

Isbéss didu indliacc: berir ilbéim friss, et inti dothuit foir, comboing achnámi; inti foratuitsom iṁ, atbail side. Ni ceilsom tra asné cr. inlic asrubart.

Ishé intecttaire maith, condaig indocbáil diathigerni. Isbcic lim inbrígsin, cedmolad cedtatháir domberaidsi domsu, isbcic limsa abrig. Comalnid annupredchim, ni epur brithemnact fornech na form féin.

Nibadimicthese libsi, ciabeo hifochidib. Indki lasmbi accrobur tol dæ, isheceu doib ingremmen dofoditiu isinbiuth. Isdessimrecht comdithnatha et sóire dochách arsóireni. Fonsegar arimp dithnad et hicc dúibsi foditiu fochide dúnni.

Ambás tiagmeni doáirci bethid dúibsi. Hore adib foirbthisi, ni conairigursa na imned. hore doṅgniithsi arnintsamilni hi cacha bésaib. Is assu linn scarad *friarcorp, massu diing anrogadammar .i. techt innarcorp fornem. Ni epur frib etarscarad frisuidiu .i. frigenti, fobíith precepte dóib, duás induccatar fohiris. Cechoniis cor dosétche nait, niiscoirther, act indnite dús im comchétbuid dúib. Isferr precept oldaas labrad ilbéelre. Ropad maith limsa labrad ilbelre dúibsi. acht nammáa issamlid istorbe són, coetercerta anasbera,* et *conitucca in ætarcne caich, corrochraitea sochnide triit. Mabeith nech and tra labrathar ilbélre, nabad lia diis no thriur dam. Islour da preceptóir inæclis nothrii, descipuil olchene* et *foglimthidi. Bad chách darési áréli .i. nabad immalle labritir. Isdochruth comirsire na desse l. intriir.*

Glossierungsprobe 2. Cor. 1, 1. Paulus apostolus etc.: *augtortás apstalachte inso tra aainm fessin dosuidigud itossoch na epistle* — et Timotheus frater: *forcetlid doibsom* timotheus et *brathir inhiris, nipu decming, cid icolin* — ecclesiae Dei quae est Corinthi, cum omnibus sanctis qui sunt in universa Achaia: *ni luct corint nammá dianduthraccarsa amaithsin, acht daduthraccar donaib huilib nóibaib file* in achaia.

Mailänder handschrift.

Dorimther hi libur essaiae *áscelso .i. asbert side* contra ezechiam: *atbéla, doich side.* 7 *dognaith athirgi,* 7 *luid ingrian foraculu coic brotu deac,* 7 *ised inchoisecht trisodin [in]coic*) bliadni deac dothormuch forasaigulsom.*

---

*) Das **in** ist offenbarer schreibfeler (dittographie).

Ised berat indheritic, aslaigin deacht maicc inda as deacht athar, aris hoathir arróet macc cumachtae.

Inna degmaini rongeni dia isindsechmadachtu arinpopul. isgell son toraisse dam nondasoirfea dia 7 dombera fortachtain doib airchiunn.

Carlsruher handschrift.

Teora cethramdin huare aequinocht, indid mailliu atuile arcachóen laithiu.

Glosse zu: salva ratione saltus. *aris airchenn ı̄bes salt hiciunn nóidécdi, mad indib ṅuarib deac nammá bus laigu cachmí aescai oldaas trichtaige. ised dim slán dliged salto, noichtiche colleuth duárim in aescu. Armad iarnaieniud adrimther, eutesbat dicachthrichtaigi di huáir deac 7 IIII. bro. 7 unga 7 atom, niconbia salt etir. issaithrech ı̄m. isairi is assu lasna rímairu dihuáir deac namma duthesbuith, dligud slán salto, conidécen salt iartain duslúnd comláinso inna tesbuithe iarnaieniud aslaigu anésca oldoas trichtaige.*

St. Galler handschrift.

Euripides ab Euripo: *laithe roṅgenairsom. diairisin doratad foir anainmsin* quia in illo die natus est quo athenienses cum persis in eurypo bellum commiserunt *ni airindi roṅgenadsom isindluesin.*

Genetivus verbo adjungitur ad perfectionem sensus, ut mei vel illius potior: *do linad intsliuchta* uerbi; *airciasberasu potior. ni lán chiall and, confeiser ciadiacumachtaigther .i. induit fein fa donach ailiu.*

Glossar.

Im nach folgenden glossar ist bei den wörtern, die besonders einfluß auf den anlaut des folgenden wortes haben, der ursprüngliche außlaut durch *(s)*, *(n)* und (ab gefallener vocal hinter consonanten) ' bezeichnet; hier gelten also ein- für allemal die bestimmungen der §§. 173, 174, wonach *s*-außlaut in erhaltung des folgenden consonanten nach wirkt, auß lautender nasal nur vor vocalen und tönenden consonanten erhalten, resp. (vor *b, m, r, l*) assimiliert wird, vor stummen lauten weg fält, auß lautender vocal aspiration der stummen laute bewirkt. Formen, die man mit den umlauten *ai, oi, ui, ei* nicht findet, suche man mit den grundlauten *a, o, u, e*; bei formen, die auß vilen elementen zusammen geschmolzen sind, z. b. *no-n-da-śóirfea*, fange man bei den ersten elementen an; übrigens s. die bemerkungen zu einzelnen lauten. Zwei syntaktische eigenheiten des altirischen sind von vornherein ins auge zu faßen: 1) der so genante infinitiv ist ein wirkliches substantiv und wird entweder als solches mit dem genitiv (oder den possessiven fürwörtern) verbunden, z. b. *cor dosétche uait* (wörtlich: positionem tuae uxoris a te, d. h. deine gattin von dir tun), *adénum inmaidsin* (es zu tun, jenes gute), oder das objectssubstantiv geht, meist im nom., voran, und das verbalsubstantiv folgt mit *do* nach: *aainm do śuidigud* (seinen namen zu setzen); 2) das passiv wird fast nur in der 3. person gebraucht und das eigentliche subject als object durch pron. infixa bezeichnet: *ni-n-incébthar* (wir werden nicht getadelt werden, man wird uns nicht tadeln).

A.

A statt *o: dénam;* statt *e* im außlaut: *beta;* auß *ai* im außlaut, daher mit *e, i* wechselnd im nom. pl. der *u*-stämme: *gnimai, gnima, gnime, gnimi,* in 2. sg. conj. und fut.: *bere bera, bére béra;* auß *au,* daher mit *o* wechselnd im gen. sg. 8: *gnimo gnima.*

a, pron. der 3. pers. (beitr. V, 58): 1) possess.. sein, ir. gen. sg. msc. ntr. *á,* fem. *á(s),* pl. *á(n),* meist *a* geschrieben: *chanámi, di-athigerni, ar-a'foirbthetu, for-asaignl; adochumsi, for-aculu; acúbus;* 2) pers. inf. acc. und dat. sg. msc. *a(n),* ntr. und pl. *a: ar-an-gairet, r-am-bia,* mit vor geschlagenem *d:* ntr. *da-duthraccar,* pl. *non-da-soirfea;* fem. sg. *do-da-aidlea (!);* 3) dat. pl. *-aib, -ib,* suff. hinter praep.: *diib, doib, essib(as).*

á (ex) s. *as.*

a-bélru s. *as.*

accobor, accobur (= *adc.*), ntr. 10., begirde, wunsch; als inf. *doaccobor pectho* sünde zu begeren; *comaccobor* concupiscentia.

ac(h)t außer, nur, aber, sondern (engl. *but);* mit rel. *(n),* wenn nur, wenn.

ad- (gall. lat. *ad),* praefix: *adrimther,* assimiliert *accobor, atá;* aber auch für *ath': adciam, adeirrig.*

Adam, msc. 10., gen. *Adim.*

ad-ib ir seid (unklare bildung, wie *at* du bist).

adrád (zu §. 227), msc. 8., adoratio.

a-drognima s. *gnim.*

ae, áe: 1) diphthong = *ai, ái,* auch umlautsfähig: *ái (aei);* 2) *ae, æ* häufig statt *e* (und *é),* namentlich im an- und außlaut: *aeclis, cumachtæ; dæ, dǽ, hæ.*

ai: 1) umlaut (epenthesis) von *a* (§. 74. 1) wechselt mit *e, i* (vgl. *ath');* nebenformen *oi, ui;* 2) assimilation des *i* nach *a* oder *o* (zu §. 74, 2), später gesetzlich, altir. hie und da: *taraisse, toraisse, fortachtain;* 3) misbräuchlich für *ei: corro-chraitea,* für *e: dognaith.*

ái (ai): 1) umlaut von *á: cáich, máir, sáin;* 2) diphthong = *ae (aei): fáilte.*

aicned (= *aithgned* von *gen?),* ntr. 10., natur.

aile alius, ntr. *aill'* = *ali(u)d*, ἄλλο §. 246. 264 (vgl. 174, nachtr.); *alaile* der andere, ein anderer, quidam; auch *aréle* (dissim.).

ainm̄, ntr. 3., name; dise neutra weichen ab im gen. sg. *anm̄a(-e)*, dat. sg. (instr. zu §. 259) *anm̄imm'* (*anmambi, *anmanbi).

air', *airi*, *airindi* s. *ar'*.

airchenn (s. *cenn*) bestimt.

airigiur, dep., beobachte, merke; perf. *r-airigsiur* (§. 304, 1, §. 287).

airitiu (ar-em §. 173, 1), fem. 3., an-, aufname.

airmitiu (ar-men §. 173, 1), fem. 3., honos, reverentia.

alaile s. *aile*.

am, *ammi (as)*, §. 293. I, a.

amal, *amail* (*samal*), nominale praep. (instar) mit acc., conj. mit rel. *(n)*: *am. fongni*.

a(n) = *sa(n)* — der anlaut hinter den praep. *as*, *fri(s)*, *la(s)*, *tri(s)*, *co(s)*, *for*, *tar*, *co(n)*, *i(n)*, *iar(n)*, *re(n)* erhalten — 1) acc. nom. ntr. des artikels: *anainm̄*, *atuile*, *ascél*, *ambás*, *a(m)maith*; *trissandéde*; 2) rel. pron. (beitr. V, 17): a) zu anfang (was, das was): *anasberar*, *apredchimme*, *annupredchim*, *anrogádammar*; b) hinter praep. *dianduthraccar*, *diacumachtaigther* (s. *do*), *foratuit* (sonst *fors.*), daher die conj. *ara(n)*, *dia(n)*; c) inf. statt *(n)* hinter *ar'*, *imm'*: *arafóim (ar-fo-em)*.

an-asberar, was gesagt wird *(as-ber)*.

and, demonstr. locativ: in ihm, darin, da (ibi, tum), pleonastisch *is and* (il y a, there is).

anim, fem. (3.), animus, anima; gen. sg. außschließlich, dat. acc. in nebenformen nach 10. a.

an-irlithe un-gehorsam, vgl. *irlam*.

a-predchimme s. *a(n)*.

apstal (§. 74, 2). msc. 10., apostolus.

apstalac(h)t, fem. 10., apostolatus.

ar' (air') vor, an, für (statt, wegen): 1) mit dat. acc.: *air--chiunn*, *a(i)r-indi*, *ar-in-popul*, *ar-a-'foirbthetu*, *ar-a(n)*, mit pron.-suffix *airi* dafür, deshalb; 2) praefix (auch *ir'*, *er'*): *ar-ber*, *ar-a-fóim*, *ar-róet (fo-em)*; mit *do: do-ar-r-chet (can)*; 3) conj., denn, weil (engl. *for)*: *arammi, ardoec-malla, armad, articfea (do-ic)*.

ar-a-fóim (quem accipit) s. *a(n)* und *em*.

áram, fem. 10., zal. auch infin.: *duárim* zu zälen.

ar-ammi denn wir sind, s. *ar*.

ar-a(n) damit (pour que): *arimp* (s. *in* rel.); auch statt des imper.: *arafogna (fo-gen)*.

ar-an-gairet (ar-gar) s. a.

ar-ind-i, airindi deshalb; mit rel. *(n)*, weil: *ni airindi ro-n-genadsom*.

ar-mad denn wenn.

ar(n), poss. gen. pl., unser: *arnimthecht, arconair, innarleid*.

as nur im praes., §. 293, I, a; 3. sg. *is* (meist mit dem folg. worte zusammen geschriben) im hauptsatz (aber auch nach *óre, amal*, bei emphatischer hervorhebung eines sazglides), fält nach *ni* und fragewörtern auß; *as* im nebensatz nimt das rel. *(n)* hinter sich: *asné*; 3. pl. verkürzt in *cit, mat*; 2. pl. scheint in *adib* und *mad*, wenn ir seid, enthalten.

as, ass (ex) 1) mit dat. vor art. und pron., mit suff. 3. pl. *essib*, sonst *á(s)*, meist *a* geschriben: *abélru*; 2) in zusammensetzung: *as-ber*.

asse leicht, comp. *ass(i)u*.

atá = *ad-tá*.

atbéla, atbélat s. *atbal* = *ath-bal*.

ath', aith', ith' (auch *ad, id, ed; at)* = gall. *ate-*, nur in zusammensetzung (lat. re-): *adgar, atbal*, assim. *eper (=et-ber)*; mit *do: doadall, tatháir*.

ath-, aith-, ithirge (got. *idreiga*), fem. 10., buße, besserung; *aithirgim* (vgl. *corrigo*) ändere, bessere: 3. sg. *adcirrig*, 2. pl. imper. *aithirgid*, fut. und conj. *aithirsid* (§. 304, I, anm.).

athir (§. 167, 3), msc. 5. a, vater.

atluchur, attluchur (= *ath-l.* oder *ath-dl.*), dep., sage dank (mit und one *buidi*).

atom = *atomus* augenblick, ¹/₄₇ *unga*.

augtortás (g = ch) auctoritas.

B.

B (statt *f*) = *v:* -*b*, -*ib*, *bar(n)*; davor der nasal wie vor *f* (§. 173, 1) behandelt: *hi-barcumung, coibse* (confessio), *cúbus*.

b, rest der wurzel *bu* in allen nicht anderweitig aufgeführten formen.

-*b* (-*b*), pron. der 2. pl., euch: 1) inf. (acc. dat.) *nachibfel, ropia (p = bb)*; mit vor geschlagenem *d: cotobsechfider (t = td)*; 2) suff. hinter praep. *cuccuib (co), frib, dúib, lib(la)* und in *adib*.

ba, bad s. *bu*.

bairgen, fem. 10., brot.

baithis, (msc.?) 10., taufe.

bal sterben (perf. *bebla*); mit *ath*-, fut. *atbél*; 2. sg. -*béla*.

ball, msc. 10., glid, §. 74, 1.

bar(n) = far(n).

bás, ntr. 10., tod.

becc klein, gering; gen. ntr. (pretii) *beicc*.

bélre, ntr. 10., sprache.

1. *béo* bin, s. *bu*.
2. *béo, biu* vivus, pl. msc. *bi*, fem. *béoa*.

béoig-idir, in verbindung -*edar*, er macht lebendig.

ber 1) ferre; 2) sagen, §. 293, I, b, conj. -*ber*, fut. -*bér*, perf. (§. 304, 2) 3. sg. -*bert*, -*bart*; passiv (§. 287) 3. sg. praes. *berir*, conj. *berar* (§. 173, 3), fut. *bérthar*; mit
  ar- hervor bringen: *ar-ro-bert*;
  do- bringen, geben: 2. pl. (conj.) *do-beraid*;
  as- sagen: *asbert, as-ru-bart*.
  aith- sagen: *epiur, epur (p = tb)*.

bés, msc. 8., sitte.

bésád, msc. 8., sitte.

bethu, msc. (*t*-stamm, vgl. 4, a), gen. -*ath*, d. a. -*ith* (dafür wie bei allen auf -*tat* oft nominativform).

bith, msc. 8., welt.

bith'-, immer, in zusammensetzungen *bid'firian, bid'slán*.

bith causa; *fo-bith(n)*, praep. mit gen., wegen.

bliadin, fem. 9., jar, gen. *bliadna* (§. 75, 2).

*bong (= *bhang)*, brechen; mit
  con, com (confringere), 3. sg. *comboing*.

bráthir, msc. 5., bruder.
briathar, fem. 10., wort, gen. *bréithre* (§. 75, 2).
brig, rum, wert, bedeutung.
brithemnac(h)t, fem., judicium.
brón, msc., traurigkeit.
brothád, msc. 8., minute, gen. *brotto* (§. 75, 2).
bu (= *bhu*) in doppelformen: a) da sein, sich befinden; b) sein (werden). Praes. a) 1. sg. *biu*, 3. *biid*, verbunden *bii, bí*, rel. *bis*, pl. *bite.*   Secundärformen 3. sg. b) *bed, bad, bid, ba*, 1. pl. a) *beimmis (rob.)*, 2. *beithe* (auch conj.). Fut. à) 3. sg. *bieid*, verbunden *bia (ro-bia)*, 3. pl. *bieit*; b) *ní-pat;* secund. 3. sg. a) *nobiad;* b) *ropad.* Conj. 1. sg. a) *béo*, 3. a) *hé (robé), beid (?)*, b) *ba*, meist verkürzt *ci-p, arim-p, im-p* (s. *in*), 2. pl. *bad*, 3. *bat.* Rel. (conj. und fut.) sg. b) *bes, bas*, pl. a) *béite*, b) *bete.* Praet. 1. sg. b) *ropsa*, 3. a) *ro-bói*, mit rel. *rombói, ro-be*, b) mit neg. *nibo, ní-pu*, 2. pl. a) *rubaid.* Imper. 3. sg. a) *biid;* b) *bad'.* Pass. 3. sg. (conj.) a) *bethir*, man ist. Einzelnes noch unklar. Als infin. steht
buith (= φύσις), fem. 9. (§. 226).

C.

C auß *g* verhärtet hinter *r: etarcne*, auß *dg* oder *thg* (durch *tg, tc*) assimiliert: *incab, indocbál, aicned (?), tuiese*.
cach, cech (quisque), adj. pron., öfters nachlässig für
cách, subst. pron., gen. *cáich*.
cáin (cacin) gut, nur in zusammensetzung: *cáingním*.
can   canere. perf. §. 291, perf. pass. §. 224; mit
  do-ar'- vorher sagen: *tair-chechuin, do-ar-r-chet*.
ce, ci, cia: 1) pron. quis? und quisquis: *cip* (s. *bu*) *cruth* (quomodocunque); ntr. auch *ca, co, cid', ced' (= ci + ta)* §. 174, nachtr.; 2) conj. (ut), gesezt daß, wenn auch; (quod). daß, weil: *cechonis* (s. *con-ic*), *cerubaid, cinbat* (= *ci-ni-b.*), *ciasberasu, ciabéo, ciabethir;* 3) *cid, ced*, pl. *cit* (=*ci-it*), sogar, auch: *cit geinti;* 4) doppelt: *ce—ce, cid—cid* (sive — sive).
cel, celare.
cen', mit acc., one.

cenn, msc. 10., haupt, ende: d. *hiciunn*, (adv.) *airchiunn* am ende, endlich; s. *airchenn*.

cer kaufen: praes. IV, b, rel. *crenas*, perf. red. (zu §. 291) 3. sg. *rochiuir* (= *céir* auß *cechr*); s. *fochricc*.

cethramad (§. 241), fem. 3., viertel, pl. *cethramdin*.

cht häufig statt *ct*, immer wie es scheint, wenn *ct* statt *pt* steht: *necht* neptis, *secht* septem, *cacht* capta.

ci, *cia* s. *ce*.

ciall, fem. 10., sinn, gen. *céille*.

cian (gall. *cēni*- und *cēno*-) longinquus: d. *dichéin* (adv.) seit lange, längst.

cid, *cip*, *cit* s. *ce*.

ciu sehe, erkenne, mit *ad*- oder *ath*-: 3. sg. *acci*, *atchi*, 1. pl. mit rel. *(n)*: *adcíam* (§. 173. 1); perf. pass. *adchess* weist auf dentalaußlaut der wurzel; vgl. *imdéicsiu*.

cland, fem. 10., proles.

cnám, msc. 9., bein, knochen.

1. *co* (ut) daß, so daß, gesezt daß: *coctercerta*; s. *con*.
2. *co*, *co(s)* mit acc. zu, bis zu; vor suff. *cuccu*- (= *conco?*): 2. pl. *cuccuib*, 3. sg. fem. *cuicce*.

cóic fünf, §. 237.

coimdiu, msc. *(t*- oder *d*-stamm, vgl. 4, a), herr, gen. -*ed*.

cóir congruus.

colinn, fem. 9., fleisch, gen. *colno*.

com', *cum'*, praefix: *comaccobor*, *comdithnád*.

comalna- *(lán)*, dep. erfüllen (§. 287).

com-chétbuid, fem. 9., con-sensus.

comirsire, (fem.?) 10., zugleich reden.

comláinius, msc. 8., außfüllung, gen. *comláinso*.

1. *co(n)* cum, con-: 1) praep. mit dat. *colleuth;* 2) praefix: *con-daig (tag)*, *com-boing;* wechselt mit *cum'-* in *con-ic*, *cum-ang*, mit *col-* in *cosccha-*.
2. *co(n)* und *con'* (= *co-no?*): 1) bis: *con-danicc* (*t-ic*), *confeiser (fid)*, *combi;* 2) daß: *condan (tá)*, *con-id-ĉen*, so daß (es) nötig ist, *con-i-tucca*, *cu-tesbat;* pleonastisch hinter *ni* (non quod): *ni conairigur*, *ni contigénte;* mit *ro: conro-*, *corro-* damit, *connáru-*, damit nicht.

conar (ar gehen), fem. 10., pfad, straße.

connáru s. 2. *con*.
connessa- verdammen: 3. pl. -*at*, fut. 3. sg. -*fea*.
conro s. 2. *con*.
cor, cur, 10., positiv, als infin. von *cuiri*-, dep. ponere: 2. sg. conj. *coirther*.
corp, msc. 10., corpus: *óenchorp*.
cosc (auß *co(n)sech)*, ntr. 10., zurechtweisung. unterweisung.
cossal mit *do-fo*- empfangen: perf. 3. sg. *dofo-r-chossol*.
cot- (brit. *cant*-) wechselt mit *co(n)*: *cotob-sechfider*.
cr. = *crist*.
cren- s. *cer*.
cretem, creitem, fem. 10., glaube, gen. *creitme*, infin. von
cretim (t = dd, skr. *çraddadhāmi*) credo. conj. 3. sg. *creitea*, imperf. 2. pl. *crete* (= *cretithe)*.
cride (κραδίη), ntr. 10., herz.
cruth (= *kratu)*, msc. 8., gestalt, art und weise:
   dochruth, adj., misgestalt, unzimlich;
   sochruth, adj., wolgestalt, wolanständig.
cu s. 2. *co(n)*.
cúbus (= *co(n)fius*, vgl. *dáus)*, msc. 8., gewissen.
cucc-, cuicc- s. 2. *co*.
cuil (= quota?), fem. 9., anteil.
cúl (cúlus), msc. 10., rücken: a. pl. mit *for* (adv.) rükwärts.
cumac(h)taigimm (do) potior, meist dep., 2. sg. -*ther;* von
cumac(h)te, ntr. 10., potestas; von
cum-ang (vgl. *con-ic*), 10., potentia, können.

D.

D statt *th* (§. 167) namentlich im außlaut beliebt; selten inlautend wie in *pecdib;* statt *t* (oder auch wider her gestelt) nach *n: condan, condanicc, condaig, induccatar;* nach *l: oldaas*.
-*d' (-id')*, pron. der 3. sg.: 1) inf. (in, es), *nodchomalnadar, dodgné, diandaithirsid, nadidchreti, conitucca (t = dt);* pleonastisch in *nád;* 2) suff. dat. msc. ntr. *indid*, acc. *ind, trit (th + d);* vgl. *cid, conid, mad*.
d, verstärkung der pron. inf. *da(n), did, dob*.
dá zwei, fem. *di*, ntr. *dá(n)*, dat. *dib(n)*, §. 262.

dag, deg gut, nur in zusammensetzung: *degmáin.*
dam auch.
dán, msc. 8., gabe, kunst.
dana, dano, dono also.
de, pron. im dat. *di-diu* und in den zusammensetzungen *side, ade, sodi-n.*
de = di in zusammensetzung: *deśerc.*
deac = déc (= *denca auß **deena?)* hinter kleineren zalen: *cóicdeac, indib iuarib deac* um 12 stunden.
déac(h)t, fem. 10., gotheit.
de-buith, fem. 9., zwist, streit.
de-eming (= *de(n?)-cumangi) unmöglich; vgl. *diing.*
déde, adj., binus; als subst. ntr. zwei dinge.
dénim tue: 3. pl. *ni dénat,* part. necess. *dénti.*
dénum, msc. 8., gen. *dénma, -o,* tun, infin.
descad sauerteig.
descipul, msc. 8., discipulus.
dessimrec(h)t, ntr. 8., beispil.
1. *di, de* (de): 1) mit dat. *dichéin, dichose; dia(n), diliu;* mit suff. pron. 3. pl. *diib;* 2) praef. *digen.*
2. *di* vor *a* statt *du: dia(n)* welchem, *dialailiu* dem andern, *diachlaind, dia-thigerniu.*
dia tag; mit anomaler formenmischung dat. (abl.) *indiu* heute, acc. *fridéi, fridé* bei tage, gen. *cach dia* täglich.
dia (= gall. *deivo-s),* msc. 10., deus, gen. *déi, dé.*
diade götlich.
di-airi-sin darum, davon.
dialailiu s. 2. *di.*
dia(n), 1) *= do-a(n)* welchem; 2) conj. wenn: *diambad, diacomalnammar.*
dias, fem. 10., zwei personen, gen. *désse,* d. a. *díis.*
di-diu, dilu (davon) also.
digal (gal schlagen), fem. 10., abwer, rache, strafe.
diib von (auß) inen, s. 1. *di.*
diing (= *di-angi) unmöglich; vgl. *deeming.*
dimeccim verachte, part. perf. (§. 224) *dimicthe.*
di-mess (zu §. 227; *ss = st, dt),* msc. 8., absprechendes urteil, verachtung.

dirge (vgl. *athirge* und *dirigo*), fem. 10., geradheit, gerechtigkeit.
dithnáth, richt. *didnáth* (zu §. 227, infin. von *dodonaim* statt *did-*), msc. S., aufrichtung, tröstung;
comdidnáth, trost.
dlegair (= **dligathir* §. 173, 3) *dom debeo*: conj. *dlegar*. Davon
dliged, ntr. 10., (debitum) pflicht, gesetz, regel.
dlúm, fem. 10., menge, masse.
dlúmigi- zusammen drängen, sammeln; perf. pass. (§. 224) *ro-dlúmiged*.
1. *do, du*, poss. gen., dein; *dosétche*.
2. *do, du* (got. *du*, slaw. *do*), *di* vor *a*, zu: 1) praep. mit dat., auch bezeichnung des dat. und des infin. (engl. *to*): *dochách, dothuil;* mit suff. *dom* mir, *dún* uns, *duit* dir, *dúib* euch, *dó* im, *di* ir, *dóib* inen, *duárim, duthesbuith, dothórmuch, dodénom;* bezeichnet den possess. gen. (s. den 8. satz im ersten abschnitt) und das subject der handlung beim infin. *foditin fochide dúnni* (passio tribulationum nobis, i. e. nostra, daß wir trübsale leiden); 2) praef. *dober, dorim* (zum teil mit *di* wechselnd: *dogni, digén*); *do-fo-r-chossol, do-dinsgadar (sech)*, vor vocalen meist in *t* über gegangen, s. *tar-, tór-*.
3. *do, du* = δύς, skr. *dus*, aber mit abfall des *s*: *do-chruth*.
dó im, zu im, s. 2. *do*.
doaidella- (do-aith-) besuchen, heim suchen, 3. sg. *do-aidlea*.
do-áirci (= *ar-icci*) bewirken (3. sg. praes.).
dochum(n), nomin. praep. (mit gen.) zu: *a-dochum-si*.
do-d-gné (id faciat) s. *do-gen*.
docemalla sammeln (3. sg. praes.).
dofessin im selbst, sich selbst.
dóib inen, s. 2. *do*.
doich an zu nemen, warscheinlich.
doneoch, domench, s. *nech*.
doratus, defect. perf., pass. *doratad*, geben.
dorchide dunkel (von *do-r'che*, adj. und subst.).
drée(h)t, msc., teil.
droch böse, nur in zusammensetzung *drochgnim*.

du s. *do*.
dúib, dúib-si euch, s. 2. *do*.
duine, msc. 10., mensch. pl. *dóini (doeini)*, 9.
dúnn, dún-ni uns, s. 2. *do*.
dús, dúus (= *dofīus* zu wissen, nämlich), einleitung der indirecten frage.
duthraccar, med. perf. wünschte; scheint redupl.

E.

E auß *i* vor *a*: *fer* §. 74, 1, neben *ai* und *i* umlaut von *a* s. *ai*.
é (hé), msc. und pl., ntr. *éd, ed* (=*,é+ta)*, fem. *sí*, er, sie, es.
é = *es* (ex), negativpraef.: *énirt (nert)*.
eu auß *a* in den endungen nach *i* (seltener *e*): *ereitea, doaidlea, sóirfea, tiefea, connesfea* (zu §. 74, 2), später gesetz.
écen notwendig.
eclis, fem. 9., ecclesia, gen. *ecolsa, -o*.
ei, umlaut von *e*: *ceil*.
em (emere, nemen), nur in zusammensetzungen (mit *ar'* s. *airiliu*), mit *ar-fo-* auf nemen, empfangen: 3. sg. *ar(a)fóim*, perf. (zu §. 301, 2, vgl. 173, 1) *arróëit* = *ar-ro-fo-éi(n)t*.
eper s. *aith-ber*.
epistil (§. 74, 2), fem., epistula, gen. *epistle* (§. 75, 2).
équinoc(h)t = aequinoctium.
heritic, pl. msc. 10., = haeretici.
ésca, ésce, ntr. 10., mond, mondmonat, gen. *-ai, -i*.
essib auß inen, s. *as*.
etar, eter, etir (§. 173, 1) inter; adv. omnino, meist nach negationen; praef. *etar-scarád*.
etarene (-gne), ntr. 10., erkentnis.
etercert, fem. (interpretatio); verbum 3. conj. *co etercerta* (ut interpretetur).
ét-rad, ntr., wollust.

F.

F statt *v*, §. 170, 3, aspiriertes *f* auß gelaßen in *indectsa (fect), arróëit, tór-* = *do-for-*; statt *p* in *fri(s), frith'* = πρός, προτί, auch wol in *fo, for* (= *(u)pha, *(u)phar*);

statt *b (bh)* in *fa = ba*, auch wol in *féin, fessin, fadésin* (mittelirisch *budéin, bodésin*).

fa = ba (3. conj. von *bu*) oder, in der frage.

fadésin (fadisin), fésin, fessin, féin (= fésin?) selbst (jedenfals formen von *bu, (bad, bes, bé?)* und pron. *sin* enthaltend, obwol im einzelnen noch unklar): *form féin, duit féin, dó fessin, achorp fessin, lib fésin, farmbráthir fadésin.*

fail, fel, fil, impers., es ist, es gibt: *nach-ib-fel* daß ir nicht seid; rel. *file.*

fáilid, 9., freudig; *fáilte*, fem. 10., freude, wilkommen.

far(n), poss. gen., euer: *farmbráthir, farprecepte, far colno*, auch *bar(n), for(n): hibarcumung* (s. *b*), *formbriathar.*

fec(h)t gang, mal; adv. abl. *indectsa* (s. *f*) jezt.

féin s. *fadésin.*

fel s. *fail.*

fer (§. 74), msc. 10., vir.

ferr beßer, §. 232.

fessin s. *fadésin.*

fiadnisse (fiad, féd steigerungsform von *fid*; vgl. got. *-nassus* §. 227, ahd. *-nissi; giwizznessi*, Tat., ags. *gewitnessi*), ntr. 10., zeugnis.

fid wissen; perf. (§. 168, 2. 287. 304, 1) *rofetar*, 3. *rofitir*, zum teil mit praesensbedeutung; *s*-formen (zu §. 304, 2. anm.) 2. pl. secundär *ma-rufeste*, 3. sg. conj. pass. *con-feiser.*

fírian gerecht; *bidfírian* immer gerecht.

firt, msc. 8., virtus, wunderwerk: pl. gen. *ferte*, acc. *firtu.*

fo (= upa) unter: 1) mit dat. *fopheccad* und acc. *fohiris;* 2) praef. *fo-gnad, fo-gni (gen), fo-n-segar;* doppelt *ar(a)-föim (em), dofo-r-chossol, imfoleng.*

fochaid, fochith, fem. 9., trübsal, gen. sg. *fochodo* (§. 74), gen. pl. *fochide.*

fochricc (fo-cker), fem., lon.

foditiu (infin. von *fo-dam* §. 173, 1), fem. 3., ertragung; auch bei disen stämmen steht öfters die nominativform im dat. acc. sg.

foglimthid (foglim lernen, vgl. *glé*), msc. 9., schüler.

fognad s. *gen* 1.

fóisitiu (fo-es-sem? jedenfals vor *t* ein consonant auß gefallen), fem. 3., bekentnis.
fo-n-gni s. *gen* 1. und *(n)*.
for (= upari) über, an, auf, bei: 1) mit dat. acc., mit pron. suff. 1. *form*, 3. *foir*, mit rel. *foratuit*, sonst *forsa(n)-*; 2) praef.
forb- vollenden: part. pass. (§. 224) *foirbthe* volkommen; *foirbthetu* (msc. -*t*, vgl. 4, a) volkommenheit (s. *bethu); foirbthigi-*, dep. (§. 287, 304, 1), vervolkomne.
forcetlid, -citlid (-cetal, ntr. 10. von -*can* lere), msc. 9., lerer.
form-briathar s. *far(n)*.
for(n) s. *far(n)*.
for-sunu s. *son*.
forsind-immarmus, forsin-digail s. ind.
fortacht (for-tag), fem. 9. und 3. gemischt *(-ti* und *tin*, §. 226), hilfe.
fri(s) = πρός (in allen wendungen der bedeutung), mit acc. *fricách, fridebuid* (beim, im streit), *fri-a-choimdid, fri- -a-mug* (gegen seinen hern, sclaven), *frisechim* (zu folgen), mit suff. 2. pl. *frib*, 3. sg. msc. *friss*, pl. *friu*.

G.

G statt *ch*, §. 167: *mertrige*, vile verbalstämme auf -*igi, augtortás*.
gab (capere), perf. §. 304, 1; fut. -*géb*, 3. pass. -*gébthar;* mit *ind*: *incab* tadeln.
gál (= gagál?), red. perf. zu *guid* bitten: sg. 1. *rogád*, 3. -*gáid*, 1. pl. -*gádammar*.
gar rufen, perf. §. 304, 2, fut. -*gér*, perf. pass. *rograd;* mit *ar-* und *ath- (ad-)* verbieten.
gat stelen *(ar);* fut. -*gét*.
gell, ntr. 10., pfand.
gen, 10., mund, dat. *giun* (§. 74).
gen: 1) act., tun: 3. sg. praes. -*gni*, pass. -*gnither*, conj. *gné*, perf. *ro-geni* (304, 1), mit
  di-, do- tun, machen: secund. *dogned dognaith*, fut. 1. sg. *digén*, secund. 2. pl. *digénte;*
  fo dienen: 3. sg. *fogni*, conj. *fogna*, imper. *fognad;*

2) dep. geboren werden. perf. red. (verkürzt) 3. sg. *rogénair*, secund. (plusq.) *ro-genad*.
genti, geinti, pl. msc. 9., gentes. heiden.
glé klar, offenbar (vgl. *foglim*).
gni s. *gen*.
gním, msc. 8. (infin.). tat: *cáingn*. gute, *drognim* = *drochgn*. böse tat.
grían, f. 10., sonne. gen. *gréine*.

H.

H one etymologische bedeutung, in lehnwörtern auch wilkürlich fort gelaßen.

I.

I auß lautend statt *iu: diathigerni*, statt *ai* s. *a*, umlaut von *a* s. *ai*, von *e* meist scheinbar (vgl. *fer*).
i, í (in) mit dem folgenden worte verbunden, s. 2. *in*.
-i, pron. suff. 3. sg. msc. ntr. *airi*.
i, demonstr. (adv.) hinter dem artikel: *inti* derjenige, z. b. *inti imbi, inti bes, inti téte*, pl. *indi beta, indi lasmbi*, dat. *a(i)rindi* (s. oben).
iar(n) mit dat. hinter, nach (post, secundum): *iarn-a-ithirgi, iarnaicniud, iartain*.
(h)ibarcumung = 2. *i(n)-bar(n)-c*. s. *cumang*.
ic, icc (= *inc, anc*, §. 173, 1), praes. §. 293, IV, c, kommen, gelangen, erlangen; mit
  con- können (vgl. *cumang*), conj. und fut. mit *s:* 2. sg. *cechonis* (ut possis);
  do- kommen: perf. red. 3. sg. *tanic (*do-ananci), con-danic*, fut. *ticfea*.
(h)icc (= *jaccā*), fem. 10., heilung, rettung, erlösung; auch infin. von
  icca- salvare; fut. pass. *iccfider*.
id' s. *d'*.
idón, abgekürzt *.i.* (= *éd-ón?*) das ist, nämlich.
il (= got. *filu*, §. 167, 3) vil. pl. *ili*, meist in zusammensetzung: *ilbélre*.
ilbéim, ntr. (3.), anstoß.

im', imm', imb' (= gall. *ambi*) um: 1) praep. mit acc.;
2) praef. *im-thecht, -thésid, -tiag;* reflexiv in *imrádim*.
im statt *imb, imp* = *in* + *b' (bu)*.
im statt *i(n)*: *im-ballaib*.
imdéiesiu (= *imm-de-ith-castiu?* vgl. *ad-ci*), fem. 3., umsicht.
imfolengi bewirken, machen, 3. praes. *imfolngi*.
immalle (imm-a(n)-leth?) zugleich.
immarmus, immormus, msc. 8., sünde.
immorro (abgekürzt i͞m) vero.
imm-un-rordad unser ist gedacht worden *(imrádi)*.
imned, ntr. 10., angst, sorge.
imrádim rede mit mir, denke, 3. pl. *-at*, perf. pass. (§. 224)
    im-ro-rdad (§. 75, 2).
imrádud, msc. 8., gedanke, gen. *imráto' (t = dth)*.

1. *in, i(n)*, rel. (beitr. V, 21): 1) locativ *i(n)*: *imbi*; 2) statt *an* vor nasal und tönenden momentanen (dumpfen im außlaut): *arimp*.
2. *in* in: 1) praep. *i(n)* mit dat. acc. *icridiu, ibarcumung, isollumun, ilibur, imballaib, indirgi, inóenchorp;* mit art. *isind-* u. s. w.; vor pron. die mit *a* an lauten, *inn: innalaill, innarcorp;* vor suff. *ind', indi: indid* in im, *ind* in in, *indib* in euch (bezeichnet mit dat. das maß beim comp. *indid maillin, indib nuarib deac laigiu);* 2) praef. *in':* *inchoisecht (co(n)-sech)*.
3. *in*, fragepartikel: *ingét, indigén, induit féin*, indir. *dús in, dús imb*.
4. *in* = *ind*, artikel.
5. *in* = *ind': incébthar*.

ind = *śind*, artikel — das *ś* nach praep., s. *a(n): isinchorp, forsindimmarmus, trisnasenphecthu* — acc. nom. ntr. sg. *(s)a(n);* nom. sg. fem. und pl. msc., gen. msc. ntr. und dat. msc. fem. ntr. sg. *ind* vor vocalen und dauerlauten, *int* vor *s, in'* vor momentanen; acc. msc. fem. sg. *inn* vor vocalen, *in* vor cons.; gen. fem. sg., nom. fem. ntr. und nom. acc. msc. fem. ntr. pl. *inna(s), na(s);* dat. pl. *naib, nab*. Regelwidrig *in[d]mertrech, din[d]ráth*.

ind in in, s. 2. *in*.

ind' (gall. *ande*), praef. = *dvri*: *indnite*, *incab* = *indgab*,
intsamil = *inds*.
inda quam nach comp.
indnad- abwarten; 2. sg. imper. *indnite* (= *indnaidithe*),
verstärkte form.
indocbál, *inducbál* (= *ind-uad-gabál*), fem., glanz, herlichkeit.
ingrim̃, msc. 8. und ntr. (3., s. *ainm̃*), verfolgung; dat. *oc-
farn-ingrim*, nom. pl. *ingremmen*.
innalaill, *innarcorp*, *innarleid* s. 2. *in*.
int s. *ind*.
intain s. *tan*.
inti s. *i*.
intsamil (= *ind-samil*), 9., beispil, nachamung.
intsamlur, dep., ame nach, 2. pl. secund. *intsamlithe*.
intsliuc(h)t (= *ind-sliuc(h)t*, mit zufälligem anklang an *in-
tellectus*, msc. 8., sinn.
iress, fem. 10., glaube: *iressach*, adj., gläubig (vgl. *tarisse*).
irlam (= *air-flam?*) bereit, willig; vgl. *an-irlithe*.
is s. *as*; *is-a-chorp*, *is-in-descire*, *is-i-lóu*, *is-sáin*, *is-pre-
ceptóir*, *is-lib* (*la*) u. a.
isin-chorp, *isind-inducbáil-sin*, *isint-sechmadachtu* s. 2. *in*.
ith s. *ath*.
iude (judacus), msc. 10., pl. gen. *iude*, dat. *-éib*, acc. (voc.)
-eiu, *-eu*.

L.

La(s), bei (penes, secundum) mit acc., mit rel. *lasmbi*, mit suff.
pron. 1. *lim*, pl. *linn*, 2. *lat*, pl. *lib*, 3. *less* (fem. *lae*), pl.
leu.
lá, *lae* s. *lathe*.
labra-, sprechen, dep. (§. 287); 2. sg. *labrither*, 3. sg. *labrathar*,
pl. (auch conj.) *labritir*, *ni labratar*. Inf. verbunden (auch conj.)
labrád, msc. 8., locutio, gen. *labartha.
laigiu, *laigu*, comp. §. 232.
lán (§. 167, 3) plenus, vgl. *comalna-*.
lathe, *laithe*, ntr. 10., tag; auch *lae*, *lá*, dat. *lóu* (§. 173, 3.
74, 1).
lebor (§. 74, 1), msc. 10., liber, gen. *libuir*, dat. *libur*.

léire, fem. 10., tätigkeit, mühe, eifer.
less bei im s. *la*.
1. *leth*, ntr. *(as-*stamm), seite, gen. sg., nom. gen. pl. *leithe*, dat. sg. *leith*.
2. *leth*, ntr. 10., hälfte, dat. *leuth*.
leu bei inen s. *la*.
lia, lie, msc. 1. *(cc-*stamm), stein, gen. *liacc*.
lia = πλεῖον, plus; §. 167, 3. 232.
lib, libsi euch, bei euch; *lim̄, limsa* bei mir s. *la*.
lin, msc. 8., anzal; collectiv: *pecthu indlina dodaaidlea* die sünden derjenigen, welche sie besuchen.
lináđ, msc. 8. (infin.), an-, außfüllung.
locc, lucc, msc. 10., locus.
lóur genug.
lu (= *plu?)* gehen; 3. sg. praes. abs. *lui,* perf. (§. 304, 2, aber nach 173, 3 (166) *th, d* statt *t) luid,* pl. *lotar* (=*lutha-tar;* §. 74, 1. 75).
luc(h)t, msc. 8., volk, leute; collectiv: *luct corint* die Corinther, *uili luct inna ecolsa* alle die zur gemeine gehören.

M.

M vor *b* und *m* statt *n* §. 173, 2.
m', pron. der 1. sg.: 1) inf.; 2) suff. hinter praep. *lim̄, dom*.
ma (má?) wenn: *mabeith, massu, mad'* wenn es ist, wäre (pleonastisch wie *is),* aber *mad ferr* wenn ir beßer seid.
macc (= *maqvas),* msc. 10., son.
máin (macin) oder *móin,* fem. 9., munus; pl. *degmáini* bona munia.
maith, 9., gut, gen. *maith* (wie fast bei allen adj. *i-*stämmen), pl. *ma(i)thi*.
mall langsam, spät; comp. *mailliu*.
már groß.
marb tot.
maso = *massu,* s. *ma* und *su*.
men, dep., perf. red. (verkürzt): -*ménar,* praes. -*muiniur* (vgl. *gád, guidim̄);* in zusammensetzungen (s. *airmitiu);* mit *do-:* denke, meine.
mertrech, fem. 10., meretrix, gen. *mertrige,* dat. acc. *mertrich*.
mesrugud, msc. 8., mäßigung (von *mensura;* §. 173, 1).

mí (μήν, μείς), msc. 1., monat. gen. *mís*.
mo, mu, possess. gen., mein.
móidem, fem. 10., rum, gen. *móidme* (§. 75, 2); infin. von
móidim, rüme, meist refl. *no-m-móidim*, perf. §. 304, 1, pl.
ro-n-móitsem.
molád, msc. 8., lob.
mug (= got. *magus*), msc. 8., sklave, gen. *moga* (§. 74, 1).

N.

(N) casusendung am folgenden worte geschriben, z. b. acc. sg.
ingním nole, dat. dual. *indib ṅuarib*.

(n) rel. (beitr. V, 22): 1) direct (acc.) *domberaid, rongeni*;
2) indirect (franz. que): *inbes, asné, laithe rongénair, im-
tiagam (t = nt), adciam (c = nc)*, besonders nach un-
eigentlichen conj.: *am. fongni, óre doṅgníith, ní airindi
rongenad.* Oft unkentlich: *intain ronmóitsem, óre nán-
rairigsiur (n = nn), intain nádrairigsiur (r = rr)*.

n'. pron. inf. der 3. sg., in *nánrairigsiur* mit rel. *(n)* ver-
schmolzen; suff. in den zusammensetzungen *sin, sodin*.

n, pron. der 1. pl.: 1) infin. *ni-n-incéblthar, rondlámigedni,
fonsegar, imm-un-rordad* (impers. construction), mit rel. *(n)*
verschmolzen: *intain ronmóitsem*; 2) suff. hinter praep.
dún-ni, uan-ni.

na, no oder.

na, ntr., s. *nach*.

ná 1) (ne) im hauptsatz: *na bad* (ne esto); hinter con: *con-
náru-* damit nicht; 2) (non, quod non) in nebens.: *óre nán-
rairigsiur*; verstärkt *nách* (quod non): *náchibfel*, (ne) *nách-
taibred*; *nád'* (non): *inti nádchomalnathar, am. nádrobe,
nadidchreti*.

nach, adj. pron., irgend ein; acc. msc. *fornachnénirt*; acc. nom.
ntr. stäts *na* geschriben: *na imned*.

nách, nád s. *ná*.

nammá nur.

nech, subst. pron., jemand, gen. *neich*, dat. *nench, neoch*; ver-
tritt das rel. *lanech nadidchreti, lanech nodchomalnadar,
act nech dogned*.

nem (§. 169, 3). ntr. *(as-*stamm). himmel, gen. sg. (und nom. gen. pl.) *nime*, dat. *nim*, acc. *nem; fornem* (zum himmel auf).

nert (vgl. *ner-io*), ntr. 10., kraft, stärke:
énirt schwach, *sonirt* stark.

nerta- stärken, ermanen; 3. pl. *nertit*.

ni nos; verstärkend an gefügt: *dún-ni, ar-sóire-ni, tiagme-ni, ro-n-dllúmiged-ni*.

ni, ní, negation des hauptsatzes: 1) non: *nidénat, nipu* (s. *bu*), *nital* (s. *tá*), mit außgelaßenem *is: ní tabarthi doneoch* (non danda cuiquam). *ní nisse, ni lanech;* 2) ne (mit conj.): *ní imthésid.* Aber auch hinter *ce, ma*, oft verkürzt: *cin-bat*.

ní ding, etwas: *cia comice ní dúnn?*

no, nu, verbalpartikel der unvollendeten handlung: *no-d-chomal-nadar, no-n-da-sóirfea, an-nu-predchim*.

nóib, 10., heilig.

nóichtiche (= *nói-fichtiche*), fem. 10., 'neunundzwanzigkeit'. 29 tage.

nóidéede, adj. als subst. msc., der 19järige cyclus.

nole s. *(n)*.

nu s. *no*.

nuarib s. *(n)*.

O.

O statt *u:* 1) wirkung eines folgenden *a* (§. 74, 1): *cor;* 2) regellos namentlich im außlaut: *maso, do-, so-*, aber auch in der epenthesis: *do neoch.* — *o* statt *au:* 1) umlaut von *a* (§. 74, 1): *itossoch;* 2) im außlaut neben *a: gnímo, pectho*.

ó häufig in *ua* auf gelöst; umlaut *ói* oder *uai*.

ó, ua mit dat., von (a, de): *hóadam, hóathir:* mit suff. pron. *uan-ni*; in zusammensetzungen *ód, uad, ul*.

oc bei, mit dat., beim infin.: *oc-farn-ingrim* (bei eurer verfolgung).

óen, óin (§. 237, 72) unus. meist zusammensetzung: *óenchorp* (§. 173, 3).

oi umlaut von *o: coimdiu; ói* von *ó: preceptóir*.

oi, ói = *óe* (umlaut *oei*), diphthong §. 72.

ói contrahiert auß *o-e: ar(a)fó-im, fó-isitiu*.

ol (ul-s, ul-tra) nach dem comp. (quam) mit *tá*.
olcc, ulcc böse.
olchene übrigens, sonst, ceteri.
ón demonstr. (id), auch verstärkend: *dian-d-aithirsid ón.*
óre, uare weil, mit folgendem rel. *(n).*
Ossæ Hoseas.

P.

P für *b* im außlaut: *imp, cinip, arimp;* *p* = *bb*: *ropia*, in anderen formen von *bu* villeicht reduplication: *ropad*; *p* = *tb*: *epur* (s. *t*).
peccád, msc. 8., peccatum, gen. *pectha* (§. 75, 2. 173, 3): *senpheccád,* alte sünde.
popul, msc. 10., populus.
precept (praeceptum), fem. 9., doctrina.
preceptóir, msc. 9., praeceptor.
predchim, pridchim predige.

R.

R' = *ro*: *rambia, rairigsiur, dofo-r-chossol.*
rambia im wird sein *(= ro-an-bia).*
ráth, ntr. 10., gnade, gabe von gott.
rec(h)t, msc. (auch ntr.) 8., gesetz.
re(n) — vgl. prae, prius — mit dat., vor; *risiu* bevor.
riar wille, dat. *doréir* (praep. mit gen.) zu willen.
rig kommen; fut. pass. *rigthir* (venietur).
rímaire, msc. 10., rechner, von:
rími- rechnen, zälen; mit
 ad- zälen, rechnen;
 do- erzälen.
ro, ru- (§. 167, 3. 304) — vgl. *r'* — verbalpartikel der vollendeten handlung: 1) perf. *ropsa* (s. *bu*), *rofetar, rofitir* (s. *fid*), *ro-n-dlúmiged-ni* (wir sind gesammelt), *ro-m-bói* (s. *bu*); *ad-ro-grad, arroét* (= *ar-ro-fo-éit*), *asrubart*, auch auß gelaßen *asbert;* 2) fut. und conj. *robia; conro-, corro-, arnáru-.* — *ró* = *ro(n): rósárichset.*
rogu (vermutlich s-stamm) wal, vgl. *togu.*
ru s. *ro.*
rún (got. *runa*), fem. 10., geheimnis.

S.

S suff. pron. 3. msc. ntr. in *friss;* s(n) inf. pron. 3. fem. *nis-coirther.*

sa, se, so, demonstr. (adv.): 1) hinter subst. (mit artikel, wie franz. *ci);* 2) *sa (se* §. 74, 2) verstärkt die erste person: *domsa, mo bésusa, ropsa,* hinter dem prädikat *niba dimicthese.*

saegul, sáigul (=sacculum?), 10., lebenszeit (später: sacculum, welt).

saethrech, sáithrech mühselig.

saigid (= got. *sakan?)* disputieren, reden.

sáin singularis.

salt, msc. 8., saltus (speciell der saltus lunae).

samlid, adv. (vgl. caelitus, divinitus) von *samal,* so.

sárigi- verachten; perf. 3. pl. *rósárichset (ró = ron).*

scarád, msc. 8., scheidung, (infin.) sich trennen *(fri);*
   etarscarád gänzliche scheidung.

scél (= *secitlon),* ntr. 10., sage, erzälung, bericht.

se, pron. demonstr., dat. *risiu;* als adv. s. *sa.*

. *sech* (= secus), praep. in zusammensetzungen *sechm', sechma: sechmadachte* (s. *tag).*

sech (sequi); infin. *sechem,* fem., acc. *frisechim;* mit
   co(n)-, cot- unterweisen, zurecht weisen; fut. pass. *cotob-*
   (= *cot-dob-)sechfider,* imperf. (ir werdet);
   in-cho(n)- bedeuten, bezeichnen, perf. (§. 304, 2) *inchoisecht;*
   fo- verfolgen; praes. pass. *fo-n-segar* (§. 287. 173, 3) wir werden verfolgt.
   do-di-ul- erwecken; conj. pass. *dodiusgadar.*

sen (= sen-ex) alt, in zusammensetzungen: *senpheccad.*

serc, fem. 10., liebe, begirde:
   deserc liebe (caritas).

sétche, fem. 10., gattin.

1. *si* sie; verstärkend: *a-dochum-si.*
2. *si* ir; verstärkend: *duibsi, indibsi, libsi, hóre dongniith-si,* hinter dem prädikatsnomen *hóre adib foirbthisi.*

side (= *se + de,* das um gekerte *diser, diser),* demonstr.; seltener *sede, sode.*

sil, ntr. 10., same.

sin (= *se + n'),* demonstr. suff. (wie franz. *là);* hinter subst. *anainmsin, inrechtsin,* seltener hinter pron. *diairisin, fadésin.*

slán (= *salán) salvus; *bidslán* sempersalvus.
slond, 10., bedeutung, andeutung.
so, *su* = εὖ: *sochrud*, *sonirt* (*nert*).
so, demonstr., s. *sa*; *inso* one genusunterschied wol eigentlich adverbialer dativ (abl.), hier, da (also *so* statt *su*, *siu*).
sochuide, fem. 10., menschenmenge; collectiv: *corrochreitea sochuide* daß vile glauben.
sodin (= *sode* + *n'*), demonstr. ntr., diß: *trisodin*.
sóer, *sóir* frei, edel (ingenuus; gegensatz *dóir*), mit *oc:* kundig, geschikt;
   sóira- befreien, erretten; 3. sg. fut. *sóirfea*;
   sóire, fem. 10., freiheit, befreiung, salus.
sollamun (sollemne) festmal.
som selbst; verstärkt die 3. person im sg. msc. ntr. und im pl.: *indsom*, *doibsom*, *friusom*; *forasaegulsom*; *ni ceilsom*.
son (sonus), msc. 10., wort, gen. *suin*, acc. pl. *sunu* (§. 74, 1).
són diß (stärker als *ón*).
spirut (§. 74, 1), msc. 8., spiritus, gen. *spirito*, *spiruto*, *spírto*.
su (*so*) 1) verstärkung der 2. person: *ciasberasu*; 2) in *massu* (*maso*) und *ciasu* (*ceso*) wol mit dem *so* in *inso* identisch: **ma-as-su?*
suidigud, msc. 8., (infin.) setzen.

T.

T nach außfall von vocalen bleibt unaspiriert nach *n*, *l*, *s*: *dénti*; tritt ein: 1) im anlaut für *d'* (*do*) vor vocalen (und *l'*, *s*): *tic*, *tanic*, *tucc-*, *tes-*, *tar-*, *tath-*, *tind-*, *tór-*; 2) im silbenaußlaut für *d* vor *s*: *ronmóitsem*, *int(s)* nom. msc., namentlich vor *s*: *isintsechmadachta*, *intsamil*, *tintúth*; seltener für *th* vor anderen cons.: *atbail*; 3) *t* oder *tt* für *d* + *d*: *cretim*, *th* + *th*: *brotto*, *d* + *th*: *imráto*, *t* + *th*: *crete*, *th* + *t*: *lotar*, *d* + *t*: *coniturca*.
-t (*-it*), pron. suff. der 2. sg. nach praep.: *nait*, *dúit*.
tá (nach Stokes = *do* + *vas*) esse, lexstare; nur praes. 2. pl. *tad*, 3. *tat*, conj. 1. pl. *con-dan*; rel. *ol-daas*, *ol-doas* (quam est); mit
   ad: *atá*, *hóre attá* = **ad(n)tá*.
tabairt, *tabart*, fem. 9. 10, geben, infin von

tabur (wol = *do-ath-b.*, trotz ab weichender behandlung des
th), gebe; perf. §. 304, 2, fut. *tibér;* 1. pl. imper. *taibrem,*
3. sg. *taibred,* part. necess. *tabarthi.*
tag nebenform für *teg, tiag* (s. *tec(h)t, fortac(h)t*), mit
con- suchen, fordern; 3. sg. *contaig, condaig;*
sechma-; part. pass. *sechmadac(h)te* praeteritus, auch subst. ntr.
tair-chechuin s. *can.*
talland (= *do-elland*), 10., fähigkeit, talent.
tan (= *do-an?*) weile, zeit; adv. *intain* mit rel. *(n)* als,
wenn (cum); *iartain* hernach.
tanic s. *do-ic.*
tar, dar (trans) über, durch, mit acc.; *tar-éssi(n)* uneig. praep.
nach, für; *tar-a-éssi* danach, dafür.
tatháir (= *doath-áir*) tadel, vorwurf.
tec(h)t (zu §. 226), fem. 9., gang, infin. von *tiag;* davon
tec(h)taire, msc. 10., gesanter.
tec(h)ta- haben; 3. pl. *tectit,* verbunden *'tectat.*
teora, fem., von *tri* (§. 237) drei.
tesbuith (= *do-es-b.*), fem. 9., lücke, infin. felen; conj. 3. pl.
cu-tesbat.
tét gehen; rel. *téte.*
tiag auf ein zil loß gehen (tendere, subire); 1. pl. *tiagme-ni;*
imm'- wandeln, conj. statt imper. 2. pl. *ni imthésid* (§. 304, 1,
anm.); als iufin.
imthecht, fem. 9., wandeln.
tic = *do-ic.*
tigerne (von *teg,* ntr. *as-*stamm, haus), msc. 10., herr.
tintúth (*do-ind-súth* von *só* wenden, beitr. IV, 172), msc. 8.,
übersetzung.
tir, ntr. 9., land.
togu (= *dofogu,* vgl. *rogu*) berufung, gen. acc. ebenso (!).
tol (= *dofol?* s. *irlam*), fem. 10., wille, dat. *tuil, toil,*
gen. pl. *tol.*
toraisse = *taraisse, tarisse* fest, beständig (vgl. *iress*).
torbe (= *doforbe*), adj., nüzlich, subst. ntr. 10., nutzen.
tórmach (= *doformag*), 10., vermerung, infin.
tossach, ntr. 10., anfang.
tra (abgekürzt '*t*') also.

tré, trí (gewönlich verkürzt) mit acc. durch: *tribaithis, trephrecept, trefoirbthetith*, mit suff. pron. 3. msc. ntr. *triit = trít*; vor dem art. *tris: trisnasenpecthu*.
trebar klug. gen. *trebuir* (s. *ui*).
tri s. *tré*.
trichtaige, fem. 10., 'dreißigkeit', 30 tage.
triit s. *tré*.
triar drei personen, gen. *triir*, dat. *triur*.
tuc (= do-uc) bringen, 3. sg. ind. *tuic*, conj. *con-i(d)-tucca*, 3. pl. pass. (conj.) *in-duccatar*.
tuicse, part. perf. pass., *(= do-fo-guiste?* vgl. *togu)* außerwält, berufen.
tuile, ntr. 10., flut.
tuit fallen (3. sg. praes.), mit *do: dothuit*, mit rel. *(n): dotuit*.

U.

U auß *a* assimiliert §. 74, 1 (neben *au, o): do-thórmuch, hi-bar-cumung;* auß *o: sunu; u* statt *iu* namentlich im außlaut *diadu, bélru, sechmadachtu; didu; assu, laigu*.
u, iu suff. pron. der 3. pl. acc.: *friu*.
ua, uai s. *ó*.
uan-ni von uns, s. *ó*.
uar, fem. 10., hora. gen. *uare, óre*, dat. acc. *uair, óir;* dual. nom. *di uair*, dat. *dib iuarib*.
ui umlaut 1) von *u: buith, uisse, cuicce;* 2) von *o* (oft nur scheinbar): *cuit, uile;* 3) statt *ai: tairchechuin, trebuir*.
uile, 10. adj. pron., jeder, alle.
uisse, 10., gerecht.
(h)umaldóit, fem. 9., humilitas.
unga, fem. 10., uncia, ein zwölftel einer minute.

H. Ebel.

IX.
Altbulgarisch.

Alphabete*)
(das glagolitische nur in der älteren runden form).

kyrillisch	glagolitisch		kyrillisch	glagolitisch	
а	⊹	a	к	┣	k
б	⊢	b	л	⅋	l
в	٧	v	м	ɯ	m
г	%	g	н	₽	n
д	⅋	d	о	э	o
е	э	e	п	₱	p
ж	Ж	ž	р	ъ	r
ѕ	♣	z	с	8	s
з	⅋	z	т	ထ	t
и, й	₱	i, j	оу	⅋	u
і, ї	8	i	ф	⊹	f
	M, ₱	d'	х	ь	ch

*) Wir halten das so gen. kyrillische alphabet, das, wie das im ductus ähnliche gotische alphabet, auf der griechischen uncialschrift beruht, für das ältere. Es war wol bereits vor Kyrill vorhanden, weil es, wenn es erst um die mitte des IX jahrh. entstanden wäre, die griechische cursivschrift zur grundlage haben würde. Das so genante glagolitische alphabet gilt uns als eine verschnörkelung des kyrillischen. Eine weitere begründung dieser in neuerer zeit bestrittenen ansicht kann hier nicht gegeben werden.   *Sr.*

Altbulgarisch.

kyrillisch	glagolitisch		kyrillisch	glagolitisch	
ω	Ⱁ	o	ꙗ		ja
щ	Ⱋ	št	ѥ		je
ц	Ⱌ	c	ѧ	Ⰵ	ę
ч	Ⱍ	č	ѫ	Ⱔ	ǫ
ш	Ⱎ	š	ѩ	Ⱕ	ję
ъ	Ⱏ	ŭ	ѭ	Ⱖ	jǫ
ы	ⰟⰉ, ⰟⰊ	y	ѯ		ξ = ks
ь	Ⱐ	ĭ	ѱ		ψ = ps
ѣ	Ⱑ	ě	ѳ	Ⱚ	ϑ = th
ю	Ⱓ	ju	ѵ	Ⱛ	v = y

щ, ѵ ist compendium für шт, ѵѡ und wird oft so getrent geschriben; з und ꙃ, и und і (ї), о und ѡ sind phonetisch gleichbedeutend; ѕ, ї, ѡ sind in gewissen worten und verbindungen gebräuchlich: ѫ (ď) ist wie eng verbundenes dj zu sprechen, in älteren handschriften nur in griechischen worten für γ vor palatalen vocalen (ı, і, ѵ), später auch j; ě und ja fallen im glagolitischen in Ⰰ zusammen, für ja steht glagolitisch auch Ⰰ (а), wie für je immer ѥ (є). In manchen handschriften findet sich ҋ, ҋ, ҋ (l', n', r'), um die innige verbindung von lj, nj, rj auß zu drücken. Für die außsprache vergl. § 76 u. nachtrag zu p. 119.

Die folgenden texte sind entnommen dem kyrillisch geschribenen so genanten Ostromirschen Evangelium aus dem jare 1056—1057 (herauß gegeben von Vostokov, St. Petersburg 1843), und dem glagolitisch geschribenen so genanten Assemanischen oder Vaticanischen Evangelium aus dem XI. jarhundert (herauß gegeben von Fr. Rački, Agram 1865). Die in den erwähnten außgaben vor kommenden compendien sind auf gelöst, in den stücken aus dem Ostrom. Evang. die dort nicht vorhandene worttrennung durch gefürt, das den buchstaben ь vertretende zeichen ' durch ь ersezt, das selbe zeichen, wenn es die erweichung von *l*, *n*, *r* auß drükt, oder sonst für *j* steht, durch *j* gegeben.

Das zeichen ъ ist im Ostrom. codex nicht gebräuchlich. In den glagolitischen stücken ist die verwechselung von ъ und ь ser häufig (s. p. 680); zuweilen sind die halbvocale auch ganz auß gelaßen, z. b. *vsi* = *visi*.*)

*) Um den leren raum dieser seite nicht unbenüzt zu laßen, teilen wir noch die chorvatische, eckige form des glagolitischen alphabets hier mit.

	a		*k*		*ch*
	b		*l*		*o*
	v		*m*		*ü*
	g		*n*		*c*
	d		*o*		*č*
	e		*p*		*š*
	ž		*r*	, 1	ъ
	z		*s*	(18)	*y*
	z		*t*	, 1	*ь*
	i		*u*		ě (*ja*)
,	*i j.*		*f*		*ju*
	d				

A. Matth. VI, 7—13.

7. молѧще же сѧ не лихо глаголѣте ꙗкоже ѧꙁычьници, мьнѧть бо сѧ ꙗко въ мъноꙁѣ глаголании своемь оуслышани бѫдѫть.

8. не подобите сѧ оубо имъ, вѣсть бо отьць вашь ихъже трѣбоуєте прѣжде прошениꙗ вашего.

9. тако оубо молите вы сѧ · отьче нашь иже єси на небесехъ, да свѧтить сѧ имѧ твоє,

10. да придеть цѣсарьствиє твоє, да бѫдеть волꙗ твоꙗ ꙗка на небеси и на ꙁемли.

11. хлѣбъ нашь насѫщьныи даждь намъ дьньсь,

12. и остави намъ длъгы наша ꙗко и мы оставлꙗємъ длъжьникомъ нашимъ,

13. и не въведи насъ въ напасть нъ иꙁбави ны отъ неприꙗꙁни, ꙗко твоє ѥсть цѣсарьствиє и сила и слава въ вѣкы. амин.

7. *molęšte že sę ne licho glagolěte jakože językьnici, mьnęti bo sę jako vŭ mŭnozě glagolanii svojemĭ uslyšani bądątĭ.*

8. *ne podobite sę ubo imŭ, věstĭ bo otĭcĭ vašĭ ichŭže trěbujete prěžde prošenija vašego.*

9. *tako ubo molite vy sę: otĭče našĭ, iže jesi na nebesechŭ, da svętitĭ sę imę tvoje,*

10. *da pridetĭ cesarĭstvije*) tvoje, da bądetĭ volja tvoja jaka**) na nebesi i na zemli;*

11. *chlěbŭ našĭ nasąštĭnyj daždĭ namŭ dĭnĭsĭ,*

12. *i ostavi namŭ dlŭgy našę, jako i my ostavljajemŭ dlŭžĭnikomŭ našimŭ,*

13. *i ne vŭvedi nasŭ vŭ napastĭ, nŭ izbavi ny otŭ neprijazni, jako tvoje jestĭ cesarĭstvije*) i sila i slava vŭ věky. amin.*

---

*) *cěsarĭstvije.* **) wol schreibfeler für *jako.*

7. molęšte že sę i ne licho glagolite ěko i językьnici, mьnętъ bo sę ěko vъ mnozě glagolěnii svoemъ uslyšani bǫdǫtъ.

8. ne podobite sę ubo imъ, věstъ bo otĭcĭ vaš ichъže trěbuete prěžde prošenьě vašego.

9. sice že molite sę: otĭče našь, iže esi na nebesi, da svętitъ sę imę tvoe,

10. da pridetъ carstvo tvoe, da bǫdet volě tvoě ěko na nebesi i na zemli;

11. chlěbъ našь nasǫštьnъi daždъ namъ dĭnes,

12. i ostavi namъ dlъgy našę, ěko i my ostavlěemъ dlъžьnikomъ našimъ,

13. i ne vъvedi nasъ vъ iskušenie, nъ izbavi ny otъ lǫkavaago, ěko tvoe estъ carstvo i sila i slava vъ věkъ. aminъ.

B. Joh. I, 1—28.

1. искони бѣ слово, и слово бѣ отъ бога, и богъ бѣ слово.

2. се бѣ искони оу бога.

3. и тѣмь вьса быша, и безъ него ничьто же не бысть еже бысть.

4. въ томь животъ бѣ, и животъ бѣ свѣтъ улвѣкомъ.

5. и свѣтъ въ тьмѣ свѣтитъ са, и тьма его не объатъ.

6. бысть улвѣкъ посъланъ отъ бога, има емоу иоанъ.

7. тъ приде въ съвѣдѣтельство, да съвѣдѣтельствоуетъ о свѣтѣ, да вьси вѣръ имжтъ имь.

8. не бѣ тъ свѣтъ, нъ да съвѣдѣтельствоуетъ о свѣтѣ.

1. *iskoni bě slovo, i slovo bě otŭ boga, i bogŭ bě slovo.*

2. *se bě iskoni u boga.*

3. *i těmĭ vĭsa byšę, i bez nego*) ničĭto že ne bystĭ, ježe bystĭ.*

4. *vŭ tomĭ životŭ bě, i životŭ bě světŭ člověkomŭ.*

5. *i světŭ vŭ tĭmě svĭtitĭ sę, i tĭma jego ne obętŭ.*

6. *bystĭ člověkŭ posŭlanŭ otŭ boga, imę jemu Ioanŭ.*

7. *tŭ pride vŭ sŭvědětelĭstvo, da sŭvědětelĭstvujetĭ o světě, da vĭsi věrǫ imǫtĭ imĭ.*

8. *ne bě tŭ světŭ, nŭ da sŭvědětelĭstvujetĭ o světě.*

---

*) für *bezŭ njego.*

B. Joh. I, 1—28.

1. ⰔⰍⰑⰐⰋ ⰁⰡ ⰔⰎⰑⰂⰑ, Ⰻ ⰔⰎⰑⰂⰑ ⰁⰡ Ⱆ ⰁⰑⰃⰀ, Ⰻ ⰁⰑⰃⰟ ⰁⰡ ⰔⰎⰑⰂⰑ.

2. ⰔⰈ ⰁⰡ ⰔⰍⰑⰐⰋ Ⱆ ⰁⰑⰃⰀ.

3. ⰂⰋⰞⰋ ⰕⰡⰏⰟ ⰁⰟⰞⰉ, Ⰻ ⰁⰈⰎ ⰐⰅⰃⰑ ⰐⰋⰛⰅⰔⰑ ⰎⰅ ⰐⰅ ⰁⰟⰔⰕⰟ, ⰅⰎⰅ ⰁⰟⰔⰕⰟ.

4. ⰂⰟ ⰕⰑⰏⰟ ⰆⰋⰂⰑⰕⰟ ⰁⰡ, Ⰻ ⰆⰋⰂⰑⰕⰟ ⰁⰡ ⰔⰂⰡⰕⰟ ⰝⰎⰑⰂⰡⰍⰑⰏⰟ.

5. Ⰻ ⰔⰂⰡⰕⰟ ⰂⰟ ⰕⰟⰏⰡ ⰔⰂⰋⰔⰋⰕⰟ*) ⰔⰅ, Ⰻ ⰕⰟⰏⰀ ⰅⰃⰑ ⰐⰅ ⰑⰁⰚⰕ.

6. ⰁⰟⰔⰕⰟ ⰝⰎⰑⰂⰡⰍⰟ ⰒⰑⰔⰟⰎⰀⰐⰟ ⰑⰕⰟ ⰁⰑⰃⰀ, ⰋⰏⰈ ⰅⰏⰟ ⰋⰑⰀⰐⰟ.

7. ⰔⰌ ⰒⰓⰋⰄⰅ ⰂⰟ ⰔⰟⰂⰡⰄⰡⰕⰅⰎⰟⰔⰕⰂⰑ, ⰄⰀ ⰔⰟⰂⰡⰄⰡⰕⰅⰎⰋⰔⰕⰂⰆⰅⰕⰟ Ⱁ ⰔⰂⰡⰕⰡ, ⰄⰀ ⰂⰔⰋ ⰂⰡⰓⰒ ⰋⰏⰒⰕⰟ ⰅⰏⰖ.

8. ⰐⰅ ⰁⰡ ⰕⰌ ⰔⰂⰡⰕⰟ, ⰐⰖ ⰄⰀ ⰔⰟⰂⰡⰄⰡⰕⰅⰎⰋⰔⰕⰂⰆⰅⰕⰟ Ⱁ ⰔⰂⰡⰕⰡ.

---

1. *iskoni bě slovo, i slovo bě u boga, i bogŭ bě slovo.*

2. *se bě iskoni u boga.*

3. *višě těmŭ byšę, i bež nego ničeso že ne bystŭ, eže bystŭ.*

4. *vŭ tomŭ životŭ bě, i životŭ bě světŭ človĕkomŭ.*

5. *i světŭ vŭ tĭmě svistitŭ*) sę, i tĭma ego ne obęt.*

6. *bystŭ človĕkŭ posŭlanŭ otŭ boga, imę emu Ioanŭ.*

7. *sĭ pride vŭ sŭvĕdětelstvo, da sŭvĕdětelĭstvuetŭ o světě, da vsi věrą imętŭ emu.*

8. *ne bě tĭ světŭ, nŭ da sĭvĕdětelĭstvuetŭ o světě.*

---

*) wol fehlerhaft für *svĕtitŭ*, da es ein verbum *svistiti* oder *svistěti* in disem sinne nicht zu geben scheint.

9. бѣ свѣтъ истиньныи, иже просвѣщаютъ вьсакого чловѣка грѧдѫщѧ въ миръ.
10. въ мирѣ бѣ, и миръ тѣмь бысть, и миръ его не позна.

11. въ своѧ приде, и свои его не приѩшѧ.
12. елико же ихъ приѩтъ и, дастъ имъ область чѧдомъ божиемъ быти, вѣрующимъ въ има его,
13. иже ни отъ кръви ни отъ похоти плътьскыѩ ни отъ похоти мѫжьскы нъ отъ бога родишѧ сѧ.
14. и слово плъть бысть и въсели сѧ въ ны, и видѣхомъ славѫ его, славѫ ѣко иединочадаго отъ отьца, испълнь благодати и истины.
15. иоанъ съвѣдѣтельствоеѩ о иемь и възъва глагола · съ бѣ егоже рѣхъ · грѧдыи по мънѣ прѣдъ мъноѭ бысть, ѣко пръвѣи мене бѣ.

9. bě světŭ istinĭnyj, iže prosvěštajetĭ vĭsjakogo člověka grędąšta vŭ mirŭ.
10. vŭ mirě bě, i mirŭ těmĭ bystĭ, i mirŭ jego ne pozna.
11. vŭ svoja pride, i svoi jego ne prijęsę.
12. jeliko že ichŭ prijętŭ i, dastĭ imŭ oblastĭ čędomŭ božijemŭ byti, věrująštemŭ vŭ imę jego,
13. iže ni otŭ krŭvi ni otŭ pochoti plŭtĭskyę*) ni otŭ pochoti mąžĭsky nŭ otŭ boga rodiša**) sę.
14. i slovo plŭtĭ bystĭ i vŭseli sę vŭ ny, i viděchomŭ slavą jego, slavą jako jedinočędaago otŭ otĭca, ispŭlnĭ blagodati i istiny.
15. Ioanŭ sŭvěděteljstvova o njemŭ i vŭzŭva glagolę ***): sĭ bě, jegože rěchŭ: grędyj po měně prědŭ mŭnoją bystĭ, jako pĭrvěj mene bě.

---
*) für plŭtĭskyję. **) Russismus für rodišę ***) für glagolję.

9. bě svět istinŭnŭ, iže prosvěštaetŭ vŭsěkogo člověka idąštaago vŭ mirŭ.

10. vŭ mirě bě, i mirŭ těmŭ bystŭ, i vesĭ mirŭ ego ne prijętŭ*).

12. eliko že ichŭ prijętŭ i, dastŭ imŭ oblastĭ čędomŭ božiemŭ byti, věrująštiimŭ vŭ imę ego,

13. iže ne otŭ krŭve ni otŭ pochoti plŭtĭskyję ni otŭ pochoti mąžĭsky nŭ otŭ boga rodišę sę.

14. i slovo plŭtĭ bystŭ i vŭseli sę vŭ ny, i viděchomŭ slavą ego, slavą ěko inočędaago otŭ otĭca, ispŭlnĭ blagodati i istiny.

15. Ioanŭ sŭvěděteĭstvuetŭ o nemŭ i vŭziva glagolję: sĭ bě, egože rěchŭ: grjędy**) po mŭně prědŭ mŭnojǫ bystŭ, ěko prăvěj mene bě.

---

*) prijętŭ entspricht dem прїѧть des kyr. textes. Die worte pozna — ne felen im Ass. Ev.; prijętŭ ist aber praedikat zu mirŭ, daher singular.

**) ję für ę geschrieben komt im Assem. Evang. öfter vor.

16. и отъ исплънения его мы вьси приѩхомъ благодать въ благодать.

17. ѩко законъ мосеомь данъ бысть, благодать и истина исоусомь христомь бысть.

18. бога никъто же никъде же не видѣ, тъкъмо единочадыи сынъ сы въ лонѣ отьчи тъ исповѣда.

19. и се есть съвѣдѣтельство иоаново, егда посълаша июдеи отъ иероусалима иереѩ и левьгиты, да въпросѩтъ его · ты къто еси;

20. и исповѣда и не отъвьрже сѩ, и исповѣда · ѩко нѣсмь азъ христосъ.

21. и въпросиша же и · къто оубо ты еси; илиѩ ли еси; и глаголѩ · нѣсмь. пророкъ ли еси ты; и отъвѣща · ни.

22. рѣша же емоу · къто еси; да отъвѣтъ дамъ посълавъшиимъ ны · чьто глаголеши о тебѣ самомь;

16. i otŭ ispŭlnjenija jego my vĭsi prijęchomŭ blagodati vŭz*) blagodati.

17. jako zakonŭ Moseomĭ danŭ bystĭ, blagodatĭ i istina Isusomĭ Christomĭ bystĭ.

18. boga nikŭto že nikŭde že ne vidě, tŭkŭmo jedinočędyj synŭ sy vŭ lonĕ otĭči, tŭ i ispovĕda.

19. i se jestĭ sŭvĕdĕtelĭstvo Ioanovo, jegda poslašę Ijudei otŭ Ierusalima iereję i levŭgity da vŭprosętĭ jego: ty kŭto jesi?

20. i ispovĕda i ne otŭvĭrže sę, i ispovĕda: jako nĕsmĭ azŭ Christosŭ.

21. i vŭprosišę že i: kŭto ubo ty jesi? Ilija li jesi? i glagola: nĕsmĭ. prorokŭ li jesi ty? i otŭvĕšta: ni.

22. rĕšę že jemu: kŭto jesi? da otŭvĕtŭ damĭ posŭlavŭšiimŭ ny. čito glagolješi o tebĕ samomĭ?

---

*) für vŭzŭ.

16. i otŭ isplŭneniě ego my vsi prijęsomŭ blagodětĭ vŭz blagodětĭ.

17. ěko Moseomŭ zakonŭ danŭ bystŭ, blagodětĭ i istina Isusomŭ Christomŭ bystĭ.

18. boga nikto že ne viděl nikŭde že, nŭ tŭkŭmo inočędyj*) synŭ syj vŭ loně očimŭ ispovědě.

19. i se estŭ sŭvědětelĭstvo Ioanovo, egda posŭlašję*) Ijudei otŭ Ierusalima iereję i levĭity, da vŭprosętŭ i**): ty kto esi?

20. i ispověda i ne otvrŭže sę, i poveda: ěko něsmŭ azĭ Christosŭ.

21. i vŭprosišę i: čĭto ubo ty esi? Ilia li esi? i glagola: něsmŭ. prorokŭ ubo esi ty? i otvě: ni.

22. rěšę emŭ: kto esi? da otŭvětŭ damŭ posŭlavŭšĭimŭ ny. čĭto glagoleši o tebě samomŭ?

---

*) *j*ę statt ę, vgl. zu v. 15.

**) statt i, im Assem. evang. nicht selten, wie auch *sii* für *si*, nom. plur. von *sĭ*.

23. рєчє жє · азъ гласъ въпиѭщааго въ поустыни, исправите пѫть господьнь, ѣко же речє исаиѣ пророкъ.
24. и посълании бѣахѫ отъ фарисеи,
25. и въпросишѧ и и рѣшѧ ѥмоу · чьто оубо крьщаѥши, аще ты нѣси христосъ ни илиѣ ни пророкъ;
26. отъвѣща имъ иоанъ глаголѧ · азъ крьщаѭ въ водѣ, но срѣдѣ же васъ стоитъ ѥгоже не вѣсте.
27. тъ ѥстъ грѧдыи по мънѣ, ѣко пьрвѣи менє бѣ, ѥмоуже нѣсмь достоинъ, да отрѣшѫ ремєнь сапогоу ѥго.

28. си въ виөании бышѧ об онъ полъ иордана, идеже бѣ иоанъ крьстѧ.

23. reče že: azŭ glasŭ vŭpijąštaago rŭ pustyni, ispravite pąti gospodini, jako že reče Isaija prorokŭ.

24. i posŭlanii bjaachą*) otŭ farisej,

25. i vŭprosišę i i rěšę jemŭ: čito ubo krĭštaješi, ašte ty něsi Christosŭ ni Ilija ni prorokŭ?

26. otŭvěšta imŭ Ioanŭ glagolę**): azŭ krĭštają rŭ rodě, po srědě že vasŭ stoitĭ, jegože ne věste.

27. tŭ jestĭ grędyj po mŭně, jako pĭrvěj mene bě, jemŭže něsmĭ dostojnŭ, da otrěšą†) remeni sapogu jego.

28. si vŭ Vithanii byšę ob††) onŭ polŭ Iordana, ideže bě Ioanŭ krĭstę.

---

*) für běachą.
**) statt glagolję.
†) statt otŭrěšą (inf. otŭrěšiti).
††) statt obŭ.

23. reče: azŭ glasŭ vŭpijąštaago vŭ pustyni, ispravite pątĭ gospodĭnŭ, ěko že reče Isaia prorokŭ.

24. i posŭlani běachą otŭ farisej,

25. i vŭprosišę i i rěšę emu· čĭto ubo krĭštaeši, ašte ty něsi Christosŭ ni Ilia ni prorokŭ?

26. otŭvěšta imŭ Ioanŭ: azŭ krĭštają vy vŭ vodě, po srědě že vasŭ stoitŭ, egože vy ne věste.

27. *) ěko prědŭ mnoją estŭ, emuže azŭ něsmŭ dostojnŭ, otrěšiti**) reme(ne) sapogu ego.

28. sii†) vŭ Vithanii byšę ob††) onŭ polŭ Ierdana, ide bě Ioanŭ krĭstę.

---

*) die worte *tŭ — mŭně* felen im Ass. Ev.
**) statt *otŭrěšiti*.
†) statt *si*, vgl. zu v. 19.
††) statt *obŭ*.

C. Matth. XIII, 24—30.

24. рєчє господь притъчѫ сиѭ · подобьно ѥстъ цѣсрьствиѥ небєсьноѥ чловѣкоу сѣѩвъшоу доброѥ сѣма на селѣ своѥмь.

25. съпѧщемъ же чловѣкомъ приде врагъ ѥго и въсѣѩ плѣвелъ по срѣдѣ пьшеница и отиде.

26. ѥгда же прозѧбе трѣва и плодъ сътвори, тъгда ꙗви сѧ и плѣвелъ.

27. пришьдъше же раби господина рѣшѧ ѥмоу · господи, не добро ли сѣма сѣалъ ѥси на селѣ своѥмь; отъ кѫдоу оубо имать плѣвелы;

24. reče gospodĭ pritŭčą sijǫ: podobĭno jestĭ cesaristvije*) nebesĭnoje člověku sěavŭšu**) dobroje sěmę na selě svojemĭ.

25. sŭpęštemŭ že člověkomŭ pride vragŭ jego i vŭsěja plěvelŭ po srědě pĭšenicę i otide.

26. jegda že prozębe trěva i plodŭ sŭtvori, tŭgda javi sę i plěvelŭ.

27. prišĭdŭše že rabi gospodina rěšę jemu: gospodi, ne dobro li sěmę sějalŭ jesi na selě svojemĭ? otŭ kǫdu ubo imatĭ plěvely?

---

*) cěsaristvije.

**) statt sějavŭšu.

C. Matth. XIII, 24—30.

24. [Glagolitic text]

25. [Glagolitic text]

26. [Glagolitic text]

27. [Glagolitic text]

24. reče gospodĭ svoimŭ učenikomŭ pritču sijǫ: podobĭno estŭ cěsarstvo nebesnoe člověku sěavŭšu dobroe sěmę na selě svoemŭ.

25. sŭpęštemŭ že člověkomŭ pride vragŭ ego i vŭsěa plěvelŭ po srědě pšenicę i otide.

26. cgda že prozębe trěva i plodŭ sŭtvori, togda čvišę sę i plěveli.

27. prišedŭše že rabi gospodina rěšę emu: gospodi, ne dobroe li sěmę sěalŭ esi na selě svoemŭ? i otŭ kǫdu ubo imatŭ plěvely?

28. онъ же рече имъ · врагъ человѣкъ то сътвори. они же рѣша · хощеши ли да шъдъше възберемъ е;

29. онъ же рече · ни, еда како въстързающе плѣвелы въстързнете съ ними и пшеницѫ.

30. оставите обое възрасти до жатвы, и въ врѣмѧ жатвѣ рекѫ жателемъ · шъдъше възберѣте дрьвле плѣвелы и съвѧжите ѩ въ снопы ѩко съжещи ѩ, а пшеницѫ съберѣте въ житьницѫ моѭ.

28. onŭ že reče imŭ: vragŭ člověkŭ to sŭtvori. oni že rěšę: chošteši li, da šĭdŭše vŭzberemŭ je?

29. onŭ že reče: ni, jeda kako vŭstĭrĭzajušte*) plěvely vŭstĭrĭgnete sŭ nimĭ i pšenicą.

30. ostavite kupĭno rasti oboje do žętvy, i vŭ vrěmę žętvě rekǫ žęteljemŭ: šĭdŭše vŭzberěte drevlje plěvely i sŭvęžate ję vŭ snopy, jako sŭžešti ja**), a pšenicą sŭberěte vŭ žitĭnicą moją.

*) Russismus für vŭstĭrĭzajǫšte.
**) verschrieben für ję.

28. [Glagolitic text]
29. [Glagolitic text]
30. [Glagolitic text]

28. *onŭ že (re)če imŭ: vragĭ člověkŭ to sŭtvori. oni že rěšę: chošteši li, da šedŭše vŭzberemŭ ję?*

29. *onŭ že reče: ni, eda kako vŭstrŭgajǫšte plěvely vŭstrŭgnete sŭ nimi i pšenicǫ.*

30. *ostavite kopno rasti oboe do žętvy*), i vŭ vrěmę žętvě*) rekǫ žęteľěnemŭ*): šedŭše izberěte prěžde plěvely i sŭvęžate ję vŭ snopy ěko sŭžešti ję, a pšenicǫ sŭberěte vŭ žitĭnicǫ mojǫ.*

---

*) *ję* für *ę*, vgl. zu B, 15.

Glossar.

kr. bedeutet kyrillisch, gl. glagolitisch.

A.

A, conj., aber.

azŭ, B gl. *azĭ*, pron. pers. 1. pers., §. 265; *mene*, gen. sg., s. 649; *mŭně*, loc. dat. sg., s. 646; *mŭnoją*, instr. sg., s. 650; *my*, nom. pl.; *ny*, acc. pl., §. 266; *y*, §. 88, 3, anm.; *nasŭ*, gen. pl., s. 654; *namŭ*, dat. pl.; B 15 *mene* abhängig vom compar. *prŭvěj*.

aminŭ, amin ἀμήν.

ašte, conj., wenn.

B.

Bezŭ, praep. mit dem gen., one; oft mit weglaßung von *ŭ* und anschluß an den folgenden consonanten geschriben, daher B 3 kr. *bez-nego*, gl. *bež-nego* (da *nego* = *njego*; die verwandlung von *z* in *ž* nach §. 182, 5, s. 305).

blagodatĭ, blagoděti, subst. fem. 9. (*blagŭ*, adj. 10., gut; *děti* tat, *děją* tue; vgl. §. 80, 2; suffix §. 226; *blagodatĭ* scheint von *da-ti* geben, *dati* gabe), woltat, gnade; *blagodati*, gen. sg., §. 252.

bo, conj., denn.

bogŭ, subst. msc. 10. (wurz. §. 177, 1, suffix §. 216), gott; *boga*, gen. sg., §. 252, s. 560; vertritt B 18 den acc.

božij, adj. 10. (*bogŭ*, suffix §. 217, s. 397), götlich; *božijemŭ*, B 12 gl. *božiemŭ*, dat. pl., §. 261; *e* §. 87, 1.

brati (§. 78, 2), *berą, bereši*, verb. I, b, §. 293, nemen.

byti, verb. (wurz. §. 82), sein; praesensst. *jes*-, I, a, s. 790; §. 89, 2; *jesmĭ*, 1. sg. praes.; *jesi*, 2. sg. praes., B 19 gl. *esi*, §. 182,

A, 1; *jestĭ*, 3. sg. praes., B gl. *estŭ*; *bě*, 3. sg. aor. comp.,
§. 297, vgl. §. 305, 1; §. 182, A, 2; *běachą*, 3. pl. imperf.,
§. 305; *bystĭ* (so überall kr., gl. außer B 17 *bystŭ*, vgl.
§. 183, 1), 3. sg. aor. comp., §. 297, 3; personalend. §. 275;
byšę, 3. pl. aor. comp., §. 297, 3; personalend. §. 276; *š*
§. 182, A, 6; *bądetĭ*, A 10 gl. *bądet*, 3. sg. fut., vgl. s. 795,
anm.; *bądątĭ*, A 7 gl. *bądątŭ*, 3. pl. fut.; *sy*, nom. sg. msc.
part. praes. act., §. 229, s. 467; §. 84, 2; *syj* dass. decl.
comp., §. 264.
bądą, *bądeši* s. u. *byti*.

V.

Vašĭ, pron. poss. 2. pers., euer; decl. wie *i*, s. d.; *vašego*, gen.
sg. msc., ntr.
vesti (§. 182 B), *vedą*, *vedeši*, verb. I, b, füren.
viděti, *viždą*, *vidiši*, verb. V, vgl. §. 209, s. 362; wurz. §. 81,
sehen; *vidě*, 3. sg. aor. comp.; *viděchomŭ*, 1. pl. aor. comp.,
§. 297, s. 818, 3; *ch* §. 182, A, 6.
Vithanija, subst. fem. 10., ortsname Bethania; *Vithanii*, loc. sg.,
§. 254; *-i* §. 87, 3 und 5.
vlasti, *vladą*, *vladeši*, verb. I, b, herschen, vgl. §. 181, anm.
voda, subst. fem. 10., waßer; *vodě*, loc. sg., §. 254.
volja, A 10 gl. *volě*, subst. fem. 10. *(vel-ěti* wollen, §. 181;
suffix §. 217, s. 391; *o* §. 60), wille.
vragŭ, C 25, 28 *vragĭ*, subst. msc. 10., feind.
vrěmę, subst. ntr. 3., zeit; *vŭ vrěmę* zur zeit; wenn ein zeitraum angegeben wird, steht im slaw. *vŭ* mit dem acc.
vrěšti (§. 182, A, 3, b), *vrŭgą*, *vrŭžeši* (*ž* §. 182, A, 3, b), verb.
I, b, werfen; *ě* §. 80, 2, die dort besprochene erscheinung
findet sich auch bei consonantisch schließender wurzel.
vŭ, praep. mit dem acc. und loc., in; §. 69, 1; §. 82, 2.
vŭ-vesti, verb. I, b, s. *vesti*, hinein füren; *vŭvedi*, 2. sg. imp.,
§. 290; §. 88, 8.
vŭz-brati, verb. I, b (s. *brati*), auf heben, weg nemen; *vŭzberemŭ*, 1. pl. praes. C 28 übersezt *chošteši da vŭzberemŭ*
das griech. θέλεις συλλέξωμεν, da in solchen und änlichen
constructionen das slaw. das verbum perfectum, das dem sinne
nach das futurum ersezt, gebraucht.

vŭzŭ, mit abfall des außlautes *vŭz,* so meist in zusammensetzungen; praep. mit dem acc., für, in zusammensetzungen auf, weg u. s. w.

vŭ-zŭvati, verb. I, b (s. *zŭvati),* auß rufen; *vŭzŭva,* B 15 gl. *vŭzŭva,* 3. sg. aor. comp., §. 297, s. 818, 3.

vŭpiti, -pijǫ, -piješi, verb. V, s. 794, 1, rufen, auß rufen; *vŭpijǫštaago,* gen. sg. msc. decl. comp. (§. 264; §. 85) des part. praes. act., §. 229; decl. s. taf. s. 601; *št* §. 182, A, 4.

vŭ-prositi, verb. V (s. *prositi),* fragen; *vŭprosętĭ,* B 19 gl. *vŭprosętŭ,* 3. pl. praes.; *vŭprosišę,* 3. pl. aor. comp., §. 297, s. 818, 3; §. 182, A, 6.

vŭs-trŭgati, -gajǫ, -gaješi, verb. V *(s* §. 182, A, 3, a), herauß reißen; *vŭs-trŭgajǫšte,* nom. pl. msc. part. praes. act., §. 229; decl. taf. s. 601; *št* §. 182, A, 4.

vŭs-trŭgnǫti, verb. IV, b (s. *trŭgnǫti; s* §. 182, A, 3, a), herauß reißen; *vŭs-trŭgnete,* 2. pl. praes., C 29 kr. *vŭs-tĭrĭgnete;* die §. 181, anm. gegebene regel wird im Ostrom. codex selten beobachtet, statt der lautverbindung *rŭ* tritt meistens *ĭr, ĭrĭ, rĭ,* für *lŭ* meist *ŭl,* seltener *ŭlĭ* ein; *vŭstrŭgnǫti* ist das verb. perf. zu *vŭstrŭgati* und *vŭstrŭzati,* vgl. unter *vŭzbrati.*

vŭs-trŭzati, -zajǫ, -zaješi, verb. V, herauß reißen; *vŭstĭrĭzajǫšte (ĭrĭ* s. *vŭstrŭgnǫti),* nom. pl. msc. part. praes. act., §. 229; decl. taf. s. 601; *št* §. 182, A, 4.

vŭ-seliti, -ljǫ, -liši, verb. V, mit *sę* sich nider laßen, wonen (übersezt σκηνοῦν; von *selo* §. 220, u. a. zelt σκηνή; nach §. 209, s. 362, 3); *vŭseli,* 3. sg. aor. comp., §. 297, s. 818, 3.

vy, vasŭ, vamŭ s. u. *ty.*

vĭsĭ, B 10 gl. *vesĭ,* adj., all, decl. wie *i,* doch in einzelnen formen wie die pronom. *a*-stämme, so *vĭsa* B 3 kr., nom. pl. ntr., dagegen B 3 gl. *vĭsě,* d. i. *vĭsja* vom *ja*-stamme; *vĭsi,* B 16 gl. *vsi,* nom. pl. msc.

vĭsjakŭ (auch *vĭsakŭ),* adj. pron., decl. wie *tŭ,* s. d.; jeder; *vĭsjakogo,* B 9 gl. *vŭsěkogo,* gen. sg. msc.

věděti, věmĭ, věsi, verb. II, a, s. 792, wurz. §. 81; wißen, kennen; *věstĭ,* 3. sg. praes., A 8 gl. *věstŭ; věste,* 2. pl. praes.

věkŭ, subst. msc. 10., lange zeit, ewigkeit; *věky,* acc. pl., §. 250, §. 84, 2; *věkŭ,* acc. sg., §. 249.

věra, subst. fem. 10., glaube, vertrauen.
věrovati, -rują, -ruješi, verb. V (von *věra* nach §. 212; *u, ov* §. 82), glauben, mit *vŭ* c. acc. glauben an —; *věrująštemŭ*, dat. pl. part. praes. act., §. 229; *št* §. 182, A, 4; *e* §. 87, 1, dat.-suff. §. 261; *věrująštŭmŭ*, dass. decl. comp., §. 264, taf. s. 637; *ŭ* §. 87, 2.
vęzati, -žą, žeši, verb. V, s. 794, 3, binden; anlaut und wurzel §. 89, 1; §. 178, 1.

G.

Glagolanije, subst. ntr. 10. *(glagola-ti, glagolanŭ*, part. praet. pass. mit suffix §. 217, s. 398), das reden; *glagolanii*, A 7 gl. *glagolěnii*, loc. sg., §. 253; *-i* §. 87, 3 u. 5.
glagolati, -lją, -lješi, verb. V, s. 794, 3 (wurz. §. 177, 1), sprechen, reden; *glagolěte*, 2. plur. imperat., §. 290, wie von einem verb. I, b; *glagolite* dass.; *i* = *jě* §. 87, 3; *glagola*, 3. sg. aor. comp., §. 297, s. 818, 3; *glagolję*, nom. sg. msc. part. praes. act., §. 229, s. 468; §. 87, 4; §. 183, 2.
glasŭ, subst. msc. 10., stimme.
gospodinŭ, subst. msc. 10. *(gospodi;* suffix §. 222), herr; *gospodina*, gen. sg., §. 252
gospodi, subst. msc. 9., herr; *gospodi*, voc. sg., §. 263.
gospodĭnĭ (B 23 gl. *gospodĭnŭ),* adj. 10. *(gospodi;* suffix §. 222; *-nĭ* = *nja* §. 87, 2), dem herrn gehörig.
gręsti, grędą, grędeši, verb. I, b, kommen; *grędy*, nom. sg. msc. part. praes. act., §. 229; §. 84, 2; *grędyj* dass. decl. comp., §. 264; taf. s. 637; *grędąšta*, gen. sg. msc. dess. part., §. 182, A, 4.

D.

Da, conj., damit, daß; mit der 3. pers. sg. u. pl. in unabhängigen sätzen als imperativ, *da svętitĭ sę* geheiligt werde.
dati, damĭ, dasi, verb. III, vgl. §. 182, 1, geben; *damŭ*, 1. pl. praes.; *daždĭ*, A 11 gl. *daždŭ*, 2. sg. imperat., §. 290, s. 719; §. 182, A, 4; *dastĭ*, B 12 gl. *dastŭ*, 3. sg. aor. comp., vgl. u. *byti; danŭ*, nom. sg. msc. part. praet. pass., §. 222.
do, praep. mit dem gen., bis.
dobrŭ, adj. 10., gut; *dobro*, nom. acc. sg. ntr.; *dobroje*, C 24 gl. *dobroe* dass., decl. comp., §. 264.

dostojnŭ (do-stoj-ati u. a. hinreichen; suffix §. 222), adj. 10., hinreichend, wert, würdig.

dlŭgŭ, subst. msc. 10., schuld; *dlŭgy*, acc. pl., §. 250; §. 84, 2.

dlŭžĭnikŭ, subst. msc. 10. *(dlŭžĭnŭ;* suffix §. 231), schuldner; *dlŭžĭnikomŭ*, A 12 kr. *dlŭžĭnikomŭ*, dat. pl., §. 261.

dlŭžĭnŭ, adj. 10. *(dlŭgŭ;* suffix §. 222, s. 428; *ž* §. 182, A, 3, b), schuldig.

drevlĭ, adj. 10. (suffix §. 217; *l* §. 182, A, 7), alt; *drevlje*, ntr. sg. als adverb, vor alters, früher, eher, vorher.

dĭnĭ, subst. msc. 9. (teilweise consonantisch vom stamme *dĭn-*, acc. *dĭne*, gen. *dĭne;* wurz. §. 81, suffix §. 223), tag; *dĭnĭ-sĭ*, acc. sg., §. 249 (A 11 gl. *dĭnes*, *e* jünger für *ĭ*, das auß lautende *ĭ* weg gefallen, wie auch sonst zuweilen, vgl. *vaš* A 8 gl. für *vašĭ)*, disen tag, heute.

E.

E, die so an lautenden worte s. u. *je*.

Ž.

Že, partikel, zur verbindung von sätzen dienend wie griech. *δέ;* einem einzelnen worte nach gesezt, hebt es den begriff hervor, wie griech. *γέ;* an *i* an gefügt, bildet es das pron. relativum, dessen casusformen s. u. *i*.

žešti (§. 182, A, 3, b), *žegą*, *žežeši* (*ž* §. 182, A, 3, b), verb. I, b, verbrennen.

životŭ, subst. msc. 10., leben; wurz. §. 182, A, 3, b, suffix §. 318; dazu secundäres suff. *-ta-*.

žitĭnica, subst. fem. 10., scheuer *(ži-ti* weiden, leben, §. 182, A, 3, b; *žito* getreide, §. 224; *žitĭnŭ*, suff. §. 222, zum getreide gehörig, auß getreide bestehend; *žitĭnica*, suff. §. 231 u. §. 217; vgl. §. 182, A, 5); *žitĭnicą*, acc. sg., §. 249.

žętva, subst. fem. 10., ernte *(žę-ti;* suffix §. 227, s. 460); *žętvy*, gen. sg., §. 252; *žętvě*, dat. loc. sg. §. 254; *vŭ vrěmę žętvě* C 30 in der zeit der ernte, wörtlich: in der zeit für die ernte. Der dativ erscheint in diser function nicht selten im slawischen.

žęti, *žĭnją*, *žĭnješi*, verb. V, mähen *(ĭ* u. *ę* §. 84, 1).

žętelĭ, subst. msc. 10. *(žęti;* suffix §. 225; *ĭ* §. 87, 2), schnitter: *žęteljemŭ*, dat. pl., §. 261; *je* §. 87, 1.

žęteljaninŭ, subst. msc. 10. *(žęteli;* suffixe §. 222), schnitter; nom. u. gen. plur. consonantisch *žęteljane, žęteljanŭ,* die andern casus des plur. nach 9, daher *žęteljanemŭ, žętelěnemŭ,* dat. pl., §. 261.

Z.

Zakonŭ, subst. msc. 10., gesetz.

zemlja, subst. fem. 10., erde; vgl. §. 187, 1; suffix §. 217; *l* §. 182, A, 7; *zemli,* loc. sg., §. 254; *-i* §. 87, 3 u. 5.

znati, *znajǫ, znaješi,* verb. V, 1 (vgl. §. 177, 1), kennen, wißen.

zŭvati und *svati* (vgl. §. 78, 2 u. s. 792, anm. 2), *zovǫ, zoveši,* verb. I, b, rufen.

I.

I, conj., und, auch.

i, *je, ja,* pron. 3. pers. (stamm *ja-* §. 89, 2), er, es, sie; §. 264; *i,* acc. sg.; *jego,* B 5 gl. *ego,* gen. sg. msc. (B 19, 26 den acc. vertretend); *jemu,* gl. *emu,* dat. sg.; *ję,* acc. pl. msc. fem.; *ja,* nom. acc. pl. ntr.; *ichŭ,* loc. pl., die locativform vertritt im slawischen beim pronomen zugleich den gen. pl.; *imŭ,* dat. pl.; nach einsilbigen praepositionen und solchen zweisilbigen, deren zweite silbe auf *ŭ* auß lautet *(do, otŭ* u. s. f.) nemen die von inen abhängigen casus des pronomens im anlaut ein *n* an, daher *njego, nego; njemi,* gl. *nemŭ,* loc. sg. msc., s. 629; *nimĭ,* instr. sg.; *nimi,* instr. pl.; mit an gehängtem *že* bildet *i* auch das pron. relat.: *iže, jegože (egože.* gl.), *jemuže (emuže* gl.), *ichŭže.*

ide, conj., wo; *ideže,* relat. das s.

ierej, subst. msc. 10. *(ἱερεύς),* priester; *iereję,* acc. pl., s. 250; §. 87, 4.

Ierusalimŭ, subst. msc. 10., Jerusalem; *Ierusalima,* gen. sg., §. 252.

iz-baviti, *-vljǫ, -viši,* verb. V, befreien, erlösen *(iz-bava* befreiung, erlösung, vgl. §. 209, s. 362, 3); *izbavi,* 2. sg. imperat., §. 290.

iz-brati, *-berǫ, bereši,* verb. I, b, herauß nemen; *izberěte,* 2. pl. imperat., §. 290.

izŭ, praep. mit dem gen., auß; in zusammensetzungen *iz-*.

Ilija, B gl. *Ilia*, eigenname, Elias.
iměti, imamŭ (§. 269), *imaši* u. *iměją, iměješi*, verb. V, haben; *imati*, 3. sg. praes.
imę, subst. ntr. 3., name; §. 249, s. 543; vgl. §. 180, 1; §. 84, 1.
inočędŭ, adj. 10. *(inŭ, čędo)*, der eingeborne; *inočędyj*, nom. sg. msc. decl. comp., §. 264, s. 637; *inočędaago*, gen. sg. msc. dess., vgl. §. 85, 1.
inŭ, numer., ein; §. 237, 1.
Ioanovŭ, adj. 10. *(Ioanŭ;* suffix §. 218), dem Johannes gehörig; *Ioanovo*, ntr. sg.
Ioanŭ, subst. msc. 10., eigenname, Johannes (*'Ιωάννης*).
Iordanŭ, Ierdanŭ, subst. msc. 10., Jordan; *Iordana, Ierdana*, gen. sg., §. 252.
Isaija, Isaia, eigenname, Jesaias.
iskoni s. u. *konĭ*.
is-kusiti, -šą, -siši, verb. V, versuchen, prüfen; *is-* = *iz-*, §. 182, A, 3, a.
iskušenije, gl. *iskušenie*, subst. ntr. 10., prüfung, versuchung (von *iskušenŭ*, part. praet. pass. von *iskusiti* mit suffix §. 217, s. 398).
isplŭnjenije, subst. ntr. 10., fülle *(izŭ, plŭniti* füllen, davon part. praet. pass. *plŭnjenŭ*, davon *isplŭnjenije*, §. 217, s. 398); *ispŭlnjenija (ŭl* = *lŭ* s. u. *vŭstrŭgnąti)*, B 16 gl. *isplŭnenĭě*, gen. sg., §. 252.
isplŭnĭ, B 14 kr. *ispŭlnĭ* (vgl. u. *vŭstrŭgnąti)*, indecl. adj., voll, mit dem gen. verbunden.
is-praviti, -vlją (§. 182, A, 7, a), *-viši*, verb. V, gerade machen, richten *(izŭ, pravŭ*, nach §. 209, s. 362, 3); *ispravite*, 2. pl. imperat., §. 290, s. 719.
is-po-vědati, -daję, -daješi, verb. V, bekennen, verkünden; *ispověda*, 3. sg. aor. comp., §. 297, s. 818, 3.
is-po-věděti, -věmĭ, věsi, verb. II, a, bekennen, verkünden; *ispovědě*, 3. sg. aor. comp., §. 297, s. 818, 3.
istina, subst. fem. 10., warheit; *istiny*, gen. sg., §. 252, s. 560.
istinĭnŭ, B 8 gl. *istinŭnŭ*, adj. 10., war (von *istina*, suffix §. 222, s. 428); *istinĭnyj*, nom. sg. msc. decl. comp., §. 264, s. 637.
Isusŭ, subst. msc. 10., eigenname, Jesus; *Isusomĭ*, B 17 gl. *Isusomŭ*, instr. sg., §. 259.

iti, idą, ideši, verb., s. 795, anm., gehen; *idąštaago,* gen. sg.
msc. part. praes. act., §. 229, s. 467; §. 182, A, 4; decl. comp.
§. 264, s. 637; *šĭdŭše,* C 30 gl. mit späterer schreibung *še-
dŭše,* nom. pl. part. praet. act., §. 218, s. 404; decl. s. 603;
wurz. *sad,* slaw. *chod,* §. 182, A, 6 (vgl. *choditi),* und *šĭd,*
§. 78, 1; §. 182, A, 3, b.
Ijudej, subst. msc. 10., Jude; *Ijudei,* nom. plur., §. 247; *-i*
§. 87, 5.

K.

Kako, partikel, wie, irgendwie; *eda kako* damit nicht etwa.
konĭ, subst. 9., anfang; *iskoni* = *izŭ koni,* gen. sg., von anfang
  an, am anfang.
krŭvĭ, subst. fem. 9., blut; *krŭvi,* gen. sg., §. 252; *krŭve,* gen.
  sg. eines nom. **kry,* subst. fem. 7.; §. 252, s. 560; *y* §. 88, 7.
krĭstiti (krŭstiti), krĭštą (§. 182 A, 4), *krĭstiši,* verb. V, taufen;
  kristę, nom. sg. msc. part. praes. act., §. 229; §. 87, 4.
krĭštati (krŭštati), -*štają,* -*štaješi,* verb. V *(= *kristja-ti,*
  §. 182, A, 4 von *krĭstiti),* taufen.
kupŭ, subst. msc. 10., haufe.
kupĭnŭ, adj. 10. *(kupŭ;* suff. §. 222), zum haufen gehörig, zu-
  sammen; *kupĭno,* C 30 gl. *kopno,* ntr. sg. als adv., zusammen.
kusiti, kušą, kusiši, verb. V, kosten, versuchen.
kŭde, fragepartikel, wo.
kŭto, B 19 gl. *kto,* pron. interrog., wer; decl. §. 264, s. 633;
  §. 176, 1; *-to,* hervor hebende partikel.
kądu, adv., woher; *otŭ kądu* von wo her.

L.

Levŭgitinŭ, subst. msc. 10. *(λευίτης),* Levit; pl. *levŭgite* nach
  art consonantischer stämme, mit abwerfung der endung *-inŭ;*
  levŭgity, B 19 gl. *levd'ity,* acc. pl., §. 250.
li, conj., oder; in der frage: etwa; für uns dann meist unüber-
  sezbar.
lichŭ, adj. 10., überflüßig; *licho,* acc. sg. ntr.
lono, subst. ntr. 10., schoß; *lonĕ,* loc. sg., §. 254.
ląkavŭ, adj. 10., arglistig, böse *(ląka* busen und arglist, von
  lęką, inf. *lęšti* biegen; suffix §. 218, s. 400); *ląkavaago,* gen.
  sg. ntr. decl. comp., §. 264; §. 85, 1.

M.

Mirŭ, subst. msc. 10., welt; *mirŭ*, acc. sg., §. 183, 1; *mirě*, loc. sg., §. 254.

moj, moje, moja, pron. possess. 1. pers., mein; *mojq*, acc. sg. fem.

Mojsij, Mosej, subst. msc. 10., eigenname, Moses; *Moseomĭ*, B 17 gl. *Moseomŭ*, instr. sg., §. 259; als fremdes wort unregelmäßig behandelt, regelrecht wäre *Mosejemĭ*.

moliti, -ljq (§. 182 A, 7), *-liši*, verb. V, bitten, mit *sę* beten; *molite*, 2. pl. imperat., §. 290, s. 719; *molęšte*, nom. pl. msc. part. praes. act., §. 229; decl. s. 601; *št* §. 182, A, 4.

mŭnogŭ, adj. 10. (vgl. s. 765, anm.), vil; *mŭnozě*, A 7 gl. *mnozě*, loc. sg., §. 254; *z* §. 182, A, 3, b.

mŭně, mŭnojq, mene, my, s. u. *azŭ*.

mĭněti, -njq, -niši, verb. V (wurz. §. 83), meinen, mit *sę* das s.; *mĭnętĭ*, A, 7 gl. *mĭnętŭ*, 3. pl. praes.

mqžĭ, subst. msc. 10., mann; *ja*-stamm §. 87, 2.

mqžĭskŭ, adj. 10., mänlich *(mqžĭ;* suffix §. 231; *s* §. 182, A, 7, b); *mqžĭsky*, gen. sing. fem., §. 252, s. 560.

N.

Na, praep. mit acc. und loc., auf, in.

napastĭ, subst. fem. 9., gefar, versuchung *(na, pad-q*, inf. *pas-ti* fallen; suffix §. 226; *s* §. 182, B); acc. sg., §. 249.

nasqštĭnŭ, adj. 10., hinreichend *(na, sqštĭnŭ*, vom stamme *santja*-des part. praes. act. wurz. *jes*, urspr. *as*, §. 229; mit suffix §. 222; *št* §. 182, A, 4); *nasqštĭnyj*, acc. sg. msc. decl. comp., §. 264; *nasqštĭny*, d. i. *-nŭi*, das selbe (das slaw. wort ist dem griech. ἐπιούσιος nach gebildet), §. 88, B, 3, anm.

našĭ, A 9 gl. *našŭ*, pron. possess. 1. pers., unser; decl. wie *i; našę*, acc. pl., §. 87, 4; *našimŭ*, dat. pl., §. 261.

ne, partikel, nicht.

nebesĭnŭ, adj. 10. *(nebo;* suffix §. 222), himlisch; *nebesĭnoje*, C 24 gl. *nebesnoe*, nom. sg. ntr. decl. comp., §. 264.

nebo, subst. ntr. 2. (vgl. §. 178, 3), himmel; *nebesi*, loc. sg.; *nebesechŭ*, loc. pl. nach 9; vgl. taf. s. 597.

ne-prijaznĭ, subst. fem. 9., ungüte, das böse, übel; *neprijazni*, gen. sg., §. 252.

ni, negat. partikel, nein; dem lat. ne — quidem, griech. **οὐδέ** entsprechend: auch nicht, nicht einmal; *ni — ni* weder — noch; bei pronom. s. *nikŭto* u. s. f.

nikŭde, B 18 gl. *nikĭde,* nirgend wo.

nikŭto, B 18 gl. *nikto* (vgl. *kŭto),* pronom., niemand; *boga nikŭto že nikŭde že ne vidě* B 18, niemand hat gott irgend wo gesehen; im slawischen heben mere negationen einander nicht auf.

ničeso nichts, s. u. *čĭto.*

ničĭto nichts, s. u. *čĭto.*

nŭ, conj., aber.

ny, nasŭ, namŭ s. u. *azŭ.*

někmĭ, B 20 gl. *nesmŭ,* contrahiert auß *ne jesmĭ* ich bin nicht; *něsi* auß *ne jesi.*

njego, njemĭ, nimĭ, nimi s. u. *i.*

O.

O, praep. mit dem acc., um; mit dem loc.: um, über, von (bei verbis dicendi).

oblastĭ, subst. fem. 9., macht *(obŭ, vladǫ,* inf. *vlasti* herschen; suffix §. 226; *s* §. 182, B; *b = bv* §. 182, A, 2).

oboj, adj. pron. decl., beide; *oboje,* nom. acc. sg. ntr.

obŭ, praep. mit dem acc., *obŭ onŭ polŭ* jenseit.

obŭ-jęti, obęti (obŭ um, s. *jęti),* verb. I, b, umfaßen, auf nemen; *obętŭ* B 5 gl. *obęt,* 3. sg. aor. comp., §. 297, 3; 3. sg. wäre regelmäßig *obę,* die ursprüngliche bildungsweise muß auß dem bewustsein geschwunden sein, so trat die primäre personalendung *-tĭ,* mit verwechselung von *ĭ* und *ŭ* gewönlich *-tŭ* geschrieben, an, wobei nicht wie in *bystĭ, dastĭ* das ursprüngliche *s* wider eintrat; vgl. §. 183, 1.

onŭ, ono, ona, pron. 3. pers., jener (§. 180, 1); declin. wie *tŭ; oni,* nom. pl. msc.

ostaviti, -vljǫ (§. 182, A, 7, a), *-viši,* verb. V, laßen, erlaßen, vergeben; *(ostati* verlaßen, *ostavŭ* zurüklaßung, *ostaviti* nach §. 209, s. 362, 3); *ostavi,* 2. sg. imperat.; *ostavite,* 2. pl. imperat., §. 290.

ostavljati, -ljają, -ljaješi, verb. V, erlaßen, vergeben *(ostaviti,* nach §. 209, s. 361, 1; *l* §. 182, A, 7, a); *ostavljajemŭ,* A 12 gl. *ostavlěemŭ,* 1. pl. praes.

otvěti, verb., antworten, nur im aor. comp. vorkommend; *otvě*, 3. sg. aor. comp., §. 297, s. 818, 3.

ot-iti (s. *iti*), verb. I, b, weg gehen; *otide*, 3. sg. aor. simpl., §. 292, s. 762, anm.

otŭ (in zusammensetzungen auch *ot-*), praep. mit dem gen., von.

otŭ-vrěšti, verb. I, b (s. *vrěšti*), weg werfen, abwenden; mit *sę* sich abwenden, leugnen; *otŭvrŭže*, B 20 gl. *otvrŭže*, kr. *otŭvĭrže* (vgl. unter *vŭstrŭgnąti*), 3. sg. aor. simpl., §. 292; *ž* §. 182, A, 3, b.

otŭ-věštati, -*štają*, -*štaješi*, verb. V, antworten *(otŭ-větŭ; št* §. 182, A, 4; über die bildung vgl. §. 209; vgl. *prosvěštati)*; *otŭvěšta*, 3. sg. aor. comp., §. 297, s. 818, 3.

otŭvětŭ, subst. msc. 10., antwort; B 22 acc. sg., §. 249.

otŭ-rěšiti, *ot-rěšiti*, -*rěšą*, -*rěšiši*, verb. V, auf lösen.

otĭcĭ, subst. msc. 10., vater *(c* §. 182, A, 5); *otĭca*, gen. sg., §. 252; *otĭče*, voc. sg., §. 263; *č* §. 182, A, 3, b.

otĭčĭ, adj. 10., väterlich *(otĭcĭ*; suffix §. 217; *č* §. 182, A, 5); *otĭči*, loc. sg. ntr., §. 254; *i* §. 87, 3; *očimŭ* B 18 gl. = *otĭčiimĭ*, loc. sg. decl. comp., §. 264; §. 85, 1.

P.

Pasti (§. 182, B), *padą*, *padeši*, verb. I, b, fallen.

plodŭ, subst. msc. 10., frucht; C 26 acc. sg., §. 249.

plŭnŭ, adj. 10., voll; §. 181; suffix §. 222; *lŭ* §. 181, anm.

plŭtĭ, subst. fem. 9., fleisch.

plŭtĭskŭ, adj. 10., fleischlich *(plŭtĭ*; suffix §. 231; §. 182, A, 7, b); *plŭtĭskyję*, B 13 kr. *plŭtĭskyę*, gen. sg. fem. decl. comp., §. 264, s. 637.

plěvelŭ, subst. msc. 10., unkraut; C 26 acc. sg. §. 249; *plěveli*, nom. pl., §. 247; *plěvely*, acc. pl., §. 250.

po, praep. mit dem acc., loc., dat., auf, nach, wegen, gemäß u. s. w.

po-vědati, -*dają*, -*daješi*, verb. V, bekennen, verkünden; *poveda*, 3. sg. aor. comp., §. 297, s. 818, 3.

po-dobiti, -*blją* (§. 182, A, 7), -*biši*, verb. V; mit *sę* nach amen; *podobite*, 2. pl. imperat., §. 290, s. 719.

podobĭnŭ, adj. 10., änlich; *podobĭno*, C 24 gl. *podobŭno*, nom. sg. ntr.

po-znati, verb. V (s. *znati)*, erkennen; *pozna*, 3. sg. aor. comp., §. 297, oder aor. simpl., §. 292.

polŭ, subst. msc. 8. (gen. *polu*, §. 252), seite, hälfte; B 28 acc. sg., §. 249.

po-sŭlati (-slati),-ljǫ,-ljesi, verb. V, schicken; *posŭlaše, poslašę*, 3. pl. aor. comp., §. 297, s. 818, 3; §. 182, A, 6; *posŭlavŭ*, part. praet. act., §. 218, s. 404; decl. s. 603; davon *posŭlavŭšiimŭ*, dat. pl., §. 261; decl. comp. §. 264; §. 85, 1: *posŭlanŭ*, part. praet. pass., §. 222; *posŭlani*. nom. pl. msc. des s., §. 247; *posŭlanŭ*, nom. pl. decl. comp., §. 264.

po-choti, subst. fem. 9., begirde *(choti; chot-ěti*, suffix §. 216, a); *pochoti*, gen. sg., §. 252.

pravŭ, adj. 10., recht, gerade.

pri, praep. mit dem loc., zu, bei.

pri-iti, verb. I. b (s. *iti*), kommen; *prideti* = *pri-ideti*, A 10 gl. *pridetŭ*, 3. sg. praes.: *pride* = *pri-ide*, 3. sg. aor. simpl., §. 292; vgl. s. 762. anm.; *prišidŭše* s. u. *prichoditi*.

pritŭča, subst. fem. 10., gleichnis; *pritŭčǫ*, C 24 gl. *pritčǫ*, acc. sg., §. 249.

pri-choditi, verb. V (s. *choditi*), herzu gehen, herzu kommen: *prišidŭše*, C 27 gl. *prišedŭše*, nom. pl. msc. part. praet. act., s. u. *iti*.

pri-šidŭše s. u. *prichoditi*.

prijaznĭ, subst. fem. 9., freundlichkeit, güte *(prija-ti*; suffix §. 223; z §. 182. A, 7, b).

prijati, -jajǫ, -jaješi, verb. V, vorsorge haben.

pri-jęti, verb. I, b (s. *jęti*), an nemen, auf nemen; *prijętŭ*, 3. sg. aor. comp.; *-tŭ* s. u. *obŭjęti; prijęsomŭ, prijęchomŭ*, 1. pl. aor. comp.; *prijęšę*, 3. pl. aor. comp., §. 297, s. 818, 3; §. 182, A, 6.

pro, praep., nur in zusammensetzungen gebräuchlich, vor, hervor.

pro-zębnųti, -bnǫ, -bneši, verb. IV, b, hervor keimen; *prozębe*, 3. sg. aor. simpl., §. 292.

prorokŭ, subst. msc. 10., prophet *(pro, rekǫ*, s. u. *rešti; o* §. 80, 1; suffix §. 216; grundform §. 83).

pro-světšati, -štajǫ, -štaješi, verb. V, erleuchten *(světša*, subst. fem. 10., licht; von *světŭ* mit suff. *-ja-*, §. 217. s. 397; *Sl* §. 182. A, 4; verb. nach §. 209); *prosvěštajetĭ*, B 9 gl. *prosvěštaetŭ*, 3. sg. praes.

prositi, prošǫ, prosiši, verb. V, fragen, bitten.

prošenije, subst. ntr. 10., das bitten (*prošenŭ*, part. praet. pass. von *prositi;* mit suff. §. 217. s. 398); *prošenija*, A 8 gl. *prošenŭ*, gen. sg., §. 252.

prŭvŭ, adj. 10. (§. 241, 1, nachtr. zu s. 507), erster; *prŭvěj*, B 15 kr. *pŭrvěj* (vgl. unter *vŭstrŭgnąti*), nom. sg. msc. comparat. von *prŭvŭ*, §. 232, s. 483, 2.

prědŭ, adv. u. praep. mit acc. u. instr., vor.

prežde, adv., vorher; praep. mit gen., vor (ntr. comp. zu vor.; §. 232, 1).

pustyni, subst. fem. 10. (= *pustynja*, §. 182, A 5), wüste): *pustyni*, loc. sg., §. 251; §. 87, 3 u. 5.

pšenica, subst. fem. 10., weizen; *pšenicą*, acc. sg., §. 249; *pšenicę*, gen. sg., §. 252.

pąti, subst. msc. 9., weg, straße; B 23 acc. sg., §. 249.

R.

Rabŭ, subst. msc. 10., knecht; *rabi*, nom. pl., §. 217.

rasti, rastą, rasteši, verb. I, b, wachsen.

remenĭ, subst. msc. 3. u. 9., riemen; *reme(ne)*, acc. sg. nach 3., *remenĭ*, acc. sg. nach 9.; §. 249.

rešti (§. 182, A, 3, b), *reką, rečeši (č* §. 182, A, 3, b), verb. I, b, sagen (wurz. §. 78, 1); *rěchŭ*, 1. sg. aor. comp., §. 297, s. 818, 1: §. 182, A, 6; §. 86; §. 79, 1: *reče*, 3. sg. aor. simpl., §. 292; *č* §. 182, A, 3, b; *rěšę*, 3. pl. aor. comp.

roditi, roždą (§. 182, A, 4), *rodiši*, verb. V, gebären (*rodŭ* geburt, nach §. 209, s. 362, 3), mit *sę* geboren werden; *rodisę*, 3. pl. aor. comp., §. 297, s. 818, 3; *š* §. 182, A, 6.

rěšiti, rěšą, rěšiši, verb. V, lösen.

S.

Samŭ, pron. (decl. wie *tŭ*), selbst; *samomŭ*, B 22 gl. *samomŭ*, loc. sg.

sapogŭ, subst. msc. 10., schuh; *sapogu*, gen. dual., §. 257.

svoj, svoje, svoja, pron. possess. 3. pers., mer gebraucht in bezug auf das subject des satzes und dann auf alle drei personen bezüglich; *svoi*, nom. pl. msc., §. 89; §. 87, 5; *svoja*, nom. pl. ntr.; *svojemŭ*, A 7 gl. C 21 gl. *svoemŭ*, loc. sg.; *svoimŭ*, dat. pl.

svĭtěti, svĭštą (§. 182, A, 4), *svĭstiši*, verb. V (vgl. §. 209. s. 362), leuchten; *svĭtiti*, 3. sg. praes.

světŭ, subst. msc. 10., licht *(svĭt-ěti; svĭt-ati* hell werden; *ĕ* §. 81; suffix §. 216); *světě,* loc. sg.. §. 254.
sveṭiti, sveṣṭą (§. 182. A, 4). *sveṭiši,* verb. V, heiligen *(sveṭŭ.* nach §. 209, s. 362, 3), mit *sę* geheiligt werden; *sveṭiti,* A 9 gl. *sveṭitŭ,* 3. sg. praes.
sveṭŭ, adj. 10., heilig.
selo, subst. ntr. 10., acker; §. 220; §. 182. A. 1; *selě,* loc. sg.. §. 254.
sila, subst. fem. 10., kraft.
sice, adv., so; ntr. von *sicĭ,* pron., so beschaffen, talis.
slava, subst. fem. 10., rum. herlichkeit (wurz. §. 82; suff. §. 216): *slavą,* acc. sg.
slovo, subst. ntr. 2. u. 10. (gen. *slovese* und *slova;* vgl. §. 245, 2). wort; wurz. u. suff. §. 230, s. 476; vgl. §. 82; *s* §. 176. 1.
slyšati, -šą, -šiši, verb. V (§. 182, A. 3, b; §. 82), hören.
snopŭ, subst. msc. 10., bund, garbe; *snopy,* acc. pl., §. 250.
srěda, subst. fem. 10., mitte; *srědě,* loc. sg.. §. 251.
stojati, stoją, stojęši, verb. V, stehen (von einer wurzelform *sti,* steiger. §. 81); *stoiti,* B 26 gl. *stoitŭ,* 3. sg. praes.; *i* §. 87, 5.
sŭ, praep. mit acc., von, für; mit gen., von; mit instr., mit, zusammen; §. 81, 2.
sŭ-brati, verb. I, b (s. *brati),* zusammen nemen, sammeln; *sŭberěte,* 2. pl. imperat., §. 290.
sŭvědětelĭstvo, B 7 gl. sŭvědětelstvo, subst. ntr. 10. *(sŭ, vědeti;* -teli §. 225, s. 449; -*stvo* §. 227; §. 182, A. 7, b). mitwißerschaft, zeugnis.
sŭvědětelĭstvovati, -strują, -strujęši, verb. V, s. 795 *(sŭvědětelĭstvo,* §. 212; *u, ov* §. 82), zeuge sein; *sŭvědětelĭstvujeti,* B 7, 8, 15 gl. *sŭvědětelĭstvuetŭ,* 3. sg. praes.; *sŭvědětelĭstvova,* 3. sg. aor. comp., §. 297, s. 818, 3.
sŭ-vęzati, verb. V (s. *vęzati),* zusammen binden; *sŭvęžate,* 2. pl. imperat., §. 290; vgl. §. 182, A. 3, b.
sŭ-žešti, verb. I, b (s. *žešti),* verbrennen.
sŭpati, sŭplją (§. 185, A. 7), *sŭpiši,* verb. V (wurz. vgl. §. 182, A, 1), schlafen; *sŭpęštemŭ,* C. 25 gl. *sŭpęštemŭ,* dat. pl. (§. 264) part. praes. act., §. 229; decl. s. 604; *šl* §. 182, A. 4; *e* §. 87, 1; *sŭpęštemŭ člověkomŭ,* dat. absol. 'als die menschen schliefen'.

19 *

sŭ-tvoriti, verb. V (s. tvoriti), machen; sŭtvori, 3. sg. aor. comp., §. 297.
sy s. u. byti.
synŭ, subst. msc. 8., son; wurz. u. suff. §. 223, a.
si, se, si, pron. demonstr., diser; s §. 176, 1; si, nom. pl. msc. ntr.; sija, acc. sg. fem.
sěmę, subst. ntr. 3., same (sě-jati, suffix §. 219, s. 411).
sějati, sěja, sěješi, verb. V (s. 794, 3; ě §. 80, 2), säen; sějavŭšu. C 21 gl. sěarŭšu, dat. sg. msc. (§. 254) part. praet. act., §. 218. s. 404; decl. s. 603; š §. 182, A, 5; sějalŭ, C 27 gl. sěalŭ, part. praet. act. II, §. 220, s. 420; sějalŭ jesi, 2. sg. des mit disem part. umschriebenen praeter. 'du hast gesäet'.
sę, acc. sg. pron. refl., §. 265; mit verben verbunden zur umschreibung des mediums und passivums, §. 287.

T.

Tako, adv., so.
troj, troje (A gl. tvoe), troja (A 10 gl. tvoě), pron. possess. 2. pers., dein.
tvoriti, -rja, -riši, verb. V. gestalten, machen (tvorŭ, nach §. 209, s. 362, 3).
tvorŭ, subst. msc. 10., gestalt,
trŭgnąti, -ną, -neši, verb. IV, b. reißen.
trěbovati, -buja, -buješi, verb. V, bedürfen (trěbŭ, nach §. 212; or, u §. 82), constr. mit dem gen.; trěbujete, 2. pl. praes.
trěbŭ, adj. 10., notwendig.
trěva, trava, subst. fem. 10., gras, kraut.
tŭ, to, ta (§. 176, 2), pron. dem., der, das, die; decl. §. 264. s. 632—635; tomĭ, B 4 gl. tomŭ, loc. sg.; těmĭ, B 3 gl. těmŭ, instr. sg.
tŭgda, C 26 gl. togda, adv., dann.
tŭkŭmo, B 18 gl. tĭkĭmo, adv., nur.
ty, pron. pers. der 2. pers., du; §. 265; §. 88, B, 3. anm.; tebě, loc. sg., s. 646; ry, nom. acc. pl., §. 266; vasŭ, gen. loc. pl., s. 654.

U.

U, praep. mit dem gen., bei.
ubo, part., also; in der frage unserm 'denn' entsprechend.

u-slyšati, verb. V (s. *slyšati*), erhören; *uslyšani*, nom. pl. (§. 247) part. praet. pass., §. 222.

učeniků, subst. msc. 10., schüler, jünger *(uč-iti* leren. *ryk-nąti* lernen, slaw. wurz. *uk; v* §. 89; *y, u* §. 82); *učenikomŭ*, dat. pl., §. 261.

F.

Farisej, subst. msc. 10., Pharisäer; *farisej*, gen. pl., §. 259.

C.

Chlěbŭ, subst. msc. 10., brot (lenwort auß dem got. *hlaif-s, hlaib-s*).

choditi, chožda (§. 182, A, 4), *chodiši*, verb. V *(chodŭ,* §. 209, s. 362, 3), verb. durat. zu *iti* (s. d.), gehen.

chodŭ, subst. msc. 10., gang (wurz. §. 182, A, 6; suff. §. 216, s. 318).

chotěti, chošta (§. 182. A, 4), *choštesi*, verb. V, s. 794, 2, wollen.

Christosŭ und *Christŭ*, subst. msc. 10., eigenname, Christus; *Christomi*, B 17 gl. *Christomŭ*, instr. sg., §. 259.

cěsaristvo, C 24 gl. *cěsarstvo*, A 10 gl. *carstvo*, subst. ntr. 10. *(cěsari καισαρ,* verkürzt *cari;* suff. §. 227; §. 182, A, 7, b), kaiserreich, reich.

cěsaristvije subst. ntr. 10., reich *(cěsaristvo* mit suff. §. 217, s. 398).

Č.

Člověkŭ (C 28 gl. *člověki),* subst. msc. 10. (§. 182. 3, b), mensch; *člověka*, gen. sg., B 9 abhängig von *prosvěštajeti*, da im slaw.. im älteren jedoch nicht durchgängig, bei belebten wesen der gen. den acc. ersezt; *člověku,* dat. sg., §. 254; *člověkomŭ*, dat. pl., §. 261.

čędo, subst. ntr. 10., kind; *čędomŭ*, dat. pl., §. 261; B 12 als eine entferntere apposition dem voran gehenden *imŭ* in der construction an geschloßen.

či-to, pron. interr., was; die casus von *či* werden one die hervor hebende partikel *to* gebildet; *čcso (ničeso)* §. 264, s. 629.

Š.

Sĭdŭše, šedŭše, s. u. *iti.*

É.

É, die so an lautenden worte s. u. *ja*.

Ja.

Ja s. u. *i*.

javiti, -vlją (§. 182, A, 7), -viši, verb. V (vgl. javě, adv., loc. sg. von *javů deutlich, offenbar, nach §. 209, s. 362, 3), offenbar machen, zeigen; mit *sę* sich zeigen, erscheinen; *javi*, 3. sg. aor. comp., *črišę = javišę*, 3. pl. aor. comp., §. 297, s. 818. 3.

jako, gl. *ěko*, adv., wie (ntr. des pron. adj. *jakŭ*, wie beschaffen, qualis); nach verbis dicendi: daß, auch bei directer rede, wie ὅτι, z. b. B 20; denn; vor dem infinitiv: um — zu.

Je.

Je, jego, jemu, jemĭ s. u. *i*.

jegda, B 19 gl. *egda*, conj., als.

jeda, C 29 gl. *eda*, conj., damit nicht.

jedinočędŭ, adj. 10. (*jedinŭ, čędo*), eingeboren; *jedinočędyj*, nom. sg. msc. decl. comp., *jedinočędaago*, gen. sg. msc. decl. comp., §. 264; §. 85, 1.

jedinŭ, num., pron. decl. wie *tŭ*, ein; §. 237, 1.

jelikŭ, adj. 10., decl. subst. u. pron., wie vil. quantus: *jeliko*, ntr. sg., davon B 12 der gen. *ichŭ* abhängig.

jesmĭ, jesi, jestĭ s. u. *byti*.

Ję.

Ję s. u. *i*.

językŭ, subst. msc. 10., zunge, sprache, volk.

języčinikŭ, subst. msc. 10. (*języčinŭ;* suffix §. 231), heide; *języčinici*, nom. pl., §. 217; *c* §. 182, A, 3, b.

języčinŭ, adj. 10., heidnisch *językŭ;* suffix §. 222. s. 428; *č* §. 182, A, 3, b).

jęti, imą, imeši, verb. I, b, nemen; §. 89; §. 81, 1.

A. Leskien.

X.
Litauisch.

Das alphabet

des Litauischen (lit. gr. §. 11), dessen in Preußisch-Litauen übliche schreibung so vil als möglich bei behalten ward, schließt sich an die schreibung des polnischen an. Es besteht auß folgenden buchstaben (über deren außspr. s. comp. §. 90):

a, ą	*n*
b	*o*
c (cz)	*p*
d	*r*
e, ę, ė, ë	*s (sz)*
g	*t*
i, į, y	*u, ų*
j	*ū*
k	*v*
l	*z*
m	*ż*

' an consonanten bedeutet die verbindung der selben mit *j*; ' über vocalen betonte länge, ` betonte kürze.

Dainos.

I.
Aug. Schleicher, lit. lesebuch, Prag 1857, s. 3.

Mėnů Saulůżę vėdė,
pirmą pavasarėlį.
Saulůżė anksti kėlės,
Mėnůżis atsiskýrė.
Mėnů vens vaiksztinėjo,
Auszrinę pamylėjo.

Perkúns didei supýkęs
jį kárdu pérdalyjo.
Ko Saulůżės atsiskýrei,
Auszrinę pamylėjei,
Vens naktý vaiksztinėjei?
szirdis pilna smutnýbės.

II.
Lit. leseb. s. 39.

Ei tù jėva, jėvùżė, jėvùżė, jėvélė!
Ko dėl tù neżýdi żėmùżė, żėmélė?

Szalnà szála żėdużiùs, żėdużiùs, żėdeliùs
Vėjużis láużė żaliėsies szakelės.

Ei tù bróli, brolùżi, brolùżi, broléli!
Ko dėl tù nejóji jáunas į krygélę?

Ei tù sėsùż, sesùżė, sesùżė, sesélė!
dár tù neżinai kàs krýgė, krygėlė.

Tén sustójo pulkùżei, pulkùżei, pulkéléi,
kaip po dangùm jůdi debesėlei.

Tén szvytávo kardùżei, kardùżei, kardéléi,
kaip po dangùm szvėsiosės żvaigżdėlės.

Tén lakiójo kulkùżės, kulkùżės, kulkélės,
kaip po tėvo sodùżį bitùżės, bitélės.

Mįslės.
Lit. leseb. s. 56. 58.

Geležinė kumėlė, kanapinė ůdegà. Kàs tai? Adatà bei siůls.

Dýgau, dýgusi ir užáugau, áugusi mergavaů, mergávusi martavaů, martávusi bóba tapiaů, bóba tápusi akìs gavaů, pèr tás akìs patì iszlindaů. Kàs tai? Agǎnà.

Dù zuikùczei susìpeszė, baltì kraujci bėgo. Kàs tai? Gìrnos.

Pràmusziau lédą, radaů sidábrą, pràmusziau sidábrą, radaů áuksą. Kàs tai? Kiaúszis.

Pásaka.
Kàs mók geriaús melůt?
Lit. leseb. s. 148.

Bùvo vēns bùrs ir vēns póns. Jůdu susilažìno, katràs geriaús melůt galės ir státė po szìmtą dóleriu. Póns bùrui sákė: Bùre, tù pradėk melůt. Bùrs sákė: Pónai vìską pràded[1] pirmà, tùr ir melůt pirmà pradėt. Dabàr póns pradėjo melůt ir sákė: Máno tėvs turėjo játį[2], tàs turėjo tókius ragùs, kàd gàndras vìsą métą turėjo lėkti, kol jis nů vēno rágo ànt kìto galėjo nulėkt. Bùrs sákė: Tai vìs gàl bùt. Póns sákė: Bùre dabàr melùk tù! Dabàr bùrs pradėjo melůt: Máno tėvs turėjo kiaůlę, tà nů vēno gálo krēkinos, ìů kìto turėjo. Póns sákė: Tai vìs gàl bùt.

Alè bùrs dá[3] vìs toliaús melávo, ir sákė: Máno tėvs pupàs sėjo, tos ikì debesú užágo[4]. Bùrs užlìpo vēnà pupà

---

[1] pràdeda. [2] jáutį. [3] dár. [4] uzdugo.

*iki debesú; tai jám pakìrto apuczó pupàs ir jis negalėjo
żemý nulipt. Tai jis rádo auksztai búdams pelú ir kiaúsziu
kevalú krúvą, nů tú jis turėjo vìrvę výt, o ir tà virvė pèr
trumpà buvo, tai jis vìs auksztai nupióvė o żemai pridúrė,
teip jis nusiléido*⁵) *ànt bażnýczos. Nå bażnýczos alè jis
turėjo nuszókt ir tęsióg trópyjo ànt dìdelio akmèns ir jo
kójos iki kéliu į ákmenį įlìndo; tai jis kójes palikęs bėgo
kìrvį atsinèszt, sávo kójes iszkìrst. Kaip jis atėjo, rádo
jis szùnį jo kójes begrážient*⁶)*, o kai jis jį sù kirviù mùszė,
tai szů pàmetė cédelį. Póns kláse*⁷)*: Kàs tàm cedelý bùvo?
Búrs sákė: Kàd távo tėvs pàs máno tėvą kiaulės gánė.
Tai póns sákė: tai nè tėsà, tù meliùji. Búrs sákė: Kàd
sakai kàd àsz meliùju, tai àsz laimėjau. Àsz móku geriaús
melůt kaip tù. O szìteip búrs tůdu dù szimtù dóleriu
laimėjo.*

Christian Donalitius.

Métas I. Pavásario linksmýbės, 1 — 64.

Chr. Donaleitis litauische Dichtungen, herauß gegeben von
Aug. Schleicher. St. Petersb. 1863, s. 26 flg.

*Jaú saulélė vėl atkópdama bùdino svėtą
ir żėmós szaltós triusùs pargráudama jůkės.
Szálczu prámonės sù ledais sugaiszti pagávo
ir putódams snėgs visùr į nėką pavìrto.*
5 *Tù laukùs orai drungnù gaivįdami glósté
ir żolelės visókias isz numìrusiu szaúkė.
Krúmai sù szilais visais iszsibùdino kéltis,
o laukú kalnai sù klóneis pàmetė skrándas.*

⁵) *nusiléido.* ⁶) *begráużiant.* ⁷) *kláusė.*

Vìslab, kàs rudėns biaurýbėj nùmirė rėrkdams,
vìslab kàs eżerė ggvrėndams pérżėmarojo, 10
àr po sáro kerù pėr żėmą bùro mėgójęs,
vìslab tů pulkaìs iszlìndo, vásarą svéikįt.
   Żiùrkės sù szeszkaìs isz száłto pászalio trâukės,
várnos ir varnaì sù szárkoms ìrgi pelėdoms.
Pélės sù vaikaìs ir kùrmei sziłumą ggvrė. 15
Mùsės ir rabalaì, ûdai sù kaìmene blùsu
mùs jaů rárgįt vėl pulkaìs visùr susirìnko
ir ponùs taìp kaìp burùs ìgėlt iszsiżiójo.
Bèt ir bìtins jaů szeimýną sáro pabùdįt
ir prẽ dárbo sìųst bei ką pelnýt nużsimàrszo. 20
Tů pulkaì jû pro plysziùs iszlįsti pagáro
ir lakstýdami sù birbýnėms żâisti pradėjo;
o vorai kampůs sėdėdami rérpalus áudė
ìrgi medżót tinklùs týloms kopinėdami mėzgė.
Bèt ir mészkos ir vìlkai szokinėdami dżaúgės 25
ir suplėszyt ką týloms į págirį trâukės.
   Alė kokė dývai! nei rėns isz dìdelio pùlko
rėrkdams àr dúsaudams mùs laukýt nesugrįżo:
nė, nė rėrkt, bèt lìnksmįtis visì susirìnko.
Nės darbaì żėmós visùr jaů bùro sugaìszę 30
ìrgi pavásaris ànt visú laukú pasìródė.
Tů po tám paszaleì visì kribżdėti pagáro
ìrgi, beszúkaujant pulkáms, oszìms pasikėlė.
Vėns storaì o kits laibaì dainúti mokėdams
ir lìnksmai lakstýdams ik debesú kopinėjo, 35
o kits ànt szakú kopinėdams gárbino dėrą.

Bêt ir ràlgiu dêl skupú nei ćẽus nesiskùndė.
Rùbai szio ir to didei juú bùro nudilę,
o tûls lópytą pàrlėkdams pàrneszė kùdą
40 ir pasisóljt ànt laukú vos màżumą ràdo.
O sztai, ir taipó parùrgęs nẽks nedejàvo,
bėt risù risùr samiszai szokinẽdami dżaúgęs.
Giàndras sù kitais kaimýnais pàrlėkė lìnksmas
ir gaspadóriszkai ànt kraiko tàrszkino snàpą.
45 Taip besidżaúgiant jàm, sztai, jaú ir jo gaspadinė
isz szaltós gaspàdos vėl iszlìndusi ràdos
ir sù sàvo snapù meilìngą svéikino draúgą.
Kraikę jẽ risùr didei sudrìskusį ràdo,
ógi namùs naujàs, ùżpernai tikt budavótus,
50 ràdo ànt risù kampú pèr mẽr pagauljtus.
Sẽnas ir ćzytùs ir daúg naujìnteliu spàrnu
rėjai sù sparnais nù kraiko bùvo nuplẽszę.
Dùrys sù langais ir slėnkszczeis bùvo nupuìlę,
ógi trobà risà risùr iszkrýpusi ràdės.
55 To dėl tù abù, kaip reìk tikrẽms gaspadóriams,
vislab vėl taisýt ir pròryt sùkosi greìtai.
Výrs tùjaús żagarú budavónei pàrneszė glẽbį
o gaspadìnė jo pustýnes màndagei lópė.
Taip po tàm abù, daúg dìrbę bei triusinẽję,
60 vàlgį sàv sużvejòt pàs klàną nùlėkė greìtai
ir, keliàs varlės bei rupuìżes paragàvę,
dẽvui isz szirdẽs visós vẽrnai dėkavòjo.
Tù żmogaú nẽkings mokjkis ćzė pasikàkjt
ir, pasisótindams gardżaùs, nużmìrszk sàvo dẽrą.

Métas III. Rudenio gerybės, 790—807.

A. a. o. s. 100.

Tėvai mūsų seni, pirm to neturėdami sziůilių,   790
rods nei pųbelių nei katgismų dar nepažino.
Jė tikt isz galvos szventus mokinosi mokslus,
o sztai, tikt daugiaus garbėj laikydaro dėra
ir szventůms dėnoms bažnyczon bėgdavo greitai.
Ogi dabar, żėlėk dėvė, tikt gėda žiurėti,   795
kad Lėtůrninkai, prancūsiszkai pasirėdę,
į bažnyczą vos, iszgirst ką, kyszteria galvas,
o paskui tů żaist ir szokt į karczamą bėga.
Taip po tam keli tarp jů, aklai prisimaukę,
būriszkai bei kiaůliszkai tů pradeda zaůngt   800
ir, bažnyczoj iszgirstu neminėdami żodžiu
būriszkas szutkas glupai taisydami jůkias.
Bėt kiti vaidus dėl nėknėkiu prasimanę
ir girti, kits kitą prė galvos nusitvėrę,
nei razbaininkai ant aslos rėmdami tąsos,   805
kad remalai risur pėr visą karczamą tészka.
Tai biaurybė, kad plaukai pasisziauszia begirdint.

Glossar.

A.

Abù, fem. *abì*, nom. dual., (§. 264) beide.
adatà, subst. fem. 10., nähnadel.
agůnà, subst. fem. 10., mohn.
ak-ì-s, subst. fem. 9., auge.
àk-la-s, adj. 10., fem. *-là*, adv. *aklai*, blind.
ak-mů, subst. msc. 3., stein (§. 219).
alè, conj., aber, doch.
ankstì, adv., früh.
ànt, praep. mit dem gen., auf.
apaczà, adj. fem.10., das untere; loc. *apaczojè, apaczó* (§. 254). adv., unten.
àr, 1) fragepartikel; 2) disjunctive partikel: oder.
aslà, subst. fem. 10., fußboden im hause.
àsz, pron. 1. pers. sg., ich (§. 265).
at-ei-nù, verb. IV, b, alt *at-ei-mì*, II, a, *-ėj-aú, -ei-ti*, kommen, her-, zurück kommen.
at-kóp-iu, -kóp-iau, -kóp-ti, verb. V., auf steigen, wider auf steigen.
at-si-nesz-u, -nesz-iau, -nèsziu, -nèsz-ti, verb. I, b, 1, für sich herbei holen.
at-sì-skir-iu, -skýr-iau, -skìr-ti, verb. V, sich trennen von (gen.).
áudžu, áudžau, áusiu, áus-ti, verb. IV, weben.
áug-u, áug-au, áug-ti, verb. I, b, 1, wachsen.
áuksa-s, subst. msc. 10., gold.
áukszta-s, beßer *áug-sz-ta-s* (§. 192, 2), adj. 10., fem. *-tà*, hoch; adv. *auksztai* in der höhe, oben.
auszrinė, subst. fem. 10., morgenstern (von *ausz-rà* morgenröte).

B.

Bál-ta-s, adj. 10., fem. *-tà*, weiß.
bażnýcza, subst. fem. 10. (божница, poln. *boźnica*), kirche; *bażnýczo-n* in die kirche (vgl. lit. gramm. §. 133).
be- vor verbalformen drükt die dauer auß (gr. §. 138. s. 305). Man suche dergleichen mit *be-* zusammen gesezte formen unter dem simplex.
běg-u, běg-au, běg-ti, verb. I, b, laufen.
bei, conj., und.
bèt, conj., aber, sondern.
biaur-ýbé, subst. fem. 10. (von *biau-rù-s*), abscheulichkeit, häßlichkeit.
birbýné, subst. fem. 10., kinderinstrument auß einer feder oder einem rindenrörchen, schnarre *(birb-iù, birb-ĕ-ti* summen wie ein insect).
bitě, subst. fem. 10., bine; demin. *bit-użé, bit-élé*.
bit-ina-s, subst. msc. 10., weisel (§. 222, s. 429).
blusà, subst. fem. 10., floh (= ab. *blŭcha*).
bóba, subst. fem. 10., altes weib (= ab., poln., ruß. *baba*).
bróli-s, subst. msc. 10., bruder; demin. *brol-użi-s, brol-éli-s*.
buduvó-ju, budavó-jau, budavó-ti, verb. V, bauen; *budavó-ti-s* (§. 287) für sich bauen, sich an bauen.
budavó-né, subst. fem. 10., bau, gebäude.
bùd-in-u, bùd-in-au, bùd-in-ti, verb. I, b, 2, wecken (causat. zu *bund-ù, bud-ĕ-ti* wachen; §. 213).
bùra-s, subst. msc. 10., bauer.
búr-iszka-s, adj. 10., fem. *-ka* (§. 231), bäuerisch.
buv-aú s. *es-mi*.

C.

Cedelý-s, subst. msc. 10., zettel.
czè, adv. (pronominalst. *ta-*), da, hier.
czýta-s, subst. msc. 10. (poln. *szczyt*), gibel.

D.

Dabùr, adv., jezt, nun.
dai-nà, subst. fem. 10., volksgesang (= altbaktr. *daē-na*, fem., gesetz).

dainů-ju, dainav-aú, dainů-ti, verb. V. daina singen (§. 212).
daug-ù-s, subst. msc. 8., himmel *(dèng-ti* decken; §. 216. b).
dár, adv., noch.
dárb-a-s, subst. msc. 10., arbeit, werk *(dirb-ti).*
daúg, adv., vil, mit dem gen.; comparat. *daug-iaús* mer (§. 232).
debes-is, subst. 9., gen. *debesës* und *débes-io,* 10., msc., wolke. gen. pl. *debes-ú,* 2. (§. 189, 1, anm. 1), demin. *debes-ëli-s.*
dejů-ju, dejar-aú, dejů-ti, verb. V, wehklagen *(dejà,* subst. fem.. wehklage, ächzen; §. 212).
dékavó-ju, dékavó-jau, dékavó-ti, verb. V, danken *(dëkà,* vgl. poln. *dzięka,* deutsch *dank).*
dël, praep. und postposition mit dem gen., wegen; z. b. *ko dël* weswegen, *to dël* deswegen.
dë-nà, subst. fem. 10., tag (§. 222).
dëv-a-s, subst. msc. 10., gott (= skr. *dëv-a-s,* lat. *de-u-s).*
did-eli-s, fem. *-lë,* adj. 10., groß; demin. zu
dìdi-s, fem. *-ë,* adj. 10.. groß (jezt nicht mer gebr. und durch *dìdelis* verdrängt); adv. *didei* ser.
dýg-stu, dýg-au, dýg-ti, verb. VII, keimen, auf gehen, grün werden.
dirb-u, dirb-au, dirb-ti, verb. I. b, arbeiten; im algemeineren sinne 'treiben, tun'.
dýv-a-s, subst. msc. 10., wunder, wunderbare, befremdende sache.
dóleri-s, subst. msc. 10., taler.
draúga-s, subst. msc. 10., genoße, gefürte (= altbulg. *drugŭ).*
drùng-na-s, fem. *-nà,* adj. 10., lau, lauwarm.
dù, fem. *dvì,* zalw., nom. dual., zwei (§. 237).
dùrys, subst. pl. 9., gen. *dùr-u,* 1., fem.. tür (vgl. skr. *drāʹr-, dur-* tür. gr. *θύρ-α).*
dúsau-ju, dúsav-au, dúsau-ti, verb. V. seufzen (§. 212).
džaug-iů-s, džaug-iaú-s, džaúg-ti-s, verb. V, sich freuen.

E.

Ei, interj., ei.
es-mì, verb. I, a, 1; jezt *es-ù,* I. b. 1. *buv-aú, bú-siu, bú-ti* sein (vgl. skr. *ás-mi* und *bhávā-mi).*
éžera-s, subst. msc. 10., teich, kleiner see (озеро).

G.

Gaiv-in-ù, gaiv-in-aú, gaiv-in-ti, verb. I, b, 2, erquicken, beleben *(gývas* = skr. *ǵīv-a-s*, lat. *vīv-u-s*; §. 213).
gála-s, subst. msc. 10., ende.
gal-iù, gal-ë-jau, gal-ĕ-ti, verb. V, können.
galvà, subst. fem. 10., kopf.
gan-aú, gan-iaú, gan-ý-ti, verb. I, b, 2, hüten.
gàndra-s, subst. msc. 10., storch.
garbė̆, subst. fem. 10., ere.
gárb-in-u, gárb-in-au, gárb-in-ti, verb. I, b, 2, eren (§. 213).
gard-ù-s, fem. *-dì*, adj. 8. 10., wol schmeckend; adv. *gardżei*.
gaspadà, subst. fem. 10., wirtshaus (poln. *gospoda*).
gaspadinė̆, subst. fem. 10., landwirtin, hausfrau, (poln. *gospodyni*).
gaspadór-iszka-s, fem. *-ka*, adj. 10., wirtschaftlich, dem hauswirt zu kommend (§. 231).
gaspadóriu-s, subst. msc. 8., landwirt (poln. *gospodarz*).
gáu-nu, gav-aú, gáu-ti, verb. IV, b, erhalten, bekommen.
gė̆da, subst. fem. 10., schande, scham.
geleż-ini-s, fem. *-nė̆*, adj. 10., eisern *(geleżi-s*, fem. 9., eisen, желѣзо).
géra-s, fem. *-rà*, adj. 10., gut; *geriaús*, adv. compar., beßer.
ger-ýbė̆, subst. fem. 10., güte, gut, woltat.
-gi, verstärkende an gehängte partikel.
girdżù, gird-ė̆-jau, gird-ė̆-ti, verb. V, hören.
gir-iù, gýr-iau, gìr-ti, verb. V, rümen, preisen; *gìr-ti-s* sich rümen (§. 267).
gìr-no-s, subst. fem. pl. 10., handmüle (got. *kvaírnus*).
gìr-tu-s, fem. *-tà*, adj. 10., betrunken *(gér-ti* trinken; §. 224).
gyv-en-ù, gyv-en.-aú, gyv-én-ti, verb. I, b, 2, leben, wonen, wirtschaften, die wirtschaft füren (vgl. *gaivinù*).
gléb-ý-s, subst. msc. 10., armvoll (vgl. dtsch. *klaf-ter*).
glóst-au, glósczau, glóst-y-ti, verb. I, b, 2, streichelu.
glúpa-s, fem. *-pà*, adj. 10., dumm (глупый, poln. *głupi*).
gráuż-iu, gráuż-iau, gráuż-ti, verb. V, nagen.
greita-s, fem. *-tà*, adj. 10., hurtig, geschwind; adv. *greitai*.

I.

Į̃, praep. mit dem acc., in (lit. gr. §. 132, s. 281).

į-gel-iu, -gěl-iau, gél-ti, verb. V, ein stechen, stechen.
ikì, ik, praep. mit dem gen., bis.
į-lend-ù, -lind-aú, -lį-siu, -lįs-ti, verb. II, b, hinein kriechen.
ir, conj., und, auch.
ir-gi und *ir-gì,* conj., *ir* mit der an gehängten verstärkenden partikel *-gi,* und auch.
isz, praep. mit dem gen., auß (gr. §. 132, s. 287).
isz-bùd-in-u, -bùd-in-au, -bùd-in-ti, verb. 1, b, 2, erwecken, munter machen (§. 213).
isz-gir-stù, -gird-aú, -gir-siu, -gìrs-ti, verb. VII, zu hören bekommen, durch das gehör war nemen, hören.
isz-kert-u, -kirt-aú, -kir-siu, -kirs-ti, verb. II, b, auß hauen, herauß hacken.
isz-krýpęs, fem. *-pusi,* verbogen, verschoben, krumm, schief; part. praet. act. zu *isz-kryp-stù-, -kryp-aú, -krýp-ti* sich wenden, neigen (wurz. *krip;* vgl. *kreip-iù, kreip-ti* wenden, keren).
isz-lend-ù, -lind-aú, -lį-siu, lįs-ti, verb. II, b, herauß kriechen.
isz-si-bùd-in-u, -bùd-in-au, -bùd-in-ti, verb. I, b, 2, sich ermuntern, erwachen (§. 213; §. 287).
isz-si-żió-ju, -żió-jau, -żió-ti, verb. V, den mund auf sperren, klaffen (§. 287; vgl. lat. *hiare).*

J.

Jaú, adv., schon, bereits; auch wie das deutsche 'schon' in etwas algemeinerer, weniger streng zeitlicher bedeutung; *nè jaú* nicht mer.
jáuna-s, fem. *-nà,* adj. 10., jung (vgl. lat. *juvenis,* skr. *juvan-).*
jáu-ti-s, subst. msc. 10., gen. *-czo,* ochse (vgl. *ju-mentu-m).*
jëvà, subst. fem. 10., faulbaum; demin. *jëv-užė̇, jëv-élė̇.*
jis, ji, pron., er, sie (gr. §. 90, s. 196).
jó-ju, jó-jau, jó-ti, verb. V, reiten (vgl. skr. wurz. *ja* gehen).
jùda-s, fem. *-dà,* adj. 10., schwarz.
jü-du, nom. dual. msc. von *jis.*
jůk-iů-s, jůk-iaú-s, jůk-ti-s, verb. V, scherzen, lachen, spotten; §. 287 (lat. *joc-u-s).*

K.

Kàd, kadà, conj., wann, als, nachdem; wenn; daß; auf daß (pronominalst. *ka-).*

kai, adv., wie (pronominalst. *ka-).*
kaimené, subst. fem. 10., herde.
kaim-ýna-s, subst. msc. 10., nachbar *(kêma-s* dorf = got. *haim-s,* griech. κώμη; §. 222, s. 429).
kaip, ältere formen *kaipó* und *kaípo*, adv. relat., wie, als (vergleichend). irgend wie, etwa (pronominalst. *ka-*; vgl. *kai)*.
kál-na-s, subst. msc. 10., berg, anhöhe (in Litauen wird auch eine geringe erhebung des bodens *kálnas* genant; *kél-ti* erheben; §. 222, s. 249).
kàmpa-s, subst. msc. 10., winkel, ecke, gegend.
kanap-ìni-s, fem. *-né*, adj. 10., hänfen, von hanf *(kanápės,* pl. fem., hanf).
karczamà, subst. fem. 10., wirtshaus, schenke, krug (poln. *karczma)*.
kárda-s, subst. msc. 10., schwert, degen, säbel; demin. *kard--ùžis, kard-éli-s*.
kà-s, nom. sg. msc., pron. interrog. (§. 264), auch relat., wer, was; indef. jeder, jemand, etwas, *ką pelnýti*, Don. I, 20, etwas verdienen; gen. *ko* weshalb, warum. *Dár tù nežinai kàs krýgė krygélė* Daín. du weist noch nicht, was der krieg, das krieglein, ist.
katgìsma-s, subst. msc. 10., katechismus.
ka-trà-s, pron., welcher von beiden (= πό-τερο-ς).
kelì, pl., fem. *kélios*, adj. 10., wie vile; einige.
kelý-s, auch *kéli-s*, subst. msc. 10., knie.
kel-iù, kėl-iau, kél-ti, verb. V, heben; *kél-ti-s* sich erheben, auf stehen (§. 287).
kéra-s, subst. msc. 10., holer baumstumpf.
kévala-s, subst. msc. 10., eierschale.
kiaúlė, subst. fem. 10., schwein.
kiaúliszka-s, fem. *-ka*, adj. 10., schweinisch (§. 231).
kiaúszi-s, subst. msc. 10., ei.
kirvi-s, subst. msc. 10., axt.
kýszter-iu, kýszter-ė-jau, kýszter-ė-ti, verb. V, bei Don. auch *kýszter-iau, kýszter-siu, kýszter-ti*, zu stecken, zu reichen, hinein stecken, schnell stecken *(kìsz-ti* stecken).
kìta-s, fem. *-tà*, adj. 10., anderer, andere; mancher, manche; *kìts kìtą* einer den anderen; *sù kìts kitù* einer mit dem anderen.

klána-s, subst. msc. 10., pfütze, kleiner teich.
kláus-iu, kláus-iau, kláus-ti, verb. V, fragen (wurz. *kru, kru-s* hören; hören wollen, d. i. fragen).
klóni-s, subst. msc. 10., nidrige stelle im acker; Ness. (vgl. *klána-s, klónio-ti-s* sich neigen).
ko s. kàs.
kók-s, fem. *kokià*, pron. interrog., was für einer; indef. irgend einer.
kol, kólei, conj., wie lange, so lange als, bis.
kop-inē-ju, kop-inē-jau, kop-inē-ti, verb. V, demin. steigen, klettern *(kóp-ti* steigen).
kulkà, subst. fem. 10., kugel; demin. *kulk-ùżė, kulk-ėlė* (poln. *kulka).*
kum-ėlė, subst. fem. 10., stute.
kùrmi-s, subst. msc. 10., maulwurf.
kùda-s, subst. msc. 10., flachs, werg um einen stab gewickelt, zum spinnen vor bereitet; federbusch der vögel.
kraika-s, subst. msc. 10., first des daches.
kraù-ja-s, subst. msc. 10., blut (vgl. altind. *krav-jaͭ-m* rohes fleisch, altbulg. *krŭv-ĭ*, lat. *cru-or*, *κρέ-ας).*
krĕk-in-ŭ-s, krĕk-in-au-s, krĕk-in-ti-s, verb. I, b, 2, sich belaufen (vom schweine).
kribżdù, kribżd-ĕ-jau, kribżd-ĕ-ti, verb. I, b, 2 (auch *krebżdù),* wimmeln, sich wimmelnd bewegen, sich rüren.
krýgė, subst. fem. 10., krieg; dem. *kryg-ėlė.*
krúma-s, subst. msc. 10., strauch, gebüsch.
kruv-à, subst. fem. 10., haufe *(kráu-ti* häufen).

L.

Láiba-s, fem. *-bà*, adj. 10., dünn, schlank; adv. *laibai* dünn, fein, hoch (von tönen).
laik-aú, laik-iaú, laik-ý-ti, verb. I, b, 2, halten (caus. zu *lĕk-ù, lìk-ti* II, b, bleiben, also eigentlich bleiben machen).
laim-iù, laim-ė-jau, laim-ė-ti, verb. V, gewinnen.
lak-ió-ju, lak-ió-jau, lak-ió-ti, verb. V, flattern, fliegen (iterat. von *lek-iù, lĕk-ti* fliegen); *lakiójo*, Dain. 2., vgl. unter *sustóju.*
lak-st-aú, lak-sczaú, lak-st-ý-ti, verb. I, b, 2, hin und her flattern, umher hüpfen, springen (vgl. *lak-ió-ti).*

lánga-s, subst. msc. 10., fenster.
lank-aú, lank-iaú, lank-ý-ti, verb. I, b, 2, besuchen *(lènk-ti* beugen, *link-ti* sich beugen).
laúka-s, subst. msc. 10., feld, flur, das freie (im gegens. zum hause).
láuž-au, láuž-iau, láuž-y-ti, verb. I, b, 2, brechen, trans. durat.
léda-s, subst. msc. 10., eis, pl. *ledaí* eis, hagel (altbulg. *ledŭ*).
lek-iù, lék-iaú, lëk-ti, verb. V, fliegen.
Lëtùv-ininka-s, subst. msc. 10., fem. *-ké* 10. Litauer, Litauerin; des metrums wegen bei Don. stäts *Lëtùvninkas*.
linksma-s, fem. *-mà*, adj. 10., heiter, lustig; adv. *linksmai*.
linksm-ýbé, subst. fem. 10., heiterkeit, frölichkeit, lust, freude.
linksm-in-u, linksm-in-au, linksm-in-ti, verb. I, b, 2, erheitern, trösten; *linksminti-s* sich trösten, sich erheitern (§. 213; 287).
lóp-au, lóp-iau, lóp-y-ti, verb. I, b, 2, flicken *(lópa-s* lappen).

M.

Màndagu-s, fem. *-gi*, adj. 8. 10., geschikt, anständig, höflich, erbar; adv. *màndagei*.
máno, gen. pron. possess. der 1. pers. sg., mein.
martù-ju, martav-aú, martŭ-ti, verb. V, braut sein *(martì* braut; §. 212).
máž-una-s, subst. msc. 10., wenigkeit, kleinigkeit, bischen *(máža-s* klein; §. 219).
medžó-ju, medžó-jau, medžó-ti, verb. V, jagen, fangen *(médis* baum).
mëg-ù, verb. II, b, alt *mëg-mi*, II, a, *mëg-ó-jau, mëg-ó-ti* schlafen.
meil-inga-s, fem. *-ga*, adj. 10., freundlich, liebreich, gütig *(méil-è* liebe, *mýl-a-s* lieb).
melù-ju, melav-aú, melù-ti, verb. V, lügen, lügen sagen.
men-ù, auch *min-iù, min-ě-jau, min-ě-ti*, verb. II, b, gedenken, nicht vergeßen (als simplex ungebr.).
mën-ů, subst. msc. 3., gen. *měnes-io*, mond, dem. *mén-uži-s* (vgl. ahd. *māno*, griech. μήν, lat. *mens-i-s* etc.).
më-rà, subst. fem. 10., gewönlich *měra-s*, msc., maß; *pèr měrq, pèr měr*, gewönlich *permēr* geschrieben, über die maßen, übermäßig (altbulg. *mě-ra*; §. 220).
mergù-ju, mergav-aú, mergù-ti, verb. V, mädchen sein *(mergà* mädchen; §. 212).

meszkà, subst. fem. 10., bär.
mé-ta-s, subst. msc. 10., jar, zeit (wurz. *ma* meßen, vgl. lat. *me-ta*; §. 224).
mezg-ù, mezg-iaú, mèg-siu, mègs-ti, verb. I, b, 1, stricken (besonders netze), verknoten, knüpfen (§. 192, 3).
minëti s. *menù*.
mj-slë, subst. fem. 10., rätsel (wurz. *man*, s. *menù*).
mok-in-ù, mok-in-aú, mok-in-ti, verb. I, b, 2, leren; *mokinti-s* lernen (§. 213; §. 287).
mók-sla-s, subst. msc. 10., lere, wißenschaft (§. 220).
mók-u, nok-ë-jau, mok-ë-ti, verb. I, b, 2, können, etwas zu tun verstehen; zalen.
mùs, s. §. 265.
mús für *músu*, gen. pl. zu *àsz* (§. 265).
mus-ë, subst. fem. 10., fliege (vgl. lat. *mus-ca*).
musz-ù, musz-iaú, mùsziu, mùsz-ti, verb. I, b, 1, schlagen.

N.

Nak-ti-s, subst. fem. 9., nacht (= lat. *noc-ti-*, got. *nah-ti-*).
náma-s, subst. msc. 10., haus, fast nur im pl. gebraucht. *namai* haus, hausgenoßen, hausstand, familie (vgl. altbaktr. *nmāna-* haus; §. 186, 2, anm. 2).
naú-ja-s, fem. *-jà*, adj. 10., neu (= got. *niu-ji-s*, vgl. skr. *nav-a-s*, lat. *nov-u-s*, griech. *νέϝ-ο-ς*).
nauj-in-teli-s, fem. *-lė*, adj. 10., zimlich neu.
nè, negation, nicht, nein; *ne-*, auch *n-* (vor vocalen) schmilzt an verba an.
neí, conj., und nicht, auch nicht, nicht einmal, *neí vëns* auch nicht einer; vergleichende partikel: wie; *nei — nei* weder — noch.
në-ka-s, pron., nichts; pl. *nëkai* nichtige dinge *(në+*pron.*ka-)*.
nëk-inga-s, fem. *-ga*, adj. 10., nichtig.
nëk-nëk-ei, subst. msc. pl. 10., nichtige dinge.
nu-dyl-ù, dil-aú, -dìl-ti, verb. II, b, sich ab nutzen, schwinden; *nudilęs*, fem. *-usi*, part. praet. act. ab getragen, ab genuzt.
nù-lek-iu, -lëk-iau, -lëk-ti, verb. V, hinab, hin, fort fliegen.
nù-lip-u, -lip-aú, -lìp-ti, verb. I, b, 1, herab steigen.

nu-mìr-sztu, nù-mìr-iau, nu-mìr-ti, verb. VII, sterben, versterben; *numìręs,* fem. *-usi,* part. praet. act., verstorben; *isz numirusiu szaúkti,* Don. I, 6, auß den toten rufen, d. i. vom tode erwecken.
nu-piáu-ju, -pióv-iau, -piáu-ti, verb. V, ab schneiden.
nu-plēsz-au, -plēsz-iau, -plēsz-y-ti, verb. I, b, 2, auß reißen, ab reißen, trans. durat.
nu-pŭl-u, -pŭl-iau, -pùl-ti, verb. II, b, herab fallen.
nu-si-léidżu, -léid-au, -léisiu, -léis-ti, verb. V, sich hinab laßen.
nu-sì-tver-iu, -tvēr-iau, -tvér-ti, verb. V, an greifen, an faßen, in angriff nemen.
nu-szók-u, -szók-au, -szók-ti, verb. I, b, 1, hinab springen.
nużmìrszk = *nè użmìrszk.*
nů, praep. mit dem gen., von (lit. gr. §. 132, 2, s. 288).

O.

O, conj., aber, und; oft nicht übersezbar.
ó-gi, auch *o-gi, o* mit an gehängtem *-gi.*
óra-s, subst. msc. 10., luft, wetter (lat. *aura?).*
osz-ima-s, subst. msc. 10., das sausen (§. 219; *ósz-ti* sausen).

P.

Pa-bùd-in-u, -bùd-in-au, -bùd-in-ti, verb. I, b, 2, erwecken, auf muntern (§. 213).
pa-gad-in-ù, -gad-in-aú, -gad-ìn-ti, verb. I, b, 2, verderben, schaden zu fügen, zu grunde richten, vernichten, töten (§. 213).
pa-gáu-nu, -gav-aú, -gáu-ti, verb. IV, b, bekommen, weg nemen; an fangen.
pa-girý-s, subst. msc. 10., gen. *págirio,* gegend am walde *(girė).*
pà-kert-u, -kirt-aú, -kìrsiu, -kirs-ti, verb. II, b, hauen, ab hauen, um hauen; *pakirto pás.* man hieb ab.
pa-lēk-ù, -lik-aú, -lik-ti, verb. II, b, zurück laßen, verlaßen, laßen.
pà-met-u, -meczau, -mèsiu, -mès-ti, verb. I, b, 1, hin werfen, fallen laßen, ab legen, verlieren, auf geben.
pa-mýl-iu, -myl-ė-jau, -myl-ė-ti, verb. V, lieben, bewirten.
pa-ragáu-ju, -ragav-aú, -ragáu-ti, verb. V, kosten, genießen, schmecken.

par-gráu-ju, -gróv-iau, -gráu-ti, verb. V, ein werfen. um reißen. nider reißen (caus. zu *par-grúv-ù* ein stürzen).
pàr-lek-iu, -lěk-iau, -lěk-ti, verb. V. zurück, heim fliegen.
pàr-nesz-u, -nesz-iau, -něsziu, -něsz-ti, verb. I, b, 1, zurück, wider bringen, heim tragen.
pàs, praep. mit dem acc., zu, bei, an (gr. §. 132, I, 1, s. 262).
pá-sak-a, subst. fem. 10., erzälung. märchen *(sakýti)*.
pa-si-kák-in-u, -kák-in-au, -kák-in-ti, verb. I, b, 2, sich genügen laßen, sich begnügen (§. 213; §. 267).
pa-si-kel-iu, -kěl-iau, -kél-ti, verb. V, sich erheben. auf stehen.
pa-si-rěd-aú, -rědžaú, -rěd-y-ti, verb. I, b, 2, sich kleiden. sich schmücken.
pa-si-ród-au, -ródžau, -ród-y-ti, verb. I, b, 2, sich zeigen. erscheinen.
pa-si-sót-in-u, -sót-in-au, -sót-in-ti, verb. I, b, 2, sich sättigen.
pa-si-sziáusz-iu, -sziáusz-iau, -sziáusz-ti, verb. V, sich sträuben (von den haren).
páskui, praep. mit d. acc., postposition mit d. dat., nach, hinterdrein.
paskùi, adv., nachher.
pa-szalý-s, subst. msc. 10., gen. *pászalio,* gegend, darneben befindliches, winkel, ecke, schlupfwinkel *(stali-s* seite).
pàt-s, subst. msc. 9., eheherr, fem. *patì,* 10., ehefrau; *pàts, pati,* pron., selbst (lit. gr. §. 91).
pa-varg-stù, -varg-aú, -vàrg-ti, verb. VII, verarmen, herunter kommen; *pavàrges,* fem. *-usi,* part. praet. act., verarmt, armselig, dürftig.
pa-vásari-s, subst. msc. 10., früling *(vasarà* sommer, skr. *vas--ant-a-,* griech. ϝαϱ für *ϝϵσ-αϱ,* lat. *ver* für *ves-er),* dem. *pavasar-ěli-s.*
pa-virs-tù, -virt-aú, -vìrsiu, -vìrs-ti, verb. VII, um fallen; zu etwas werden, sich wandeln; *sněgs į něką pavìrto,* Don. I, 4, der schnee ist zu nichts geworden, geschwunden.
pa-žį-stu, -žin-aú, -žį-s-iu, -žìn-ti, verb. VII, erkennen, kennen.
pelai, subst. msc. pl. 10., spreu (vgl. πάλη, lat. *palea).*
pelě, subst. fem. 10., maus.
pelěda, subst. fem. 10., eule *(*pelě-ěda* mäusefreßerin).
peln-aú, peln-iaú, peln-ý-ti, verb. I, b, 2, verdienen.
pèr, praep. mit dem acc., durch, über, entlang; vor adj. und adv. steigernd, z. b. *pèr trumpà,* pás. zu kurz.

pér-daly-ju, -daly-ti, verb. V. zerteilen *(dali-s* teil).
Perkúna-s, subst. msc. 10., donnergott, jezt donner.
pér-żëmavo-ju, -żëmavo-jau, -żënuwo-ti, verb. V. überwintern.
 den winter *(żëmà)* zu bringen.
pýbeli-s, subst. msc. 10., fibel.
pìl-na-s, fem. *-nà*, adj. 10., voll, mit dem gen. (§. 222).
pirm, praep. mit dem gen., vor (lit. gr. §. 131. s. 280), auß
 pirmà verkürzt; *pirm to* vor dem, ehe dem.
pirmà, adv., zuerst.
pìrma-s, fem. *-mà*, adj. 10. (§. 241, 1), erster, erste; *pìrma.
 pavasarėlį* im ersten frúling.
pláuka-s, subst. msc. 10., pl. *plaukaí*, har. hare.
plysz-ýs, subst. msc. 10., spalte, ritze, riß (im holze; *plësz-ti*
 reißen, trans.; *plýsz-ti* reißen, intrans.).
po, praep. mit dem instr., acc., gen. und dat., unter, entlang,
 je, nach; *státė po szìmtą dóleriu*, pás., sie sezten je hundert
 taler. jeder von beiden sezte hundert taler.
póna-s, subst. msc. 10., herr (poln. *pan*).
po-tám, adv., nachher, hernach.
prà-dedu, alt *pra-dĕ-mi*, *-dĕ-jau*, *-dĕ-ti*, verb. III, beginnen,
 an fangen.
prà-monė, subst. fem. 10., erfindung, erdichtung, gebilde *(pra-
 -man-ýti* ersinnen).
prà-musz-u, -musz-iau, -músz-ti, verb. I, b, 1. entzwei schla-
 gen, durch schlagen.
prancúsiszka-s, fem. *-ka*, adj. 10., französisch.
pra-si-man-aú, -man-iaú, -man-ý-ti, verb. I, b, 2, sich, für
 sich auß denken, erfinden, verfertigen.
prë, praep. mit dem gen., bei, an, zu.
prì-dur-iu, -dúr-iau, -dúr-ti, verb. V. an stechen, an spießen.
pri-si-mauk-iù, pri-sì-mauk-iau, pri-si-maúk-ti, verb. V. sich
 bezechen; *maúkti* gleiten laßen, streifen).
pro, praep. mit dem acc., durch, hindurch, daran vorbei (lit.
 gr. §. 132, s. 284).
próvy-ju, próvy-jau, próvy-ti, verb. V. recht machen, machen.
 auß füren (правнть).
pùlka-s, subst. msc. 10., haufe, menge, schwarm (полкъ); dem.
 pulk-ùżi-s, pulk-ėli-s.

pupà, subst. fem. 10., saubone (poln. *bob*).
pustýnė, subst. fem. 10., einöde, wüste, das verwüstete, beschädigte (пустыня); Don. I, 58 *jo gaspadinė* seine (des mannes) frau *(jo* nicht von *pustýnes* abhängig).
putó-ju, putó-jau, putó-ti, verb. V, schäumen; *putódams snẽgs*, Don. I, 4, der schäumende, schaumänliche schnee *(putà* schaumblase).

R.

Rága-s, subst. msc. 10., horn (рогъ).
rand-ù, rad-aú, ràsiu, ràs-ti, verb. IV, c, finden, *ràsti-s* sich finden.
razbáininka-s, subst. msc. 10., raubmörder, räuber (разбойникъ).
reik-ia oder *reik, reik-ĕ-jo, reik-ĕ-s* und *reik-s, reik-ĕ-ti* und *reík-ti*, verb. V, nötig sein; *reik* es ist nötig; *kaip reik* wie es nötig ist, wie es sein muß, wie es sich gehört.
ród-au, ródżau, ród-y-ti, verb. I, b, 2, zeigen; *ródyti-s* sich zeigen, erscheinen, scheinen; *ródo-s* es scheint (als ob etc.).
rods, adv., gern, freilich (ab. *radŭ* lubens).
rúba-s, subst. msc. 10., kleid, gewand (altb. *rąbŭ* pannus).
rudú, subst. msc. 3., gen. *rudèn-s*, in der schriftsprache auch *rùdenio*, herbst.
rùpuižė, auch *rupuižẽ*, subst. fem. 10., kröte.

S.

Sak-aú, sak-iaú, sak-ý-ti, verb. I, b, 2, sagen.
sáulė, subst. fem. 10., sonne (vgl. got. *sauil*, skr. *sur-ja-)*, dem. *saul-élė, saul-ùžė*.
sávo, gen. possess. des pron. refl., sein, ir, mein, dein.
sẽd-mi, verb. I, a, 2, jezt *sẽdżu*, V, *sẽdẽ-jau, sẽd-ẽ-ti* sitzen.
sẽ-ju, sẽ-jau, sẽ-ti, verb. V, säen.
sẽna, subst. fem. 10., wand.
séna-s, fem. *-nà*, adj. 10., alt (vgl. *sen-ex, sen-iu-m)*.
sesů̃, subst. fem. 5., gen. *sesèr-s*, schwester, dem. *ses-ùžė, ses-élė* (skr. *svasar-*, lat. *soror* etc.).
sidábra-s, subst. msc. 10., silber (got. *silubr)*.
siú-la-s, subst. msc. 10., faden *(siú-ti* nähen; §. 220).
siunczù, siunczaú, siú̃siu, siú̃s-ti, verb. V, senden, schicken.

skránda, subst. fem. 10., alter pelz.
skùndżu, skùndżau, skúsiu, skús-ti, verb. V, klagen, verklagen; *skústi-s* sich beklagen.
skúpa-s, fem. *-pà*, adj. 10., spärlich, adv. *skúpai* (скупой, poln. *skąpy*).
slènksti-s, subst. msc. 10., gen. *-sczo*, schwelle.
smutn-ýbė, subst. fem. 10., traurigkeit *(smútna-s* = смутный).
snápa-s, subst. msc. 10., schnabel.
snêga-s, subst. msc. 10., schnee (got. *snaivs*, lat. *nix*; §. 153,1; 198, 1).
sóda-s, subst. msc. 10., baumgarten; dem. *sod-ùżi-s* (садъ).
spára-s, subst. msc. 10., sparren.
spàrna-s, subst. msc. 10., flügel.
stat-aú, staczaú, stat-ý-ti, verb. I, b, 2, stellen, setzen.
stó-ra-s, fem. *-ra*, adj. 10., dick, grob; tief, dumpf von der stimme; *storai*, adv.
sù, praep. mit dem instr., mit. In reinem litauisch nicht vom werkzeuge gebraucht; *vėjai sù sparnais*, Don. I, 52, die winde mit flügeln, die geflügelten winde. Don. gebraucht gerne *sù* fast gleichbedeutend mit *ir* z. b. I, 3, 7, 14, 15, 16 u. s. w.
su-dryks-tù, Ness. *-drisk-ù, drisk-aú, -drìk-siu, -drìks-ti*, verb. VII, zerreißen, intrans., in stücke gehen; praes. wenig gebräuchlich; *sudrìskęs*, fem. *-usi*, part. praet. act., ab gerißen, verlumpt, verfallen (§. 192, 3).
su-gaisz-tù, -gaisz-aú, -gaisz-ti, verb. VII, zu grunde gehen; säumen, weilen.
su-grįż-tù, -grįż-aú, -grįsziu, -grįż-ti, verb. VII, zurück keren.
suk-ù, suk-aú, sùk-ti, verb. I, b, 1, drehen, wenden; *sùk-ti-s* sich drehen, sich herum bewegen, hurtig, behende, fleißig sein; *taisýt sùkosi greìtai*, Don. I, 56, sie waren emsig beschäftigt her zu richten.
su-misz-ai, adv., gemengt, gemischt, durch einander *(su-misz-tù, su-mìsz-ti* sich mischen, mengen, vgl. skr. *miç-ra-* gemischt).
su-pýk-stu, -pýk-au, -pýk-ti, verb. VII, sich erzürnen; *supýkęs*, fem. *-usi*, part. praet. act., zornig.
su-plė́sz-au, -plė́sz-iau, -plė́sz-y-ti, verb. I, b, 2, zerreißen, durat. trans.

su-si-laż-in-ù, -laż-in-aú, -laż-in-ti, verb. I. b. 2, mit einander wetten.

su-sì-pesz-u, -pesz-iau, -pèsziu, -pèsz-ti, verb. I, b, 1, sich unter einander raufen; zu *mjslĕ* 3 vgl. unter *sustóju.*

su-si-renk-ù, -rink-aú, -rink-ti, verb. II. b. sich sammeln, sich versammeln.

su-stó-ju, -stó-jau, -stó-ti, verb. V, zusammen stehen. Dain. II steht, wie oft, d. praeter. in beschreibungen und algemeinen sätzen (lit. gr. §. 138, 2).

su-żvejó-ju, -żvejó-jau, -żvejó-ti, verb. V, zusammen fischen.

sveik-in-u, sveik-in-au, sveik-in-ti, verb. I, b, 2, gesund machen, gesund sein laßen, d. i. grüßen *(sveika-s* gesund; §. 213).

světa-s, subst. msc. 10., welt, die menschen (свѣтъ. poln. *świat*).

szakà, subst. fem. 10., ast; dem. *szak-élé* (skr. *çākhā* zweig).

szal-nà, subst. fem. 10., reif.

szál-ta-s, fem. *-tà,* adj. 10., kalt.

szàl-ti-s, subst. msc. 10., gen. *-czo* kälte; *szàlczu prámonés,* Don. I, 3 der fröste erfindungen, gebilde.

szāl-ù, szāl-aú, szál-ti, verb. II, b, frieren; erfrieren machen.

szárka, subst. fem. 10., elster.

szauk-iù, szauk-iaú, szaúk-ti, verb. V, schreien, rufen.

szeimýna, subst. fem. 10., ingesinde, gesinde.

szészka-s, subst. msc. 10., iltis.

szìla-s, subst. msc. 10., heide, dünner fichtenbestand.

szìl-umà, subst. fem. 10., wärme.

szìmta-s, subst. msc. 10., hundert (§. 240).

szìrdi-s, subst. fem. 9., herz (altbulg. *srǔdice,* got. *haírto,* lat. *cord-,* griech. καρδία, skr. *hrd-*).

szi-s, fem. *szì,* pron. dem., diser, disc; er, sie.

szì-teip, adv., auf dise weise, so *(szì-ta-s* diser).

sziùilé, subst. fem. 10., schule.

szok-inë-ju, szok-inë-jau, szok-inë-ti, verb. V, hin und her springen, hüpfen, tänzeln (demin. zu *szók-ti).*

szók-u, szók-au, szók-ti, verb I, b, 1, springen, tanzen.

sztai, interj., sih, sih da.

szúkau-ju, szúkav-au, szúkau-ti, verb. V, vilfach schreien *(szaúk-ti; su-szunk-ù, -szùk-ti* auf schreien).

szutkà, subst. fem. 10., scherz (шутка).

szů, subst. msc. 1., hund (= skr. *çun-, çvan-,* griech. *κυν-).*
szvèntu-s, fem. *-tà,* adj. 10., heilig (poln. *święty*). Don. III. 794
  szventóms dënóms, instrumental. temporis (lit. gr. §. 128, 2).
szvësù-s. fem. *-sì,* adj. 8. u. 10, b. licht, hell.
szvytů-ju, szrytav-aú, szvytů-ti, verb. V. blinken (poln. *świtać*).

T.

Tai, ntr. zu *tà-s*. als partikel: so, also, deshalb, da.
taip (gesprochen *teip*), älter *taipo.* (Don. *taipó*) so (pron. *ta-).*
tais-aú, tais-iaú, tais-ý-ti, verb. I, b. 2. in ordnung bringen.
  rüsten, richten, ins werk setzen (vgl. *tës-ù-s* gerade, *tës-à,*
  teis-ù-s recht, wurz. *tis*).
tàm pás. = *tamè,* loc. sg. msc. zu *tà-s.*
tamp-ù, tap-iaú, tàp-ti, verb. IV, c, werden.
tàrp, praep. mit dem gen., zwischen, unter.
társzk-in-u, társzk-in-au, társzk-in-ti, verb. I, b. 2. klappern
  machen, ein getöse verursachen mit etwas (im lit. acc.),
  klappern. z. b. Don. I, 44: *gàndras társzkino snàpą* der
  storch machte den schnabel klappern, klapperte mit dem
  schnabel (causat. zu *tàrszk-u, tarszk-ë-ti,* intrans.).
tà-s, fem. *tà,* ntr. *tai,* pron. dem., der, die, das (§. 264).
tąs-aú, tąs-iaú, tąs-ý-ti, verb. I, b. 2. zerren (durat. zu *tę́s-ti);*
  tąs-ý-ti-s sich hin und her zerren, sich ab quälen.
tàvo, gen. des pron. poss. der 2. pers. sg., dein.
teip s. *taip.*
tén, adv., dort, da *(ta-).*
tës-à, subst. fem. 10., warheit.
tësió-g. adv., gerade auß, gerade zu *(tësù-s* gerade).
teszk-ù, verb. I, b, 1, jezt meist *teszk-iù,* V, *teszk-ë́-jau, teszk-ë́-ti*
  in großen tropfen oder diktlüßigen stücken fallen, umher spritzen.
tëva-s, subst. msc., vater; pl. *tėrai* eltern.
tik-ra-s, fem. *-rà,* adj. 10., echt, recht; adv. *tikrai* recht, gewis,
  gehörig, warhaftig *(link-ù, tik-ti* passen; §. 220).
tikt, tiktai, adv., nur; doch, freilich; hebt verba. auch inter-
  jectionen hervor; bei zeitbestimmungen so vil wie das deutsche
  'erst'; *ùżpernai tikt,* Don. I. 49, erst vor zwei jaren.
tylà, subst. fem. 10., das schweigen; *tyloms,* adverbieller instr.
  pl., mit schweigen, schweigend.
tinkla-s, subst. msc. 10., netz.

tók-s, fem. *tokià,* pron., solch.
tolì, adv., fern, weit; *toliaús,* comparat. (§. 232).
tráuk-iu, tráuk-iau, tráuk-ti, verb. V, ziehen; *tráukti-s* sich ziehen, sich begeben (von und nach einem orte).
triúsa-s, subst. msc. 10., geschäftigkeit, bemühung, anstrengung. arbeit; *żēmós triusùs pargráuti,* Don. I, 2, des winters anstrengungen, d. h. mit mühe geschaffene werke (schnee und eis) zertrümmern.
triūs-inē-ju, triūs-inē-jau, triūs-inē-ti, verb. V, sich hin und her bemühen, geschäftig sein (dem. zu *triūs-iù, triūs-ti* geschäftig sein).
trobà, subst. fem. 10., gebäude.
trópy-ju, trópy-jau, trópy-ti, verb. V, treffen.
trùmpa-s, fem. *-pà,* adj. 10., kurz.
tù, pron. 2. pers. sg., du (§. 265).
túla-s, fem. *-là,* adj. 10., so mancher, manche.
tur-iù, tur-ē-jau, tur-ē-ti, verb. V, haben; sollen; junge werfen.
tů, instr. sg. zu *tà-s,* gleich, sogleich; desto.
tů-du, nom. dual. msc. von *tà-s.*
tů-jaú, tů-jaús, adv., sogleich *(tů, jaú,* das *s* nach analogie der adv. des comparativs an gefügt).

U.

Uż-áug-u, -áug-au, -áug-ti, verb. I, b, 1, auf wachsen, erwachsen.
uż-lip-ù, -lip-aú, -lip-ti, verb. I, b, 1, hinauf steigen.
uż-mirsz-tù, -mirsz-aú, -mìrsziu, -mìrsz-ti, verb. VII, vergeßen.
ùż-pernai, adv., vorvoriges jar, vor zwei jaren *(pérnai* voriges jar).
uż-si-mirsz-tù, -mirsz-aú, -mìrsz-ti, verb. VII, vergeßen.

Ů.

Ůda-s, subst. msc. 10., mücke.
ůdegà, subst. fem. 10., schwanz, schweif.

V.

Vábala-s, subst. msc. 10., kefer.
vaida-s, subst. msc. 10., zank, hader.

vaika-s, subst. msc. 10., knabe; pl. *vaikaí* kinder, junge (von tieren).
raikszt-inĕ-ju, vaikszt-inĕ-jau, raikszt-inĕ-ti, verb. V. wandeln.
valg-i-s, subst. msc. 10., speise.
várg-in-u, várg-in-au, várg-in-ti, verb. I, b, 2. in not bringen, plagen, quälen (causat. zu *várg-ti* in not sein).
varlĕ, subst. fem. 10., frosch.
várna, subst. fem. 10., krähe (ab. *vrana*).
várna-s, subst. msc. 10., rabe (ab. *vranŭ*).
vasará, subst. fem. 10., sommer (vgl. skr. *vasanta-*, griech. ἔαρ für *ϝεσαρ*, lat. *ver* für *veser*, altbulg. *vesna*).
red-ù, vedžaú, rèsiu, vès-ti, verb. I, b, 1. füren; heiraten, vom manne.
vẽja-s, subst. msc. 10., wind, dem. *rėj-úži-s*.
vej-ù, vij-aú, rý-siu, vý-ti, verb. II, b. drehen (einen strick).
vėl, adv., wider, widerum.
vem-alaí, subst. msc. pl. 10., das gespiene, das außgebrochene.
vem-iù, vĕm-iau, vém-ti, verb. V. speien, sich erbrechen (vgl. skr. *vamāmi*, griech. ϝεμέω, lat. *vomo*).
vẽna-s, fem. -*nà*, zalw. (§. 237. 1). einer, eine; allein, nur, lauter; *neí vẽns* auch nicht einer, niemand, keiner. *Vĕnà pupà*, pás., instr. sg. (§. 258). mittels einer bone, an einer bone.
verk-iù, verk-iaú, vèrk-ti, verb. V. weinen.
vĕrna-s, fem. -*nà*, adj. 10., treu (вѣрный).
vėrp-ala-s, subst. msc. 10., gespinst; *verpalaí* garn. Don. I. 23 von den fäden der spinne gebraucht *(vèrp-ti* spinnen).
vilka-s, subst. msc. 10., wolf (poln. *wilk*, altbulg. *vlŭkŭ*).
výra-s, subst. msc. 10., mann (lat. *viro-*, skr. *vīra-*).
virvĕ, subst. fem. 10., strick (altbulg. *vĭrvĭ, vrŭvĭ*, r. вервь).
vis, ab gekürztes adv., immer.
visa-s, fem. -*sà*, adj. 10., all, ganz (altbulg. *vĭsĭ*, skr. *viçva-s)*; wird oft da adjectivisch gesezt, wo im deutschen das adv. gebraucht wird, so daß man es dann mit 'ganz, ganz und gar' zu übersetzen hat.
vis-ka-s, pron. für *vìsas kàs* all, jeder; beide worte werden decliniert.
vis-lab, adv., gänzlich, ganz und gar *(vìsas, lábas* gut).
visókia-s, fem. -*kia*, adj. 10., allerlei. Den nom. pl. bildet Don. durchweg *visóki*, jezt *visókĕ* nach der pron. declinat. (§. 264).

visùr, adv., jezt meist *visùr*, überall (vgl. *visa-s*).
výti s. *vejù*.
vóra-s, subst. msc. 10., spinne.
vos, adv., kaum.

Z.

Zaúny-ju, zaúny-jau, zaúny-ti, verb. V, schwatzen, plaudern.
zùiki-s, subst. msc. 10., hase; dem. *zuik-ùti-s*.

Ž.

Žag-araí, subst. msc. pl. 10. (sg. wäre *žág-ara-s*), dürre reiser.
žáidžu, žáidžau, žáisiu, žáis-ti, verb. V, spilen.
žália-s, fem. *-lià*, adj. 10., grün. *žaliésies*, Dain. II, §. 100, 2;
 §. 250; anh. zu §. 264, s. 640.
žéda-s, subst. msc. 10., blüte; ring; dem. *žéd-ùži-s, žéd-éli-s*.
žélēk, 2. sg. imperat., andere formen dises verbums kommen
 wol nicht vor; erbarme dich, nur in der verbindung *žélēk
 dëvè* gott erbarme dich, daß gott erbarme, leider.
žēmà, subst. fem. 10., winter (altb. *zima*, vgl. skr. *hima-*, griech.
 χειμών, lat. *hiems)*; dem. *žēm-ùžé, žēm-élé*. Dain. II, loc. sg.,
 -é für *-éje* (§. 254).
žéma-s, fem. *-mà*, adj. 10., nidrig, adv. *žemai* unten; *žemý-n,
 žemý*, adv., herab (lit. gr. §. 133, s. 293, vgl. χαμαί, *hum-ili-s*).
žémé, subst. fem. 10., erde, land (lat. *humus)*.
žýd-u, žyd-ë-jau, žyd-ë-ti, verb. I, b, 2, blühen.
žin-aú, žin-ó-jau, žin-ó-ti, verb. I, b, 2. wißen (vgl. skr. *ģñā*,
 lat. *gnoscere*, γιγνώσκω etc., wurz. *gan, gna*; §. 206; §. 92).
žiūr-iù, žiūr-ë-jau, žiūr-ë-ti, verb. V, sehen, schauen.
žiūrké, subst. fem. 10., ratte.
žmogù-s, subst. msc. 8., mensch, pl. *žmónés* menschen, leute.
žmónés, subst. msc. 10., in der älteren sprache fem., gilt als
 pl. zu *žmogùs* (vgl. lat. *homo*, got. *guma*; Beitr. I, 396 f.).
žódi-s, subst. msc. 10., wort *(žadëti* sprechen).
žolē, subst. fem. 10., gras, kraut, pflanze (vgl. *žálias*, lat. *helus,
 holus*, griech. χλόη, skr. *hari-*; comp. §. 187, 1); dem. *žol-élé*.
žvaigždē, subst. fem. 10., stern; dem. *žvaigžd-élé*.

Johannes Schmidt.

XI.

Gotisch.

Alphabet.

Nach der tafel in Ulfilas ed. Gabelentz et Loebe, vol. II, 2.

Λ	a	M	m
B	b	N	n
Γ	g	Ϭ	j
d	d	Π	u, ū (u)
E	ē (e)	Π	p
U	kv (q)	R	r
Z	z	S	s
h	h	T	t
Ψ	th (þ)	Y	v
ï	i	F	f
I	i	X	ch (x)
K	k	Θ	hv (w)
Λ	l	Ω	ō (o)

Ч nur zalzeichen, 90.

ï und i sind phonetisch gleichbedeutend, ersteres steht im anlaut, lezteres im in- und außlaut; das zeichen für v ersezt in griechischen wörtern das υ; x (ch) komt nur in fremdworten vor. In klammern ist die umschreibungsweise anderer beigefügt, welche jeden gotischen buchstaben durch ein einziges zeichen wider geben.

Marcus IV, 23—28.

Nach Ulfilas ed. Gabelentz et Loebe I, tab. I.

[Gothic script text]

23. jabai hvas habai ausōna hausjandōna, gahausjai.

24. jah krath du im: saihvith, hva hauseith. in thizaiei mitath mitith. mitada izvis jah biaukada izvis thaim galaubjandam.

25. unte thishvammēh, saei habaith, gibada imma; jah saei ni habaith, jah thatei habaith, afnimada imma.

26. jah krath: sva ist thiudangardi guths (oben gths geschriben), svasvē jabai manna vairpith fraiva ana airtha.

27. jah slepith jah urreisith naht jah daga, jah thata fraiv keinith jah liudith, svē ni vait is.

28. silbō auk airtha akran bairith.

Matthaeus VI, 1—13.

1. Atsaihvith armaiōn izvara ni taujan in andvairthja mannē du saihvan im; aiththau laun ni habaith fram attin izvaramma in himinam.

2. Than nu taujais armaiōn, ni haurnjais faura thus, svasvē thai liutans taujand in gakvumthim jah in garunsim, ei hauhjaindau fram mannam; amēn, quitha izvis: andnēmun mizdōn seina.

3. Ith thuk taujandan armaiōn ni viti hleidumei theina, hva taujith taihsvō theina,

4. ei sijai sō armahairtitha theina in fulhsnja, jah atta theins, saei saihvith in fulhsnja, usgibith thus in bairhtein.

5. Jah than bidjaith, ni sijaith svasvē thai liutans, untē frijōnd in gakvumthim jah vaihstam plapjō standandans bidjan, ei gaumjaindau mannam; amēn, quitha izvis, thatei haband mizdōn seina.

6. Ith thu than bidjais, gagg in hethjōn theina jah galūkands haurdai theinai bidei du attin theinamma thamma in fulhsnja, jah atta theins, saei saihvith in fulhsnja, usgibith thus in bairhtein.

7. Bidjandansuth-than ni filuvaurdjaith, svasvē thai thiudō; thugkeith im auk, ei in filuvaurdein seinai andhausjaindau.

8. Ni galeikōth nu thaim; vait auk atta izvar, thizei jus thaurbuth, faurthizei jus bidjaith ina.

9. Sva nu bidjaith jus: atta unsar, thu in himinam, veihnai namō thein.

10. *Kvimai thiudinassus theins. Vairthai vilja theins, svē in himina jah ana airthai.*

11. *Hlaif unsarana thana sinteinan gif uns himma daga.*

12. *Jah aflēt uns, thatei skulans sijaima, svasvē jah veis aflētam thaim skulam unsaraim.*

13. *Jah ni briggais uns in fraistubnjai, ak lausei uns af thamma ubilin; untē theina ist thiudangardi jah mahts jah vulthus in aivins. Amēn.*

Glossar.

Die worte sind nach der reihenfolge des lateinischen alphabetes geordnet. Bei den nicht ab geleiteten verben sind an gegeben der infinitiv, 1. sg. perfecti, 1. pl. perfecti und das participium praeteriti passivi (üb. das leztere vgl. §. 222, s. 431), da dise vier formen den vocalwechsel innerhalb des got. verbums, die so genante ablautsreihe zeigen; bei den ab geleiteten verben nur der infinitiv, die erste pers. sg. perf. (die weitere flexion s. §. 307) und das part. praet. passivi (§. 224, s. 440).

A.

af, praep. mit dat., von, ab.
af-lētan, verb. I, b (s. *lētan*), entlaßen, erlaßen, vergeben; *aflētam*, 1. pl. praes.; *aflēt*, 2. sg. imperat. §. 272.
af-niman, verb. I, b (s. *niman*), ab nemen, weg nemen; *afnimada*, 3. sg. praes. med. (pass.). §. 281.
airtha, subst. fem. 10., erde; *airtha*, acc. sg., §. 249; §. 203, 3, a; §. 113, 2; *airthai*, dat. sg., §. 254.
aiththau, conj., oder, sonst.
aivs, subst. msc. 10. (§. 218, s. 401), zeit, lange zeit, ewigkeit; *aivins*, acc. pl. (§. 250) eines stammes *aivi-*.
ak, conj., sondern.
akran, subst. ntr. 10., frucht.
amēn, ἀμήν.
ana, praep. mit acc. u. dat., an, auf.
and, praep. mit acc., an, entlang, über — hin.
and-hausjan, verb. I, b (s. *hausjan*), erhören; *andhausjaindau*, 3. pl. med. (pass.) optat. praes. §. 290; §. 282.
and-niman, verb. I, b (s. *niman*), an nemen, empfangen; *andnēmum*, 3. pl. perf., persoualend. §. 276; u §. 112.

and-vairthi, subst. ntr. 10. *(vairthan;* suff. §. 217; -*i* §. 113, 4), gegenwart; *andvairthja*, dat. sg., §. 255; §. 113, 3.
armahairtitha, subst. fem. 10. *(armahairts)*, barmherzigkeit.
armahairts, adj. 10. *(arms, hairtō)*, barmherzig.
armaiō, subst. fem. 3., stamm *armaiōn- (arms, arman*, s. d.), erbarmen, almosen; *armaiōn*, acc. sg. §. 249.
arman, armaida, verb. I, b, s. 801 *(arms,* §. 209, 2), sich erbarmen.
arms, adj. 10., arm.
at, praep. mit acc., auf (zeitlich); mit dat., bei, zu (räumlich und zeitlich).
at-saihvan, verb. I, b (s. *saihvan)*, auf etwas sehen, achten.
atta, subst. msc. 3., vater: *attin*, dat. sg., §. 254; §. 113, 1.
auk, conj., denn, aber.
aukan, aiauk, aiaukum (§. 291), *aukans*, verb. I, b, meren.
ausō, subst. ntr. 3., st. *ausan-*, or; *ausōna*, nom. acc. pl., §. 250.

B.

Bairan, bar, bērum, bairans, verb. I, b *(ai* §. 111, 1; wurz. §. 104, 1), tragen; *bairith*, 3. sg. praes.
bairhts, adj. 10., hell, offenbar.
bairhtei, subst. fem. 3., st. *bairhtein- (bairhts*, suff. §. 217, s. 399; *ei* §. 111, 2), helle, öffentlichkeit; *bairhtein*, dat. sg., §. 254.
bi, praep. mit acc. u. dat., bei, um.
bi-aukan, verb. I, b (s. *aukan)*, vermeren, hinzu fügen; *bi-aukada*, 3. sg. med. (passivi), §. 281.
bidjan, bad (bath, §. 202, 4), *bēdum, bidans*, verb. V, bitten, beten; *bidjais*, 2. sg. optat. praes.; *bidjaith*, 2. pl. optat. praes., §. 290; *bidei*, 2. sg. imperat., §. 113, 4; *bidjandans*, nom. pl. msc. part. praes. act. bestimt. decl., §. 229, §. 264; *bidjandansuth-than* s. *-uh*.
briggan, brahta (§. 307; §. 202, 1), verb. IV, c, bringen, füren; *briggais*, 2. sg. optat. praes., §. 290.

D.

Dags, subst. msc. 10., tag; *dag*, acc. sg., §. 249; *daga*, dat. sg., §. 255.

du, praep. mit dat., zu; beim infinitiv wie unser 'zu'; *du saihvan im* 'inen zu sehen', übersezt den infin. pass. πρὸς τὸ ϑεαϑῆναι αὐτοῖς.

E.

Ei, conj., daß, damit; an *sa* (s. d.) und dessen casus gefügt, bildet es das pron. relat.

F.

Faúra, praep. mit dat., vor.
faúrthiz-ei, conj., ehe *(faúrthis*, adv. compar., vorher; §. 232).
filu, ntr. sg. eines adj. 8., vil, ser; vgl. §. 196, 3.
filu-vaúrdei, subst. fem. 3., st. -*vaúrdein*- *(vaúrd*, suff. §. 217, s. 399), viles reden, vile worte; *filuvaúrdein*, dat. sg., §. 254.
filu-vaúrdjan, -*vaúrdida*, -*vaúrdiths*, verb. I, b *(vaúrd*, §. 209), vil reden, vile worte machen; *filuvaúrdjaith*, 2. pl. optat. praes., §. 290.
fraistubni, subst. fem. 10. (vgl. *fraisan* versuchen), versuchung; *fraistubnjai*, dat. sg., §. 254.
fraiv, subst. ntr. 10., same; *fraiva*, nom. acc. pl., §. 250.
fram, praep. mit dat., von.
frijōn, *frijōda*, *frijōths*, verb. I, b, (s. §. 209, s. 364, 1), lieben, gern tun; *frijōnd*, 3. pl. praes.
fulhsni, subst. ntr. 10. *(-i* §. 113, 4), verborgenheit; *fulhsnja*, dat. sg., §. 255.

G.

Gaggan, praet. *iddja* und *gaggida* (wie von **gaggjan)*, verb. III; IV, c, gehen; *gagg*, 2. sg. imperat., §. 272.
ga-hausjan, verb. I, b (s. *hausjan)*, hören, verb. perfectum zu *hausjan*, daher *gahausjai*, 3. sg. optat. praes., §. 290; §. 275, im sinne des imperat.
gakvumths, subst. fem. 9. *(ga-* zusammen, *kviman*, suff. §. 226), zusammenkunft, versamlung; *gakvumthim*, dat. pl., §. 261.
ga-laubjan, -*laubida*, -*laubiths*, verb. I. b (vgl. §. 108), glauben; *galaubjandam*, dat. pl. part. praes. bestimt. decl., §.229; §. 264.
galeikōn, -*leikōda*, -*leikōths*, verb. I, b *(galeiks*, nach §. 209, s. 364, 1; §. 110, 4, nachtr. zu s. 156, vergleichen, nach amen; *galeikōth*, 2. pl. optat. praes.
ga-leiks, adj. 10., gleich, änlich.

ga-lūkan, -lauk, -lukum, -lukans (praes. §. 108), verb. II, b,
verschließen; *galūkands*, nom. sg. msc. part. praes., §. 229;
Matth. VI, 6 ist *hēthjōn* als object zu ergänzen und *haúrdai
seinai* als instrumentaler dativ zu faßen: 'die kammer durch
die tür verschließend'.
gards, subst. fem. 9., haus.
garuns, subst. fem. 9., st. *garunsi-* (*ga-* zusammen, *runs*, subst.
msc. 10. oder 9., lauf, von *rinnan*), straße; *garunsim*, dat.
pl., §. 261.
gaumjan, gaumida, gaumiths, verb. I, b, war nemen, bemerken,
med. erscheinen; *gaumjaindau*, 3. pl. optat. med. (passivi)
praes., §. 290; §. 282.
giban, gab (gaf §. 202, 4), *gēbum, gibans*, verb. I, b, geben;
gif, 2. sg. imperat., §. 272; *f* §. 202, 4; *gibada*, 3. sg. med.
(passivi) praes., §. 281.
guth, subst. msc. 10., nom. mit neutraler form, gen. *guths* nach
1, wie von einem stamme *guth-*, pl. ntr. *gutha;* gott.

H.

Haban, habaida, habaiths, verb. I, b, s. 801, haben, halten;
habaith, 3. sg. praes.; *habaith*, 2. pl. praes.; *haband*, 3. pl.
praes.; *habai*, 3. sg. optat. praes.
haírtō, subst. ntr. 3., st. *haírtan-* (§. 196, 1; *ai* §. 111, 1; *ō*
s. 544), herz.
hauhjan, hauhida, hauhiths, verb. I, b (*hauhs*, §. 209), hoch
machen, erhöhen, preisen; *hauhjaindau*, 3. pl. med. optat.
praes., §. 290; §. 282.
hauhs, adj. 10., hoch.
haúrds, subst. fem. 9., tür; *haúrdai*, dat. sg., §. 254; con-
struction Matth. VI, 6 s. u. *galūkan*.
haúrn, subst. ntr. 10. (§. 196, 1; *aú* §. 111, 1), horn.
haúrnjan, haúrnida, haúrniths, verb. I, b (*haúrn*, §. 209),
auf dem horne blasen; *haúrnjais*, 2. sg. optat. praes., §. 290.
hausjan, hausida, hausiths, verb. I, b, hören; *hauseith*, 2. pl.
praes. act.; *ei* §. 113, 4; *hausjandōna*, nom. acc. pl. ntr.
part. praes. bestimt. decl., §. 229; §. 264.
hēthjō, subst. fem. 3., st. *hēthjōn-*, kammer; *hēthjōn*, acc. sg.,
§. 249.

himins, subst. msc. 10., himmel; *himina*, dat. sg., §. 255; §. 113, 3;
himinam, dat. pl., §. 261.
his, pron. demonstr. (decl. §. 264), diser; nur erhalten in den
formen: *hita*, ntr. sg., §. 203, 3, b; *hina*, acc. sg. msc., s.
ebend.; *himma*, dat. sg. msc.; *himma daga* an disem tage,
heute; vgl. slaw. *dĭnĭ-sĭ*, lat. *hodie* = *hoc die;* s. §. 196, 1.
hlaifs, hlaibs (§. 202, 4), subst. msc. 10., brod; *hlaif,* acc. sg.,
§. 249; §. 202, 4.
hleiduma, adj. 3., fem. *hleidumei*, st. *hleidumein-* (vgl. §. 217,
s. 399; *ei* §. 111, 2) link; *hleidumei*, ergänze *handus* (hand),
die linke (hand).
hvas, hvō, hva (§. 196, 1; §. 113, 2; §. 203, 3, a), pron. interrog.
und indef., decl. wie *sa*, §. 264; wer, irgend wer.

I.

Ik, pron. pers. 1. pers. (§. 265; §. 266), ich; *veis*, nom. pl.;
uns, acc., dat. pl.
im (is, ist), verb. I, a, bin; *sijaima*, 1. pl. optat. praes.; *si-
jaith*, 2. pl. optat. praes., §. 290, s. 721, anm., vgl. s. 800;
inf. u. praet. s. u. *visan*.
in, praep. mit acc., dat., in; mit gen., wegen.
is, ita, si, pron. 3. pers. (§. 107, 2), decl. §. 264, er; *ina*, acc.
sg. msc.; *a* §. 203, 3, b; *imma*, dat. sg. msc.; *im*, dat. pl.
ith, conj., aber, zwar (dann stäts voran gestelt), wenn (dann auch
nach gesezt).
izvar, pron. possess. 2. pers. (decl. §. 264), euer; *izvara*, acc.
sg. fem.; *izvaramma*, dat. sg. msc., §. 113, 3.
izvis s. u. *thu*.

J.

Jabai, conj., wenn.
jah, conj., und, auch.
jus s. u. *thu*.

K.

Keinan, keinōda, verb. IV, b, keimen (vgl. *us-kei-an* hervor
keimen, §. 214); *keinith*, 3. sg. praes.
kriman, kram, krēmum, krumans, verb. I, b (wurz. §. 197, 1),
kommen; *kvimai*, 3. sg. optat. praes., §. 290; §. 275.

kvithan, kvath, kvēthum, kvithans, verb. I, b. sprechen, sagen: *kvitha*, 1. sg. praes.; *kvath*, 3. sg. perf.

L.

Laun, subst. ntr. 10., lon.
lausjan, lausida, lausiths, verb. I. b, lösen; *lausei*, 2. sg. imper., §. 113, 4.
lētan, lailōt, lailōtum (§. 291, s. 747, 1; §. 106), *lētans*, verb. I, b, laßen.
liudan, lauth (§. 202, 4), *ludum, ludans*, verb. II, b, wachsen: *liudith*, 3. sg. praes.
liuta, subst. msc. 3. (eigentl. bestimte form zu *liuts*, adj. 10.. heuchlerisch; §. 221, s. 423), heuchler; *liutans*, nom. pl.

M.

Manna, subst. msc. 3., doch gen. sg., nom. u. acc. pl. *mans* nach 1, st. *man-*, loc. dat. sg. *mann*; *mannē*, gen. pl., §. 253; *mannam*, dat. pl., §. 261; vgl. §. 200, 2.
mahts, subst. fem. 9. *(mag-an* vermögen, suff. §. 220; *h* §. 202, 1), macht.
mitan, mat, mētum, mitans, verb. I, b. meßen; *mitith*, 2. pl. praes.; *mitada*, 3. sg. med. praes., §. 281.
mitaths, subst. fem. 9. *(mitan)*, maß; *mitath*, loc. dat. sg. (§. 254) nach 1. vom stamme *mitath-*.
mizdō, subst. fem. 3., st. *mizdōn-*, lon; *mizdōn*, acc. sg., §. 249.

N.

Nahts, subst. fem. 9., nacht; in einigen casus consonantisch nach 1., gen. *nahts*, loc.-dat. *naht*, nom., acc. pl. *nahts*; *naht*, acc. sg., §. 249.
namō, subst. ntr. 3., st. *naman-* (suff. §. 219, s. 412), im pl. fält das *a* des suffixes auß, daher *namna* u. s. f.; name.
ni, part., nicht.
niman, nam, nēmum, nimans, verb. I, b, nemen.
nu, partikel, nun, also.

P.

Plapja, subst. fem. 10., straße; *plapjō*, gen. pl., §. 253.

R.

Rinnan, rann, runnum, runnans, verb. I, b, laufen; vgl. §. 291, s. 748 d, u. anm.

S.

Sa, thata, sō, pron. demonstr. (decl. §. 264, s. 633 flg.; vgl. §. 113, 2), der; *thana,* acc. sg. msc., §. 203, 3, b: *thamma,* dat. sg. msc., §. 113, 3; *thai,* nom. pl. msc.; *thaim,* dat. pl.; mit angefügtem *-ei, saei,* pron. relat.; *thizei,* gen. sg. msc. ntr.; *thizaiei,* dat. sg. fem.; *z* §. 202, 3; *thatei,* acc. ntr. sg., conj., daß (nach verbis dicendi), weil.

saihvan, sahv, sēhvum, saihvans, verb. I, b *(ai* §. 111, 1), sehen; *saihvith,* 3. sg. praes.; *saihvith,* 2. pl. imperat.

seins, pron. possess. 3. pers., sein; *seina,* acc. sg. fem.; *seinai,* dat. sg. fem.

sijaima, sijaith s. u. *im.*

silba, pron., st. *silban-* (decl. des bestimt. adj. §. 264), selbst; *silbō,* nom. sg. fem.

sinteins, adj. 10., täglich; *sinteinan,* acc. sg. msc. bestimt. decl., §. 221, s. 423.

skula, adj., subst. 3., schuldig, schuldner; *skulans,* nom pl., §. 247; *thatei skulans sijaima* 'was wir schuldig seien'; *skulam,* dat. pl., §. 261.

slēpan, saislēp, saislēpum, slēpans, verb. I, b (§. 291, s. 747, 2), schlafen; *slēpith,* 3. sg. praes.

standan, stōth, stōthum, stōthans, verb. IV, c, stehen; *standandans,* nom. pl. msc. part. praes. bestimt. decl., §. 229; §. 264.

sva, adv., so.

sva-svē, adv., conj., so wie, wie.

svē, conj., wie, vgl. §. 259, s. 582.

T.

Taihsvs, adj. 10. (§. 197, 2), rechts; *taihsvō,* nom. sg. fem. bestimt. decl., §. 264; §. 221; zu ergänzen *handus* (hand), die rechte (hand).

taujan, tavida (vgl. §. 110, 2), verb. I, b, machen, tun; *taujith,* 3. sg. praes.; *taujand,* 3. pl. praes.; *d* §. 196, 2; §. 202, 4; *taujais,* 2. sg. optat. praes., §. 290; *taujandan,* acc. sg. msc. bestimt. decl., §. 264; §. 229.

thai, thaim, thana, thamma s. u. *sa.*

than, conj., wann; auch demonstr., dann; aber, denn in *-uth--than,* s. *-uh.*

tharf (§. 202, 4). *thaúrbum (aú* §. 111, 1), perf. mit praesensbedeutung. praet. *thaúrfta,* §. 307; §. 202, 1: part. praet. pass. *thaúrfts,* inf. *thaúrban,* bedürfen, construiert mit dem gen.; *thaúrbuth,* 2. pl. perf., §. 291; *u* §. 112.

thatei s. u. *sa.*

theins, pron. possess. 2. pers., dein (decl. §. 264); *thein,* acc. sg. ntr.; *theina,* nom. sg. fem.; *theinamma,* dat. sg. msc.; *theinai,* dat. sg. fem.

this-hvaz-uh, pron. indef. *(z* §. 202, 3; *-uh* §. 112), jeder; *this-hvammēh,* dat. sg. msc., §. 112, anm.

thiuda, subst. fem. 10., volk; pl. heiden; *thai thiudō* (gen. pl., §. 253) die der heiden, die auß den heiden.

thiudans, subst. msc. 10. *(thiuda,* suff. §. 222), könig.

thiudangardi, subst. fem. 10. *(thiudans, gards;* suff. §. 217), königshaus, reich.

thiudinassus, subst. msc. 8. *(thiudans,* suff. §. 227, s. 462), königreich, reich.

thizaiei, thizei s. u. *sa.*

thu, pron. pers. 2. pers. (decl. §. 265; §. 266) du; *thuk,* acc. sg.; *thus,* dat. sg.; *jus,* nom. pl.; *izvis,* dat. pl.

thugkjan, thuhta (§. 307, §. 202, 1), *thuhts,* verb. IV, c und V. meinen, dünken; impers. *thugkeith im* (3. sg. praes., *ei* §.113,4) 'es dünkt inen'.

U.

Ubils, adj. 10., übel, böse; *ubilin,* dat. sg. ntr. bestimt. decl., §. 264; §. 221, s. 423.

-uh, partikel, immer anderen worten an gefügt (§. 112), und, aber; *h* assimiliert sich folgendem *th,* daher *uth-than,* aber, denn.

uns s. u. *ik.*

unsar, pron. possess. 1. pers. (decl. §. 264), unser; *unsarana,* acc. sg. msc.; *-a* §. 203, 3, b; *unsaraim,* dat. pl.

untē, conj., bis, denn.

ur-reisan, -rais, -risum, -risans, verb. II, b, sich erheben, auf stehen; *urreisith,* 3. sg. praes.

us (ur vor *r, uz* vor *u, ē, ō* in der zusammensetzung), praep. mit dat., auß.

us-giban, verb. I, b (s. *giban),* wider geben, vergelten; *usgibith,* 3. sg. praes., übersezt als verbum perfectum das fut. ἀποδώσει.

V.

Vaihsta, subst. msc. 3., ecke; *vaihstam,* dat. pl., §. 261.

vairpan, varp, vaúrpum, vaúrpans, verb. I, b *(ai, aú* §. 111, 1), werfen; *vairpith,* 3. sg. praes.

vairthan, varth, vaúrthum, vaúrthans, verb. I, b *(ai, aú* §. 111, 1; wurz. §. 196, 2), werden, geschehen; *vairthai,* 3. sg. optat. praes., §. 290; §. 275.

vait, vitum, perf. der wurz. *vit* (§. 107, 2; §. 291, s. 747, 3, a; praet. bildet *vissa,* §. 307; §. 202, 1 u. 2), inf. *vitan,* wißen; *viti,* 3. sg. optat. perf., §. 290.

vaúrd, subst. ntr. 10., wort.

veihnan, veihnōda, verb. IV, b *(veihs,* §. 214), geheiligt werden; *veihnai,* 3. sg. optat. praes., §. 290; §. 275.

veihs, adj. 10., heilig.

vilja, subst. msc. 3. (vgl. §. 217, s. 399; wurz. §. 199, 3; §. 201), wille.

visan, vas, vēsum, visans, verb. I, b, praes. *im,* s. d. (wurz. §. 199, 3), sein, bleiben.

vulthus, subst. msc. 8., herlichkeit.

A. Leskien.

Berichtigungen und nachträge

zur

zweiten auflage des compendiums.

Das folgende verdanke ich zum grösten teile den mitteilungen der Herren Georg Curtius in Leipzig, H. Ebel in Schneidemühl (der den ganzen altirischen teil des compendiums kritisch durch zu nemen die güte hatte), A. Leskien in Göttingen, Johannes Schmidt in Bonn. Inen allen meinen wärmsten dank. Die neuesten erscheinungen auf dem gebiete unserer disciplin (besonders Spiegels altbaktrische grammatik) habe ich, so weit sie mir bekant wurden, benützt. Dem altpersischen ward außgedentere berüksichtigung zu teil. Die zweite außgabe von W. Corssen, über Aussprache, Vokalismus und Betonung der lateinischen Sprache, I. Bd., Leipzig 1868 und H. Ebels neue bearbeitung von Zeuss, grammatica celtica, fasc. I, Berlin 1868 konte ich für dise nachträge nicht mer verwerten.

Beim drucke einer etwa nötig werdenden dritten auflage (die zweite auflage ist jedoch zimlich stark) soll durch zweckmäßige abkürzungen dafür gesorgt werden, daß trotz der nötigen zusätze umfang und preis des buches nicht wachse.

Jena, am 1. november 1868.

August Schleicher.

Berichtigungen und nachträge

zur zweiten auflage des compendiums.

Seite
VIII, z. 11 v. o. lis: mit erklärendem glossar enthaltend.
XVII 1.: §. 101, a. sodann: §. 101, b Anlautsgesetz (anstatt: Vorschlag von *j* etc.).
XXIX l. nach §. 192, 2: §. 193. Wandelbares *sz* u. s. f. und sodann (anstatt §. 193): §. 194 Außlaut. Dagegen ist: §. 194 Anlaut u. s. f. völlig zu streichen.
XLV, §. 300 streiche: 1. Perfectstämme u. s. f. und sind im folgenden die zalen 1—6 anstatt 2—7 zu setzen.
XLVI, §. 305 streiche: 2. Reste u. s. f.
9 füge nach z. 2 v. o. bei: Eine auf die lautstufe der indogermanischen ursprache zurück gefürte form nennen wir eine grundform (z. b. lat. *generis*, grundf. *ganasas*; griech. γένους, grundf. *ganasas*). Erst dann, wenn formen verschidener lautstufen auf eine und die selbe lautstufe gebracht sind, laßen sie sich mit einander vergleichen. Daß dise grundformen wirklich einmal vorhanden gewesen sind, wird durch die aufstellung der selben nicht behauptet.
10 füge der überschrift von §. 1 bei: *) F. C. A. Fick, Wörterbuch der Indogermanischen Grundsprache, Göttingen 1868, ist nur mit kritik zu benutzen. Ein versuch, zusammen hangende sätze in der indogermanischen ursprache zu bilden, findet sich Beiträge V, 206 flg.

Seite
11 füge bei: Anm. 3. Der momentane consonant, welcher der außsprache eines an lautenden vocals vorauß geht, der so genante spiritus lenis, das aleph oder hamza der Semiten, welcher durch plözliche öfnung der stimbänder gebildet wird, wäre eigentlich hier und bei den anderen sprachen in der tabelle mit auf zu füren und durch ein besonderes zeichen (etwa ', nach vorgang der Griechen) zu geben. Es ist ein im kelkopfe selbst gebildeter consonantischer laut und müste in der tabelle deshalb eine classe laryngaler laute bei gefügt werden (zu denen auch *h* gehört; s. u. §. 4). Doch glaubte ich der merzal der indogermanischen schreibungen mich an schließen und disen laut unbezeichnet laßen zu dürfen.

15, etwa mitte der seite füge bei Potts etymol. Forsch. 2. auflage bei: II, 2. Wurzeln mit vocalischem Ausgange; auch unter dem titel: Wurzel-Wörterbuch der indogermanischen Sprachen, I. Band (1. u. 2. Abtheilung), Detmold 1867. Z. 7 v. u. l. Berlin (anstatt Pforte).

16, z. 5 v. u. ist noch hinzu zu fügen: Camillo Kellner, kurze Elementargramm. der Sanskrit-Sprache. Mit vergl. Berücksichtig. d. Griech. u. Latein., Leipz. 1868 (one vēd. formen u. accente).

17, mitte der seite, bei *h*, füge bei: Das *h* ist ein im obern teile des kelkopfes gebildetes reibungsgeräusch und es gehört also, wie das ' (s. o. s. 11) in die classe der laryngalen consonanten. Der bequemlichkeit wegen haben wir es hier und bei den anderen sprachen, in denen es vor komt, unter die gutturallaute gestelt. *h* läßt sich mit und one schwingung der stimbänder, tönend und stumm, hervor bringen.

21, z. 15 v. o. l. grundf. u. altpers.

23, oben, am ende von anm. 1 füge bei: Die schwächungen des urspr. *a* werden überhaupt nicht selten eben so gesteigert, wie die ursprünglichen *i-* und *u*-vocale; z. b. von *pi-tā-mahá-s* (msc. großvater; über *pi-tar-*, wurz. *pa*, s. o.) wird gebildet st. *pāi-tā-maha-* (adj. großväterlich); von st. *dhīr-a-* (adj. fest, beständig), wurz. *dhar* (halten) zu *dhīr* geschwächt, suff. *-a-*, *dhāir-ja-m* (ntr. standhaftigkeit); von *pūr-ṇd-māsa-s* (msc. volmond; über *pūr-ṇd-*, wurz. *par*, s. o.), *pāur-ṇa-māsd-* (adj. volmondlich, den volmond betr.) u. a. Besonders in jüngeren bildungen, entstanden nachdem die wurzelform auß dem sprachgefüle geschwunden war, zeigt sich demnach ein umschlagen der a-reihe in die i-reihe und u-reihe.

28, z. 13 v. o. nach 'hat' füge bei: obgleich der echte accent uns eine veränderung der vocale zu sein scheint, die, der steigerung vergleichbar, zum zwecke der stamm- und wortbildung dient. Z. 11 v. u. l.: vocals, c) durch spaltung und d) durch u. s. w.

33, nach z. 7 v. o. füge bei: Anm. Bei der ersazdenung im altindischen und in den anderen sprachen wären genauer folgende fälle zu unterscheiden (̆ bezeichnet einen kurzen, ¯ einen langen vocallaut): 1. ̆ + consonant = ¯ (vgl. altbulg. instr. sg. *-mĭ*, = urspr. *-bhĭ* neben instr. pl. *-mī*, d. i. *-mī*, = urspr. *-bhīs)*, auß lautend; inlautend wird diser fall wol nicht vor kommen; 2. ̆ + cons. 1 + cons. 2 = ¯ (z. b. altind. *mātā* für **mātars)*, auß lautend; 3. ̆ + cons. 1 + cons. 2 = ¯ + cons. 2, auß lautend und inlautend (z. b. altind. *matis* für **matins*; griech. *εἰμί* für **ἐσμι)*; eine unterabteilung bildet hier ̆ + cons. 1 + cons. 2 + cons. 3 = ¯ + cons. 3 (z. b. griech. *ἰστάς* für **ἰσταντς)*; 4. ̆ + cons. 1 + cons. 2 = ¯ + cons. 1 (z. b. griech. *μήτηρ* für **μητερς)*, oder ̆ + cons. 1 + cons. 2 + cons. 3 = ¯ + cons. 1 (z. b. griech. *φέρων* für **φεροντς)*, auß lautend und inlautend (lezteres z. b. griech. *ἔφηνα* für **ἐφανσα)*. Die physiologische erklärung diser lautvorgänge ist, namentlich im fall 4., schwirig.

35 in der tabelle lis in der obersten reihe *h, qh* (beide als stumm). Zu anfang der anmerkung füge bei: Grammatik der altbaktrischen Sprache nebst einem Anhange über den Gâthâdialect. Von Friedr. Spiegel. Leipzig 1867.

37, z. 8 u. 9 v. o. streiche die parenthese.

38, z. 3 der anm. 1.: mit Spiegel und Justi. Am ende des §. 17 füge bei: die vocale des Altpersischen sind 1. *a, ā*; 2. *i* (auß lautend durch *ij*, nach *h* aber durch *j* bezeichnet), *ai (āi)*; *u* (auß lautend durch *uv* bezeichnet), *au (āu)*. Über die schreibung des altpersischen vgl. die indogermanische chrestomathie.

39, z. 15 v. u. l.: scheint, besonders nach *j, k', g', i* öfters u. s. w. Z. 10 v. u. füge bei: Seltener ist diß vor anderen consonanten, z. b. *apa-tak'it* neben *-tak'at* (er lief zurück).

40, z. 13 v. u. füge ein: st. *brātar-*, altind. u. urspr. *bhrātar-* (bruder).

47, z. 5 v. o. l.: *bere-ta-* neben *bare-ta-*, altpers. *bar-ta-*, grundf. *bhar-ta-*;

Seite

kere-ta- neben *kare-ta-* u. s. f. Z. 11 v. u. l.: für *e* (vgl. §. 16), z. b.

48, z. 10 v. u. füge nach (voll) ein: altpers. *paru-* (vil).

51 am ende der anm. füge bei: Von dem spät erst erfolgten eintreten diser lautgesetze zeugt der umstand, daß in zusammensetzungen vor disem secundären *i* und *u* die negation nicht *an-*, wie vor anderen vocalen, sondern *a-*, wie vor consonanten, lautet; z. b. *a-irista-* (unversert; wörtlich: ungestorben).

52, §. 29 am ende von 1. füge bei: Im Altpersischen werden (wie im gāthā-dialecte) ursprünglich auß lautende vocale gedent, wenigstens gilt diß vom *a*, z. b. gen. sg. *baga-hjā* (st. *baga-* gott), grundf. *bhaga-sja*; für *u* wird *uv*, für *i* wird *ij* (nach *h* aber *j*) geschriben. §. 29, 2 füge am ende der vorlezten zeile des ersten absatzes ein: Dises *-hē* = *-hja* steht auch vor *-k'a* (z. b. *açpahē-k'a*), wäreud *-ē* = urspr. *-ai* vor *-k'a* als *-aē* erscheint (§. 22, anm.). Nach (mädchen) füge ein: *naçē* für *naçja, 2. sg. imperat., praesensst. *naçja-*, wurz. *naç* (verschwinden). Z. 5 v. u. l.: auß genommen nach vocalen und *-um* nach *r* u. s. w.; in der folgenden zeile streiche: und nach vocalen.

53 im zweiten absatze, z. 10 v. o. l.: (acc. sg. msc.); nach (drittel) füge ein: *paourum* für *paourva-m* (acc. sg. ntr.) vom stamme *paourva-* (vorderer). In der folgenden zeile l.: (acc. sg. msc.). Z. 16 v. o. nach (link) füge ein: im acc. sg. msc. — Am ende dises absatzes (nach z. 18 v. o.) füge bei: Anm. Der acc. sg. ntr. *hōjūm* weist auf einen stamm *haēva-*, grundf. *saiva-*, hin.

58, z. 14 v. o. streiche 'zum teile'.

60, z. 18 v. u. streiche das beispil *δδ-μή* u. s. f.

66, z. 3 u. 13 v. o. l. (gehen) anstatt (ire) u. z. 18 v. o. l. ϝέϝοιχα.

76, z. 3. 4 v. o. streiche 'teilweise wenigstens' u. z. 12 v. o. l. *-μενεσ-ς.

77, z. 9 fg. streiche das beispil *ἀλώπηξ* als nicht völlig sicher. Z. 15 v. o. l.: Dise sind wol nach u. s. f. (Curtius hat gegen meine auffaßung bedenken geäußert, besonders auch wegen des herakleischen *πρασσόντ-ασσι*. Curtius statuiert in disen fällen einen hilfsvocal).

78, z. 5 v. u. füge bei: warscheinlicher scheint mir jedoch, daß *da-nt* u. s. f. zur wurz. *da, ad* 'trennen, schneiden' gehört; vgl. altbaktr. st. *dā-ta-* 'zan'.

Seite

79 ist in der tabelle *h* als stummer spirant zu verzeichnen und anm. 1. hat zu lauten: *h* haben wir als stummen spiranten an gesezt, da es, außer im altindischen, wol nirgend mit stimton gesprochen wird. Füge der anm. *) bei: A riod. Fabretti, glossarium italicum, in quo omnia vocabula continentur ex Umbricis Sabinis Oscis Volscis Etruscis caeterisque monumentis. Aug. Taurinorum 1858—1865. Enthält auch das altlateinische. Dises buch hat nur den zweifelhaften wert eines sammelwerkes, welches auch das heute zu tage völlig überflüßige nicht verschmäht. Anm. **) lis nach der aufzälung der Corssenschen werke (vgl. d. nachträge): Leztere werke behandeln u. s. f. Corssens werke u. s. w. In der selben anm., z. z. 8 v. u. l.: und, besonders in den früheren arbeiten, mit u. s. f. Zu dem in den nachträgen mit geteilten titel des Schuchardtschen werkes füge bei: II. bd. eben das. 1867. Auch füge beim erstgenanten werke Corssens bei: zweite umgearbeitete Ausgabe, I. Lpz. 1868.

83, z. 1 v. o. füge nach 'formen' ein: (verbalstämme).

84, z. 5 flg. v. o. l. *quom (quum* conj. als, indem, vgl. *quon-iam).*

86, z. 1 v. u. flg. streiche das beispil *modus, mederi*, als nicht sicher (vgl. Georg Curtius gr. etym. s. 219).

87, §. 48, 1 am ende streiche 'lat. secund. — erweitert'.

89 am ende von §. 48 füge nach 'zu faßen' ein: vgl. Bücheler, Grundriss der lat. Declination, Lpz. 1866, s. 40; lis ferner 'steht für älteres *-ōm, -rōm (bor-om* noch bei Verg.), griech.' u. s. w.

90, z. 16 v. u. l. *tempestate-bus* (anstatt *-bos).*

95, z. 12 v. o. füge nach *siēs* ein: *sīt*, älter *seü* auß *siēt*, grundf. *sjāt; tibī, tibei* auß **tibie*, grundf. der endung *-bja(m);* eben so in *rōbeis, rōbis*, grundf. der endung *bhja(m)s*. Anm., z. 3 v. u. füge ein nach 'A. Dietrich,': commentationes grammaticae duae (I. de litterarum in l. l. transpositione; II. de vocalibus lat. subiecta littera *e* affectis), Lips. 1846; des selben de etc. Ferner z. 1 v. u. lis anstatt 'ist leider' u. s. w.: II, eben das. 1867.

96, z. 12 v. o. l. §. 46, 3.

98, z. 2 v. o. füge bei: *sāl* (salz) = **sāl-s* (gen. *sāl-is)*, vgl. ἅλς u. a. z. 13 v. o. bis 18 v. o. zu dem worte 'stelt' ist hier herauß zu nemen und zu einer annerkung am ende von §. 53 zu machen, deren anfang und ende zu lauten hat: 'Anm. Ser zweifelhaft sind

Seite

fälle wie *incitare* u. s. f. — wurz. *ri* stelt); vgl. unten §. 157, 1, a am ende'.

100, z. 14 v. u. l.: *tremonti;* Bergk, index lect. Marburg. 1847—48.
101, z. 7 v. o. nach **viros* füge ein: *acer* (§. 57) auß *acris* u. s. f.
102, z. 2 v. o. l.: altind. *ä'sa-s* für **amsa-s*. Z. 10 v. o. tilge '*positus* neben *postus*'.
103, z. 10 v. o. füge bei: ; *h* ist nicht nur consonant, sondern auch denungszeichen nach vocalen, auch wird anstatt der länge der vocal doppelt geschrieben mit *h* zwischen beiden vocalzeichen, z. b. persnihmu neben *persnihimu* und *persnimu*, lis *persnimu* (3. sg. imperat. activi zu st. *persni-)*; auch steht *h*, wie es scheint, nur graphisch zwischen zusammen stoßenden vocalen; z. b. pihaz, *pihos* = lat. *piatus*, *pihafei* = lat. *piāvī*, *stahu* = **stau* (vgl. *subocau)*, = lat. *sto* auß **stao* u. a.
104, z. 3 flg. v. u. streiche ' dise schreibweise' u. s. f.; füge anstatt dessen ein: s. o. §. 58.
108, z. 1 v. u. füge bei: (vgl. jedoch Corssen, zeitschr. XI, 371).
112, z. 8 v. o. l.: = **safiniom* = lat. **Sabiniom* = *Sabiniorum* (Sabinorum).
113, z. 4 v. u. füge ein: Fernere bereicherung unserer kentnis des altirischen bieten des selben Goidilica, or notes on the Gaelic Manuscripts preserved at Turin, Milan, Berne, Leyden etc. Calcutta 1866. Nach dem titel von Zeuss gr. celtica füge ein: editio altera curavit H. Ebel, fasc. I, Berlin 1868. Dise zweite auflage beruht meist auf neuen, eigenen forschungen Ebels.
114, in der tabelle der vocale ist *a* als erste steigerung der a-reihe ein zu fügen; ferner ist hier und auf den folgenden seiten überall *ia* = *é* und *ía* = *ó* zu setzen; dise laute sind näml. im altir. gleich bedeutend und wechseln mit einander.
115, z. 12 v. o. füge bei: *a* neben *e* ergibt sich als steigerung, z. b. *atreba* (er wont, besizt), aber *atrab* (wonung, besitz). Z. 14 v. u. füge zwischen 'wie' und '*ftu*' ein: *nifiastar* (nesciet; *st* = *dt)*, *rofēstar* (sciet), *adfiadat* (sie berichten) neben *rofetar*, *rofitir (*scio, scit); *fiadach* (jagd) neben *fid* (baum, vgl. lit. *medžóti* jagen, *medé-jis* jäger zu *médis* baum); *miastir* (judicabit), *méssimmir*, *no-méssammar* (judicabimus) neben *midiur-sa* (puto). Z. 17 v. u. lis nach 'ce-d': st. ursprüngl. *ki* (vgl. lat. *qui-s*, *qui-d)*; das *d* ist

Seite

u. s. f. (s. nachtr). Z. 6 v. u. füge bei: (vgl. *móin* = lat. **moinos, moenus, mūnus; móenib* = lat. *muneribus*).

116, am ende von §. 73 streiche *clúasa* u. s. f. (es ist *clú-asa* zu teilen).

117, absatz 2, streiche '*labratar*' bis '(loquatur)'.

118, im lezten absatze von §. 75 lis: *bertir* für *berantir; ferner schreibe *-berr, -*berthar*.

119, streiche z. 1—4 v. o. und das erste wort von z. 5. Z. 7 füge zu, was nachtr. s. 847 bemerkt ist. Disem aber füge ein: Die villeicht dialectische geltung des *è* als *ja*, nach consonanten als *a* mit palatalisierung des vorher gehenden lautes, ist, wie es scheint, jung, da bisweilen das ältere *è* neben *ja* erhalten ist, z. b. *čèsŭ* neben *časŭ* (zeit, stunde); für das alter des ersteren zeugt das auß dem slawischen entlente litauische *czė'sas*; wurz. *èd* (eßen) neben *jad*, vgl. lit. *ėd* u. a. Z. 8 l.: *ĭ* (= urspr. *i*) und u. s. f. Z. 9 füge bei: *ĭ* = *jŭ* ist wie lezteres auß zu sprechen, da diß noch jezt im neubulgarischen statt findet.

123, z. 6 v. o. lis: = *ā* bei wurzeln auf *-a*, z. b. *dě-ti* u. s. f. Am ende des zweiten absatzes füge nach '§. 79, 1' bei: auch vor consonanten findet sich nach *r* und *l* neben dem auß *a* geschwächten *ŭ* oder *ĭ* (die in den handschriften ser wechseln) in gewissen formen regelmäßig *è*, z. b. *mlŭz-q* (ich melke), aber infin. *mlès-ti* (für *mlŭz-ti), grundf. der wurz. *mlas* d. i. urspr. *marg*; *vrĭch-q, vrŭch-q* (ich dresche), inf. *vrèsti* für *vrèch-ti (§. 182, 3, b), vgl. *vrach-ŭ* (subst. msc. das dreschen) u. s. f.

125, in der vorlezten zeile der anmerkung lis §. 88, 7 (anst. §. 87, 7).

126, z. 13 v. o. nach 'nemen' füge ein: ; eben so in *stoj-ati* (stehen), wozu wol *stě-na* (mauer, wand; vgl. got. *stai-ns* stein) gehört, wurz. *sti* neben *sta* in *sta-nq* 1. sg. praes., *sta-ti* inf. (sich stellen, auf treten) urspr. *sta*.

127, nach z. 11 v. o. füge bei: Anm. Nur in der ganz jungen bestimten declination des adjectivs bleiben die nasalen endungen vor dem *j* des an tretenden pronomens (s. d. anhang zu §. 264), z. b. *slyśęj* (ὁ ἀκούων) d. i. *slyśę-*jŭ*, grundf. *krusjants jas*; *novqjq* (τὴν νέαν), grundf. *narām jām* u. s. f.

129, vor z. 4 v. u. füge ein: 5. *jy* wird *ji*, z. b. *vlŭky*, instrum. plur.

Seite
zu *vlŭkŭ* (wolf) aber *koni*, d. i. **konji* für **konjy*, zu *konī* d. i. **konjŭ* (ross).
146, lis §. 101, a. Außlautsgesetz.
148, lis §. 101, b. Anlautsgesetz. Streiche z. 5—1 v. u. und setze dafür das, was s. 324 als §. 194 steht. Der anfang des §. 101, b. hat zu lauten: Ein dem slawischen änliches anlautsgesetz tritt weniger in der preuß.-lit. schriftsprache, als in den mundarten hervor. An lautendem *ě* u. s. w. wird auch in der schriftsprache *j* vor gesezt u. s. w.
153, z. 14 v. o. l.: = lat. *i-s* (altlat. aber auch *ei-s*).
155, am ende von §. 109 vor der anm. füge bei: got. *lib-an* (leben, vivere), ahd. *lib* (leben, vita) läßt sich schwerlich von ahd. *lab-a* (labe, labung), *lab-jan*, *lab-ōn* (laben) trennen u. a.
159, z. 3 v. o. l.: bleibt *-ai* als *-ai;* z. b. u. s. f.
169, z. 10 v. o. l.: fält dann bei *skh* öfters, vor *k'h* stäts hinweg. Z. 16 v. u. füge nach (spalten) ein: altbaktr. *çk'id*, lat. *scid* u. s. f. Am ende der seite füge der anmerkung bei: Vgl. auch Ascoli, zeitschr. XVI, s. 442 flg.
173, z. 16 v. o. l. **με-γε*. Z. 5 v. u. füge bei: , woferne es nicht zu einer wurzel *nas* gehört, über welche man Curtius, griech. Etymol. 2. aufl., nro. 432, s. 282 nach sehe.
175, z. 13 flg. v. o. hat zu lauten: Im anlaute von wurzeln, welche auf aspiraten auß lauten, verliert eine ursprünglich an lautende aspirata den hauch; z. b. u. s. f.
181, zu anfang von §. 130 füge bei: Auch im inlaute findet bisweilen volständige angleichung an den folgenden laut statt; z. b. *bhinnd-* für **bhid-na-*, part. praet. pass. zu wurz. *bhid* (spalten); *pannd-* für **pad-na-*, eben so zu wurz. *pad* (fallen, gehen) und so öfter in änlichen fällen.
  Erleichterung von consonantengruppen durch schwund eines lautes ist ebenfals nicht selten; z. b. *k'akṣē* für **k'akṣ-tē* (*ṭ* für *t* wegen des *ṣ*; s. d. flg.), 3. sg. praes. med. zu wurz. *k'akṣ* (sehen); *d-tut-ta*, 3. sg. med. des zus. ges. aorists zu wurz. *tud* (stoßen) für **d-tut-s-ta* und so stäts bei *s* zwischen zwei momentanen lauten in änlichen fällen.
183, z. 9 v. u. l.: (opfern; vgl. auch §. 125, 3 am ende).
185, am ende füge bei: Die consonanten des altpersischen sind fol-

Seite

gende (in der umschreibung sehen wir von der verschidenheit der zeichen je nach der beschaffenheit des folgenden vocales ab): *k*, *kh* (die aspiration des *k*), *g*; *k'*, *g'*; *t*, *th* (= altbaktr. *th*, aber auch = altbaktr. *ç*), *d* (= urspr. *d*, aber auch = altbaktr. *z*, altind. *h*); *p*, *f* (= altbaktr. *f*), *b*; *h* (wie im altbaktr. = urspr. *s*; schwindet oft völlig), *ç* (wie altbaktr. *ç*), *j*, *s*, *z*, *r*: *n*, *m* (vor consonanten werden die nasale nicht geschriben); *r*. Genaueres über die schreibung des altpersischen s. in der indogerm. chrestomathie.

186, z. 17 v. o. nach '*qui-d*' füge ein: wurz. *çk'id* (brechen, zerbrechen: 3. sg. praes. *çk'indajēiti*), = altind. *k'hid*, lat. *scid*, ursp. *skid*; z. 13 v. u. nach *kru-tu-s* füge ein: wurz. *ças* (sprechen, befelen). 1. sg. praes. *çaṅhāmi*, altpers. *thah*, z. b. 1. pl. praes. pass. *thahjāmahj*, altind. *ças*, z. b. 3. sg. praes. *çā'sati*, ursp. *kas*, vgl. lat. *car-men* für *cas-men*); *viç-* (f. familie, stamm), altpers. *vith-*, altind. *viç-*, wurz. ursp. *vik-* (vgl. *ϝοιϰ-ος*, lat. *vic-us* u. s. f.).

187, z. 15 v. o. l. *thwām*, altpers. *thuvām*.

188, z. 14 v. u. l. *fra-*, altpers. *fra-*; z. 6 v. u. l.: = urspr. *g*, besonders im anlaute, z. b. u. s. f.; z. 3 v. u. füge bei: wurz. *ga* (gehen), z. b. in *gāma-* (msc. gehen, schritt) = altind. und urspr. *ga*, griech. *βα* u. a.

189, z. 2 v. o. füge bei: st. *bagha-* (gott) = altpers. *baga*, altind. *bhaga-* (herr). Z. 3 v. u. füge bei: st. *dā-ta* (gegeben).

190, z. 3 v. o. streiche 'doch one feste regel' und füge im folgenden an irer stelle die 3. sg. praes. *da-dhā-iti*, altind. *dá-dā-ti*, griech. *δι-δω-σι* ein. Z. 10 v. u. füge bei: st. *daregha-* (lang) = altind. *dīrghá-*, griech. *δολιχό-*, ursp. *dargha-*.

191, füge §. 135, 2 zu den vertretern von urspr. *dh* im altbaktr. noch z. Z. 7 v. o. füge ein: altpers. *adam*. §. 135, 2. füge beim aor. von wurz. *dha* ein: altpers. *a-dā* und zu wurz. *dar*: altpers. *dar*; ferner füge hier bei: *-maidē* (bei Spiegel *-maidhē*, personalendung *d*. 1. plur. medii) = altind. *-mahē*, grundf. also *-madhai*. Z. 7 v. u. füge bei: *madhu* (ntr. wein, honig) = altind. *mádhu*, griech. *μέθυ*.

192, füge nach z. 2 v. o. bei: *z* = urspr. *dh* zeigt sich da, wo im altind. *dh* durch *h* vertreten ist; z. b. wurz. *guz* (bergen, bewaren: 3. sg. praes. *gaozaiti*, grundf. *gaudhati*), altind. *guh* für *gudh*

zur zweiten auflage des compendiums.

Seite

(§. 125, 2), aber altpers. *gud* u. a. Z. 6 v. o. füge bei: altpers. *bar*, z. b. 3. pl. praes. *bara(n)tij*; z. 7: altpers. *brātar-*; z. 14 v. o. füge ein: *ba-wr-are* für **ba-br-are*, 3. pl. perf. zu wurz. *bar* (bringen), urspr. und altind. *bhar*, vgl. altind. *ba-bhr-ús*; im folgenden lis: altbaktr. *w* ist demnach durch aspiration auß *b*, *bh* hervor gegangen und verhält sich somit u. s. f. Z. 8. v. u. füge bei: Im altpersischen steht nach consonanten (außer nach *h*, auch *tj* ist häufig) *ij* für *j*, z. b. altpers. *duvitija-* = altbaktr. *bitja-*, altind. *dvitija-*, grundf. *dvi-tja-* (zweiter); altpers. *anija-* = altbaktr. *anja-*, altind. *anjá-* (anderer). Z. 5 v. u. streiche 'gewis'; füge bei: In der altpersischen schrift wird auß lautendem *i* ein *j* bei gegeben, z. b. *açtij* = altbaktr. *açti*, altind. und urspr. *asti* (er ist); nach *h* steht bloß *j* für *i*, z. b. *ahj* = altbaktr. *ahi*, altind. *asi*, urspr. *as-si* (du bist). Z. 3 v. u. l.: Anm. Besonders zwischen *s* und *š*, aber auch zwischen u. s. f.

193, z. 19 v. o. füge bei: altpers. *açtij*.

194, z. 16 v. o. füge bei: altpers. *amij*, *ha(n)tij*.

195, z. 5 v. o. füge bei: altpers. *amahj* für **ah-mahi*; z. 8 füge bei: altpers. *aura* = altbaktr. *ahurō* (herr; nom. sing.), grundf. *asura-s*; z. 10 lis: *qhjāṭ* (auch *hjāṭ*).

197, z. 19 v. u. füge bei: In der altpersischen schrift wird auß lautendem *u* ein *v* bei gegeben, z. b. *baratuv* = altbaktr. *baratu*, altind. *bhárata* (3. sg. impr. zu wurz. urspr. und altind. *bhar* tragen). Z. 15 v. u. füge bei: Im altpersischen steht *ur* nach consonanten für *v*; vgl. st. *haruva-* = altbaktr. *haurva-*, altind. *sarra-* (all); *thuvām* (die aspiration des anlautes ist durch das folgende *v* bedingt) = altbaktr. *thwām*, altind. *tvām* (dich).

198, §. 137 l.: Anm. 1. und füge bei: Anm. 2. In st. *maghna-* (nakt) scheint *m* durch dissimilation auß *n* entstanden zu sein, vgl. altind. *nagná-*. Auch im außlaute steht bisweilen *m* für *n*, z. b. st. *aśavan-* (rein; z. b. acc. sg. msc. *aśavan-em*), vocat. msc. *aśaum* für **aśāun* auß **aśavan* verkürzt.

200, z. 4 füge bei: Verdoppelung der consonanten (in folge von assimilation u. s. f.) findet, in der schrift wenigstens, nicht statt. Z. 8 v. o. l.: nur *š*, vor *t* aber *s*, übrig u. s. f. Z. 12 v. o. füge ein: st. *tas-ta-*, part. praet. pass. zu diser wurzel. — Streiche die vier lezten zeilen und s. 201 die zwei ersten.

Seite
202, z. 13 v. o. füge bei: *pourutāç*, nom. sg. zu st. *pourutāt-* (fülle) für *-*tāt-s*. Z, 20 v. o. l.: im altbaktrischen und im altpersischen. Füge in der mitte der seite vor 2. ein: In mereren fällen scheint altbaktr. *š* auß urspr. *rt* entstanden zu sein (Fr. Müller, Beiträge V, 382), so z. b. in *ameša-* (adj. unsterblich) = altind. *a-mr'ta-*, grundf. *a-mar-ta-*, wurz. *mar* (sterben); *mašja-* (msc. mensch: eigentlich 'sterblich') = altpers. *mar-tija-*, grundf. und altind. *már-tja-* von der selben wurzel u. a.
205 am ende füge bei: Im Altpersischen wird im außlaute *t*, *n*, *h* *(s)* nicht geduldet, wenigstens nicht geschrieben (der vorher gehende vocal bleibt kurz, vgl. o. §. 29), z. b. *a-dadā*, 3. sg. imperf. zu wurz. *da*, urspr. *dha* (setzen), grundf. *a-dhadhā-t*; *a-bara*, 3. pl. imperf. zu wurz. *bar*, urspr. *bhar*, grundf. *a-bhara-nt*; *baga*, nom. sg., grundf. *bhaga-s* (gott). *t* wird nach *au* in *s* gewandelt, z. b. 3. sg. imperf. *a-kunaus*, wurz. *kar* (machen), grundf. *a-karnau-t*.
206, z. 5 flg. v. u. l.: *s* bleibt fast nur im außlaute und vor und nach stumlauten (ξ, ψ); ferner dann, wenn sich im ein anderer laut assimiliert hat; vor vocalen wird es in *h* gewandelt u. s. f.
210, z. 17 v. u. setze nach (glück) ein: τεύχ-ειν (bereiten) und lis im folgenden: τύχ-ος (w. d. st.) kann man nicht wol verschidene wurzeln an nemen; eben so hat δέχ-ομαι u. s. f. Z. 12 v. u. streiche 'allerdings'.
218, z. 11 v. u. l. grundf. *svakuras*, altind. çváçuras für sváç. u. s. f.
223, z. 11 v. u. l.: hier (außer in der verbindung βρ = ϝρ) β nur u. s. f.
225, z. 11 v. o. l. 'pronominalwurzel'.
228, z. 13 v. u. nach '*pinsit*' füge ein: ; diser fall ist selten; in der regel schwindet *s* und später auch *j*; s. o. §. 145, 1, a. e).
233, z. 1 v. o. flg. l.: disem σ; da σσ = τj, ϑj auch im dorischen vor komt, so ist nicht an zu nemen, daß τj (ϑj) zunächst in σj über gieng, wie τι in σι (s. o. c.) und diß σj in σσ (s. o. b.), denn dor. bleibt τ vor ι; u. s. w.
238, z. 12 v. u. l. 'fast außschließlich', anstatt 'nur'. Zu diser zeile füge die anm. unter dem texte bei: *) Vgl. hierüber Ascoli in Kuhns ztschr. XVII, 241 flg. Der dort entwickelten theorie steht jedoch das keltische im wege.
241, z. 16 v. o. füge bei: *trepit* (vertit, Paul. Ep. 367; Curtius, gr. Etym.², 411) scheint das entlente griech. τρέπει zu sein.

Seite
242 in der anm. lis anstatt 'mag man nun' es ist wol lat. *flu* u. s. f.
zu stellen; schwerlich kann man mit Ad. Kuhn u. s. f.
243, z. 3 v. u. füge ein: Schreibungen wie z. b. *singnum* machen es
warscheinlich, daß man bereits in der späteren kaiserzeit an fieng
simum anstatt *signum* zu sprechen. Dennoch u. s. f.
244, z. 3 v. o. streiche 'indem — verschmolz'.
245, nach (Africaner) füge bei: *sifilus* und *sifilare* (franz. *siffler*; Zeitschr.
XVI, 382) neben dem gewönl. *sibilus* (das zischen, pfeifen) und
sibilare (zischen, pfeifen) u. a. Z. 15 v. u. füge bei: *grand-o*
(hagel) neben altind. *hrād-uni*, griech. χάλαζα d. i. *χαλαδ-ja*,
χλαδ-ja (s. o. §. 43, 1), wurz. also urspr. *ghrad*.
247, z. 19 v. u. l. 'undicht' (anstatt 'unnütz'). Z. 8 v. u. füge in
die parenthese noch ein: ; über dises wort vgl. Corssen, krit.
Nachtr. s. 104 flg. Z. 5 v. u. füge bei: Vgl. die wandlung von
h zu *f* in fällen wie engl. *enough* (spr. etwa *inū'f)*, angels. *genōh*
(genug); *laugh* (spr. etwa *lāf)*, angels. *hleahhan*, got. *hlahjan*
(lachen) u. a.
248, z. 10 v. u. l.: *r* für *d* = *th*.
249, z. 16 v. o. füge bei: Vgl. die *f*-änliche außsprache des *th* im eng-
lischen und des ϑ im neugriech.; im ruß. wird griech. ϑ als *f*
gesprochen.
269, z. 17 v. u. füge nach '*stleiti-*' ein: *sleiti-*; z. 15 v. u. nach dem
ersten worte füge bei: in inschriften ligt *slis* vor; *stl* gieng also
durch *sl-* in *l-* über.
270, z. 6 v. o. füge bei: Der selbe schwund zeigt sich in dem von der
selben wurzel gebildeten *Jū-no* für *Diou-no* (Corssen, krit. Nachtr.
s. 142). Z. 8 v. u. am ende der zeile füge bei: (vgl. §. 293, I, a).
271, z. 5 v. u. l.: *s* meist auf u. s. f.
274, z. 7 v. u. l. §. 58.
278, z. 1 v. u. l.: *Ohtavis* (Uhtavis, wol úht- zu lesen) u. s. f.
281, z. 10 v. u. l. *fiche*, st. *fichent-*; z. 6 v. u. l.: vgl. gall. τοουτιους
(die bedeutung 'bürger' ist beßer zu streichen); z. 2 v. u. l.: *bér-
thir, -bér-thar*, vgl. lat. *fere-tur* auß **fere-tu-se*, **feret-se*.
282, z. 1. v. o. l. *ber-tir, -ber-tar*; z. 7 v. o. streiche 'also' etc. und lis:
vgl. lat. *piscis*. Am ende von §. 167 streiche die anm. (das *m*
von *connalnad* gehört nicht zur wurzel, vgl. *ldn* plenus). §. 168, 1.
l. *fo-gur* und ferner *rīg-*, altgall. *reig-*. Vorher streiche die worte

gair (stimme), da diß wort unsicher ist. Im absatz 2 streiche zwei mal das erst spätere, nicht altirische *croithe* und lis z. 2 v. u. (ich weiß). Z. 12 v. o. l.: *pra; étar* (is found), grundf. **pent-ar*, vgl. die wurz. got. *fanth*, d. i. *pant* u. a.

In *tee (té* warm) st. *tēnt-* (vgl. *téte*, d. i. **ténte* = lat. **tepentia* fem. wärme) für **tepent* = lat. *tepent-* (nom. sg. *tepens)* ist *p* auch inlautend geschwunden.

283, z. 18 v. o. l. *daim.* Z. 9 v. u. l. *-biur* (das wort komt villeicht getrent für sich nicht vor).

284, z. 7 v. o. füge bei: Nach Stokes (Goidilica s. 100, anm. r) wird an lautendes *sv* im altirischen sowol zu *s* als zu *f* (§. 170, 3); z. b. st. *fés-* neben *sés-* (sechs; z. b. *sésed* sextus). grundf. *sveks-; siur* und *fiur* (schwester), grundf. *svisur* u. a. Hier ist aber *f* = *v*, vor welchem das *s* des urspr. anlautes *sv* geschwunden ist. §. 170, 1 füge zu *óc-* noch bei: auch *óac* (juvenis). Z. 9 v. u. l.: *esoc-in* (gen. sg.).

285, z. 1 und 2 v. o. streiche nach *vidua:* (villeicht entlent). Z. 11 v. o. füge ein: Nach Ebel steht jedoch *b = v* in den verbindungen *lb, rb, nb, db*.

286, z. 10 v. o. l. *cluas;* z. 11 l. *mel-im* (ich male); z. 12 l. *mulenn* (altir.) und füge zum folgenden worte: (neuir.). Z. 11 v. u. l. *-it*, *-at* etc. und z. 10 v. u.: *-itir, -etar* u. s. w. Am ende der seite füge bei: ; *g* vor *n* assimiliert sich disem, z. b. *án* (feuer) auß **agn* (vgl. altind. *agni-s*, lat. *igni-s); sén* (segen), lat. *signu-m; stán*, lat. *stagnu-m* (Stokes, Goidilica s. 70).

287, z. 17 v. o. l.: auß **fíd-tu-s*, **fis-tu-s. fiss* ist wenigstens im sing. masculinum, nicht neutrum (*u*-stamm, nicht *i*-stamm). Z. 15 v. u. l.: Im futurum, so scheint es wenigstens, assimiliert sich u. s. f. *b, f* einer u. s. f. oder nasal, auch anderen consonanten u. s. w.

288, z. 5 v. o. flg. l.: *berir* auß **berthir (berar* zu streichen) = lat. *fertur;* im folgenden lis **bera-tir*, **bera-thir*, **berthir*, **berkir*, *berir*.

289, z. 8 v. o. l. *car-faimme;* §. 173, 5 l.: *ro-fés-tar* (sciet) für **ro-féd-tar* etc., ferner: *es-tir, -es-tar* (3. sg. fut. oder conj.) für **ed-tir*, **-ed-tar* wurz. etc. *ad* (eßen). Z. 13 v. u. füge nach 'wirkungen' bei: (besonders *s* und *n* sind häufig als einstmalige außlaute nachweisbar); sie u. s. f. Z. 11 v. u. füge bei: Erhalten ist

Seite

eigentlich nur *r*. Z. 9 v. u. l. *berme, -beram u. s. f. Z. 5 v. u. l.: -bir = *beri, *biri u. s. f. Z. 2 v. u. l. -beir.

299, z. 6 v. o. l.: *vlady* (ich hersche), vgl. got. *valda* u. s. f.

303, z. 4 v. o. l.: für älteres *čėsŭ*. Z. 9 v. o. füge bei: Lezteres ist das ältere. Z. 13 flg. streiche von 'zunächst' bis 'verlieren' und setze dafür: (auch die andern slawischen sprachen zeigen hier den laut, der sonst ursprüngliches *tj* vertritt). Z. 15 v. u. vor der parenthese füge bei: Die supina *mošti*, grundf. *mag-tu-m*, *vrěšti* u. s. f. (§. 227) scheinen in irer lautform durch die analogie des infinitivs bedingt zu sein. Wie diser lautwandel zu stande gekommen ist dunkel.

307, z. 13 v. u. l. σϑλοβεν-ικό ς.

322, l. anstatt 3: §. 193. Wandelbarer sibilant b. gutt. Z. 11 v. o. l. §. 191, A, 6.

323, l. §. 194 anstatt §. 193 und eben so auf der folgenden seite.

324. Der §. 194 fält hinweg, er gehört auf seite 148 (s. o.)

332, §. 199 füge am ende von 1. bei: Auch zwischen vocalen bleibt *j*, z. b. *thrijē* (gen. pl. msc. ntr. zu stamm *thri-* drei), grundf. *trij--ām*; nur in einigen praesensstämmen (§. 293, got., V.) geht *j* in *i* über, z. b. *saia* (ich säe), grundf. *sa-jā-mi*, und in wenigen fällen scheint es durch *ddj* vertreten zu sein, z. b. *tvaddjē* (gen. plur. msc. ntr. zu st. *tva-* zwei), grundf. doch wol nur *dva-j-ām*.

335, z. 12 v. o. l.: *quatuor* (*tuderor*, d. i. *tuderōs, zu dem consonantischen stamme *tuder-* gränze, ist wol durch umschlagen in die analogie von 10. zu erklären; Zeyss, Zeitschr. XVII, 421 flg.).

339, vor 3, b füge folgendes ein: In den endungen der verba, urspr. -*ām* und -*aim*, löst sich -*m* in *u* auf; so in der endung der 3. sg. und plur. med. -*tām* und -*ntām*, got. -*dau* und -*ndau*, z. b. opt. pr. *bairai-dau*, pl. *bairai-ndau*, grundf. *bharai-tām*, *bharai-ntām*; eben so im imperat. med.; in der 1. sg. opt. perf. und praes. z. b. perf. *bērjau*, grundf. *bhabhār-jā-m*: praes. *bairau*, zunächst auß *biraiu, grundf. *bharai-m*, woferne nicht Scherer (zur Geschichte der deutschen Sprache s. 472) recht hat *bairau* auf *birām auß *birajam, grundf. *bharaja-m*, zurück zu füren.

340, am ende füge bei: Die frühere länge dises -*a* wird direct erwisen durch formen wie *hvanŭ-h* (jeden), *hvan-a*, acc. sg. msc. des in-

Seite

terrogativstammes *hva-*, urspr. *ka-* mit der partikel *-h*, urspr. *ka* (§. 112), grundf. also *kam-ka; hvarjatō-h* (jedes), *hvarjat-a*, acc. nom. neutr. zu stamm *hvarja-* (wer, was) u. a. (vgl. W. Scherer. zur Geschichte der deutschen Sprache, Berl. 1868, s. 107).

343, z. 3 v. u. lis anstatt 'ursprünglichst': in den ersten lebensperioden der indogermanischen ursprache. Ferner streiche z. 1 v. u. von 'da ser' an bis ende von z. 1 der folgenden seite 344. Hier füge nach 'u. a.' in zeile 3 v. o. ein: Warscheinlich ligt in solchen fällen anschmelzung einer zweiten wurzel vor. Nach disem hat zu folgen 'auch urspr.' bis '*gi-g* (leben)', von z. 8 u. 9 v. o.

345, füge bei als anm. 1: Consonantenumstellung, wie Alb. Kühn, Über Wurzelvariation durch Metathesis, Bonn 1868 an nimt, z. b. in *vid* (sehen) und *div* (leuchten); altind. *paç* (binden), urspr. *pak* und lat. *cap* (nemen) u. s. f. kann ich nicht als erwisen betrachten.

354, z. 5 flg. v. o. streiche 'wenn — nemen'.

357, z. 9 v. o. füge nach (hören) ein: st. *çtaja-*, *çtāja-* (z. b. imperf. *ava-çtajat* er stelte hin), zu wurz. *çta* (stehen; also altertümlicher als im altind. gebildet) u. a.

359, ende des ersten absatzes füge bei: Ein verzeichnis von verben auf *-ā-* im oskischen gibt Corssen, Zeitschr. V, 96 flg.

361. Nach Ebel sind sichere beispile für die drei formen 1) *carimm* oder *cairimm, -caru* (ich liebe); 2) **gnim, -gniu*, conj. *-gnéu, -gnéo* (wurz. *gen* tun); dise classe sei jedoch ser selten und kaum zu rechnen; 3) *móidimm, -*móidiu* (ich rüme).

367, z. 10 v. o. l.: (ἔρις streit; in disen könte jedoch ζ, wie das δ der entsprechenden nominalstämme, gerade zu = *j* sein und also **ἐλπι-je-τι, *ἐρι-je-τι* als grundform an zu nemen, vgl. §. 145, I, c, anm., doch ist mir ζ zwischen vocalen = *j* noch zweifelhaft).

376, z. 17 v. o. füge bei: *urud-* (fem.? fluß), wurz. *urud-*, 1. steiger. *raod* (fließen);.

379, z. 1 v. u. füge bei: *bar-a-* (tragend), wurz. *bar* (tragen); *frj-a-* (lieb, subst. freund) = altind. *prij-á-*, wurz. *fri* (lieben).

381. Im altirischen finden sich mit suff. *-a-* vor allem als infinitive, z. b. *tór-may* (augere), wurz. *mag; fu-lang* (tolerare) u. s. f.

385, z. 17 v. u. füge ein: *ědī, jadi* (fem. speise), wurz. *ěd (jad*, eßen). Z. 16 v. u. l.: *-ěd-i-*, wurz. *ěd (jad)* u. s. f.

387, z. 17 v. o. füge nach 'hell sein' ein: also eigentlich 'volmond'.

Seite
390, z. 1 v. o. l.: tötlich, todeswürdig). Z. 13 v. u. l. wurz. *em, im*.
391. Nach z. 6 v. o. füge bei: Altirisch. Primäre *ja*-stämme ligen vor in *guide* (fem. ntr. precatio); *insce* (fem. sermo) wurz. *sak; esséirge* (ntr. resurrectio) wurz. *rag* u. s. f. Sie sind meist neutra *(-e* im altir. = *-ja, -jā*; §. 75).
397. Altirisch ist das secundäre *-ja-* ser häufig, abstracta feminina zu adjectiven bildend, z. b. *láne* (fülle) zu *lán* (voll); *sóire* (freiheit, salus) zu *sóir* (frei, edel); *dóire* zu *dóir* (unedel, das gegenteil von *sóir); óge* (integritas) zu *óg* (integer) u. s. f. Z. 13 v. u. füge ein: *candela-bru-m* (lichtträger; in disem beispile wird wol niemand den ursprung von *-bro-* auß wurz. *bhar* leugnen können). Z. 2 v. u. l.: z. b. stamm u. nom. sg. msc. *bož-ij*.
402, z. 11 v. u. streiche 'zimlich'.
403, z. 5 v. o. füge bei: und villeicht noch einige andere.
409, nach z. 3 füge bei: Suff. *-mant-* wie im altind.; z. b. *madhu-mant-* (mit honig oder wein versehen); *gao-mant-* (mit fleisch versehen), *gao-, gav-* (nom. sg. *gāus* m. f. rind, vih) u. a.
411 füge bei: Altirisch. Suffixe mit *m* sind auch hier häufig, z. b. suff. *-mā-*, fem. in *sechem* (sequi), *cretem* (fides) u. a.; suff. *-mu-*, msc. in *gnim* (tun, tat), *dénum* (tun, tat) u. a.; suff. *-man-* in *menme* (msc. mens), stamm *men-man-* u. s. f.
415, z. 12 v. u. füge nach *-μεν* ein: (auch dorisch und äolisch bei den verbalstämmen auf den wurzelaußlaut und den passivaoristen).
419, z. 7 v. u. streiche das beispil στήλη und füge dafür ein φῦ-λο- (ntr. geschlecht, stamm), φῡ-λή (stamm), wurz. φυ (erzeugen, wachsen) u. s. f.
421, z. 12 v. o. füge ein: *by-lŭ*, wurz. *by* (sein) = φῦ-λο-.
423, z. 11 v. u. l. *skul-an*.
425, z. 15 v. o. füge ein: *han-g'aghm-ana-* (zusammenkunft) von der reduplicierten wurz. *gam, g'am* (gehen); am ende dises absatzes füge bei: Deutliche nomina agentis sind z. b. *ā-çtav-ana-* (lobend, bekennend), wurz. *çtu* (loben); *çrav-ana-* (hörend), wurz. *çru* (hören).
428, z. 8 v. o. füge nach *ad-na-* ein: (§. 130, 1; nachtr. z. s. 181). Beim altbaktr. füge bei: Secundäres *-na-* zeigen die nicht seltenen, den stoff bezeichnenden adjectiva auf *-ae-na-*, z. b. *erezataēna-* (silbern), *erezata-* (ntr. silber) u. s. f.

Berichtigungen und nachträge

429, z. 2 v. o. füge bei: Häufig sind adjectiva auf -ĕ-nŭ-, z. b. *srebrĭnŭ* (silbern), *srebro* (ntr. silber); *vlŭnĕnŭ* (wollen), *vluna* (f. wolle) u. s. f. Z. 10 v. o. füge bei: Häufig ist -ĕ-na- in subst. wie *parszĕna* (ferkelfleisch), von *parsza-* (nom. sg. *pàrsza-s* ferkel); *javĕnà* (getreidestoppel), *java-* (msc., nom. pl. *javaí* getreide) u. s. f. Z. 4 v. u. füge bei: (§. 130, 1; nachtr. zu s. 181).

432, z. 3 v. u. füge ein: älter -ω und setze am ende zu: G. Curtius (Erläuterungen s. 50 flg.) dagegen wol mit recht (vgl. die ion. accusative diser stämme auf -ουν) für stämme auf -οϳι-.

434, z. 13 v. o. lis (f. höhe, gipfel) und füge in der folg. zeile bei: *hiyh-nu-* (feucht nach Spiegel, trocken nach Justi) wurz. *hik'* (benetzen).

441, z. 17 v. o. L: auch häufig im u. s. f.

443, z. 17 v. u. L: **sva-su-tar-* (wörtl. 'angehöriges weib') u. s. w.

445, z. 5 v. o. L: (fem.- opfer, weihwaßer).

448. Dem zu ende der anm. bereits nach getragenen füge noch bei: Dise (Corssens) auffaßung wird unterstüzt durch das keltische, vgl. altir. *siur* (§. 170, 2), das auf eine italokeltische form *svasarone t* schließen läßt. Außfürlich behandelt dise schwirige frage Ascoli, Studj crit. II, s. 33 flg. der sich für lat. -*bro-* = urspr. -*tra-* entscheidet. Vgl. §. 217, lat., anm. 2.

452, z. 11 v. o. L: (reinigung). Z. 14 v. o. füge ein: *mag-ti-* (größe), wurz. *maz* (als adjectivum 'groß'). Z. 19 v. o. l.: z. b. *qharetēē*, *kars-t.* u. s. w.

453, z. 12 v. u. l.: (gehen) u. a.

454 füge ein: Altirisch. Die feminina (infinitive) mit suff. urspr. -*ti-* schlagen meist in die analogie der *a-*stämme um, z. b. *tech-t* (gang, gehen) zu *tiag-* (gehen); *epert* (sagen), d. i. **et-ber-t*, grundf. -*ber-ti-*, wurz. *ber* (ferre, dicere) u. s. f.; *buith* fem. (= φύσις), grundf. des st. *bu-ti-* u. s. f.

458, z. 3 v. u. L: (neutr. gedanke, rede, gebet). Vor 'u. a.' füge ein: *vars-tva-* (n. handlung, werk), wurz. *verz* (tun).

460 füge ein: Altirisch. Auch hier ist, wie im lat., suff. -*tu-* msc. häufig zu verben nomina actionis bildend, z. b. *labrád* (locutio), st. *labra-* (sprechen); *tintúth* (übersetzung) für **do-ind-sú-th*, zu *só-* (wenden), *scarád* (scheidung); *dilgud* (remissio), *bráth* (gericht) u. s. f. Z. 8 v. u. L 'villeicht' anst. 'warscheinlich'. Z. 6

v. u. füge bei: die analogie des infinitivs scheint für dise formen maßgebend gewesen zu sein.

463, am ende des abschn. über das altbaktr. füge bei: Nach Spiegel (gr. §. 240) fungieren jedoch dise formen als 'adjectivum verbale'.

467, altirisch, füge bei: ; seltener in adjectiven wie *tee (*té* warm), stamm *tét-*, d. i. **tént-* auß **tepent-* (= lat. *tepent-*), davon *téte* (fem. wärme), st. **téntja-* auß **tepentja-* (vgl. die entsprechenden lateinischen bildungen).

476 füge nach z. 10, v. o., bei: Neuerdings hat G. Schönberg (Zeitschr. XVII, 153 flg.) mit berufung auf den wechsel von consonantischen mit *i*-stämmen und von suffix *-as-* mit suffix *-i-* (wofür er beispile bei bringt) formen wie *amarie-r* als dative von st. **amāsi-* + *se*, auß **amāsiai-se*, formen wie *legie-r* aber als dative von st. *legi-* (vertretend den stamm *leges-* des activs) + *se*, auß *legiai-se* erklärt, leztere also wol mit recht, wie Leo Meyer (s. o.) von den *as-*stämmen getrent. Freilich sind dergleichen dativformen von *i*-stämmen außerdem nicht nachweisbar. — Im Altirischen sind die stämme auf *-as-* kaum noch erkenbar, z. b. *nem* (himmel), grundf. *nabhas*; *teg, tech* (haus); *sliab* (berg) u. s. f.

484, z. 13 v. u. l. vgl. §. 110, 4 (streiche also 'z. b. — 156'); lis im folgenden: entspricht also dem slawischen **-ějŭs-* = *-a-ijans-*, *-a-jans-*; in beiden ist der stammaußlaut *a* der adjectivstämme erhalten.

485, z. 15 v. u. füge nach 'bilden' ein: wie es scheint bei pronominalen und änlichen stämmen. Streiche z. 11 v. u. von 'ob' bis zu ende von z. 6 v. u.

486, z. 12 (zu anfang der s.) füge bei: *ušaç-tára-* (östlich) zu *ušanh-*, d. i. **ušas-* (morgenrot; vgl. §. 135, 2);.

487, z. 10 v. o. füge ein: , osk. *min-s-tro-* (kleiner; belegt ist der gen. sg. msc. utr. *minstreis)*; z. 11 v. o. füge ein: , umbr. *mes-tro-* (größer) auß **ma-is-tro-*, **mag-is-tro-*.

491 lis: Altbaktrisch. *ape-ma-* (lezter) von *apa* (praep. von); *madhe--ma-* (mittelster), vgl. *maidhja-* (mitlerer); *aste-ma-* u. s. w.

493. Den altbaktrischen beispilen füge bei: *hukerep-tema-* zu *hukerep-* (schönen leib habend).

495. Altbaktr. lis: *aë-va-*, altpers. *ai-va-* und füge bei: Anm. Acc. sg. msc. *ōjŭm* (§. 29, 4), häufiger *aoim* (Spiegel), *ōim* (Justi) sind warscheinlich verkürzte formen.

496, z. 13 v. u. füge nach *dva-* ein: (nom. dual. ntr. fem. *dujē, dujaē-k'a* von einem weiter gebildeten stamme *du-ja-;* auch finden sich formen one das an lautende *d).* Z. 6 v. u. lis: *tri-; -i-* ist suffix u. s. f. *tr-i-* ist also wol auß u. s. w.

497, z. 4 v. o. l.: nom. *teoir,* gen. *teora.* Z. 15 v. o. füge ein (zu dem bereits bemerkten nachtrage): die bestbezeugte schreibung *quattuor* ist etymologisch nicht begründet. Z. 16 lis: fem. **cetheoir,* gen. *cetheora.*

499, §. 237, 8 lit. lis *asztù-nī, asztù'-niō-s.*

500, z. 10 v. u. lis: 11 **aēva-daçan-* und **aēvan-daçan-;* bei 13 u. 14 ist ebenfals ein * zu setzen.

502, z. 9. v. u. schreibe: *thri-çāŋ* und streiche die parenthese. Ascoli (di un gruppo di desinenze Indo-Europee, in den Memorie del R. Istituto Lombardo, Milano 1868, s. 10) hält die form für nom. sg. zu stamm *thri-çant-,* was den lautgesetzen völlig entspricht.

503. Altirisch lis (nach Ebels mitteilungen): **-cant-* tritt an; die so gebildeten worte sind masculina und werden wie die übrigen *-nt-*stämme decliniert (s. u.) 20. *fiche,* st. *fichent-,* nom. pl. *fichit,* d. i. **ficinti(s),* vgl. lat. **vicenti,* acc. pl. *fichtea,* dat. dual. u. pl. *fichtib.* 30. *tricha,* pl. *trichait* d. i. **tri-kant-s,* pl. **tri-kantī(s);* 40. *cethorcha* u. s. f. (nach vorigem zu corrigieren); 50. *cóica* u. s. f. für **cóic-ca* u. s. f. und *-cant-,* pl. *cóicait* d. i. **konki-ant-s, *konki-antī(s)* (demnach im flg. zu corrigieren *-kant-s* und *-kantī(s);* 60. streiche 'wol — Stokes' und corrigiere die grundf.; 70. *sechtmo-ga* und eben so 80. *ochtmo-ga* u. s. f.; 90. **nói-cha.* Die übereinstimmung mit lat. u. griech. im suffixe *-cat-, -cet-* d. i. *-kant-* u. s. f. vgl. *-κοντα,* lat. *-ginta* ligt zu tage, nur ist im altir. die endung in die analogie der *-nt-*stämme über getreten.

504, z. 8 v. u. lis **decāginta* (anst. *centag.).*

507. 1. füge bei: altpers. *fra-tama-;* ferner lis: altbulg. nom. sg. msc. u. stamm *prŭvŭ, prĭvŭ* (best. form nom. sg. *prŭvŭ-ĭ* u. s. f.). In dem nachtrage zu diser seite (s. 851) lis in der vorlezten zeile nom. sg. msc. *tretij* d. i. **tretijŭ.* Z. 9 v. u. füge nach **pris-die* ein: nach Corssen (krit. Beitr. 433) ist *pri-* altertümliche form (bezeugt) = *prae* (praep. vor), das aber offenbar eine casusform ist, von der doch schwerlich ein superlativ gebildet ward.

508. z. 4 v. o. füge bei: altpers. *duvi-tija-,* d. i. **dvi-tja-.* Bei 3. füge ein:

Seite

altpers. *tri-tija-*; beim griech. füge ein: äol. τέρ-το-; ferner lis: altir. *tri-s* mit *s* für *tj* (wofür Stokes, Goidilica s. 16 noch einige beispile bei bringt); altbulg. *tre-tij* d. i. **tre-tiju* (best. form. *tretij* für **tretiij* auß **tretijŭ-jŭ*, grundf. *tratijas jas*). Bei 4. altbulg. (z. 2 v. u.) füge bei: *četvrĭ-tŭ*.

509, z. 12 v. o. lis *sésed* (für **seised*) und füge am ende von z. 13 bei: das mitlere *s* ist nicht geschwunden (§. 170, 2), da es durch assimilation von *ks* entstanden, also eigentlich *ss* ist.

510, z. 7 v. o. füge bei: altpers. *nara-ma*. Z. 14 v. u. füge bei 11. ein: *aēvan-daça-*.

511. 100. lis: altbaktr. *çatō-tema-*.

512, z. 1 v. o. lis altb. *hazairō-tema-* (nicht ganz sicher).

516, z. 11 v. u. lis *mātr̥'-ņ-ām*.

521, z. 1 v. u. füge ein: namentlich macht sich die analogie der *a*-stämme geltend.

522, I, 2. hat zu lauten: altir. sind dise stämme kaum noch erkenbar (vgl. §. 170, 2), so daß es unnötig scheint sie im folgenden durch zu füren, sie mögen hier ire erledigung finden. Sg. nom. acc. *nem* (himmel), grundf. *nabhas*; gen. *nime*, dat. *nim*; pl. acc. *nime*, gen. *nime*, dat. *nimib*; sg. nom. acc. *teg, tech* (haus), gen. *tige, taige*, dat. *tig, taig*; dat. dual. *tigib*; nom. acc. *sliab* (berg), gen. *sléibe*, dat. *sléib*; pl. nom. *slébe*, dat. *slébih*; *leth, led* (latus), dat. *leith*; gen. dual. *inda leithe-sin*; *glún* (knie), pl. nom. *glúne*, dat. *glúnib*, gen. *glúne*. 'Dise neutra auf -*as* unterscheiden sich von den *u*-stämmen deutlich durch gen. dat. sg., von den *i*-stämmen durch den vocal des nom. acc. sg. Sezt man *o* nach gallischer weise für *a*, so entspricht *nem, nime, nim (== *nemas, *nemi(s)as, *nemi(s)i*; gall. etwa **nemos, *nemesos, *nemesi)* völlig dem griech. νέφος, νέφεος, νέφει, beinahe dem aks. *nebe, nebese, nebesi* und lat. *genus, generis, generi*; besonders stimt der wechsel zwischen *a (o)* und *i (e)*'. Ebel.

523, z. 2 v. o. lis *talman-*.

525, z. 2 v. o. lis *rectu-* (gesetz) anstatt *fidu-*. Z. 17 v. u. füge ein: griech. (selten) *ἴδρι-* (adj. kundig). Z. 16 v. u. lis: altir. *muri-* (acc. sg. *muir(n)* mer) anstatt *fissi-*, welches wort ein msc. *u*-stamm, *fissu-*, ist.

528, z. 17 v. o. lis: vereinzelt (nach Justi) u. s. w. Z. 9 v. u. füge

Seite

vor 'darneben' ein: *njākē* (großmutter, fem. zu *njāka-*, nom. sg. *njākō* großvater) für *-kjā*.

529, z. 12 v. o. lis ukar (gespert, nicht cursiv). Z. 16 v. o. lis kvaīstur.
530, z. 5 v. o. lis taçez (gespert, nicht cursiv).
531, z. 15 v. o. am ende von 4. füge ein: dise formen gelten auch fürs ntr., s. u. §. 249. Z. 16 streiche 'und das lit.'.
533, z. 17 v. u. füge vor 'formen' ein: eben so *mazdāoṅhō*; die häufigen formen u. s. w.
534 füge dem s. 852 gegebenen nachtrage bei: doch beachte man Corssens bedenken, Zeitschr. XVI, 296 flg.
538, z. 7 v. o. füge in die parenthese noch ein: Spiegel, gr. §. 133, gibt die form *ameretāoç-k'a*. Z. 9 v. o. lis: belegt ist (nach Justi) u. s. w.
541 am ende von z. 8 füge bei: ntr. *van'hō*, d. i. *vasjas*. Z. 2 v. u. bei 9. füge ein: ntr. *Ἴδρις*.
543, z. 1 v. o. füge bei: die neutralen *u-* und *i-*stämme haben ebenfals diß *-n* durch einfluß der analogie der *a-*stämme. Z. 7 v. o. lis: ntr. *rect(n)* für **rectu-n* anstatt *fid* u. s. f. Z. 8 v. o. lis: ntr. *muir(n)* für **muri-n* anstatt *fiss* u. s. f. Z. 15 v. u. füge ein: 4. ntr. als nominative *peky*, grundf. *pekant*; *chvalę*, grundf. *chvaljant*; *davŭ*, grundf. *davans* (Mikl. vgl. gr. d. sl. spr. III, §. 34; Vostokov, grammatika cerkovno-slovensk. jazyka §. 75, §. 77; der acc. sg. msc. wird von dem durch *-ja-* erweiterten stamme gebildet: *pekąśi*, d. i. *pekantja-m*, *chvalçęśi*, d. i. *-ljantja-m*, *davŭśi*, d. i. *davansja-m*; eben so der acc. sg. ntr., Mikl. III, §. 34, Vostok. §. 78, also *pekąśe*, *chvalçęśe*, *davśe*).
544, z. 15, 16 v. o. streiche 'wodurch — wird'.
546, z. 15 v. u. füge nach *nāmān* ein: (*dāmān*, st. *dāman-*, ntr., geschepf; nach Spiegel die regelmäßige bildung).
547, z. 1 v. o. lis: *açpāç-k'a*, meist *-a*, auch *-ē* u. s. w. Z. 12 v. u. streiche: 'Ἴδρις-ς kundig'.
549, z. 2 v. o. füge bei: ntr. *recta* oder *rechta*, *rechte*; und z. 3 lis: ntr. *mora*, *tīre* (tīr land); *a* und *e* wechseln häufig im altirischen; die grundformen für 8. und 9. sind kaum mit sicherheit zu erschließen. Z. 3 v. o. streiche von *fess* bis zu 10. Z. 9 v. o. füge bei: doch felt oft das *a*, z. b. *cét* = lat. *centa*, *arm* = lat. *arma* u. a., so daß Stokes (Goidilica s. 70 flg.) vermutet, das *-a* stamme

bei den neutren auß der analogie der weiblichen a-stämme und die endung des neutr. -ă (auß uraltem -ā) sei völlig geschwunden.

551. Anm. 1. hat zu lauten: Über *didjōt*, stamm *didju*-, das einzige und daher zweifelhafte beispil eines ablativs von u-stämmen, s. A. Weber, Beiträge III, 389.

552, z. 2 v. o. nach *patōi-t* füge ein: im altpersischen fält bei 8. u. 9. der ablativ mit dem genitiv zusammen, da nach *ou*, und wol auch nach *ai*, auß lautendes *t* in *s* gewandelt wird. Z. 8. v. o. streiche das citat (Spiegel etc.). Am ende der anm. füge bei: Spiegel (altb. gr. §§. 38. 108) hält *-dha* für eine variante von *-t*, welches 'mit einem leichten vocalischen Nachklange gesprochen worden sei'. Z. 18 v. o. nach 'laßen' füge ein: auf welche dise formen auf *-ως* bei Hom. sich mit wenigen außnamen beschränken.

553, z. 9 v. u. füge ein tangin-ud.

554, z. 1 v. o. Bei weiblichen a-stämmen glaubt Ebel den ablat. sg. nachweisen zu können, z. b. *ōr* (in *ind-ōr-sa* hac hora, nunc) zu nom. sg. *uar* (hora; dat. sg. *uair*, *óir*). Die urspr. endung ist also völlig geschwunden. Z. 7 v. u. lis Zeitschr. XV, 420 flg.

555, z. 3 v. o. füge bei: A. Weber, über die Fragmente der Bhagavatī, Berlin 1866, s. 416). Z. 14 v. o. nach *mātrka-* füge ein: prākrt (māgadhī) *udē* = altind. *krtaº* (gemacht; A. Weber, Fragm. der Bhag., s. 406).

556, z. 1 v. o. tilge das * bei *barent-ō*. Z. 14 v. o. füge bei: ; *mazdāv*, d. i. *-dās;*.

557, z. 10 v. u. füge ein: *patr-us*.

558, z. 4 v. o. lis: *(senatu-is* u. a.). Z. 6 v. o. nach 'eben so' füge ein: *(cornuis, cornūs, cornū)*.

560, z. 1—3 v. o. streiche 'dúile' bis 'πόλι-υς'.

562, z. 2. v. u. streiche 'selten'.

563, z. 14 v. o. lis *-ām* (vgl. o. §. 48, 5). Zu dem nachtrage, die formen *regerum* u. s. f. betreffend, füge noch bei: Corssen (Zeitschr. XVI, 300) dagegen sikt in disen formen genitive auf *-sum*, *-rum*, wie auch ich dise formen auß *bovi-sum* u. s. f., nach analogie der *i*-stämme und *a*-stämme gebildet, erklärte. Die entscheidung ist schwer; villeicht hat sich auß beiden, auß dem häufigen *-er-um* der *-as-*stämme und der genitivendung *-rum* der *a*-stämme eine analogie entwickelt. Z. 7 v. u. lis: *equā-rum* (vgl. *diērum*). Z. 3

Seite

v. u. lis **Abellanum** (gespert, nicht cursiv). Am ende der seite füge bei: *ja*-stämme haben *-im* auß **-iom* (§. 68, 2), z. b. *Safinim*, d. i. **Safiniom* = lat. **Sabiniom, Sabiniorum* (Sabinorum; dise deutung der formen auf *-im* wird indes merfach bezweifelt).

566, z. 3 v. o. l.: *gnāman-i*. Z. 9 v. u. l. *āo*.

567, z. 2 v. o. l.: **barent-i*, belegt ist (nach Justi) *-ainti* u. s. f. Z. 5 v. o. lis *khratāo* und *peretāo*. Z. 12 v. o. l.: 9. für welches vereinzelt locativformen auf *-a* und *-o* vor kommen, z. b. u. s. w. Z. 18 v. o. füge bei: (so nach Justi; nach Spiegel, §. 123, hat der loc. sg. von 10. die form des genitivs).

568, z. 13 v. o. l. fem. *Rōmai, Rōmae* u. a. Z. 16 v. o. l.: *rure*, das wol ein u. s. w. localis ist u. s. w. Z. 8 v. u. füge nach '*senātū*' bei: lezteres in der classischen zeit häufig.

569, z. 6 v. o. l.: 'dativ meist nicht' u. s. w. Z. 6 füge nach 'scheiden' ein: In *puirt*, d. i. **purtī*, loc. sg. zu nom. sg. *port* (msc. ort, platz), st. *purta-* hat W. Stokes (Goidilica s. 102, anm. 6) eine den latein. locativen wie *domī, bellī* u. s. f. entsprechende locativform nach gewisen. Z. 7 v. o. streiche *rĭ* (welches = *rī* nom. sg. ist).

572, z. 2 v. o. füge nach *barent-ē* ein: *berezait-ē* (st. *berezant-* hoch). Z. 7 v. o. füge vor 'neutr.' ein: *mazdāi*.

574, z. 13 v. o. l.: *-ō-hu*, auch *-a-hva* und *-a-hu* z. b. *ušá-hra* zu st. *ušas-* (fem. morgenrot), *āza-hu* u. s. f. Z. 15 v. o. l.: 4. (nach Justi, nach Spiegel unbelegt) *dr*. u. s. w.

575, z. 18 v. u. l.: durch *or, synovo-chŭ*, d. i. *sūnavu-su* nach 8. und *syn.*, d. i. *sūnavai-su* nach 10. Z. 16 v. u. l.: auch nach 8. *vlŭkochŭ* u. s. w. Streiche das beispiel *domŭ-chŭ* u. s. f. (es gehört zu 8.). Z. 14 v. u. l.: Dise form, die der *u*-stämme, ligt der form u. s. w.

576. Altbaktr. Spiegel (gr. §. 114 u. s. f.) scheidet loc. und genit. auch im altbaktr. nicht, was, nach den anderen sprachen zu urteilen, auch wol gerechtfertigt ist. Als l. u. s. w.

577, z. 4 v. o. füge bei nach 'schwindet': eben so der außlaut der weibl. *a*-stämme.

579, z. 1 v. o. l.: 4. *berezat-a (berezant-* hoch), *bar.* u. s. w. und streiche in der folg. zeile '*-at-a, -āt-ā*.

581, z. 7 v. o. l.: 8. *synŭ-mi, syno-mi* = lit. *sūnu-mi*; die ältere end.

-ŭ-mĭ wird fast stäts in -omĭ u. s. w. Z. 9 u. 10 streiche 'es ist — geworden.' Z. 15 v. o. l.: (10. ein *vlŭkq = ahd. wolfu, lit. vìlkù wie dise form zu lauten hätte — vgl. die femin. 9. 10. und die 1. sing. praes. z. b. ahd. wigu, lit. vežù = slaw. vezų — wird nicht gebildet, sondern msc. vlŭkŭ-mĭ, gew. vlŭko-mĭ nach 8. eben so ntr. dĕlo-mĭ, ja-stamm konje-mĭ auß *konjo-mĭ für *konjŭ-mĭ, eben so polje-mĭ); fem. u. s. f.

582, z. 12 v. u. füge nach dem zweiten worte ein: d. h. sie folgen der analogie der a-stämme (Scherer, zur Gesch. d. deutsch. Sprache s. 428).

583, z. 1 v. u. streiche 'u-stämme — a-form'.

584, z. 2 v. o. l.: 8. synŭ-mi = lit. sūnu-mis (auch syny nach 10. und u. s. w. Z. 3—5 v. o. streiche 'demnach — a-stämme'. One neue zeile ist das folgende an zu knüpfen.

586, z. 9 v. o. l.: -bjō (vgl. d. instr. pl.). Z. 4 v. u. nach tempest. füge ein: nāve-bos.

588, streiche z. 12 v. o. 'das s' u. s. f. (die dative plur. aspirieren nicht).

589, z. 1 streiche '*thri-mas — tri-bhjams' und füge z. 5 v. o. ein: Diß m, älter -*ms, steht warscheinlich zunächst für -*mis (Scherer, zur Gesch. d. dtsch. Spr. s. 277), in welchen wol dat. pl. -bhjas und instr. pl. -bhis zusammen gefloßen sind (thri-m, thri-mr = tri-bhjas und tri-bhis).

590, z. 1 v. o. beginne mit: 1. ameretāt-bja (ameretāt f. unsterblichkeit, nom. pr.).

592. Altbaktr. bei 4. füge nach aretha-mat ein: (nach Spiegel neutr.). Z. 14 v. o. nach dem ersten worte füge ein: nach Spiegel die häufigste form, z. b. bereza (st. berezant- hoch). Z. 17 v. o. l.: açpa (-ā) u. s. w. und am ende des absatzes füge bei: altbaktr. mazda (-ā).

593, z. 2 v. u. lis Löbe.

594. Tilge das fragezeichen beim voc. sing. des altbaktrischen.

596. Setze zu nom. acc. dual. neutr. ein fragezeichen. Im loc. plur. der selben sprache füge bei: mana-hva, -a-hu. In dem selben casus des altbulgarischen füge bei: für *nebesi-chu. Im dat. plur. lis *nebesi-mŭ.

597 füge an seinem orte ein: Altirisch. Stamm *nemes-, ntr., sg.

Seite

acc. *nem*, gen. *nime*, loc. (dat.) *nim*. Plur. acc. *nime*, gen. *nime*, dat. *nimib*.

598, nom. acc. dual. altind. lis *açmān-ā* u. s. w. In der altbaktrischen columne füge bei im acc. sg. msc. *-mān-em*; im nom. acc. dual. ntr. *nāman-i?*; im acc. pl. *nāmān* ntr., im loc. pl. *-mō-hra, -hu*; im instr.' pl. lis *açma-bis?, -mè-bis*.

600, altbaktr., instr. sg. I, füge zu anfange bei *barat-a* und streiche in der folg. zeile *-at-a*. Im genit. pl. füge bei *-āt-ām*.

602, altbaktr., lezte zeile, streiche: 'belegt *mazi-bis*'. Beim altbulgar. füge in die parenthese noch den stamm *minjasi-*.

603, instr. pl., altbulg. lis *pekŭśi*.

605, altbulgar., lis im nom. sg. msc. *(minjans-s-ja-s)*; im accusativ streiche die für das masculinum an gegebene grundform und lis: *(minij)* ***); unter der seite füge bei: ***) die nominativform scheint auch als accusativ zu gelten.

611, altbaktr., lis nom. sg. *gāu-s* und füge beim acc. sg. zu: *gāu-m*.

612, altbaktr., acc. plur., setze als erste form *paçav-ō*.

613. Altirisch, lis *rectu-* anstatt *fidu-* und acc. sg. *rect(n)* anstatt *fid*; beim acc. pl. füge bei: *recta, rechte* n. Im altbulg. instr. sg. I tilge die parenthese.

614, altbaktr., nom. acc. dual. füge bei: *paiti*. Im altir. setze als neutralen stamm *muri-* n.; im acc. sg. füge bei neutr. *muir-(n)*; beim acc. pl. füge bei: *mora, tire* n.

615 füge beim altbulg. im instr. sg., loc. und dat. plur. bei die formen *pqti-mi, kosti-chŭ, kosti-nŭ*.

616, altbaktr., acc. plur. msc., füge als erste form bei *açpān* und am ende füge bei *açpa, açpè*.

617, altir., füge im locat. sg. ein *puirt***), dazu die anm. **), stamm *purta-* und im acc. pl. *cét***), dazu die anm. ***), st. *céta-*, d. i. *centa-*. Im instr. II. sg. des altbulg. lis *(vlŭkžĭ-mĭ, vlŭko-mĭ)*.

619, nom. sg., litauisch, lis *rankà*.

621. Altbulg., instr. sg. II. setze *konje-mi* u. s. f. in parenthese und füge bei: nach 8.

622. Altbaktrisch. Im genit. sg. füge bei: selten *-jō* und fülle die übrigen casus auß: loc. (der genit. fungiert als loc.); dat. *barethrjāi*; instr. I. *barethrja*. Plur. acc. *barethris*; gen. *barethri-n-ām*; dat. abl. *barethri-bjō*; instr. *barethri-bis*.

Seite

625, z. 1 v. o. flg. setze als beispil *novyj* u. s. f. *(ὁ νέος)*, grundf. *navas jas*, ntr. *naram jat*, fem. *navā jā* u. s. f. Eben so s. 637. 638.

626, acc. sg. nach Altbaktr. füge bei: Altpers. (mit lautgesezl. verluste des *t* oder wandlung des selben in *s* vor der an gehängten veralgemeinernden partikel *k'ij* = *k'i-t) tja, ava, k'ij*, aber *avas-k'ij, k'is-kij*, grundf. *tjat, avat, kit, avat-kit, kŭ-kit*.

628, z. 6 v. u. füge bei: F. Meunier (Mémoires de la société de linguistique de Paris, I, Paris 1868, p. 19 flg.) hält dise genitive auf -īius, -ius, -ius für zusammen geschmolzen auß dem pronomen mit der gewönlichen genitivendung auf -ī und einem zweiten worte ī-us, enclit. genitiv des pronominalstammes *i-*, welche genitivform M. auch außer dem nach weisen zu können glaubt (vgl. d. loc. sg.). Z. 4 flg. v. u. lis 'vorauß gehenden' anstatt 'folgenden'.

629, z. 7 v. o. streiche die parenthese und füge anstatt der selben ein: (band, kappe am dreschflegel; altbulg. *priqzŭ* band); altbulg. *genŭvari*, ruß. *genvari* = *ianuarius* u. a. — In dem nachtrage zu z. 6 v. u. füge noch bei: eben so im osk. *exei-c*, st. *exo-* (diser); nach Corssen (Zeitschr. XVI, 304) ist jedoch *qui* ablativ zu st. *qui-* (urspr. *ki-*), ältere form also *queid*, grundf. *kai-t*. Für dise deutung spricht allerdings der syntaktische gebrauch.

630, z. 5 v. u. füge bei: F. Meunier (vgl. o. beim genitiv) faßt die archaischen locative (dative) *quoiei, eiei*, wie die entsprechenden genitive, als auß urspr. zwei locativen zusammen gesezt.

631, z. 8 v. o. nach 'adjectiv' füge ein: im femin.

632, altbaktr., acc. pl. füge zu anfang bei: *tān*.

637, am ende der anm. füge bei: vgl. ferner Krek, über die nominale flexion des adjectivs im alt- und neuslovenischen, Wien 1866, s. V, flg.

641, z. 17 v. u. l. *hōi* (anst. *hoi*).

642, z. 15 v. u. l.: nur das altindische und das altbaktrische weisen auf etc.

643 am rande lis §. 265.

647, griech., z. 11 v. o. l.: *τείν* (nur in position vor kommend). Z. 15 u. 16 v. o. streiche 'Die länge — es' und schreibe dafür: Höchst warscheinlich ligt hier ein u. s. w. und *-ιν* = *-φῖν u. s. w. entstanden (nicht auß dem *-bhi* des instrumentalis). Z. 17. v. u. l.:

Seite

mi-hei, *mi-hī*, darauß *mi-hi*, zusammen gezogen *mei*, *mī* und füge z. 16 v. u. bei *ti-bi* und *si-bi*. Z. 8 v. u. l.: (darauß *-bī*) u. s. w.

648, z. 17 v. o. füge bei: Dise ablative kommen in der älteren latinität auch in accusativischer function vor. Z. 4 v. u. l.: (ll. 8, 37; die echtheit dises verses ist jedoch zweifelhaft).

649, z. 5 v. o. füge nach **me-io-* ein: (vgl. altlat. *mius* neben *meus*: beide für *mins, *mēus = *meios; vgl. *deus* auß *dēus, *dēros, *deiros). Z. 8 v. o. füge bei: Die altlateinischen genitive *mis, tis, sis* (Corssen, Ausspr. II, 177; krit. Beitr. 565) laßen merfache erklärung zu.

652, z. 17 v. o. lis: erscheint im gāthādialecte (selten außerdem) stamm u. s. w.

654, z. 17 v. o. lis *vostrorum*, *vostrarum*.

656, z. 10 v. u. lis 'warscheinlich' anstatt 'sicher'. Z. 9 v. u. füge bei: Über die merdeutigkeit des selben im griechischen vgl. §. 259.

663, z. 10 v. u. lis: Diß *ma*, erhalten in der medialendung *-ma-(m)i* (s. u. §. 279) und in der endung *-ma-si* des plurals (§. 270), trat u. s. w. Z. 1 v. u. füge bei: Th. Benfey, über einige Pluralbildungen des indogermanischen Verbum. Göttingen 1867.

664 nach z. 10 v. u. füge bei: Altpersisch z. b. *a-mij* für *ah-mij, wurz. *as* (sein); *dārajā-mij* (wurz. *dar* halten); *āha-m*, 1. sg. imperf. wurz. *as*; *a-bara-m*, wurz. *bar* (tragen).

666, z. 10 v. o. streiche 'Auch' bis '(etsi cadam)'.

667 am ende von §. 269 füge bei: richtiger villeicht mit Scherer (z. gesch. d. dtsch. Sprache s. 472) auß *vigā-m* für *vigaja-m*, grundf. *vaghaja-m* (wie im altind.; s. u. §. 290).

668 nach zeile 8 v. o. füge bei: Altpers. prim. *-mahj*, sec. *-mā*; z. b. *a-mahj* (wir sind); *a-ku(n)-mā*, imperf. (wir machten). — Altirisch lis: *-me*, ist das verbum mit anderen elementen verbunden, *-m* z. b. *ber-me, *car-me, *car-ma, *predchimme* (wir predigen) u. s. f. verbunden *-bera-m*, *-cara-m*, *-predcha-m*. Dem gemäß ist auch s. 701 in der tabelle zu ändern: primär *-me*.

669 nach dem Altbaktr. füge bei: Im Altpersischen steht beim verbum in allen personen der pluralis anstatt des dualis.

670, z. 7 v. o. füge nach *-ta* ein: auch erhalten in der pluralendung *-ta-si* (§. 273). Z. 18 v. o. nach *-si* füge ein: auß *-sa*, erhalten im medialen *-sa-(s)i* (s. u. §. 280). In der folg. zeile streiche 'lezteres wol'.

zur zweiten auflage des compendiums.

Seite

671, z. 16 v. u. füge bei: *fra-mrvāo*, d. i. *mrvā-s*, conj. aoristi (nach Justi u. Spiegel conj. imperfecti), wurz. *mru*. — Altpers., z. b. imperat. *pā-dij*, wurz. *pa* (schützen); *parsā*, praesensst. *parsa-*, wurz. *pars* (fragen); primär *ahj* für *as-si, wurz. und praesensst. *ah* (sein); *bavā-hj*, conj. praes. zu wurz. *bu* (sein), praesensst. *bara-*; secundär *mā apa-gaudaja (h*, urspr. *s*, muß im außlaute schwinden, §. 140; verbirg nicht), st. *gaudaja-*, wurz. *gud*.

673, z. 17 v. u. l.: *-bir* (komt wol nur verbunden vor). Z. 8 v. u. l.: conjunctiv *bere* (außnamsweise *bera*). Z. 7 v. u. füge nach 'sprachen' ein: (in der stamsilbe zeigt er meist die wirkung eines früher auß lautenden *i*).

674, z. 12 v. u. l.: *nasi-dē-s* (aust. *-dō-s*). Z. 9 v. u. füge bei: *nasei* auß **nasja-* (§. 113, 4), inf. *nasjan* (retten) u. s. f.

675, z. 10 v. u. füge bei: Im Altpers. ist nur der imperat. zu belegen: *parai-tā*, praesensst. und wurz. *ai-*, *i-* gehen; mit *parā* gegen, auß ziehen); *g'a-tā*, wol *g'a(n)-tā* (§. 132), wurz. *g'an* (töten).

676, z. 12 v. o. l.: z. b. *-berid*, *-berith* (mit anderen elementen verbunden); und z. 14 v. o. l.: z. b. *-birid*, *-barid*, *-beraid*, *bad* (sitis).

677, z. 1 v. o. füge bei: Nach Spiegel (Gramm. s. 222) secund. *-tem* (also wie im altind.) z. b. *daidhī-tem*, optat. praes., demnach der 3. pers. gleich lautend, als welche Justi dise formen faßt. §. 275 füge in der zweiten zeile, nach *ta*, ein: voll erhalten in der endung der 3. sg. medii *-ta-(t)i* (s. u. §. 281).

678, nach dem altbaktr. füge bei: Altpers. prim. *-tij*, z. b. *aç-tij* = altbaktr. *aç-ti*; secund. *-*t*, das nach *a* schwindet, nach *au* in *s* gewandelt wird (§. 140), z. b. 3. sg. imperf. *a-bara*, *a-darsnau-s*, praesensst. *darsnu-*, wurz. *dars* (wagen); imperat. *bara-tuv*.

679, z. 13 v. u. füge ein: dise endung fält in jeder zusammen gesezten oder verbundenen form ab, also z. b. *dobab*, *dober* (er bringt) u. s. f. Z. 9 flg. v. u. streiche 'worin' bis '§. 74, 1)'.

681, z. 3 v. o. füge nach dem ersten worte ein: (Pott, etymol. Forsch. II, 710). Z. 5 v. o. füge nach 'singular' ein: (vgl. auch die mediale endung *-anta-(nt)i*; §. 282).

682, z. 3 v. o. l. *bava-inti*. Z. 4 v. o. füge bei: *nipāraje-inti* (§. 27, 3; praesensst. *pāraja-* mit *ni-* im act. 'bringen'). Nach z. 10 füge bei: Altpers. prim. *h-a(n)tij*, *bara-(n)tij*; secund. *a-bara*

(§. 140) für *a-bara-n; imper. nicht belegt. Z. 16 v. u. nach (sein) füge ein: bujāres, optativst. buja-, aoristst. und wurz. bu (sein, werden) und lis sodann: g'amjāris (beide formen von Spiegel und Justi u. s. f. Nach z. 5 v. u. füge bei: Im altpers. erscheint -sa, d. i. -san (§. 140), wie im griechischen, in den imperfecten, z. b. patij-āi-sa, wurz. i (gehen); a-durug'ija-sa, praesensstamm durug'ija-, wurz. durug' (lügen).

683, z. 3 v. u. füge bei: eine außname macht nur cestî-nt, das man = exsta-nt faßt).

684, z. 15 v. u. streiche 'berat' bis 'rocharsa-t' und setze dafür: Ist das verbum isoliert, so lautet die endung -it, z. b. berit, gaibit (capiunt), btit (sie existieren), bit (sie werden, werden sein) u. s. f.; ist das verbum mit andern elementen verbunden, so steht -at, -et, z. b. as-berat (dicunt), con-gaibet, ntbiat, nipat (non sunt) u. s. f. So auch im perfectum und futurum, isoliert -it, verbunden -at, -et.

686, z. 5—3 v. u. streiche 'im XV. — zu' und schreibe dafür: 'über medialendungen', eben das. s. 285 flg., 321 flg.

688, nach z. 6 v. u. füge bei: Im Altpers. findet sich nur praes. patij-akhsaij (nach Spiegel: ich beaufsichtige), praesensst. akhsa-, wurz. akhs- (sehen) und ā-darsaij (nach Spiegel: ich halte unterworfen). Sind dise deutungen richtig, so ist also die bildung die selbe, wie im altindischen und altbaktrischen. Als secundäre form gilt ham-a-takhs-ij, imperf. (ich bewirkte), wurz. takhs (behauen, zurecht richten), die hier also zugleich praesensstamm ist. Z. 2 v. u. nach 'trat' füge ein: (-μαι: -μην = altind. -āthē, -ātē: -āthām, -ātām; §. 286. Benfey, über einige Pluralbildungen des indogermanischen Verbum, s. 38).

690, z. 2 v. o. nach -sa füge ein: (oder -sa, wie Spiegel schreibt). Nach z. 11 v. o. füge bei: Dise endung findet sich auch am imperfectstamme: ava-mairja-ṅuha, praesensst. mairja-, wurz. mar (sterben); uç-zaja-ṅuha, praesensst. zaja- (geboren werden), wurz. za, zan (gebären); çadaja-ṅuha, praesensst. çadaja-, wurz. çad (kommen). — Anm. Ist hier dise endung -sva alt, wie Benfey (über einige Pluralendungen des indog. Verbum, Gött. 1867, s. 35) vermutet, und nicht durch analogie vom imperativ her ein gedrungen, so müsten wir die gewönliche secundäre endung -sa für eine verhältnismäßig junge form halten und demnach für die 2. sg. med.

Seite

als formen der indog. urspr. prim. -*sra-(s)i*, secund. *sra(-s)* an setzen. — Im Altpersischen ist nur der imperativ zu belegen durch *pati-paja-uvā* (hüte dich), verbalst. *paja-*, wurz. *pa* (schützen); *-uvā* = *-huva* = *-sva* nach den lautgesetzen (§. 136, 2).

691, vor z. 4 v. u. füge bei: Altpersisch eben so; prim. *-taij*, secund. *-tā*, imperat. *-tām*, pass. *-i*; z. b. praes. *gauba-taij*, praesensst. *gauba-*, wurz. *gub* (sprechen); *ud-a-pata-tā* (er erhob sich), stamm *pata-*, wurz. *pat* (fallen, gehen); imperat. *var-nava-tām* (nach Spiegel: er verkünde), praesensst. *var-nava-*, wurz. *var*; aor. pass. *a-dār-i* (er ward gehalten), wurz. *dar*.

692, am ende von §. 281 füge bei: *) Die gotischen imperative auf *-dau*, pl. *-ndau* als activ, also = *-tāt*, *-ntāt* zu faßen (Kern, Zeitschr. XVI, 451 flg.) widerspricht der gotischen außlautsregel, nach welcher *-au* = *-ām* ist (nachtr. zu §. 203, 3, a, s. 339).

693, z. 12 v. o. nach *dade-ntē* füge ein: *ni-pārajē-intē* (§. 27, 3), praesensst. *pāraja-* (mit praepos. *ni-*, med. 'verbreiten, auß breiten'), wurz. *par* (hinüber gehen), praes. u. s. f. Im folgenden ist 'praesensst. — gehen)' zu streichen. Z. 20 v. o. lis anstatt 'des act.': (s. o.), die villeicht teilweise hierher gehören, u. s. w. und füge nach diser zeile bei: Altpersisch ist nur die secundäre form *-(n)tā* belegbar, z. b. imperf. *a-bara-(n)tā*, praesensst. *bara-*, wurz. *bar* (tragen).

694, nach z. 12 v. u. füge bei: Im Altpersischen nicht belegt.

695, z. 7 v. u. lis anstatt: 'mit bekanter endung': ; das *-m* scheint späterer entstehung zu sein (vgl. §. 265, nom. sg.), es kann in der älteren sprache felen; z. b. u. s. w.

696, z. 5 v. o. füge bei: Im Altpersischen nicht belegt. Z. 9 v. u. füge nach *-μεϑον* ein: dise form ist ser selten und nicht als völlig sicher zu betrachten.

704, z. 18 v. o. streiche *i*. In der folgenden zeile füge ein: Für dise leztere anname zeugt das inschriftliche *utarus* (Corp. Inscr. Lat. 1267).

705, z. 17 v. u. füge nach der parenthese ein: im oskischen die 3. sg. imperat. medii auf *-mur*, d. i. *-mu-* mit dem reflexiven $r = s$. Z. 14 v. u. füge bei; osk. *censa-mur* vom stamme *censa-* (censere). — §. 287, altirisch, lis: 3. *-thir (-tir)*, *-idir*, *-ir* isoliert; verbunden *-thar (-tar)*, *-adar* oder *-edar*, *-ar*, *-r* (leztere, wie *-ir*, verkürzt) = lat. *-tur*, z. b. *suidigthir* (ponitur), *samaltir* (comparatur), *predchidir* (praedicatur), *berir* (fertur), *anasberthar* (quod dicitur), *donelltar* (declinatur), *intsamlathar* (imitatur), *anasberar* (quod dicitur), *asberr* (dicitur), *scrîbthar* u. s. f. 1. pl. *-mir, -mar*, nämlich isoliert *-immir*, verbunden *-ammar*, z. b. **ber-mir, *ber--mar* = lat. *ferimur* u. s. f.; 3. pl. isoliert *-itir*, verbunden *-atar, -etar*, beim passivum auch *-iter* = lat. *-untur* (§. 173, 1), z. b. *labritir* (loquuntur), *ni labratar* (non loquuntur), *dogniter* (fiunt) u. s. f. In der folgenden zusammenstellung hat demnach zu lauten die 3. sg.: **ber-thir, -ber-thar, beri-r, bera-r, ber-r;* die 1. pl. **ber-mir, *ber-mar;* die 3. pl. **ber-tir, -ber-tar. — Z.* 7 v. u. füge nach *-bitur* ein: (vgl. §. 173, 3); disc endung fungiert aber auch für die 2. sg., z. b. *cumachtaigther* (potiris), *labrither* (loquaris), *fomentar* (exspecta) u. a. (vgl. d. got. medium, §§. 279. 283. 281).

710, nach z. 5 v. o. füge bei: Altpersische conjunctive sind z. b. praes. 2. sg. *bavā-hj;* praesensst. *bava-,* wurz. *bu* (sein); 3. sg. *bavā-tij; ah-a-tij,* conjunctivst. *ah-a-,* praesensst. und wurz. *ah* (sein).

711, §. 289, altirisch. Es muß hier heißen: Im altirischen erscheint, außer in den 2. personen, *a* u. s. f. Ferner: Sg. 1 *-ber* u. s. f. (z. b. *coni-eper-sa* ut non dicam; *eper = *et-ber; concer-bar* bis ich zu setze). 2. *-bere* (z. b. *anas-bere* quod dicas, ganz vereinzelt *-bera: cias-bera-su* quamvis dicas). Diß *bere* wage ich nicht zu deuten. Pl. 2. *-beraid (do-beraid-si* feratis), auch *-birid, -barid (ni er-barid* ne dicatis).

712, z. 1 v. o. lis *barthar (arna erbarthar* ne dicatur).

716, z. 3 v. o. 3. pl. med. setze anstatt ?: *baraja-nta?* *) So nach Spiegel, Gramm. s. 225); nach Justi gehören disc formen dem imperf. indic. des causalstammes. — Nach dem altbaktr. füge bei: Altpersische formen des opt. sind 3. sg. aor. *ā-g'am-ijā,* wurz. u. aoristst. *g'am-* (gehen); *b-ijā* für **be-ijā,* wurz. u. aoristst. *bu* (sein); perf. *k'akhr-ijā,* perfectst. *k'akar-,* wurz. *kar* (machen).

717, z. 2 u. 1 v. u. und folg. s. z. 1 v. o. streiche 'dringen — und änl.' und lis dafür 'zeigen sich'.

718, nach z. 2 v. o. füge bei: (die form *coquint* hat nach Schoell, Legis XII tabularum reliquiae, Lips. 1866, s. 87 flg., keine gewär).

719, Altirisch. Der abschnitt ist, als durchweg unsicheres enthaltend,

Seite
zu streichen und dafür zu setzen: Der optativ ist bis jezt nicht sicher nachweisbar.
720, gotisch, füge z. 17 v. u. bei: die 1. sg. praes. *bairau* ist schwerlich nach dem althochd. als zunächst für **bira-i-u* auß **bira-i-m* mit außfall des *i*, grundf. *bhara-i-m*, stehend zu faßen, sondern es ist hier wol, wie im altindischen, nicht -*i*-, sondern -*ja*- modussuffix, so daß der regel gemäß *baira-u* = **birā-m* ist, welches für **bira-ja-m* (*j* schwindet im got. öfters zwischen vocalen), grundf. *bhara-ja-m* steht (vgl. Scherer, zur Gesch. d. dtsch. Sprache, s. 472).
722 ist im altirischen folgendes zu ändern: Sg. 2. -*bir*; 3. -*beir*; pl. 1. **ber-me*, -*bera-m*; 2. -*berith*; 3. *beri-t*, -*bera-t*.
727 ist im altirischen folgendes zu ändern: Sg. 1. -*ber*, 2. -*bere*, -*bera*; pl. 2. -*bari-d*, -*barai-d*.
728, altbaktr. 2. sg. füge bei: *daith-jāo* und 2. dual. lis: *daidhī-tem?*
729, altbaktr. 3. pl. füge bei: *raza-janta?*
736, z. 11 v. o. füge ein: 1. pl. *āońhāma*. Nach dem altbaktr. füge bei: Im Altpersischen ist nur d. 3. sg. opt. perf. belegbar: *k'a-khr-ijā*, grundf. *ka-kar-jā-t*, wurz. *kar* (machen).
739, z. 5 v. o. Hierher gehört s. 824, z. 13—3 v. u.; im anfang ist zu lesen: 'Auch das scheinbar mittels *k* gebildete u. s. f. und ferner s. 825, z. 6—20 v. o. Hier ist jedoch zu lesen z. 6 v. o.: ist zimlich dunkel' und z. 7 v. o. '-*κα* (s. d. flg. §.) ist' u. s. w. Z. 13 v. o. ist nach 'gewann' ein zu setzen: Auch im praesens komt dise erweiterung durch *κ* vor, z. b. ἐρύκω (ich halte zurück) neben ἐρύω (ich ziehe, zerre), ὀλέκω neben ὅλλυμι (ich vernichte, verderbe), dazu das perfectum ὀλώλεκα (neben ὅλωλ-α mit intrans. function). Vgl. G. Curtius, gr. Etym. s. 59 flg. Ferner lis z. 13: dergleichen wurzeln weiter bildende elemente'. Z. 15 flg. ist 'deshalb — dürfen' zu streichen. S. 739, z. 14 v. o. ̣̇̇̇ nach 'perfectstammes' ein: Villeicht ligt hier eine dem umschlagen der consonantischen nominalstämme in *i*-stämme analoge erscheinung vor. Dise bildung ist alt; sie ist sämtlichen italischen sprachen und dem altirischen gemeinsam und scheint also auß der italokeltischen periode zu stammen. Z. 6 v. u. lis: des nur im lateinischen nachweisbaren, also wol erst spät entwickelten perfectstammes u. s. f.
741 z. 1 v. u. lis anstatt 'bewart, die ältere': zeigt.
745, §. 291, altirisch, lis z. 3 v. u. 'im altirischen zimlich zalreiche

Berichtigungen und nachträge

Seite

spuren erhalten, die sämtliche drei formen des perfectstammes zeigen, die wir im lateinischen fanden, nämlich 1. perfectstämme mit erhaltener reduplication, *tair-chechuin* u. s. f., d. i. **cecani* (das *u* in *-chechuin* ist nur dialectisch) u. s. f.

746, z. 8 v. o. streiche 'die' bis 'können'; setze dafür ein: 1. sg. *adro-gegon-sa* (repupugi; *-sa* verstärkt die 1. sg.) u. a. Z. 11 lis: dise formen wenigstens in der 3. sg. zu zeugen. Ferner z. 13 v. o. lis 2. ganz u. s. f. und füge am ende des absatzes bei: 1. sg. *ro-gád-sa* (ich habe gebeten), 3. sg. *ro-gáid*, d. i. **gádi; 1. pl. med. *ro-gáddammar*, 3. pl. **ro-gáddatar*. Ferner 3. wie im lateinischen zusammen gezogene perfectstämme, z. b. 1. sg. *ad-gén-sa* (cognovi), med. *do-mén-ar-sa* (putavi); 3. sg. *etir-géin* (cognovit), med. *ro-gén-air* (natus est) u. a.; pl. 1. *ad-gén-ammar* (cognovimus), 3. *do-ru-mén-atar* (putarunt), *ro-gén-atar* (nati sunt) u. a.

752 füge z. 5 v. u. der anm. noch bei: Das suffix *-a-* und den außlaut der suffixe *-ja-*, *-ta-* u. s. f. bei verbalstämmen nennen vile seltsamer weise auch jezt noch 'bindevocal'. Vgl. darüber G. Curtius, zur Chronologie der indogermanischen Sprachforschung, Lpz. 1867, s. 40 fl.

756 nach z. 4 v. o. füge bei: Anm. Spiegel, Gramm. §. 193 nimt das augment in einigen fällen an, in denen jedoch Justi die zu *a-* verkürzte praeposition *ā-* erkent. Vgl. hierüber Justi, Gött. gel. Anz. 1867, st. 29, s. 1125 flg.

758, vor 'Lateinisch' füge ein: 'Bei einigen wurzeln auf vocale wird der aorist nicht von der reinen, sondern von der durch *s* vermerten wurzel gebildet und es hat dann der selbe die endungen des zusammen gesezten aorists (1. sg. *-α*, 2. *-ας* u. s. f. So ist gebildet█ hier schließt sich s. 824, z. 2 v. u. *ἔδωκα* u. s. f. bis s. █████ 5 v. o. an. Dann füge bei: Vgl. das perfectum auf *-κά* ████ 291).

764, mitte der seite lis: Anm. 1. und füge ein: Anm. 2. Da die folgenden praesensstämme nach den suffixen, mittels deren sie gebildet sind, an geordnet sind, so wäre es richtiger anstatt der im bisherigen an gefürten drei formen der praesensstämme nur zwei zu unterscheiden, nämlich I. Praesensstämme one suffix; a) reine, einfache wurzel, b) gesteigerter wurzelvocal, c) reduplicierte wurzel. II. Praesensstämme mit suffix -a-; a) reine,

Seite

einfache wurzel, b) gesteigerter wurzelvocal, c) redupl. wurzel. So erhalten wir also eine classe weniger, als bisher.

766. Die anm. am ende der seite ist mit folgenden veränderungen zum texte zu ziehen. Der anfang hat zu lauten: VII. Daß noch u. s. f. könte zweifelhaft erscheinen, weil u. s. f. Doch findet sie sich im griechischen, italischen, litauischen und, in resten, auch im deutschen (griech. u. s. f., ahd. *flēh-ta-mēs*). Ferner ist 'Möglicher weise — entwickelt' zu streichen.

772, Altbaktrisch, füge nach den entsprechenden altbaktrischen formen ein: 1. sg. altpers. *a-mij*; 2. sg. altpers. *ahj*; 3. sg. altpers. *aç-tij* und streiche im fig. die klammern bei den altpersischen beispilen. Am ende von z. 8 v. u. füge bei: altpers. *vara-(n)tij*. Am ende von z. 3 v. u. füge bei: altpers. z. b. *dārajā-mij* (wurz. *dar* halten).

773, z. 9 v. o. füge nach *bava-iti* ein: altpers. 3. sg. praes. conj. *bavā-tij*. Am ende von z. 10 v. o. füge bei: altpers. 3. sg. imperf. *a-naja-m*, wurz. *ni* (füren). Z. 4 v. u. am ende setze zu: altpers. *a-dadā*. Z. 3 v. u.: altpers. imperat. 3. sg. *dadā-tuv* von der s. wurz. *da* (setzen, schaffen, geben), urspr. *dha*.

774 am ende v. z. 1 v. o. füge ein: altpers. **içtā-mij*. Z. 9 v. u. nach *kere-nao-t* füge ein: altpers. *a-ku-nau-s* für **a-kur-nau-t* und diß auß *a-kar-nau-t*; *a-dars-nau-s*, wurz. *dars* (wagen); 1. pl. *a-ku-mā (a-ku(n)-mā)* für **a-ku-nu-mā*, eben so 3. sg. med. *a-ku-tā (a-ku(n)--tā)*; altbaktr. 3. pl. act. *kere-nao-n* u. s. f. Ferner füge am ende von z. 4 v. u. bei: eben so altpers. 1. sg. imperf. *a-ku-nava-m*, 2. sg. praes. conj. *ku-navā-hj*. Z. 1 v. u. füge nach 'z. b.' ein: 3. sg. praes. indic. *in-ao-iti*, grundf. *in-au-ti*, wurz. *in* (drängen); 3. sg. u. s. w.

775, z. 7 v. o. nach *frī-nā-t* füge ein: 1. sg. med. ——, wurz. *rar* (wälen, wünschen), vgl. d. altind.; 3. pl. med. ——tā, wurz. *kar* schneiden, teilen); 3. sg. u. s. w. Am —— 9 v. o. füge bei: altpers. 1. sg. imperf. *a-di-na-m*, 3. sg. ——ā, wurz. *di* (weg nemen). Z. 2 v. u. nach 'u. a.' füge ein: Altpersisch *a-durug'-ija*, 3. sg. imperf., praesensst. *durug'-ija-*, wurz. *durug'* (lügen).

776, z. 3 v. o. nach (gebären) füge ein: altpers. *a-mar-ija-tā*, wurz. *mar* (sterben), altbaktr. *ni-* u. s. f. — Nach z. 6 v. o. füge bei: altpers. auch mit activen personalendungen, z. b. *thah-jā-mahj*

376 Berichtigungen und nachträge

Seite

(wir werden genant), wurz. *thak* (sprechen, sagen). Nach Spiegel findet sich diß auch im altbaktrischen.

779, z. 3 v. u. lis: st. *τῑ-νε-* (Hom.; vgl. §. 35), *τῑ-νε-* u. s. w.

780, z. 13 v. u. füge ein: *καίω* für *καϝ-jω*, wurz. *καυ* (fut. *καύ-σω*). *καϝ* (brennen).

787, z. 12 v. o. lis: (vgl. oben §. 157, 1, b und d. griech.). Am ende von V. füge bei: vgl. got. verba wie *ufar-skadv-ja* (ich überschatte) zu st. *skadu-* (n. sg. *skadu-s*, msc., schatten).

788. Der anfang von anm. 2 hat zu lauten: Bisweilen (bei den *ē*-stämmen fast durchauß) hat u. s. w.

789 nach z. 17 v. u. füge bei: IV. Eine spur, jedoch nach analogie der ab geleiteten verba behandelt, ligt vor in den imperativformen *pers-nī-mu*, *pers-nī-mumo* (s. §. 287), deren *-nī-* nicht zur wurzel gehört, als welche wol *perse* zu betrachten ist. Im altirischen ist zu ändern: sg. 2. *-bir*; 3. *beri-d, -beir*; pl. 1. **ber-me, -bera-m*; 2. *-berith*, 3. *beri-t, -bera-t*.

790, IV, c. füge bei: Dises verbum sezt überall noch *-i-* an; ferner *-icim*, *ic = inc-*, *anc-* (kommen, gelangen), z. b. *con-icim* (ich kann), *roicen* oder *ricu less* (ich bedarf).

793, am ende füge bei: Eine nur in resten erhaltene form diser praesensbildung scheint in den futurformen auf 1. sg. *-snq*, *-ysnq* vor zu ligen. Dann hat zu folgen das, was s. 840, z. 9 v. o. — 5 v. u. steht; jedoch ist z. 9 'Reste — *ysnq*' zu streichen.

809, am ende von §. 296, a füge bei: Scherer (zur Gesch. d. deutsch. Spr., s. 202) fürt *-ham* auf wurz. *dha* (tun) zurück, was lautlich gerechtfertigt ist (§. 153, 2); vgl. d. lit. imperfectum (§. 306).

812, z. 8 v. o. füge nach 'fallen' bei: (§. 130, 1; nachtr. z. s. 181).

814: Am ●●●●● nachtrages zu diser seite hat zu stehen: So Leskien ●●● ●●●●● ach G. Curtius mitteilung spricht die selbe ansicht a●●●●●●●●●l, allgem. griech. Metrik, s. 280 flg.

819, z. ●●●● v. u. streiche 'Das — an'. Setze dafür: Selten (meist durch den conj. praes. ersezt). Z. 5 v. u. streiche 'bringt Justi bei'.

820, z. 1 v. o. nach (schützen) füge ein: ; eben so *rāonkē*, wurz. *ra* (geben, bringen);.

821, am anfang von z. 9 v. o. füge ein: Hat der praesensstamm steigerung des wurzelvocals, so bleibt dise im futurum (z. b. *πλήξ-ω*,

Seite

λείπ-ω, fut. *πλευ-σje-, *λειπ-σje-, wurz. πλυ, λιπ u. s. f.). Z. 13 v. o. lies 'dorische' (anstatt: attische).

s. 360 Griechisch. Streiche '1. Das — aoriste' und ändere die fg. zu¹ 'in l. 2. u. s. f. Eben so natürlich s. 625 flg. Vgl. die heries s. 739. 758. S. 824, z. 13 v. u. bis s. 825, z. 16 v. u. ist auch hier zu streichen und, wie an gegeben zu §. 291 und §. 292 zu ziehen.

831, z. 9 v. o. streiche 'von wurzel *fu*'.

834, z. 15 v. u. lis heries (gespert, nicht cursiv); s. 14 v. u. lis *heries* (cursiv, nicht gespert).

835, am ende von z. 9 v. u. füge bei: *i-ust* (iverit).

836, nach z. 5 v. o. füge bei: Anm. Fut. exacta, wie *combifiançiust, combifiansiust, combifiançust,* st. *combifia-,* kupifia-; purtitius, purtinçus, *purdinçiust, purdinsust, purdinçus* zeigen zwar als leztes element deutlich ebenfals das fut. exactum von *fu,* sind aber namentlich wegen des disem vorher gehenden *i*-lautes dunkel. Vgl. jedoch Corssen, Zeitschr. XIII, 197 flg. Z. 10 v. u. lis: (totondit), *leic-si* (liquit zu praes. *leicim* linquo) u. s. f. (Lottner und Wh. Stokes in Beitr. II, 318; vgl. jedoch die ab weichende deutung von Wh. Stokes, Goidilica s. 100, anm. p), welche u. s. f. Z. 8 v. u. füge nach 'gleichen' ein: Darneben finden sich formen auf -*s* one das -*i,* z. b. *gabais* (cepit), *pridchais* (praedicavit) u. a., weshalb Stokes (a. a. o.) das -*i* für ein an gehängtes pronominales element hält. Auch dise formen, wie die auf -*si,* kommen nur unverbunden vor. Den gewönlichen, mit *ro-* oder anderen elementen verbundenen formen u. s. f.

837, z. 7 v. u. lis: gutturale, *m* und vocale. Z. 1 v. u. füge bei: *ad-ro-bar-t-at* ('obtulerant') ist eine active form der bildung.

838, im futurum des altirischen lis sg. 1. -*carub*; füge bei: dise beiden lezteren formen sind jedoch nach Ebel canonalis; das fut. hat, wenn mit anderen elementen verbunden, die endungen -*fea, -bea, -fa, -ba,* z. b. *non-súirfea* (salvabit nos), *nob-súir-fa-si* (salvabit vos); pl. 1. -*fimme,* verbunden -*fam, -bam, -fem, -bem;* -*carfam* (streiche die bei gefügte erklärung); 3. isoliert -*fit,* verbunden -*fat, -fet, -creit-fet, -car-fat,* 1. pl. med. -*fimmir, -fammar.* Z. 13 v. u. lis: Nach liquiden, doch auch nach anderen consonanten, scheint *f, b* u. s. f. gedent zu sein; z. b. *bér* (feram) für

Seite

*ber-f, *ber-fu; gĕb (capiam), wurz. gab u. ɐ̄ ·-)bĕre u. Z. 2 u. 1 v. u. ist z⁝ ⏑⏑ ⏑⏑ ⁝⁝

839, z. 1 v. o. streiche: ⁚.

840, streiche 2.; vgl. zu ⁙ .. , ⁙⁙⁝ʼ ɑ z. ⌐   ɩ⁝   zu ve⁝ setzen ist.

846, im nachtr. zu s. 73 fü͟ge ein: altir

Im litauischen glossar der indog. chrestomathie füge unter *girdżù* bei: *begìrdint*, Don. III, 807, gerundium, indem man (es) hört (lit. gr. §. 144). Auch füge compendium s. 468, Litauisch, am ende bei: Mit verlorener endung gilt diß participium als so genantes gerundium *(ĕ'sant* indem man ist, seiend; *my'lìnt* liebend u. s. f.).

www.ingramcontent.com/pod-product-compliance
Lightning Source LLC
Chambersburg PA
CBHW030356230426
43664CB00007BB/619